Sybille Kalmbach (Hrsg.)

Themengeschichten von A–Z

Für Jungschar, Religionsunterricht und Kindergottesdienst

R. BROCKHAUS VERLAG WUPPERTAL

ABCteam-Bücher erscheinen in folgenden Verlagen:

Aussaat Verlag Neukirchen-Vluyn
R. Brockhaus Verlag Wuppertal
Brunnen Verlag Gießen und Basel
Christliches Verlagshaus Stuttgart
Oncken Verlag Wuppertal und Kassel

Umschlag: Dietmar Reichert, Dormagen
Text-Illustrationen: © Judith Arndt, Erding
Gesamtherstellung: Breklumer Druckerei Manfred Siegel KG
ISBN 3-417-11257-5
Bestell-Nr. 111 257

VORWORT

»Also, noch einmal: Geduldig sein mit den Mitmenschen bedeutet – setz dich hin und sei endlich still!«, brüllte Pfarrer Wie-soll-ich-die-Kinder-bloß-ruhig-stellen den kleinen Otto an. In dem Moment schepperte es lautstark, denn auch Fenja war es wohl zu langweilig geworden. Sie turnte hinter dem Rücken des Pfarrers am Taufstein herum und hatte den Abendmahlskelch hinuntergeworfen. Der arme Pfarrer raufte sich die Haare und wünschte sich nur noch nach Hause ...

oder:

»Wow!«, hauchte Anne leise und bekam sofort von Max einen Hieb mit dem Ellbogen in die Seite. »Psst!«, raunte er nur und hing wie alle anderen Kinder gebannt an Katrins Lippen. Wie würde diese Geschichte wohl ausgehen? Ihre Augen wurden immer größer, und die Spannung war förmlich zu spüren ...

Tja, wenn man jetzt wählen könnte, ob man lieber in der Haut des Pfarrers oder der Jungscharleiterin stecken würde (die Auswahl der »Ämter« hat nichts mit der Einschätzung der »Geschichtenerzählfähigkeit« der jeweiligen Personengruppe zu tun, sondern ist rein willkürlich!!) – das Ergebnis einer solchen Umfrage ist leicht zu erraten! Es gibt doch nichts Schöneres, als eine Schar Kinder (oder auch Jugendliche und Erwachsene) vor sich zu haben, die gespannt und fasziniert der Erzählung lauschen.

Wer möchte nicht so erzählen können, dass die Kinder zuhören? Wer möchte nicht gerne einen Schatz von Themengeschichten besitzen, mit denen man besser an eine Thematik herangehen kann als über die rein kognitive Ebene? Wer möchte nicht ein Buch besitzen, in dem zu den unterschiedlichsten Stichwörtern Geschichten für Kinder zu finden sind? Wer möchte nicht gerne mal die Erleichterung genießen, dass zu den Geschichten auch schon Anregungen gesammelt wurden, wie man diese Geschichte sinnvoll vertiefen kann?

Hier ist dieses Buch. Eine kleine Schatztruhe mit vielen Geschichtenschätzen. Ich möchte an dieser Stelle allen Autorinnen und Autoren ein ganz herzliches Dankeschön sagen für ihre Geschichten, die sie zur Verfügung gestellt haben. Viele unterschiedliche Menschen (Jungscharleiter, Religionslehrer, Pfarrer, Kinderkirchenmitarbeiter, Mütter und Väter ...) unterschiedlichsten Alters haben sich die Mühe gemacht, ihre besten Geschichten aufzuschreiben.

Nutzen Sie diese Schätze, und nutzen Sie die Erzähltipps wie auch die Anregungen zur Vertiefung der Geschichten.

Viel Freude beim Gebrauch dieser »Geschichten-Schatztruhe«, viele gespannte Gesichter und leuchtende Kinderaugen, viel Spaß beim Erzählen und Gottes Segen bei Ihrer haupt- oder ehrenamtlichen Arbeit

wünscht Ihnen *Sybille Kalmbach*

Hinweis: Mit diesem Buch sind Frauen und Männer angesprochen, und im Sinne der »wirklichen Gleichberechtigung« wurde auf die ständige Erwähnung der männlichen und weiblichen Form verzichtet. Viel Freude mit dem Buch wünsche ich allen Leserinnen und Lesern!!!

Warum erzählen? Weil es sich lohnt!!

In unserer heutigen Medienwelt könnte man auf die Idee kommen, erzählte Geschichten wären veraltet und unnötig. Es gibt technisch und pädagogisch hochwertige Videos, CD-Roms, DVDs, Hörpielkassetten und vieles mehr.

Warum also noch erzählen? Weil ...

... die Kinder (und genauso auch Jugendliche und Erwachsene!) spüren: Der Erzähler nimmt sich für mich Zeit, er erzählt für mich persönlich. Es ist eine ganz direkte Art der Zuwendung.

... die besten Medien nicht das menschliche Gesicht mit seiner Mimik ersetzen können, die Augen, die die Zuhörer direkt anschauen, die Stimme, die in der Geschichte mitlebt, die Gestik des Körpers.

... man als Erzähler auf die Reaktionen der Zuhörer eingehen kann.
... man nach der Geschichte entscheiden kann, ob man die Erzählung für sich stehen und wirken lässt, oder ob man noch Impulsfragen oder ein Vertiefungsangebot für sinnvoll erachtet.
... Geschichten ein wertvoller Schatz sind, den man als Erzähler weitergeben kann.
... man über Geschichten sehr viel lernen kann. Wenn durch die Geschichte ein Zusammenhang erkannt oder etwas begriffen wird, bleibt dies viel besser hängen als ein eingehämmerter Moralsatz.
... Jesus schon viel erzählt hat und wir von ihm abschauen können, wie die Erzählungen die Zuhörer in ein Thema mit hineinnehmen und sie die Thematik besser verstehen und die Wahrheiten dahinter selbst begreifen.
... Geschichten erzählen nicht nur etwas Schönes für die Zuhörer ist, sondern auch für den Erzähler. Es ist ein Erlebnis, wenn alle Augenpaare gebannt an den Lippen des Erzählers hängen und man spürt, wie die Zuhörer in der Geschichte mitleben.

Wie erzählen?

Mit »Leib und Seele«, mit Begeisterung und Zuversicht, mit Mut und Freude. Leider sagen viele Menschen von vornherein: »Erzählen kann ich nicht« oder »Erzählen liegt mir nicht«.

Das ist ein Vorurteil, das es aus der Welt zu schaffen gilt. *Jeder kann erzählen!!*

Manche Erzähler haben eine Naturbegabung, andere müssen erst ein bisschen üben und Sicherheit gewinnen, aber erzählen kann jeder lernen.

Wie lerne ich erzählen?

Erzählen ist ein genaues Wahrnehmen von Bildern, Gerüchen, Geräuschen, Gefühlen, Stimmungen etc., ein Sichhineinversetzen in die Personen einer Geschichte, und dann ein Wiedergeben dieser Wahrnehmung.

Einfache Übung: Wahrnehmungsspaziergang

Aufgabe: Machen Sie einen Spaziergang von ca. 20 Minuten Dauer – alleine. Achten Sie bei diesem Spaziergang bewusst auf die Wahrnehmung: Was sehe ich, was höre ich, was rieche ich ... Nehmen Sie gegen Ende des Spaziergangs einen Gegenstand mit, der Ihnen ins Auge fällt.

Jetzt sollten Sie entweder einem »Freiwilligen« die Geschichte des Spaziergangs erzählen oder sich selbst (man kommt sich vielleicht zunächst komisch vor, aber das laute Erzählen ist ein wichtiger Schritt für den künftigen Erzählprofi!). Beginnen Sie dazu am Start des Spaziergangs, wiederholen Sie den Spaziergang »im Kopf« und beschreiben Sie alle Wahrnehmungen. Zum Beispiel: *Ich schlenderte zuerst am Bach entlang. Das Laub raschelte unter meinen Füßen und ich konnte den leicht modrigen Geruch riechen. Der Bach plätscherte ruhig vor sich hin. Ich schaute genau hin, ob ich vielleicht eine Bachforelle entdecken konnte, und blieb dazu immer wieder stehen.*

Wer möchte, kann auch versuchen, in der Gegenwart zu erzählen. Dies kostet ein bisschen mehr Konzentration (wenn man es öfter ausprobiert hat, fällt auch dies bald nicht mehr schwer), nimmt aber die Zuhörer noch direkter mit hinein, weil sie so »live« dabei sind. Zum Beispiel: *Der Wind streicht mir kalt übers Gesicht, und ich fröstle. Während ich überlege, ob es hier überhaupt Forellen gibt, höre ich hinter mir einen lauten Knall. Blitzschnell drehe ich mich um und traue meinen Augen kaum ...*

Beschreiben Sie den Spaziergang Bild für Bild und heben Sie das Finden des Gegenstandes als Höhepunkt heraus. Zum Beispiel: *Nachdem sich der Grund des Knalls herausgestellt hat, kann ich nur noch über mein Erschrecken lachen. Ich gehe weiter und reibe mir die Hände, weil es sehr kühl geworden ist. Da sehe ich plötzlich am Bachufer etwas schimmern. Fast hätte ich es gar nicht bemerkt, wenn nicht genau in diesem Augenblick ein Sonnenstrahl darauf gefallen wäre. Neugierig gehe ich darauf zu. Ich überlege: Was das wohl ist? Eine Münze? Eine weggeworfene Dose? Vielleicht eine wertvolle Perle? Als ich am Bachufer angekommen bin, bücke ich mich zu dem Schimmern hinunter und schiebe den Lehm und einige Gräser zur Seite. Was ich sehe, erstaunt mich. Es ist kei-*

ne Münze, keine Dose, keine Perle – sondern ein Schlüssel, der halb in einem Schneckenhaus steckt. Was hat das zu bedeuten? ...

Der Wahrnehmungsspaziergang ist eine sehr gute und einfache Übung, um die eigene Wahrnehmung zu schulen und das Beschreiben der Wahrnehmungen zu üben. Und wenn man dann erst mal loslegt und nicht nur einen Spaziergang erzählt, sondern eine »richtige« Geschichte (die bestimmt noch viel mehr Spannung aufbauen kann als ein Spaziergangsbericht ...), dann fällt auch dies gar nicht mehr schwer.

Vorbereitung einer Erzählung

Erzählen heißt, einen Weg noch einmal gehen. Erzählen heißt, die Wahrnehmungen und Bilder noch einmal hervorholen und Szene für Szene wiedergeben. Erzählen ist nichts weiter als »Fernsehen im Kopf« oder die Abfolge einer Bildergeschichte oder Diaschau im Kopf.

Wenn ich mir die Geschichte, die ich erzählen will, vorher genau durchgelesen und sie mir Bild für Bild, Szene für Szene vorgestellt und ausgemalt habe, brauche ich beim Erzählen selbst nur noch diesen »Film«, diese Bilderfolge vor meinem inneren Auge anzuschauen und zu beschreiben. Wenn ich mich in die Erlebnisse und Gefühle der Personen hineingedacht habe, dann »lebe ich mit« beim Erzählen und kann es meinen Zuhörern begreiflich machen.

Die ideale Vorbereitung

1. Lesen Sie die Geschichte, die Sie erzählen wollen, mehrmals durch. Lassen Sie dabei vor dem inneren Auge die Bilder lebendig werden, schalten Sie die Vorstellungskraft ein.
2. Bei einem weiteren Lesedurchgang sollten Sie sich ein Blatt Papier holen und die einzelnen Szenen kurz notieren. Da wir visuell geprägte Menschen sind, ist es auch eine große Hilfe, pro Szene eine einfache Skizze von dem Bild, das vor Ihrem inneren Auge entstanden ist, daneben zu malen. (Wer diese Skizzen einzeln auf große Papierbögen malt – mind. DIN A4, bei größerer Kinderzahl größere Bögen –, hat damit auch gleich eine Bilderfolge für die Kinder zum Zeigen während der Geschichte.

Dazu muss man kein Künstler sein, denn die Phantasie der Kinder vervollständigt die vielleicht etwas unbeholfenen Zeichnungen!)

3. Schreiben Sie möglichst den Spickzettel noch einmal neu und minimieren Sie ihn auf wenige Stichwörter.
4. Legen Sie das Buch zur Seite und erzählen Sie die Geschichte mit oder ohne Spickzettel mindestens ein Mal laut (man kommt sich vielleicht ein wenig komisch vor, aber dies ist die beste Übung; erzählen »im Kopf« ist nicht das Gleiche, laut sprechen ist wichtig und effektiver!!!). Üben Sie entweder für sich alleine, noch besser mit einem gewillten Zuhörer (wird sich schnell finden – Geschwister, Nachbarkinder, Hund, Goldhamster ...).
5. Lesen Sie kurz vor dem Erzählen entweder noch einmal schnell die gesamte Geschichte und gehen Sie den Spickzettel durch, oder schauen Sie nur noch einmal den Spickzettel an – holen Sie sich die Bilder zur Geschichte wieder her.
6. Mit frischem Mut voran, trauen Sie sich etwas zu! Freuen Sie sich schon jetzt auf die gespannten Augen der Kinder!

Lebendig erzählen

Wer das obige »Erzählrezept« anwendet, der kann eigentlich nicht mehr viel falsch machen. Wenn ich Szene für Szene vor meinem inneren Auge vor mir habe, werde ich in dieser Geschichte mitleben und auch meine Zuhörer mit hineinnehmen. Wenn ich die Bilder vor mir habe, werde ich automatisch lebendig erzählen. Was allerdings nicht fehlen sollte, ist auch die Motivation und Lust am Erzählen. Eine Geschichte, die zwar alle Bilder schön ausschmückt, aber mit monotoner und gelangweilter Stimme vorgetragen wird, ist eine Zumutung. Eine Geschichte wird lebendig durch das Einsetzen der Stimme, die mal leise flüstert oder plötzlich laut wird, durch die Mimik und Gestik, die Gefühle widerspiegelt und unterstreicht. Dies alles ist wichtig, aber man sollte es auch nicht übertreiben und zu theatralisch gestalten.

Wie gesagt, solange man die Bilder im Kopf hat und die Geschichte gerne weitererzählt, werden sich Stimme, Mimik,

Gestik etc. automatisch anpassen, auch ohne dass man verkrampft und zwanghaft auf alles achten muss.

Wichtige Erzähltipps

Geschichtenauswahl: Wer sind die Hörer? Was passt zu ihrer Lebenswelt?

Grundsätzlich kann ich jedem Zuhörer Geschichten erzählen. Allerdings macht es einen Unterschied, ob ich z.B. einem Dreijährigen oder einem Zwölfjährigen etwas erzähle.

Je jünger die Kinder sind, desto einfacher und schlichter sollten die Geschichten sein. Kleinere Kinder können sich noch nicht so lange konzentrieren wie ältere Kinder, und auch die Komplexität der Geschichte sollte sich dem Alter anpassen. Das bedeutet, dass man Fremdwörter und Fachbegriffe weglassen oder die Erklärung in die Geschichte miteinbauen muss, damit der Fluss der Geschichte nicht durch eine Erklärung unterbrochen wird. Zum Beispiel: *Karim war erst vor kurzem nach Deutschland gekommen. Er konnte nur wenige deutsche Wörter und war deshalb überall ein Außenseiter. In der Pause stand er immer alleine in einer Ecke im Pausenhof, weil die anderen Mitschüler seine türkische Sprache nicht verstanden, wenn er mit ihnen redete. Und auch nachmittags traf er sich nicht wie die anderen mit seinen Freunden. Immer war er alleine. Ein Außenseiter. Darüber war Karim sehr traurig.*

Außerdem sollte natürlich auch der Inhalt der Geschichte an die Lebenswelt der Hörer angepasst werden. Ein Dreijähriger ist mit einer Gruselgeschichte überfordert, einen Zwölfjährigen reißt das Verschwinden des Kuscheltiers nicht mehr vom Hocker.

Erzählstil

Wer einmal begonnen hat, Geschichten zu erzählen, wird zu seinem eigenen Erzählstil finden, der zur eigenen Person passt. Es gibt nicht den idealen Stil. Manche Erzähler sind sehr ruhig, und können doch spannend erzählen. Zu ihrer stilleren Art würde es nicht passen, wenn sie vor den Zuhörern herumhüpften und die Geschichte wild gestikulierend darböten. Genauso passt es nicht zu einer lebhaften Person, wenn sie stocksteif dasitzt und versucht, die Gestik und Mimik zu unterdrücken, um nebenher keine großen Showeinlagen zu liefern. Jeder muss seinen Stil finden, darf sich aber ruhig Tipps zur Verbesserung geben lassen ...

Neben dem persönlichen Erzählstil kann man weitere Erzählarten unterscheiden:

– *Frei erzählen:* Die idealste Form der Erzählung. Man hat seine Geschichte »intus« und somit die Möglichkeit, den Zuhörern beim Erzählen in die Augen zu schauen und auf ihre Reaktionen einzugehen. Man bemerkt sofort, ob die Kinder abgelenkt werden, weil vor dem Fenster etwas Interessantes passiert, ob ein Kind ein anderes ärgert, ob die Kinder der Erzählung nicht mehr folgen können, weil sie etwas nicht kapiert haben (sieht man sofort am Gesichtsausdruck), ob man mehr Spannung hineingeben muss oder eher etwas abmildern, weil sie Angst bekommen etc.
– *Mit Spickzettel erzählen:* Einen Spickzettel zu benutzen ist keine Schande. Er kann eine große Hilfe sein. Hilfreich ist es z.B., den ersten Satz zu notieren, weil er der »Hinhörer« ist, der auf die Geschichte aufmerksam macht und zum Zuhören einlädt. Außerdem kann man sich vorher überlegen, in welche Szenenfolge die Geschichte eingeteilt ist, und pro Szene ein Stichwort notieren, damit man nichts vergisst. Allerdings Vorsicht: Wer sich einen zu ausführlichen Spickzettel macht, klebt an seiner Erzählhilfe, obwohl es bestimmt auch mit weniger geklappt hätte. Und dann hat man die Kinder nicht mehr genug im Blick – siehe die Vorteile oben!
  Grundsätzlich hilft schon das Erstellen eines Spickzettels, weil man sich noch einmal die Szenen bewusst macht und die Erzählfolge durch das Aufschreiben vertieft. So mancher braucht seinen Spickzettel nicht mehr, weil er sich vorher die Mühe damit gemacht hat und jetzt alles »im Kopf« ist (dieses Phänomen kennen bestimmt einige von der Schule ...).
– *Mit Buch erzählen:* Das Erzählen mit dem Buch in der Hand ist noch schwieriger als mit Spickzettel, weil man zum einen zu stark verführt ist, ständig noch einmal nachzuschauen, und mit den Blicken am Buch kleben bleibt und zum anderen die Wahrscheinlichkeit sehr hoch ist, die Stelle nicht auf Anhieb zu fin-

den, an der man sich gerade befindet. Es folgt ein Stottern und Suchen, was nicht unbedingt Zuhörer-freundlich ist. Gerade Kinder sind da gnadenlos, steigen aus der Geschichte aus und machen Quatsch. Das kann man sich ersparen.

- *Vorlesen:* Vorlesen ist etwas ganz Besonderes. Kinder genießen es, vorgelesen zu bekommen. Allerdings sollte man sich gut überlegen, wann Vorlesen angebracht ist und wann nicht. Es ist ein Unterschied, ob ich ein oder zwei Kinder auf meinem Schoß sitzen habe, denen ich etwas vorlese, oder ob eine größere Gruppe vor mir sitzt, deren Aufmerksamkeit ich haben will. Und die bekomme ich leichter durch freies Erzählen und Blikkkontakt, weil viel mehr Ablenkungsquellen da sind. Außerdem habe ich bei freiem Erzählen viel größere Möglichkeiten, die Geschichte spontan zu kürzen oder spannend in die Länge zu ziehen, eine geeignete Frage oder Vertiefung einzubauen, etc. Das freie Erzählen lässt mir gerade bei gezielt eingesetzten Themengeschichten einen viel größeren Handlungs- und Gestaltungsspielraum.

Weitere Erzählhilfen

Die größte Erzählhilfe ist eine gute Vorbereitung. Wer trotzdem unsicher ist, dem hilft es oft, wenn die Blicke der Kinder nicht auf den Erzähler gerichtet sind, sondern auf ein Hilfsmittel. Es gibt sehr viele Hilfsmittel, und mit der Zeit wird man immer einfallsreicher. Im Folgenden einige Anregungen:

- Ein zur Geschichte *passender Gegenstand*, der in die Mitte gestellt oder gelegt wird. Z.B. bei einer Geschichte, in der Geld aus Mutters Geldbeutel geklaut wird, ein Geldbeutel oder einige Münzen und ein Geldschein, oder bei der Geschichte von dem Niederlage-Fußballspiel ein Fußball.
- Eine weitere Möglichkeit ist, ein *Bild oder ein Foto* in die Mitte zu legen. Zum Beispiel bei der Geschichte von der Krötenwanderung ein Foto oder Tierposter oder Kalenderblatt von einer Kröte, oder bei der Geschichte von Angst – Höchstgeschwindigkeit kann man ein Fahrrad aufmalen und in die Mitte legen.
- Parallel zur Erzählung kann auch eine *Bildergeschichte* gezeigt werden (siehe Hinweis bei »Vorbereitung einer Erzählung«).

Dies kann im einfachen Strichmännchen-Stil sein, oder auch »edler gezeichnet« und auscoloriert mit Wachsmalstiften oder Buntstiften. Muss aber gar nicht so kunstvoll sein, die Kinder haben viel Phantasie. Hilfreich bei einer Bildergeschichte sind übrigens die Rückseiten der Bilder – darauf lassen sich wunderbar einige »Spickzettelnotizen« machen. Bildgeschichten faszinieren die Kinder, sie sind aber auch ein erheblicher Mehraufwand und müssen nicht grundsätzlich sein – man sollte sich auf jeden Fall auch mal trauen, ohne so ein Hilfsmittel zu erzählen!

- Wer sich ohne Spickzettel sicher fühlt, kann auch einmal das »Sprechzeichnen« ausprobieren. Dazu nimmt man einen Malblock oder ein Flip Chart zu Hilfe und malt parallel zur Erzählung Bilder auf. Dies ist sehr faszinierend, wenn die Bilder »nebenher« entstehen. Allerdings sollte man die Bilder zum einen sehr einfach halten (Comicstil), zum anderen nicht zu viele Bilder malen, damit es kein Malmarathon wird, sondern ein mit einigen Bildern unterstrichenes Erzählen. Und vor allem muss man auch diese Erzählhilfe vorher gut vorbereiten und schon von vornherein überlegen, an welchen Stellen man ein Bild malt und welches! Vorsicht bei dieser Methode: Man sollte den Kindern durch das Malen nicht ständig den Rücken zuwenden, weil sie dadurch unaufmerksam werden oder weil man mit seinem Körper beim Malen das Bild verdeckt.
- *Tageslichtprojektor:* Man kann parallel zur Erzählung passende Tageslichtprojektorfolien auflegen oder aus Papier einen Gegenstand/ein Männchen ausreißen oder -schneiden und auf den Tageslichtprojektor legen, dies wird als großes Schattenbild an die Wand projiziert.
- *Handpuppen bzw. -tiere:* Wenn man die Geschichte aus der Sicht einer Handpuppe oder eines Tieres erzählt, ist der Blick der Kinder auch auf dieses Hilfsmittel gerichtet. Kinder sind fasziniert von solchen Methoden, allerdings muss man wieder darauf achten, dass sie dem Alter gemäß eingesetzt werden. Außerdem ist natürlich auch hier eine gute Vorbereitung unabdinglich, weil man nicht aus der »Ich-Erzählung« des Tieres oder der Puppe herausfallen sollte. Ein Dialog zwischen Handpuppe und dem Erzähler muss erst recht geübt werden, kommt dann aber auch »tierisch« gut an ...

- Man kann sich als Person aus der Geschichte *verkleiden* und auftreten. Wenn ich die Geschichte eines Fußballers erzähle, kann ich im Fußballdress mit dem Fußball unterm Arm hereinkommen und erzählen. Allerdings sollte es zu meiner Person passen. Ein Erwachsener wirkt lächerlich, wenn er als Dreijähriger auftritt, oder ein Mann, der sich als Hausfrau verkleidet. Dies passt dann vielleicht doch eher zu einem Sketch, als dass es für eine Erzählung hilfreich ist.

Bewusstes Einsetzen von Geschichten

Schon das Erzählen an sich macht dem Erzähler und den Zuhörern Spaß, weil man etwas hat, was verbindet, weil man gemeinsam Zeit verbringt und jeder dem anderen Aufmerksamkeit schenkt. Eine große Chance ist aber das bewusste Einsetzen von Geschichten. Aus diesem Grunde ist dieses Buch entstanden und wieder neu aufgelegt und überarbeitet worden. Bestimmte Themen kann man mit einer Geschichte viel leichter angehen. Ob ich nun sage: »Stehlen ist nicht okay«, oder ob es die Kinder durch die Geschichte selbst begreifen, ist ein großer Unterschied im Lerneffekt. Genauso ist es ein großer Unterschied, ob ich sage: »Heute wollen wir über Ausländerfeindlichkeit reden«, oder ob ich die Kinder mit einer Geschichte an die Thematik heranführe und am Ende der Geschichte einen Ansatzpunkt und Gesprächsstoff habe, der nicht erzwungen ist.

Deshalb möchte ich Sie zum bewussten Einsetzen der Themengeschichten und zum Ausprobieren der methodischen Tipps und Vertiefungsmöglichkeiten ermutigen!

In diesem Zusammenhang möchte ich auch vor moralischen Schlusssätzen warnen! Viele gute Geschichten werden durch ein am Ende platziertes »Und was lernen wir daraus?« verdorben. Man darf den Kindern und der Geschichte ruhig etwas zutrauen! Ein Moralsatz am Schluss rundet dagegen die Geschichte nicht ab, sondern verdirbt oft viel, weil die Kinder (zu Recht!) plötzlich das Gefühl bekommen, die Geschichte wurde missbraucht, um ihnen einen Moralsatz unterzujubeln. Es ist viel sinnvoller, die möglichen Vertiefungsangebote zu nutzen oder sich selbst etwas zu überlegen, was die Geschichte unterstreicht.

Natürlich kann man eine Geschichte einfach »nur so«, ohne jegliche methodische Hilfsmittel und ohne jegliche Vertiefungsmöglichkeiten erzählen. Wer aber gerne möchte, dass die Geschichte besser »hängen bleibt«, der sollte sich folgende Untersuchungsergebnisse anschauen:

10-15 % bleiben in Erinnerung, wenn man nur hört.
40-50 % bleiben in Erinnerung, wenn man hört und etwas sieht.
80 % bleiben in Erinnerung, wenn man auch noch etwas erlebt.

Aus diesem Grund sind die meisten Themengeschichten in diesem Buch mit Anregungen zu Impulsfragen, zum Einstieg oder zur Vertiefung versehen, damit neben dem Hören auch das Sehen und Erleben nicht zu kurz kommt und man das Wissen um das menschliche Lernen und Erinnerungsvermögen nutzt.

Mögliche Erzählstörer und Tipps zur Abhilfe

Manchmal gelingt eine Erzählung nicht, die Kinder hören nicht zu, man kann sie mit der Erzählung nicht fesseln und begeistern. Davon darf man sich nicht gleich entmutigen lassen, sondern muss überlegen, an was dies liegen könnte. Oft kann man schnell Abhilfe schaffen.

- Ich hänge zu sehr an meinem Spickzettel oder am Buch. Nur Mut, eher weg vom Nachschauen, mehr den Kindern in die Augen schauen.
- Ich werde unruhig und unsicher, wenn ich merke, dass mich alle Kinder anstarren. Entweder mutiger und gelassener werden oder einen Blickfang mitbringen (z.B. einen Gegenstand in die Mitte stellen, der zur Geschichte passt, oder einige Bilder/Fotos oder Strichzeichnungen passend zur Geschichte nebenher zeigen).
- Die Kinder sitzen ungünstig (unbequeme oder knarrende Stühle; Blick zum Fenster raus, draußen ist etwas Interessantes zu beobachten). Andere Sitzpositionen wählen.
- Ich habe mich nicht gut genug vorbereitet und bin unsicher, erzähle deshalb unzusammenhängend. Fürs nächste Mal besser vorbereiten ...

- Ich habe mich nicht an das Alter der Kinder angepasst und erzähle zu schlicht oder zu kompliziert für ihr Alter. Schon wenn man die Geschichte heraussucht und vorbereitet, sollte man die Kinder vor Augen haben.
- Die Kinder sind viel zu aufgedreht, weil sie den ganzen Tag in der Schule sitzen und zuhören mussten und sie ihrem Bewegungsdrang noch nicht nachkommen konnten. Ein »wildes« Spiel zum Austoben vor der Geschichte hilft meist viel. Dann muss man aber auch die Zeit geben, wieder auf »ruhig« umzuschalten, durch ein Lied, ein ruhigeres Spiel o.Ä.
- Ich habe gar keine Lust zum Erzählen und mache es nur, weil es auf dem Plan steht – das überträgt sich, die Kinder spüren das! Mit mehr Motivation an die Geschichte herangehen und sich auf die erwartungsvollen und »miterlebenden« Augen der Kinder freuen, oder zur Not die Geschichte aufs nächste Mal verschieben.

Viel Freude beim Erzählen

Jetzt wurden so viele Tipps zum Erzählen genannt, dass manchen von Ihnen vielleicht der Kopf schwirrt. Dann gilt: Legen Sie am besten los und und gehen Sie mit Freude und Mut an die Sache heran. Sie sollten üben, ausprobieren und sich nicht entmutigen lassen, wenn mal eine Erzählung nicht so geklappt hat. Viel Freude beim Erzählen, der Rest kommt auch!!

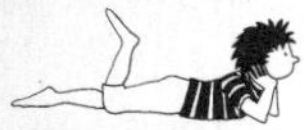

Abendmahl

Einer für viele

Methodischer Tipp: Diese Geschichte sollten Sie vorher prüfen, ob sie für das Alter der Kinder geeignet ist, denen Sie sie erzählen wollen. Zu jungen Kindern oder Kindern, die schon mit Kriegsangst und Kriegsleid in Berührung gekommen sind, sollte man diese Geschichte nicht unbedingt erzählen.

Dröhnend fuhren die Panzer durch die Hauptstraße. Es war Krieg. Schon seit vier Jahren fielen Bomben auf die Häusern und die Leute versteckten sich vor den Soldaten. Viele Menschen waren verletzt worden, manche auch getötet. Etliche Häuser sahen aus wie Ruinen. Jetzt hielten die Panzer an, und bewaffnete Männer stiegen aus. Sie liefen durch die Straßen und trieben alle Männer des Dorfes auf den Marktplatz. Da standen sie nun: 14 Männer, manche waren krank, andere schon älter, und zwei waren gerade eben erst als Verletzte zurückgekehrt.

Sie mussten sich alle in einer Reihe aufstellen. Die Soldaten luden ihre Gewehre und legten sie an. Der Kommandant hob die Hand zum Signal. Da erschien auf der anderen Seite plötzlich ein weiterer Mann. Es war der Pfarrer. Ihn wollten die Soldaten eigentlich verschonen. Doch er ging geradewegs auf den Kommandanten zu und fing an mit ihm zu reden.

Die Soldaten ließen ihre Gewehre sinken und warteten auf weitere Anweisungen ihres Chefs. Nach ein paar Minuten ging der Kommandant zu den 14 Gefangenen und sprach zu ihnen:

»Dieser Mann hier hat euch das Leben gerettet. Geht jetzt!« Die 14 Männer konnten es nicht glauben. Doch sie liefen schnell weg, bevor es sich der Kommandant anders überlegen konnte. Als sie um die Ecke bogen, hörten sie 14 Gewehrsalven – eigentlich wären sie jetzt tot, wenn nicht ein anderer für sie eingetreten wäre.

Vertiefung: Über diese Geschichte sollte man unbedingt mit den Kindern sprechen, damit sie nicht vordergründig mit den Kriegsbildern heimkehren, sondern mit der tiefe-

ren Bedeutung dieser Geschichte. Man kann gemeinsam überlegen, was diese Geschichte mit dem Abendmahl zu tun hat, und den Pfarrer einladen, beim nächsten Mal ein Kinder-Abendmahl mit dieser Gruppe zu feiern.

Bibelstelle: Hebräer 9,28 *Sebastian Heusel, Münsingen*

Abgeben

Die Geheimschublade

Einstieg: Eine Schachtel mit der Aufschrift »Geheim!« in die Mitte legen. Die Kinder in die Schachtel schauen lassen – es befinden sich eine oder mehrere Tafeln Schokolade darin.

Die dritte Schublade von oben, im Schrank neben seinem Schreibtisch, die war etwas Besonderes. Dort verstaute Yannick seine Süßigkeiten. Seit er sich erinnern konnte, nannte er diese Schublade die »Geheimschublade«, obwohl seine Eltern und seine Geschwister wussten, was sich darin versteckte. Aber obwohl die Schublade nicht wirklich geheim war, hatte sie für Yannick eine besondere Bedeutung: Er war stolz darauf, wie viel Schokolade er schon gesammelt hatte. Nur selten, wenn er ganz großen Hunger hatte, nahm er etwas heraus. Was er unbedingt vermied, war, eine Tafel Schokolade mit in die Jungschar zu nehmen. Dort galt nämlich das ungeschriebene Gesetz: Was man in die Jungschar mitbringt, muss man teilen! Schon einige leckere Sachen hatte Yannick auf diese Weise von den anderen Jungscharlern abgekriegt. Aber seine Schätze würde er nicht so leicht hergeben.

Im Laufe der Zeit hatte sich die Geheimschublade gut gefüllt. Und irgendwann kam Yannicks Mutter auf die Idee, dass der Schrank neben dem Schreibtisch einmal gründlich geputzt werden sollte. Rechtzeitig vor der Putzaktion nahm Yannick die Geheimschublade ganz heraus und breitete den Inhalt auf seinem Bett aus. Mindestens zwanzig Tafeln Schokolade waren das inzwischen. Ganz unten lagen Sorten, bei denen er sich schon gar nicht mehr erinnern konnte, dass er sie je bekommen hatte.

Die Erdbeer-Schokolade lachte ihn besonders an, diese Tafel wollte er sich heute gönnen. Das Wasser lief ihm im Mund zusammen, als er die Tafel öffnete. Aber, o Schreck: Die Schokolade sah ganz verfärbt aus. Und sie roch seltsam. Über die Jahre war sie wohl verdorben! Yannick bekam einen Schreck und packte eine andere Schokolade aus – auch hier bot sich ihm das gleiche Bild! Noch elf weitere vergammelte Schokoladen packte Yannick an diesem Nachmittag aus. Es war ihm zum Heulen zumute, als er eine Tüte voll edelster Schokolade in den Müll warf. Für wie viele Jungscharstunden hätte das gereicht, für ihn und die anderen Jungscharler! Wenigstens ein paar Tafeln waren noch gut. Und in die nächste Jungscharstunde nahm Yannick gleich zwei davon mit. Erst jetzt merkte er, wie schön es war, anderen etwas abgeben zu können. Die Geheimschublade jedenfalls wurde, als die Putzaktion überstanden war, nie mehr so voll wie früher.

Vertiefung:
Mit den Kindern zusammen die mitgebrachte Schokolade aus der Geheimschachtel teilen.

Methodischer Tipp: Oft bringen Jungscharler Süßigkeiten mit in die Jungschar. Ob man das Mitgebrachte teilen soll, kann vielleicht einmal mit der Gruppe diskutiert werden. Oder man fordert direkt alle auf, die mitgebrachten Schätze auf den Tisch zu legen, um sie mit allen zu teilen.

Bibelstelle: Apostelgeschichte 20,35 *Wolfgang Ilg, Tübingen*

Abgeben

Teilen, was man hat

Einstieg: Ein Bild von spielenden afrikanischen Kindern in die Mitte legen.

Eric ist mit seinen Eltern und einigen anderen Erwachsenen, die auch Kinder haben, unterwegs in Afrika. Bisher haben sie schon allerhand erlebt: eine Wüstensafari mit Geländewagen, eine Kanu-Tour auf einem wilden Fluss, und auch auf den Märkten, durch die sie geschlendert sind, hat es viel zu sehen gegeben.

Heute ist eine Wanderung angesagt. Eric ist wirklich nicht scharf darauf gewesen, bei der großen Hitze unterwegs zu sein – noch dazu zu Fuß und ohne Klimaanlage, die es sonst in den Reisebussen immer gegeben hat. Nach einem guten Stück Weg macht die Reisegruppe unter schattigen Bäumen Pause und genießt die kühle Luft. Eric löscht zuerst einmal seinen Durst und packt dann wie die anderen seinen Proviant aus und fängt an zu essen.

Einige Meter weiter sieht er eine Gruppe von Kindern, alle mit dunkler Hautfarbe, miteinander spielen. Beim genauen Hinsehen entdeckt Eric, dass sie mit einem Stück Autoreifen kicken. Ein kleiner Junge blickt herüber zu Erics Reisegruppe. Etwas mulmig wird Eric zumute, als er bemerkt, dass sich der kleine dunkelhäutige Junge geradewegs auf ihn zubewegt. »Was will der von uns?«, fragt sich Eric. »Vielleicht betteln oder so?« Er wartet gespannt, was geschehen wird.

Einen Augenblick später steht der kleine Junge direkt vor ihm. Er blickt Eric mit großen, dunklen Augen erwartungsvoll an. Dann sagt er etwas, das Eric nicht verstehen kann – er sieht nur aus dem dunklen Gesicht die weißen Zähne hervorblitzen. Der kleine Junge lächelt ihn an. Der Reiseleiter kommt herüber und spricht den Jungen unfreundlich an. Zu Eric gewandt sagt er: »Weißt du, die wollen immer nur eins: Geld. Und sie wissen genau, wo sie es holen können und wie sie die Touristen um den Finger wickeln können.« Dann wendet er sich wieder dem kleinen Jungen zu, dieses Mal klingt sein Ton schärfer. Das Gesicht des Jungen wird ernst. Langsam dreht er sich um und trottet zurück zu den anderen Kindern. Eric weiß nicht so recht, was er davon halten soll. Sein Magen knurrt und so isst er weiter. Doch es will ihm nicht mehr schmecken. Sein Blick wandert immer wieder zu der kleinen Gestalt, die sich Schritt für Schritt von ihm entfernt.

Plötzlich springt Eric auf. Noch bevor seine Eltern etwas sagen können, rennt er dem kleinen Jungen hinterher. Als er bei ihm ankommt, drückt er ihm eine Packung Kekse, die er noch in seinem Rucksack gefunden hat, in die Hand. Der afrikanische Junge lacht, streicht liebevoll über Erics Hand und läuft, so schnell ihn seine Füße tragen, zu den anderen. Eric schaut ihm nach und sieht, wie der kleine Junge umringt wird. Er traut seinen Augen nicht, als er bemerkt, dass der Junge die Kekse mit den anderen Kindern teilt.

Kurze Zeit später winken ihm die afrikanischen Jungen zu. Sie wollen, dass Eric kommt und mit ihnen spielt. Und das lässt sich Eric nicht zweimal sagen. Die Hitze wird ihm egal, und er hat mächtig Spaß, als er mit den anderen Kindern über den Staub wirbelt und dem alten Autoreifen hinterherjagt.

Vertiefung:
Man kann gemeinsam überlegen, wo auch wir etwas geben können, ohne nach Afrika zu fahren oder eine Packung Kekse ins Ungewisse loszuschicken. Evtl. können Sie Informationen über ein Patenkindprojekt mitbringen und den Kindern vorstellen. Hier bietet sich auch ein Elternabend an, an dem man die Eltern informiert und dazu einlädt, an dem Projekt mitzumachen und entweder einmalig oder regelmäßig etwas für ein bestimmtes Kind zu spenden.

Bibelstellen: Sprüche 11,25; Matthäus 25,40; Lukas 6,38; Jakobus 2,16

Rosemarie Ilg, Tübingen

Abgeben

Warum abgeben an andere?

»Waaaas?«, schrie Luise, schnellte auf und schaute Frau Engelbert empört an. »Das finde ich auch nicht okay«, murmelte Ludwig leise vor sich hin. Er hatte zwar nicht Luises Temperament, aber er war absolut der gleichen Meinung wie sie.

»Luise, was ist denn los?«, fragte Frau Engelbert.

»Was los ist? Wir haben ein ganzes Jahr lang geschuftet. Wir haben Kisten geschleppt und den Flohmarkt organisiert, wir haben uns beim Schulfest und beim Nikolausmarkt den ganzen Tag die Beine in den Bauch gestanden und Kuchen verkauft, wir haben jeden Monat einen Teil unseres Taschengeldes abgegeben, und wir haben – ach, Sie wissen ja selbst, dass wir wirklich einiges arbeiten mussten, um endlich so viel Geld in der Klassenkasse zu haben. Und jetzt kommen Sie daher und wollen, dass wir unser hart verdientes Geld einfach herschenken? Ich meine, klar ist das eine gute Nachricht, dass der Schullandheimaufenthalt billiger wird als erwartet. Aber das ist doch kein Grund, jetzt unser Geld herzuschenken!«

Frau Engelbert ließ Luise ausreden und wartete, bis sie sich etwas beruhigt hatte. Als Luise ihrer Empörung genügend Luft gemacht hatte, setzte sie sich hin und verschränkte in ablehnender Haltung ihre Arme.

Frau Engelbert schaute in die Klasse und begann zu erklären: »Ich verstehe eure Empörung. Und ich weiß auch, dass ihr hart gearbeitet habt, um den großen Betrag in eurer Klassenkasse zusammenzubekommen. Natürlich wäre es toll, wenn der Schullandheimaufenthalt dadurch noch günstiger würde. Aber ich bitte euch, mir erst einmal zuzuhören. Beim Elternabend habe ich euren Eltern erklärt, dass wir dieses Jahr einen Sonderpreis mit dem Schullandheim aushandeln konnten. Und eure Eltern haben gesagt, dass ihr nun selbst entscheiden dürft, was mit dem Geld passiert. Eine Möglichkeit wäre, den Schullandheimaufenthalt noch günstiger zu machen. Aber alle eure Eltern sagten, dass sie keine finanziellen Probleme haben und den jetzigen Preis gerne zahlen.«

»Na, das ist doch super, dann hauen wir das Geld auf den Putz!«, rief Luise.

Frau Engelbert nickte Luise zu. »Genau das wollte ich gerade als zweite Möglichkeit aufzählen. Von dem Geld könntet ihr euch natürlich viele Extras leisten. Einen Besuch im Eiscafé, der aus der Klassenkasse bezahlt wird, vielleicht einen zusätzlichen Schwimmbadbesuch ...«

»Oder jeden Abend Chips und Schokolade für alle ...«, rief Lars, und die ganze Klasse kicherte, weil jeder Lars' Schwäche für Süßigkeiten und Chips kannte.

Frau Engelbert lächelte auch, und setzte dann aufs Neue an. »Ja, das wäre auch eine Möglichkeit. Die dritte Möglichkeit wäre, das Geld zu spenden. Luise, du hast dich eben schon aufgeregt, aber lass mich erst einmal etwas dazu erklären. Natürlich habt ihr das Geld hart erarbeitet, und da ist es toll, wenn man es auch ausgeben kann und etwas davon hat. Aber meint ihr nicht, dass andere vielleicht noch eine viel größere Freude an dem Geld hätten?«

»Klar, dass andere sich freuen, wenn sie unser Geld bekommen ...«, empörte sich Luise schon wieder.

Frau Engelbert ließ sich durch den Zwischenruf nicht beirren und fuhr fort. »Es gibt Kinder, denen geht es nicht so gut wie euch. Zum Beispiel in Lima. Sehr viele Leute leben auf der Straße und haben überhaupt nichts. Und das Schlimme ist, dass über die Hälfte davon Kinder sind. Straßenkinder. Das Kinderwerk in Lima hat es sich zur Aufgabe gemacht, diesen Kindern wenigstens einmal am Tag ein richtiges Essen zu geben, für das sie nichts bezahlen müssen. Dadurch retten sie viele Kinder vor dem Verhungern. Sie bekommen ein richtiges Frühstück, und das kostet nur 50 Cent. Wenn wir unser Geld aus der Klassenkasse für dieses Kinderwerk in Lima spenden würden, dann könnten sehr viele Kinder sehr lange davon ernährt werden. Rechnen wir es doch mal aus. Wir haben 300 Euro in der Klassenkasse. Ein Frühstück kostet 50 Cent. Wie viele Tage könnte man zwei Kinder damit ernähren?«

Es war ganz still geworden in der Klasse. Luise und alle anderen schauten nachdenklich drein, und dann begannen sie zu rechnen. Frau Engelbert war gespannt. Würden sie etwas von ihrem Geld aus der Klassenkasse abgeben für die Kinder, denen es nicht so gut ging? Welche Argumente würden sie wohl dafür und dagegen anbringen?

Vertiefungsmöglichkeiten:
Mit den Kindern zusammen die Rechenaufgabe von Frau Engelbert ausrechnen.

- *Weitere Informationen über das Kinderwerk in Lima und/oder andere Hilfswerke besorgen.*
- *Auf einem Plakat Argumente für und gegen die Klassenkassen-Spende sammeln.*
- *Gespräch über Wohlstand und Armut, über Geiz und Abgeben. Konkrete eigene Schritte überlegen, wie und was man abgeben*

könnte, und in die Tat umsetzen. Evtl. eine Aktion planen, bei der der Erlös und ein freiwilliger Anteil des Taschengeldes der Kinder gespendet bzw. abgegeben wird.

Bibelstelle: Markus 12,41-44 *Sybille Kalmbach, Rutesheim*

Abschreiben

»Kommt nicht in Frage!«

Einstieg: Erstellen Sie ein Arbeitsblatt mit einigen Matheaufgaben oder Quizfragen, die für das Alter der Kinder zu schwer sind. Dann erklären Sie, sie hätten fünf Minuten dafür Zeit, aber jeder solle alleine arbeiten. Bestimmt werden bald Proteste der Kinder laut, das wäre ja wie in der Schule, oder Ausrufe ertönen, dass sie diese Aufgaben nicht lösen können. Dann sammeln Sie die Arbeitsblätter wieder ein und sprechen davon, dass den Kindern dieses Gefühl der Überforderung oder des Versagens vielleicht bekannt ist. Mark jedenfalls kannte es gut ... Dann beginnen Sie mit der Geschichte.

Gebannt starren 20 Augenpaare auf den Lehrer, als er beginnt, die letzte Mathearbeit auszuteilen. Die besten Schüler bekommen ihre Hefte immer zuerst zurück. Mark würde sich am liebsten unter seinem Tisch verkriechen. Dass er nicht gerade zu den Matheleuchten zählt, weiß er ja, aber der Lehrer hat nur noch fünf Hefte in der Hand – welches davon ist wohl seines? Das vorletzte! Mann, total danebengegangen die ganze Arbeit, er hat mal wieder voll versagt! Mark seufzt, als er nun auch noch die Ermahnungen des Lehrers über sich ergehen lassen muss, der ihn zu mehr Fleiß auffordert.

Hat der eine Ahnung! Kapieren müsste man alles, so wie Jan, sein Banknachbar. Vielleicht wäre der zu einem Kompromiss bereit? Nach dem Unterricht knöpft sich Mark Jan vor, um ihm auf den Zahn zu fühlen. »Also«, erklärt er, »du lässt mich abschreiben, so gut es irgendwie geht, und dafür erfülle ich dir auch eine Bitte, klar?«

Doch Jan sagt entschieden: »Kommt überhaupt nicht in Frage. Abschreiben ist keine Lösung, das bringt dir doch eigentlich auch nichts. Schlauer wirst du so nicht. Und außerdem ist es Betrug, da mache ich nicht mit. Aber ich habe einen anderen Vorschlag. Komm an zwei Nachmittagen in der Woche zu mir, da werden wir zusammen pauken. Es fehlt dir nur an der nötigen Konzentration und dem Willen, das ist alles. Es wäre gelacht, wenn wir bis zur nächsten Mathearbeit nichts in deinen Kopf brächten!«

So beginnt ein hartes Arbeiten. Jan hat es zunächst gar nicht leicht. Immer wieder will Mark abspringen und verliert die Lust, doch Jan lässt nicht locker. Und nach Wochen des Kampfes geht Mark tatsächlich manches »Mathe-Licht« auf.

Beängstigend schnell rückt die nächste Klassenarbeit heran. Noch ein Stoßseufzer, und Mark macht sich voller Eifer an die Aufgaben. Junge, Junge, da sind doch tatsächlich welche dabei, die sie erst miteinander durchgerechnet haben! Na, und die andern sehen auch nicht so schlimm aus! Feuerrote Backen hat er vor lauter Eifer, und als die Arbeit abgegeben werden muss, grinst er zufrieden zu Jan hinüber.

Sicher, ein Genie ist er noch nicht, aber er weiß, dass ihm Jan durch das gemeinsame Arbeiten viel, viel mehr geholfen hat als durch Mogeln. Später sprechen sie noch miteinander darüber. Jan wehrt das Lob ab und meint: »Erstens bist du mein Freund, Mark, also halten wir zusammen. Außerdem hat es mir auch Spaß gemacht, obwohl es manchmal echt nervig war. Weißt du, das, was ich kann, möchte ich nicht für mich behalten. Ich helfe anderen gerne. Aber das mach ich nicht, weil ich halt ein sozialer und netter Mensch bin, sondern weil Gott mir solche Fähigkeiten geschenkt hat, und er möchte, dass ich nicht egoistisch damit umgehe und sie nur für mich nutze.«

Mark macht ein dummes Gesicht. Dass sein Freund zu den »Frommen« gehört, darüber hat er bisher immer nur herablassend gelächelt. Nun sieht die Sache aber ganz anders aus. Das ist eine neue Nuss, die er nun zu knacken hat.

Vertiefung:
Reden Sie mit den Kindern über Betrug und Abschreiben und achten Sie darauf, dass die nicht fertig gemacht werden, die dies schon getan haben. Es soll nicht um moralische Ratschläge von oben herab gehen, sondern um ein Begreifen, warum Abschreiben nicht gut ist. Fragen Sie anschließend nach, ob die Kinder verstehen, warum Jan auch wegen seines Glaubens bereit war, Mark zu helfen. Suchen Sie gemeinsam weitere Beispiele aus dem alltäglichen Leben.

Bibelstelle: Galater 5,13b *Sarai Krämer, Perouse*

Adoption

Tarshita, das indische Mädchen

An diesem Tag war Nicos Mutter nicht zu Hause, als die Nachbarin ganz hektisch an die Wohnungstür klopfte. Als Nico öffnete, drückte sie ihm schnell ihre Wohnungsschlüssel in die Hand und sagte: »Deine Mutter weiß Bescheid. Wann mein Mann und ich zurückkommen, wissen wir noch nicht genau. Wir melden uns aus Indien mal telefonisch. Grüß deine Eltern von uns.« Auf dem Treppenabsatz drehte sie sich noch einmal um, rief »Tschüss«, schnappte den Koffer, der neben ihr stand, und rannte die Treppe hinunter.

Nico lief ins Wohnzimmer und schaute aus dem Fenster. Vor dem Haus stand ihr Mann mit einem weiteren Koffer und einer kleinen Tasche. Ein Taxi fuhr vor und die beiden stiegen ein.

Nico wunderte sich ein wenig, aber dann setzte er sich wieder an seine Hausaufgaben.

Als er eine Stunde später seine Mutter die Treppen heraufkommen hörte, lief er ihr entgegen. »Stell dir vor, Frau Neumann war heute Mittag da und hat mir den Wohnungsschlüssel in die Hand gedrückt ... sie war ganz aufgeregt und meinte, du würdest schon

Bescheid wissen.« Nico brannte vor Neugier und stellte viele Fragen auf einmal.

Seine Mutter lachte und versuchte ihn zu stoppen: »Nun mal langsam. Ich kann dir das gern erklären. Die Neumanns sind echt nette junge Leute, nicht wahr? Aber weißt du, Nico, sie können keine Kinder bekommen. Deshalb wollen sie nun ein Kind bei sich aufnehmen und großziehen. Man nennt das adoptieren.«

»Aber warum fahren sie dann so weit weg? Ich habe vorhin im Atlas nachgesehen, wo Indien liegt. Da müssen sie sicher mit dem Flugzeug fliegen«, meinte Nico.

Und seine Mutter antwortete: »Ja, das ist ein weiter Weg und ein langer Flug nach Indien. Die Neumanns waren vor einigen Monaten schon einmal dort und haben sich ein Kinderheim angesehen. Viele Babys werden dort ausgesetzt, einfach auf die Straße gesetzt. Und wenn sie rechtzeitig gefunden werden, bringt man sie in ein Kinderheim. Die Kinderheime in Indien sind mehr als voll. In Deutschland ist das ein wenig anders. Die Neumanns haben anfangs versucht, ein deutsches Kind zu adoptieren. Aber es gibt in Deutschland viele Paare, die keine Kinder bekommen können und deshalb ein Kind adoptieren wollen. Den Neumanns wurde gesagt, dass sich das Jahre hinziehen kann, weil viele Paare noch vor ihnen auf der Warteliste stehen und auf ein Kind warten. Und dann haben sich die Neumanns überlegt, ein Kind aus dem Ausland zu adoptieren. Wo es doch so viele arme Länder gibt, in denen Familien wohnen, die heute nicht wissen, wovon sie morgen leben sollen.«

Nico staunte nicht schlecht, als die Neumanns vier Wochen später mit einem kleinen Bündel auf dem Arm bei ihnen im Wohnzimmer saßen. Neugierig blickte er in das kleine Gesicht des Babys. Es hatte eine schöne, kaffeebraune Hautfarbe, und zwei schwarze, große Augen schauten ihn aufmerksam an. Das Mädchen war recht zierlich für seine fünf Monate. Es hieß Tarshita. Und die Neumanns, die sahen richtig glücklich aus. Für sie war es nun wichtig, das Mädchen aufzupäppeln und ihm ein schönes Zuhause zu geben.

Vertiefung:
Gespräch mit den Kindern über ihre Kenntnisse zum Thema Adoption. Man kann darüber sprechen, welches Schicksal viele Kinder in armen Ländern erwartet, wenn

sie nicht adoptiert werden. Reden Sie auch über mögliche Probleme (Hautfarbe, Identifikation mit den Eltern bzw. mit dem Heimatland ...) und wie wir solchen Kindern begegnen könnten, wenn sie in unserem Umfeld leben würden.

Bibelstellen: Psalm 127,3; Markus 10,13-16; Galater 3,28

Rosemarie Ilg, Tübingen

Alkohol

Am Kreuz festhalten

Er war Alkoholiker und hing schon jahrelang an der Flasche. Doch dann lernte er eine Gruppe junger Menschen in einer Gemeinde kennen. Regelmäßig ging er zu diesem Treffen und merkte bald, wie wichtig es ihm wurde. Ja, er hatte das Gefühl, dass es ihm Auftrieb gab. Die Lieder, die sie dort sangen, gefielen ihm sehr, und den Gesprächen über biblische Geschichten oder auch Themen wie Freundschaft und Dritte Welt blickte er Woche für Woche mit Spannung entgegen. Er fühlte sich wohl in der Gruppe und hatte seinen Platz gefunden. Die anderen mochten und schätzten ihn. Er wurde von den anderen angenommen, so wie er war, und er brauchte sich und seine Schwächen nicht zu verstecken. Das lag sicher auch daran, dass in der Gruppe alle an Gott glaubten – an einen liebenden Vater, bei dem man sich richtig zu Hause fühlen kann. Er merkte nach einiger Zeit, dass er dazugehörte. Der Glaube an Gott war ihm wichtig geworden.

»Nun wird alles gut!«, dachte er. Das dachten auch seine Freunde und seine Familie. Aber schon bald musste er verzweifelt erkennen, dass er immer wieder versagte. Wenn er besonders traurig oder frustriert war, griff er wie automatisch zur Flasche. Er wollte vergessen, einfach alles vergessen und über den Dingen schweben. Er sah sich in einer Sackgasse und suchte nach einem Ausweg, der ihn vor dem Ertrinken im Alkohol retten würde.

Eines Tages lud ihn eine alte Frau aus der Gemeinde ein. Sie hatte jemanden gesucht, der ihr half, ein Regal aufzustellen. Nach getaner Arbeit trank er mit ihr noch eine Tasse Kaffee. »Wie gemütlich es doch bei einer so lieben alten Frau sein kann!«, dachte er, und sie kamen miteinander ins Gespräch. Er erzählte von sich, von seiner Arbeit, ja, und am Ende konnte er sogar sein größtes Problem, den Alkohol ansprechen. Er war fasziniert, wie geduldig und mitfühlend die alte Frau zuhören konnte. »Wissen Sie«, sagte er, »ich hätte gerne Gott zum Greifen nahe, wenn es mir schlecht geht.«

»Halten Sie sich doch am Kreuz fest«, antwortete die alte Frau.

»Wie meinen Sie das?«, fragte er zurück.

»Nun ja«, sagte die Frau, »Jesus hat selbst am Kreuz die dunkelste Seite des Lebens erfahren. Wer könnte Sie in einer solchen Situation besser verstehen als er?« Lächelnd stand sie auf, ging zu einer Kommode und holte aus einer Schatulle eine Kette mit einem Kreuz heraus: »Halten Sie sich daran fest, wenn es Ihnen schlecht geht.«

Von diesem Tag an wurde die Kette zu seinem ständigen Begleiter. Jedes Mal, wenn er an seiner alten Kneipe vorbeikam, nahm er das Kreuz an seiner Kette ganz fest in die Hand. Er schaffte es, der Versuchung zu widerstehen, einmal, zweimal und viele Male. Mit der Zeit wurde er sicher und selbstbewusst.

Eines Tages stand die Tür der Kneipe weit offen. Der Geruch von Bier und Zigarettenqualm war ihm nur zu vertraut. Seine Füße trugen ihn direkt in die Kneipe. Alte Kumpel begrüßten ihn mit großem Hallo und luden ihn auf ein Bier ein. Er setzte sich zu ihnen. »Ein Glas Bier, das wird schon okay sein«, dachte er. Da fiel sein Blick durch die halb geöffnete Tür zur Wohnung des Gastwirtes. An der Wand sah er ein Kreuz hängen. Sein Herz schlug höher und es schien fast so, als wollte ihm der Mann am Kreuz sagen: »Ich halte dich fest – tu du es auch.« Er tastete nach dem Kreuz an seiner Kette und hielt sich daran fest. Und als ob er aus einem Traum wachgerissen worden wäre, rief er den Wirt zu sich und sagte: »Toni, wir kennen uns nun schon eine ganze Weile. Ich möchte dich bitten, mir zu helfen. Der Alkohol macht mich krank. Versprich mir, dass du mir in dieser Kneipe nie ein Glas Alkohol bringen wirst. Und für heute würde ich gerne ein Glas Orangensaft bestellen.«

Hinweis:
Alkoholismus als Sucht bzw. Krankheit kann zum Thema der Jungscharstunde werden. Wer Interesse hat, kann sich bei örtlichen Selbsthilfegruppen oder auch innerhalb der Gemeinde um Informationsmaterial bemühen. Es ist darauf zu achten, dass weder Alkohol an sich noch die Kneipe einen moralischen, negativen Stempel bekommen. Vielmehr liegt der Schwerpunkt der Geschichte auf der Gefahr des Alkohols bzw. einer Kneipe gerade für den Alkoholkranken.

Bibelstellen: 1. Korinther 6,11; Epheser 1,7; Römer 8,38-39; Römer 10,12-13

Rosemarie Ilg, Tübingen

Alkohol

Robin geht nicht gern nach Hause

Für Robin ist am Donnerstag der schönste Nachmittag der Woche. Robin hat immer donnerstags Nachmittagsschule, und darauf freut er sich besonders. Die zwei Stunden Zeichnen, die unterrichtet werden, machen ihm eigentlich keinen Spaß. Und trotzdem erwartet er die Donnerstage immer sehnsuchtsvoll. Denn wenn Robin Schule hat, muss er nicht zu Hause bleiben. Die Nachmittagsschule ist deshalb so toll, weil Robin dann seinen Vater auch am Nachmittag für kurze Zeit vergessen kann.

Methodischer Tipp:
Evtl. kurze Reflexion: Warum wollen wir manchmal nicht zu Hause sein? Wohin gehen wir am liebsten, wenn wir nicht zu Hause sein wollen?

Robin wird von seinem Vater oft geschlagen. Manchmal ist der Vater auch sehr lieb und freundlich zu Robin. Aber Robin kann die Momente des Friedens nie richtig auskosten, denn er weiß nie, ob der Vater nicht im nächsten Moment wieder jähzornig und böse wird. Robins Vater hat seine Arbeit verloren. Seit dieser Zeit sitzt er den ganzen Tag zu Hause und trinkt Bier und Schnaps. Manchmal kommen andere Männer zu Besuch. Dann fürchtet sich Robin besonders, denn die Männer reden sehr laut und prügeln sich manchmal.

In der Schule fühlt sich Robin wohl. Dort gibt es keine leeren Bierdosen und kein dreckiges Wohnzimmer, das niemand sauber macht. Am liebsten würde Robin auch am Samstag und am Sonntag in die Schule gehen. Dann könnte er seinen Freund Daniel jeden Tag sehen. Aber leider geht das nicht. Und das Schlimmste ist, dass jetzt auch die Sommerferien beginnen und Robin sechs Wochen lang zu Hause bei seinem Vater bleiben muss.

Vertiefungsmöglichkeiten:

Sprechen Sie mit den Kindern: Was kann Robin tun, um seine Situation zu verbessern? Kennen wir Kinder, die dauernd Schwierigkeiten zu Hause haben? Wie können wir diesen Kindern helfen?

– *In diesem Zusammenhang kann man auch auf Jugendämter oder andere Anlaufstellen verweisen, damit die Kinder erfahren, dass es solche Einrichtungen gibt. Achten Sie während des Gesprächs darauf, dass nicht willkürlich Vermutungen aufgestellt werden, welche Personen alkoholkrank sein könnten. Hier ist eine sehr sensible Gesprächsführung gefragt!*

Bibelstelle: Psalm 13,2–4

Marion Käser, Hausen o.V.

Was soll nun werden?

»Aua!« Die hat gesessen. Tom wäre beinahe vom Stuhl gefallen. Solch eine Wucht hatte die Ohrfeige seines Vaters. »Lass den Jungen in Ruhe, er kann doch nichts dafür«, kreischt Mama ganz entnervt. Und Toms kleine Schwester brüllt laut los.

»Ich dachte, das ist jetzt endlich vorbei.« Doch Mama und Papa streiten sich wieder und Tom bekommt die Schläge ab. Vor zwei Jahren war das öfters so. Da hatte Papa seine Arbeit verloren. Er hockte fast den ganzen Tag zu Hause am Küchentisch. Zuerst saß er einfach nur so da. Doch dann machte er schon am Morgen die Bierflaschen auf. Bald kamen noch härtere Sachen dazu – Schnaps und so. Tom wusste, was das bedeutete: Sein Vater war Alkoholiker geworden, ein Säufer! Und wenn er abends ganz besonders viel getrunken hatte, bekam Tom das ab. Fast regelmäßig hagelte es Schläge. Bei diesen Gelegenheiten verkroch sich Tom am liebsten in seinem Zimmer unter der Bettdecke.

»Wenn du so weitermachst, dann lass ich mich scheiden. Ich ziehe aus und nehme die Kinder mit.« Das hat Mama schon damals gesagt. Und auch jetzt wieder.

Damals hat sich Toms Vater wieder gefangen. Er wollte Arbeit finden. Er wollte seine Familie nicht verlieren. Und dann bekam er einen Job. Bei der Post. Zuerst als Briefzusteller und seit ein paar Monaten als Fahrer, der die Pakete zustellt. Tom ist sogar ein bisschen stolz auf seinen Vater gewesen.

Doch heute ist Papa betrunken von der Arbeit gekommen. Er konnte kaum noch gehen. Und als Tom aus Versehen sein Glas umkippte, waren sie wieder da – die Schläge. »Wenn du wieder zu saufen anfängst, dann verlierst du deinen Job. Glaubst du, deine Kollegen sind so blöd und merken das nicht? Ich halte das nicht mehr aus, ich halte das nicht mehr aus!« Toms Mama bricht in Tränen aus, seine kleine Schwester brüllt immer noch. Tom ist verzweifelt. Was soll nun werden ?

Impulsfragen: Was soll Tom machen? Soll Toms Mama wirklich ausziehen, sich vielleicht sogar scheiden lassen? Kann Tom seiner Mutter helfen? – Was meint ihr?

Papa springt auf, schnappt sich seine Jacke und geht. »Ja, sauf dich nur zu Tode!«, schreit Mama ihm nach. Tom verkriecht sich in sein Zimmer. Aber er kann nicht schlafen. Immerzu lauscht er, was passiert. Die ganze Nacht kommt Papa nicht nach Hause. Auch am nächsten Morgen nicht. Erst spät am nächsten Abend, lange nach der Arbeit, als Tom schon im Bett ist. Papa betritt sein Zimmer. Tom fährt vor Schreck zusammen. »Wird er mich jetzt wieder prügeln? Hoffentlich schlägt er mich nicht tot!«

Doch Toms Vater ist ganz ruhig. Er stinkt auch nicht so wie gestern. Er setzt sich behutsam an Toms Bett. »Tom, ich muss mich bei dir entschuldigen. Ich hab Mist gebaut. Aber die Arbeit war einfach zu anstrengend, und da habe ich wieder zu trinken angefangen. Doch gestern habe ich eingesehen, dass es nicht so weitergeht. Heute nach der Arbeit war ich bei einer Beratungsstelle. Die haben mir eine Kur angeboten, dass ich mit dem Trinken aufhören kann. Meinen Job darf ich auch behalten.«

Tom sagt nichts. Er wartet, bis sein Vater wieder gegangen ist. »Bitte, Gott, hilf ihm, dass er es ernst meint. Dass er mit dem Trinken aufhört und wir eine Familie bleiben können.« Mit diesem Gebet schläft Tom ein.

Bibelstelle: Psalm 17,6; 28,6–7 *Stephan Schiek, Hausen o. V.*

Alleinsein

Charlie wartet schon

Lisa schlendert mit ihrer Freundin Claudia durch die Straßen. Ab und zu bleiben sie stehen und drücken ihre Nasen an den Schaufenstern platt. Nach einiger Zeit schaut Claudia auf ihre Uhr und wird unruhig: »Au Backe, jetzt muss ich aber schnell nach Hause, meine Mutter wartet schon seit einer halben Stunde mit dem Essen auf mich. Das gibt bestimmt wieder Ärger. Tschüss, Lisa, bis morgen!« Und schon verschwindet Claudia um die nächste Ecke.

»Ich wünschte, bei mir wär überhaupt jemand zu Hause«, denkt Lisa und geht langsam weiter. »Aber niemand ist da, wenn ich von der Schule komme. Keiner wartet mit einem warmen Essen auf mich.« Nachdenklich macht sich Lisa auf den Heimweg. Wenn sie nach Hause kommt, geht sie meistens erst einmal an den Kühlschrank und schaut, was sich an Essbarem darin befindet. Oft hört sie auch ihre Lieblingsmusik oder macht den Fernseher an, dann hat sie das Gefühl, nicht ganz so allein zu sein. Sie kann niemandem erzählen, wie es in der Schule war und was sie sonst so erlebt hat.

Aber Moment mal – sie hat jemanden vergessen: Charlie! Ja, er freut sich, wenn sie den Schlüssel im Schlüsselloch der Haustüre herumdreht, und er empfängt sie freudig mit lautem Gebell. Charlie, ihr kleiner Hund, den sie über alles mag. Wenn sie die Wohnung betritt, weicht er den ganzen Nachmittag nicht von ihrer Seite. Lisa hält Charlie für einen geduldigen Zuhörer. Oft sitzt sie auf ihrem Bett, er legt seinen Kopf in ihren Schoß und schaut sie treu an, und sie erzählt ihm alles.

Endlich ist Lisa zu Hause angelangt und schließt die Haustüre auf. Und tatsächlich: Charlie kommt um die Ecke gerannt und springt mit lautem Gebell an ihr hoch. Lisa zieht ihre Jacke aus und geht in ihr Zimmer. Charlie tapst verspielt hinter ihr her und tänzelt um ihre Füße herum, so als wollte er sagen: »Du hast mir gefehlt.«

Lisas Blick schweift über ihren Schreibtisch und bleibt bei dem Bild aus der Jungschar hängen, das sie gestern bekommen hat. Sie blickt auf die Postkarte, deren Farben ihr entgegenstrahlen. Zwei Menschen sind darauf zu sehen, und in ihrer Mitte eine helle Gestalt. Lisa erinnert sich an die traurige Geschichte, wo zwei Jünger aus Jerusalem kommen und um ihren Freund, Jesus, trauern. Noch bis zuletzt hatten sie eine Wende erhofft – aber kein Wunder geschah. Jesus wurde ans Kreuz genagelt und starb. Alle ihre Hoffnungen hatten sich zerschlagen. – Und dann plötzlich, sie waren ganz in Gedanken so nebeneinander hergelaufen, da gesellte sich dieser Dritte zu ihnen. Ein ganz besonderer Mensch, der Wärme und Trost ausstrahlte. Erst viel später, als sie den Fremden zu sich zum Abendessen einluden, erkannten sie, wer es wirklich war: der auferstandene Jesus. Nun hatten sie wieder allen Grund zur Freude und erzählten es sämtlichen Freunden. Kurz darauf, als Jesus noch einmal ganz vielen Freunden und Bekannten begegnete, sagte er: »Siehe, ich bin bei euch alle Tage, bis an der Welt Ende.«

Diese Geschichte gefällt Lisa sehr. Sie wiederholt diesen Vers und weiß, dass sie nicht allein ist, auch wenn sie sich oft sehr einsam und alleine fühlt.

Vertiefungsmöglichkeiten:

Lesen Sie mit den Kindern die Geschichte von den Emmausjüngern und teilen Sie sie dann in einzelne Szenen ein. Je nach Gruppengröße und Anzahl der eingeteilten Szenen malt immer ein Kind oder zwei zusammen ein Bild zu einer Szene. Links und rechts wird ein kleiner Rand frei gelassen. Am Ende werden die Bilder in der richtigen Reihenfolge zusammengeklebt und an jedem Ende ein runder Holzstab befestigt, der oben länger ist als das Papier. Nun kann die Geschichte aufgerollt und dann Szene für Szene »abgewickelt« werden.

– *Wer möchte, kann auch noch ein richtiges Stehkino dazu bauen. Dafür benötigt man einen Karton, in den man vorne (als Bildschirm ...) ein rechteckiges Loch schneidet, das die Größe der einzelnen bemalten Blätter hat. Oben aus dem Karton wird eine breite Fläche herausgeschnitten, sodass links und rechts die Drehstäbe und dazwischen das jeweilige aufgewickelte Bild Platz haben. Fertig ist das Stehkino, und die Emmausgeschichte kann noch einmal angeschaut werden. Vielleicht wäre das auch ein Anlass, um einmal eine andere Gruppe oder die Eltern einzuladen und die Stehkinogeschichte vorzuführen. Wer möchte, kann natürlich auch die Lisa-Geschichte rund um die Emmausgeschichte dazumalen und -kleben.*

Bibelstellen: Matthäus 28,20; Lukas 24,13-35

Rosemarie Ilg, Tübingen

Zu Besuch im Altenheim

Janina war aufgeregt. Die Jungscharleiter hatten für das Treffen in dieser Woche einen Besuch im Altenheim organisiert – und da war Janina noch nie gewesen. In den letzten Wochen hatten sie in der Jungschar extra ein paar Lieder und ein kurzes Theaterstück eingeübt. Die Gruppe marschierte gemeinsam vom Gemeindehaus los, nachdem sie ein letztes Mal geprobt hatten. Alle plapperten wild durcheinander, und Janina lief neben ihrer besten Freundin Steffi her. »Ich bin echt gespannt, wie das heute Mittag wird. Ich meine ... so viele alte Leute auf einmal. Bisher hatte ich nur mit meiner Oma und meinem Opa zu tun, und ich finde, dass die alles andere als alt sind. Was die noch alles unternehmen!«, sagte Janina zu Steffi. »Mmmh«, murmelte Steffi. Sie schien an diesem Tag nicht sehr gesprächig zu sein.

Am Altenheim wurden sie von einer netten Altenpflegerin erwartet. Sie gingen durch große, breite Gänge und fuhren schließlich mit einem Aufzug in den dritten Stock. Dort saßen viele alte Leute in einem Aufenthaltsraum. Manche hatten Krücken oder Stöcke neben sich stehen, manche saßen im Rollstuhl, und wieder andere hatten einen kleinen Gehwagen mit drei Rädern, den sie langsam vor sich herschoben. Es gab einige, die ganz wach und sehr freundlich die Jungschargruppe ansahen – und andere, die finster und etwas misstrauisch das Geschehen beobachteten. Janina erschrak, als sie in einer Ecke einen Rollstuhl entdeckte, in dem ein noch nicht so alter Mann saß, der teilnahmslos zur Decke blickte und die Augen seltsam verdrehte.

Zum Glück hatten die Jungscharleiter das Geschehen in der Hand. Nach der Begrüßung begann gleich das Programm. Die Lieder kamen gut an, manche Leute sangen sogar leise mit. Und bei dem Theaterstück schienen fast alle ganz wach dabei zu sein. Zum Schluss gab es großen Applaus. Janina genoss es, in so viele strahlende Gesichter zu blicken. Nach einer kleinen Umbauphase im

Aufenthaltsraum saßen die Jungscharler an den Tischen verteilt und bekamen ein Stück Kuchen und eine dampfende Tasse Kakao. Janina blickte im Raum herum und musste feststellen, dass einigen Leuten das Essen gegeben werden musste, weil sie selbst zu schwach waren. Wieder andere aßen mit einer Art Latz am Hals den Kuchen so, dass er in viele Stücke zerbrach, führten zitternd ihre Tasse zum Mund und verschütteten dabei die Hälfte. Und es gab Leute, die für Janinas Begriffe eigentlich recht normal wirkten und gut selbstständig essen konnten.

Neben ihr saß der Mann im Rollstuhl, dessen Blick immer noch an die Zimmerdecke geheftet war. Janina war ratlos und wusste nicht recht, was sie sagen sollte. Hörte er sie überhaupt? Würde er sie verstehen, wenn sie mit ihm redete? Ihre Gedanken schwirrten wild durcheinander. Doch dann fasste sie sich ein Herz und begann sich vorzustellen. »Ich bin Janina und gehe in die Jungschar. Die ganzen letzten Wochen haben wir für diesen Tag geprobt – und es hat echt Spaß gemacht.« Munter erzählte sie ihm von der Jungschar, von ihrer Familie und von der Schule. Sie hatte längst gemerkt, dass der Mann nicht antworten konnte, aber das kümmerte sie nicht. Gegen Ende des Besuches im Altenheim hatte Janina das seltsame Gefühl, dass der Blick des Mannes irgendwie klarer geworden war. Mutig gab sie ihm zum Abschied die Hand, indem sie ihre kleine Hand in seine große legte. Sie wollte sich gerade abwenden, da spürte sie, wie er langsam ihre Hand drückte und dann ganz fest hielt. Dann ließ er sie wieder los.

Janina war tief berührt und musste noch am Abend, bevor sie einschlief, an diesen Händedruck denken. Eine Altenpflegerin hatte am Ausgang gesagt, dass man immer wieder staunt, wie viel alte Menschen noch hören und mitbekommen, auch wenn sie das oft nicht mehr ausdrücken können. Janina nahm sich fest vor, daran zu denken, wenn sie wieder mit alten Menschen zu tun hatte.

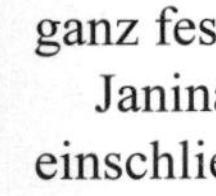

Vertiefungungsmöglichkeiten:
Es bietet sich ein Gespräch darüber an, was es heißen kann, alt zu werden und vielleicht auf Pflege angewiesen zu sein. Auch ein Besuch in einem Altenheim in der Nähe kann – ähnlich wie in der Geschichte – eine wichtige Erfahrung für die Kinder wie für die Jungscharmitarbeiter sein. Allerdings

sollte man darauf achten, dass man nicht gerade in der Weihnachtszeit einen solchen Besuch macht, weil sich in Altenheimen gerade in dieser Zeit die Besuche von Kindergärten und Schulen usw. häufen.

- *Sie könnten auch gemeinsam ein Theaterstück einüben oder etwas basteln und dann einen Altenheimbesuch machen.*

Bibelstellen: 3. Mose 19,32; Psalm 71,9+18; Psalm 92,15; Sprüche 23,22; Jesaja 46,4

Rosemarie Ilg, Tübingen

Angeben

Alle Freude dahin ...

Einstieg:
Einen Fotoapparat in die Kreismitte legen, daneben zerknülltes Geschenkpapier.

Schon lange hat Niko einen Wunsch: eine Spiegelreflexkamera. Seit sein Freund Lukas eine solche Kamera besitzt, gibt dieser immer damit an, und Niko ärgert sich darüber. »Vielleicht«, so hofft Niko, »bekomme ich ja eine Kamera zu meinem nächsten Geburtstag, dann stehe ich auch mal im Mittelpunkt und werde von den anderen bestaunt.« Natürlich ist ihm klar, dass ein solches Geschenk sehr teuer ist und seine Eltern es ihm eigentlich nicht kaufen können.

Als seine Eltern eines Tages vom Einkaufen aus der Stadt zurückkommen, bemerkt Niko, dass sie heimlich etwas im Schlafzimmer verstecken wollen. Durch einen schmalen Spalt der angelehnten Tür beobachtet er, wie sein Vater einen Plastikbeutel mit dem Aufdruck eines Fotogeschäfts im Schrank verstaut. »Ob da wohl eine Kamera als Geschenk für meinen Geburtstag drin ist?«

Viel zu langsam vergehen die Tage bis zu seinem Geburtstag. Er kann es kaum noch erwarten. Als zwei Tage vor seinem Geburtstag in der Schule ein großes Fest gefeiert wird, würde Niko am liebsten schon mit seinem neuen Fotoapparat auftauchen. Lukas und die anderen würden Augen machen. Damit würde er es dem angeberischen Lukas aber zeigen!

»Kann ich den Apparat einfach so aus dem Schrank nehmen?«, fragt er sich. »Soll ich es tun?« Niko schlägt das Herz bis zum Hals. Die Eltern sind beide fort, niemand würde es bemerken – oder doch? Schon steht er am Schrank und hat den Plastikbeutel in der Hand. Vorsichtig, ganz vorsichtig fasst er hinein. Ein wunderschöner Fotoapparat kommt zum Vorschein, noch besser als der von Lukas. Sogar ein Blitzlichtgerät liegt dabei.

»Einfach toll!« Er ist begeistert. Er untersucht alles sehr genau. Da – plötzlich – eine ungeschickte Bewegung und das Blitzlichtgerät fällt zu Boden – kaputt. Schreckensbleich starrt Niko das Teil an. Mit zitternden Händen packt er alles hastig ein und verstaut es im Schrank. Alle Freude ist verflogen. Die nächsten zwei Tage sind schrecklich. Der Geburtstag rückt näher, für Niko immer drohender. Ob die Eltern etwas von seiner gedrückten Stimmung merken?

Dann kommt endlich der Geburtstag. Niko steht vor dem Tisch mit den Geschenken, Vater und Mutter neben ihm. Nacheinander packt er die Geschenke aus, nur das große Paket in der Mitte nicht. Aber schließlich kommt es doch an die Reihe. Am liebsten würde er es gar nicht auspacken. Er beginnt langsam, ganz langsam, das Band und das Papier zu lösen und den Karton zu öffnen – und da liegt die Kamera vor ihm – mit einem nagelneuen Blitzlichtgerät.

Fassungslos schaut er es an. Dann dreht er sich um. »Vater, Mutter – das ist toll! Verzeiht mir! Das habe ich gar nicht verdient!« Dann erzählt er die ganze Geschichte. »Und ihr habt alles gewusst – und mir schon vergeben?«

Bibelstellen: 1. Johannes 1,9; Micha 7,19

Thomas Maier, Berlin

Die Playstation

»O Mann, was soll ich nur machen!« Fabian saß auf seinem Bett und schaute auf seine Uhr. Es war kurz vor halb drei und er hatte ein Problem. Ein Riesenproblem, um genauer zu sein. »Jetzt wird alles rauskommen. Die werden mich auslachen und fertig machen. Und bestimmt wollen sie auch nichts mehr mit mir zu tun haben! Warum konnte ich nicht einfach meinen Mund halten! Ich bin so ein Trottel!«, schoss es ihm durch den Kopf.

Seit drei Wochen war er jetzt an der neuen Schule. Anfangs hatte er niemanden gekannt, aber mittlerweile hatte er mit Björn und Jochen zwei gute Kumpel gefunden. Heute wollten sie ihn besuchen, um halb drei. Und dann würde sich zeigen, dass er gar keine Playstation hatte. »Wieso nur«, fragte er sich jetzt, »habe ich behauptet, dass ich jeden Tag mit meiner Playstation spiele? Wie kann man nur so dumm sein? Jetzt wird alles rauskommen, jetzt werden sie erfahren, dass ich nur ein Angeber bin. Die haben beide eine Playstation, und wenn sie merken, dass ich sie angelogen habe, lassen sie mich bestimmt wie eine heiße Kartoffel fallen. Und ich habe wieder keine Freunde!«

Da hörte er die Türklingel. Das waren sie. Jetzt kam alles ans Licht. Fabian rannte die Treppe hinunter und öffnete die Tür. Björn und Jochen stürmten gleich herein. »Und, wo ist dein Zimmer?«, fragte Jochen.

»Die Treppe hoch und dann gleich links«, antwortete Fabian mechanisch. Und schon waren sie oben.

»He, bei dir ist es aber aufgeräumt. Wie schafft du das? Bei mir sieht es immer aus – meine Mutter weigert sich schon, mein Zimmer zu betreten!«, redete Björn drauflos.

»Sind wir hier, um über aufgeräumte Zimmer zu reden, oder wollen wir was spielen?«, wollte Jochen wissen. »Auf, Fabian, lass mal deine Playstation sehen.«

»Tja, das ist ein Problem.« Fabian wurde ganz leise. »Ich – ich habe gar keine!«

»Wie? Du hast gar keine! Das gibt's doch nicht. Du hast doch erzählt, dass du jeden Tag damit spielst. Ist sie gerade kaputt oder was?«, fragte Björn fassungslos.

»Nein, ich habe euch angelogen. Ich weiß auch nicht, warum. Aber als ihr so von euren Playstations erzählt habt, da konnte ich einfach nicht anders. So, jetzt ist es raus!«

»Das ist ja ein Ding. Junge, da hast du uns ganz schön geblufft. Das hätte ich nicht gedacht. Na, dann gehen wir halt zu Jochen und spielen mit seiner Maschine.«

»D-D-Das geht aber nicht«, stotterte Jochen.

»Wie, das geht nicht? Sind doch nur ein paar Ecken. Mit dem Fahrrad schaffen wir das in vier Minuten«, fuhr Björn fort.

»Es geht aber trotzdem nicht«, sagte Jochen mit hochrotem Kopf. »Es geht nicht, weil – weil, okay, ich sag's: weil ich nämlich auch keine Playstation habe. Ich habe euch auch angelogen. Ich wünsche mir schon immer eine, aber meine Eltern wollen mir keine kaufen. Siehst du, Fabian, ich bin auch nur ein Angeber. Jetzt sitzen wir im selben Boot.«

Fabian fing an zu lächeln. Damit hatte er nicht gerechnet. »Dann bleibt uns wohl nichts anderes übrig, als zu Björn zu fahren, was?«, sagte er schon wieder etwas fröhlicher in die Runde. »Schließlich wollen wir ja heute eine Runde mit der Playstation spielen.«

»Ja, gehen wir doch zu Björn. Oh, vorausgesetzt, du willst mit uns Angebern überhaupt noch was zu tun haben«, meldete sich Jochen wieder zu Wort.

Björn saß ganz still auf dem Bett. Jetzt wurde er plötzlich rot im Gesicht! »Tja Jungs, ich glaube, ihr seid in guter Gesellschaft. Ich muss euch nämlich gestehen, dass ich noch nie im Besitz einer Playstation war. Auch ich habe euch angelogen. Hätte nie gedacht, dass dies so schnell auffliegen würde.«

Da saßen sie nun. Alle drei hatten behauptet, sie hätten eine Playstation – und keiner von ihnen hatte wirklich eine.

Impulsfragen:
Habt ihr schon mit etwas angegeben, was ihr nicht besitzt?Ist die Wahrheit ans Licht gekommen? Man kann auch mit etwas, was man hat, angeben. Kennt ihr da irgendwelche Beispiele?

Bibelstelle: Spr. 30,8a; Eph. 4,25 *Sebastian Heusel, Münsingen*

Der Hurrikan

Wenn im Sommer die Wassertemperaturen auf 26 und 27 Grad steigen – natürlich nicht bei uns, sondern in den Gegenden des Karibischen Meeres (schlagt mal nach, wo das liegt!) –, dann hören die Bewohner der Karibischen Inseln und Mexikos genau hin, sobald im Radio von verdächtigen Aufnahmen der Wettersatelliten die Rede ist: Es geht um die Beobachtung jener kleinen Wellen, die in der Passatströmung von Ost nach West wandern. Sobald da Störungen auftreten, kann sich ein Hurrikan bilden, der alles niedermacht, was sich ihm in den Weg stellt: Zunächst peitscht er das Meer; riesige Wellen begraben Schiffe unter sich und alles, was an den Ufern liegt. Der Sturm entwurzelt Bäume, bricht Brücken, zerstört Häuser – eine kilometerbreite Bahn der Verwüstung. Die Menschen und die Tiere der Inseln bekommen Angst. Diese Angst hilft ihnen, Schutz zu suchen, das Meer zu meiden!

Doch etwas höchst Sonderbares findet sich im Innern des Wirbelsturms: Stille! Um die zweihundert Kilometer beträgt der Durchmesser eines Hurrikans – sein »Auge«, also dieser stille Raum in seinem Kern, hat einen Durchmesser von ca. 20 Kilometern. Hier gibt es kaum Niederschlag, kaum Wind, kaum Wolken; nur an den Rändern des »Auges« erhebt sich eine gewaltige Wolkenwand, die sich mit einer Windgeschwindigkeit von bis zu 320 Stundenkilometern fortbewegt und um dieses Auge dreht.

An dieses »Auge« mitten im Sturm denken manche Menschen, wenn sie Angst haben. Dann flüchten sie in die Nähe Gottes. Sie beten. Sie denken mitten in einem Sturm (einem Wettersturm oder auch einem übertragenen Sturm in ihrem Leben, Ereignisse, die ihnen Angst machen) an Jesus. An sein Leiden für uns. An sein Versprechen: »Ich bin bei euch alle Tage ...« Und da werden sie ruhig. Das macht die Nähe Gottes. Dahin flüchten sie, wenn sie Angst haben. Wenn sie Ungerechtigkeit erleben. Das Herz Gottes, seine Liebe werden ihnen zur Mitte der Welt – hier finden sie Geborgenheit,

Ruhe, Schutz vor der Angst. Von dieser Ruhe, von der Stille bei Gott, spricht die Bibel oft. Auch der Sonntag hat etwas damit zu tun!

Vertiefungsmöglichkeiten:
Gespräch mit den Kindern darüber, was ihnen Angst macht.
Fragen Sie die Kinder, ob sie solche Menschen kennen, die in einem Sturm (auch übertragen verstanden: in Angstsituationen) das »Auge« in der Sturmmitte aufsuchen und zu Gott beten. Fragen Sie, ob die Kinder auch zu diesen Menschen gehören wollen, und bitten Sie mit ihnen zusammen in einem Gebet Gott darum, dass er uns in der Angst daran erinnert, dass er da ist und dass er uns in Angstsituationen beistehen will.
- *Den Kindern ein Bild von einem Hurrikan zeigen. Anschließend darf jeder sein eigenes Hurrikanbild malen und auf die Hurrikanwand seine Ängste schreiben. In die Mitte des Hurrikans dürfen die Kinder ganz groß »GOTT« schreiben, oder »Gott ist da inmitten des Sturms und gibt mir Ruhe«.*
- *Mit den Kindern überlegen, was der Sonntag mit der beschriebenen Ruhe und Stille bei Gott zu tun hat. Anschließend könnte man mit der Gruppe ein »Sonntag-Feier-Fest« planen, bei dem man das Geschenk »Sonntag« mit Ruhe, Stille, auftanken und Freude erleben entsprechend beachtet.*

Bibelstellen: 2. Mose 31,17; 1. Könige 19,12; Psalm 62,2+7

Sybille Kalmbach, Rutesheim

Angst

Die Hand des Vaters

Jonas ist ein richtiger Zugfan. Er lässt kaum eine Gelegenheit aus, um mit der Bahn zu fahren. Allerdings wird es ihm immer ein bisschen unheimlich, wenn der Zug in einen Tunnel einfährt. Er hat Angst im Dunkeln. Aber zum Glück geht im Waggon dann automatisch das Licht an.

Heute darf Jonas seinen Vater begleiten. Sie fahren auf seiner Lieblingsstrecke. Die hat nur einen Tunnel, aber sehr zum Leidwesen von Jonas ist es ein langer. Als der Zug gerade in den Tunnel einfährt, geht nicht, wie sonst immer, das Licht an. Es wird stockdunkel um Jonas. Nichts kann er mehr sehen. Jonas fällt das Herz in die Hosentasche. Er bekommt ganz feuchte Hände. Er hat so furchtbare Angst im Dunkeln. Wo ist sein Vater? Ist er noch da? Was ist, wenn ihnen jetzt etwas Schreckliches zustößt?

»Papa, bist du noch da? Ich kann gar nichts mehr sehen!«, keucht Jonas hilflos. Aber sein Vater steht direkt neben ihm. Er nimmt behutsam Jonas' Hand. »Keine Angst, Jonas. Ich bin ganz nahe bei dir. Du brauchst dich nicht zu fürchten.« Als Jonas Papas Hand spürt, wird er wieder ruhiger. Seine Angst ist fast wie weggeblasen. An der Hand des Vaters fühlt er sich geborgen. Er braucht sich nicht mehr zu fürchten.

So ist das auch mit Gott, der wie ein Vater zu uns ist. Auch wenn wir ihn nicht sehen, ist er immer bei uns. Besonders dann, wenn wir Angst haben. In der Hand Gottes können wir uns geborgen fühlen. In der Hand Gottes brauchen wir uns nicht zu fürchten.

Vertiefung:
Spielvorschlag Vertrauenslauf: Einem Kind werden die Augen verbunden, ein anderes führt es durch einen kleinen Hindernisparcours. Auf andere angewiesen sein, Vertrauen lernen, Verantwortung übernehmen – das sind Punkte, die die Kinder dadurch hautnah erfahren können.

Bibelstelle: Matthäus 28,20

Stephan Schiek, Hausen o.V.

Angst

Höchstgeschwindigkeit

Das Fahrrad hat den ganzen Winter unbenutzt in der Garage gestanden, heute werde ich die Saison eröffnen. Strahlender Sonnenschein und ein freier Sonntagnachmittag – nichts wie rauf aufs Rad! Die Tour durch den Wald ist herrlich: Auf den freien Wegen muss ich die Bremsen kaum benutzen. So merke ich auch bis zum Schluss nicht, dass beide Bremszüge im Winter Rost angesetzt haben und brüchig geworden sind.

Der letzte Abschnitt auf dem Heimweg führt mich eine steile Waldstraße hinunter. Ein halber Kilometer schnurgerade Abwärtsstrecke liegt vor mir, bevor die Straße in eine scharfe Rechtskurve mündet. Auf dieser Strecke habe ich schon manchen persönlichen Geschwindigkeitsrekord aufgestellt. Ob es heute wieder klappen wird?

Der Fahrradcomputer zeigt mir die steigende Geschwindigkeit: 40, 50, 60 Stundenkilometer. Der Fahrtwind pfeift mir um die Ohren. Noch 200 Meter bis zur Kurve, Zeit zum Abbremsen. Doch als ich die linke Bremse anziehe, gibt der Hebel auf einmal nach: Der Bremszug ist gerissen! Wenn jetzt nur die andere Bremse ordentlich funktioniert! Mit aller Kraft ziehe ich am rechten Bremshebel, das Fahrrad verlangsamt sich etwas. Doch plötzlich spüre ich einen Ruck am Bremshebel: Auch der zweite Bremszug ist ab!

Die Kurve kommt unbarmherzig näher und mein Fahrrad saust ungebremst bergab. In meinem Kopf überschlagen sich die Gedanken: Mit den Füßen am Boden bremsen? Unmöglich bei dieser Geschwindigkeit. Abspringen, bevor ich in der scharfen Rechtskurve unweigerlich über die Leitplanke fliege? Ich habe dazu nicht den Mut, auch wenn ich weiß, dass diese Kurve meinen Tod bedeuten kann. Das Fahrrad hat nun bestimmt 70 Sachen drauf, und es sind nur noch wenige Meter bis zur Kurve!

»Gott, ich habe Angst!«, schreie ich innerlich. »Ich muss versuchen, die Kurve zu nehmen«, hämmert es in meinem Kopf. Aber was, wenn ein Auto entgegenkommt? Ich hätte keine Chance. Da ist die Kurve. Ich beiße die Zähne zusammen und lege mich hinein. Die Schräglage ist so gewaltig, dass mein rechtes Pedal fast am Boden streift. Ich nutze die ganze Breite der Straße, um die Kurve möglichst weit auszufahren. Bis ganz an den linken Straßenrand rase ich, noch immer in Schräglage. Jetzt nur kein entgegenkommendes Auto!

Der Scheitel der Kurve ist überschritten, ich ziehe wieder nach rechts hinüber. Und ehe mir ganz klar wird, was passiert ist, kann ich das Fahrrad schon wieder aus der Schräglage aufrichten.

Auf der Ebene ausrollend beginne ich langsam zu begreifen: Nichts ist passiert, alles ist gut gegangen! Das Fahrrad rollt aus und kommt zum Stehen. Zitternd setze ich mich auf einen Stein am Straßenrand. Was wäre gewesen, wenn ... Ich wage kaum, den Gedanken weiterzudenken. Ob ich einen Sturz überlebt hätte? Vielleicht wäre ich ab heute behindert gewesen? Es hätte meine letzte Fahrt sein können. Und hier sitze ich, gesund und munter – Gott sei Dank!

»Gott sei Dank« – hat er mein Stoßgebet tatsächlich erhört? Nun ist mir jedenfalls klar, dass das Leben ein Geschenk ist. Noch immer zittern mir die Knie, als ich die Augen schließe und innerlich bete: »Danke, guter Gott, dass ich gesund bin. Für jedenTag, an dem ich lebe, kann ich dir dankbar sein.«

Methodischer Tipp:
Diese Geschichte lässt sich natürlich besonders gut bei einem Fahrradausflug einsetzen. Jedes Kind, das einen Fahrradcomputer hat, bringt ihn mit und berichtet über seinen persönlichen Geschwindigkeitsrekord.

Vertiefung:
Gespräch über Stoßgebete und Erfahrungen der Kinder. Thematisieren Sie auch, ob das Beten wieder nachlässt, wenn die Angst verflogen ist.

Bibelstellen: Psalm 139,1-6; Psalm 118,24

Wolfgang Ilg, Tübingen

Angst

Niki und das Dreimeterbrett

Seitdem Niki schwimmen gelernt hatte, ging er oft mit den anderen Kindern ins Schwimmbad. Es lag in der Nähe und war das Schönste am ganzen Sommer. Niki schwamm wie ein Fisch. Er tauchte, schlug Purzelbäume, plantschte und prustete. Am liebsten wäre er den ganzen Nachmittag im Wasser geblieben. Nur vor einem fürchtete er sich: vor dem Sprungturm. Und deshalb bekam er einen gewaltigen Schreck, als der 14-jährige Bodo sagte: »Los, heute springen wir alle vom Dreimeterbrett.«

Niki wollte schnell einen Haken schlagen und verschwinden. Aber Bodo rief: »Du auch, Niki! Oder bist du etwa feige?«

Und weil Niki das nicht zugeben wollte, kletterte er mit klopfendem Herzen die Leiter hinauf, bis er oben stand und tief unten das dunkle Wasser sah. »Nein«, dachte er, »ich tu's nicht. Ich warte, bis die anderen gesprungen sind, dann klettere ich wieder hinunter.«

Doch da sagte Bodo: »Niki soll als Erster springen, damit wir sehen, dass er keine Angst hat. Los, Niki!« Er wollte ihn nach vorn aufs Brett schieben, auf das schmale Brett hoch über dem Wasser. Und das war zu viel.

»Ich hab Angst!«, schrie Niki. »Ich will runter!« Er riss sich los und lief zur Leiter.

»Feigling!«, lachten die anderen hinter ihm her. »Niki ist ein Feigling!«

Darüber ärgerte er sich so sehr, dass er nach Hause ging.

Impulsfragen: Welche Möglichkeiten für Niki gibt es jetzt? Wie soll er mit seiner Angst umgehen? Wie soll er sich Bodo gegenüber verhalten?

Dort saß der Großvater auf dem Balkon. »Na, Niki, Spaß gehabt beim Baden?«, fragte er.

»Hm«, druckste Niki, »hm, ja, nein.« Und weil man dem Großvater sowieso nichts vormachen konnte, erzählte er ihm die ganze Geschichte.

Der Großvater hörte zu und nickte. »Soll ich dir mal etwas verraten, Niki? Das Dreimeterbrett ist gar nicht hoch. Es kommt dir bloß so vor, weil du Angst hast. Und Angst hast du nur, weil du noch nie hinuntergesprungen bist. Pass auf, wir versuchen es einmal zusammen. Ich springe zuerst ...«

»Du?«, rief Niki. »Glaub ich nicht.«

»Jawohl, ich«, sagte der Großvater. »Ich hab nämlich keine Angst, weil ich weiß, dass es nicht hoch ist. Also, willst du?«

»Hm«, machte Niki misstrauisch. Aber am Abend, als alle anderen Kinder längst zu Hause waren, ging er mit dem Großvater noch einmal ins Schwimmbad. Zusammen kletterten sie auf das Dreimeterbrett, und nachdem der Großvater gesprungen war, kniff Niki die Augen zu und sprang hinterher. »Hilfe!«, wollte er schreien, aber dann – kaum zu glauben, dann war es gar nicht schlimm. Beim zweiten Mal kam ihm das Brett längst nicht mehr so hoch vor, und nach dem vierten Sprung hatte Niki seine Angst endgültig verloren.

Als Bodo am nächsten Tag grinsend sagte: »Spring mal vom Dreimeterbrett, du Feigling!«, da kletterte Niki seelenruhig hinauf. Es machte platsch, und bevor Bodo seinen Mund zugeklappt hatte, schwamm Niki schon unten im Wasser.

Vertiefung:
Das Ende der erzählten Geschichte mit den Lösungsmöglichkeiten der Kinder vergleichen, die sie bei den Impulsfragen genannt haben. Gemeinsam überlegen, was jedem Einzelnen konkret in der Angst hilft, dabei auch Gebet und Gottes Beistand ins Gespräch bringen. Achten Sie darauf, dass es aber auch okay ist, wenn man vor manchen Sachen eine (noch) unüberwindbare Angst hat, und dass man nicht immer den Helden spielen muss.

Bibelstelle: 2. Korinther 12,10

Sybille Kalmbach, Rutesheim

Armut

Entdeckungen in Afrika

Dominiks Vater war Ingenieur bei einer großen Firma. Er musste viel in der Welt herumreisen. Wenn ihm sein Vater sehr fehlte, tröstete ihn seine Mutter: »Weißt du, Dominik, Papa muss Geld verdienen. Wenn er viel Geld verdient, können wir vielleicht einmal anbauen.« Dominiks Mutter träumte schon seit Jahren davon, hinter dem Haus ein kleines Schwimmbad mit Sauna anzubauen. »Eine Million im Lotto gewinnen«, seufzte sie manchmal, »dann wäre ich wirklich glücklich.«

Es war an Dominiks elftem Geburtstag: Auf dem Geburtstagstisch lag diesmal kein großes Geschenk von Papa, sondern nur eine kleine Rolle beschriftetes Papier. »Gutschein«, las Dominik, »für eine dreiwöchige Reise nach Afrika in den Sommerferien mit deinem Papa!« Verwundert sah er seinen Vater an, aber der schien das ernst zu meinen: »Im August fliege ich in den Sudan, das ist in Afrika. Und du darfst mitkommen!«

Dominik konnte die Zeit bis August kaum erwarten. Und endlich war es so weit: Neben seinem Papa saß er im Flugzeug auf dem Weg nach Afrika! »Die Leute dort sind sehr arm«, erklärte ihm sein Vater, »aber du musst dir keine Sorgen machen: Wir sind in einem ganz edlen Hotel untergebracht.« Und damit hatte er Recht: Schon bald nach der Ankunft hatte Dominik das Hotel bis in den letzten Winkel erkundet. Es gab einen Fitnessraum, einen Spielplatz und – ein Schwimmbad! Dominik dachte an seine Mutter, die sich ein solches Schwimmbad zu Hause wünschte. »Wenn wir doch nur mehr Geld hätten«, dachte er.

Die ganze erste Woche war Dominik nur im Hotel. Er hatte einen anderen deutschen Jungen kennen gelernt, mit dem er jeden Tag spielte und zum Schwimmbad ging. Er wunderte sich zwar ein bisschen, dass er im Hotel fast nur weiße Menschen sah und dass das Hotel-Gelände von einer hohen Mauer umgeben war, aber er machte sich darüber weiter keine Gedanken. Doch eines Abends kam sein Vater nach der Arbeit ins Hotel zurück. »Ich habe heute eine Familie hier aus der Stadt kennen gelernt, die ein bisschen Deutsch spricht«, erzählte er. »Sie haben uns morgen zum Mittagessen eingeladen, und du darfst dort bis zum Abend bleiben. Sie haben sechs Kinder – da ist bestimmt eins in deinem Alter dabei.«

Als Dominik am nächsten Morgen aufstand, ahnte er nicht, dass er diesen Tag wahrscheinlich nie vergessen würde. Schon bei der Fahrt im Taxi fiel ihm auf, wie die Straßen auf einmal sehr schlecht wurden, als sie das Stadtviertel verließen, in dem Hotel und Flughafen lagen. Es sah auf einmal aus wie in den Fernsehberichten über verhungerte Kinder, die er aus den Nachrichten kannte. Dominik bekam ein komisches Gefühl in der Magengegend. Er musste sich an seinem Vater festhalten, als sie die letzten hundert Meter zu Fuß durch eine enge Gasse gingen. Überall sah er Abfall auf dem Boden, ein stechender Geruch lag in der Luft. Die Häuser, in denen die Menschen hier lebten, waren baufällige Bruchbuden.

Aus einer dieser Bruchbuden winkte jetzt ein Mann in ihre Richtung: »Willkommen«, sagte er auf Deutsch. Dominiks Vater stellte seinen Sohn vor, und gleich war Dominik umringt von dunkelhäutigen Kindern. »Ich sprechen bisschen Deutsch«, sagte einer, der ungefähr so alt war wie Dominik. Dominik konnte die Eindrücke gar nicht so schnell verarbeiten, wie sie auf ihn einstürmten: Der Wasserkanister in der Ecke ersetzte den Wasserhahn, gegessen wurde auf dem Boden aus einer großen Schüssel – nur für Dominik und seinen Vater gab es einen eigenen Teller. Im Schlafzimmer schien nachts die ganze Familie unterzukommen. Kleine Tiere huschten über den Boden. Und die Kinder überschütteten ihn mit deutschen Wörtern in ihrem merkwürdigen Akzent.

Erst allmählich – als sie auf dem Boden lagen und Reis mit einer roten Soße aßen – wurde ihm bewusst, dass das kein schlechter Traum war. Diese Menschen lebten tatsächlich hier. Sie waren froh, wenn sie jeden Tag etwas zu essen hatten. Feste Arbeit hatte fast niemand. Und an ein eigenes Auto war gar nicht zu denken.

Am Abend gingen die Gefühle in Dominik durcheinander: Wie sehr hatte er sich nach dem sauberen, gut riechenden Hotelzimmer zurückgesehnt. Und jetzt lag er da, neben sich eine kühle Cola, und musste die ganze Zeit an die Menschen in den Hütten dort draußen denken. Warum gab es so große Unterschiede auf der Welt? Und wie konnten die Kinder, die in diesem Dreck leben mussten, nur so fröhlich sein? Ob man denen nicht helfen könnte? Wie viele Brunnen man hier wohl bauen könnte mit dem Geld, das seine Mutter für ein Schwimmbad zu Hause sparte? Die Gedanken schossen ihm nur so durch den Kopf, und in dieser Nacht kam er kaum zur Ruhe.

Am nächsten Morgen stellte Dominik seinem Vater viele Fragen über das Leben der Menschen im Sudan. Und eines interessierte ihn ganz besonders: »Woher kann die Familie, die wir gestern besucht haben, so gut Deutsch?«

Sein Vater zögerte ein bisschen mit der Antwort, dann sagte er leise: »Weißt du, Dominik, die waren ein halbes Jahr lang in Deutschland. Als Asylbewerber. Der Vater wurde hier vom Staat verfolgt, aber er konnte es in Deutschland nicht beweisen. Ihr Asylantrag wurde abgelehnt, in Deutschland gibt es für sie keinen Platz. Deshalb mussten sie wieder zurückgehen.«

In den nächsten Tagen besuchte Dominik mit seinem Vater noch einige Male die nette Familie in der Barackensiedlung. Und Dominik entdeckte immer mehr, wie anders das Leben hier war als zu Hause in Deutschland. Eins war für ihn klar: Jetzt, wo er all das gesehen hatte, konnte er nicht mehr so weitermachen wie bisher. »Ich möchte mithelfen, daran etwas zu ändern«, nahm er sich fest vor, »und zwar, so viel ich kann. Und später, wenn ich erwachsen bin, werde ich dafür sorgen, dass es gerechter wird auf der Welt.« Und seiner Mutter wollte er gleich zu Hause einen Vorschlag machen, wie man das ersparte Geld besser anlegen könnte als für ein Schwimmbad ...

Vertiefung:
Einen Abend über das Thema Asylanten oder Dritte Welt machen. Dazu kann man sich Material besorgen (Diaserien, Film, Handzettel, Infos über Hilfsorganisationen, etc.) und den Abend selber gestalten oder auch jemanden einladen, z.B. eine Person, die sich in der Asylpolitik engagiert oder im Eine-Welt-Laden arbeitet. Man kann Spielzeug basteln, das die Kinder in diesen Ländern zum Spielen benutzen, oder auch Speisen kochen, die sie essen. Nähere Infos dazu bei oben genannten Einrichtungen oder auch bei Religionslehrern, die die

vierte Klasse unterrichten, weil dies eine Lehrplaneinheit der vierten Klasse ist. Überlegen Sie anschließend mit den Kindern, wie man einen Beitrag leisten könnte – eine Bastelaktion mit Verkauf am Weihnachtsmarkt für ein Hilfsprojekt in der Dritten Welt, eine Nachbarschaftshilfeaktion, eine Spende vom Taschengeld o.Ä.

Bibelstellen: 3. Mose 25,25; Matthäus 5,41-42; 2. Korinther 9,6-7

Wolfgang Ilg, Tübingen

Atheismus

»Christentum – so ein Schwachsinn!«

Seit Wochen hatten sie sich darauf vorbereitet: auf die Jugendtage. Alle jungen Menschen aus der Gemeinde wurden angeschrieben und eingeladen, und ein interessantes Programm wurde zusammengestellt: Band, Theater, Aktionen, Sporteinlagen, tolle Raumgestaltung, Essen. Je näher der Termin rückte, umso spannender wurde die ganze Sache für das fünfköpfige Vorbereitungsteam: Würden die Leute der Einladung folgen? Würde überhaupt jemand zu einer Jugendwoche kommen, bei der vom christlichen Glauben die Rede war?

Die Überraschung war groß, als am ersten Abend über 70 junge Menschen den kleinen Saal füllten. Das Team war zufrieden. Das Publikum ging begeistert mit, als eine Schulband aus der Nachbargemeinde das Programm eröffnete. Die Stimmung war super. Na also, anscheinend hätte man gar nicht so viele Sorgen haben müssen. Nach der Band stand ein Theaterstück des CVJM aus einer anderen Nachbargemeinde auf dem Programm. Interessiert schauten die Teilnehmer zu. Dann fiel zum ersten Mal an diesem Abend das Wort »Jesus Christus«, und einer aus der Theatergruppe deutete an, dass Jesus am Kreuz für die Schuld von uns Menschen gestorben ist.

Das war zu viel. Schlagartig und wie auf Kommando sprangen mehr als die Hälfte der Zuschauer auf und rannten zum Ausgang. Einige hatten bissige Kommentare auf den Lippen: »Das Christentum ist längst überholt.« »Mit dieser alten Geschichte könnt ihr doch niemand mehr locken.« »So ein Schwachsinn!« »Ich glaube nicht an Gott und ich brauche ihn auch nicht.« »Was wir zu DDR-Zeiten zum Glück abgeschafft haben, möchtet ihr nun wieder einführen – wir wollen das nicht hören.«

Die Reihen lichteten sich immer mehr. Nachdem ein großer Teil der Gäste schließlich gegangen war, fiel die Tür ins Schloss. Dann war es totenstill. Betroffen sahen sie sich an. Schließlich fasste einer der Mitarbeiter wieder Mut: »Lasst uns trotzdem weitermachen, denn wir haben die beste Nachricht der Welt, die wir denen, die noch geblieben sind, nicht vorenthalten dürfen.«

Impulsfragen:
Warum haben viele der Menschen den Raum verlassen? Was könnten Gründe dafür sein, dass diese Menschen nicht glauben wollen bzw. nicht glauben können? Aus welchem Grund machen sich die fünf Personen in der Geschichte die Mühe und stellen so eine Jugendwoche auf die Beine? Mit welchen Mitteln könnte man noch anderen Menschen von Jesus erzählen, außer so einer Jugendwoche?

Vertiefungsmöglichkeit:
Selbst eine »Missionsaktion« im kleinen Rahmen überlegen, planen und durchführen.

Bibelstelle: 1. Korinther 1,18+22-24

Thomas Maier, Berlin

Dicke sind besser

Einstieg:
Sportspiele (Völkerball, Fußball o.Ä.)

Wie jeden Freitag um 11 Uhr ertönte ein lauter Gong. Die gesamte 4a johlte und brüllte auf, denn nun hieß es, ganz fix innerhalb der kleinen Pause zur Sporthalle zu rennen, um ja keine kostbare Zeit des Sportunterrichts zu verlieren. Alle rannten sie nun davon und redeten nebenher auf Tom ein. Der hatte nämlich Geburtstag gehabt und durfte sich gleich ein Spiel wünschen.

Nur Nina freute sich nicht auf die Turnstunde. Sie schlurfte langsam und alleine hinter der Gruppe diskutierender Schüler her, die nun schon hinter der Eingangstür der Sporthalle verschwanden. Nina hatte ein Problem: Sie war dick! Daher hasste sie Sport. Beim Wählen der Mannschaften wollte sie immer niemand haben, weil sie so unsportlich war. Und überhaupt war die ganze Stunde für Nina eine einzige Katastrophe, weil sie ständig gehänselt und ausgelacht wurde.

Genauso war es auch wieder diesen Freitag, nur dass diesmal etwas ganz Schreckliches passierte. Tom hatte sich Völkerball gewünscht. Als der Ball in Ninas Richtung flog, wollte sie sich besonders geschickt anstellen und wich ihm wendig aus. In genau diesem Moment machte es ein lautes »RATSCH«, und in Ninas Hose zeigte sich ein tiefer Riss. Alle schrien lauthals auf und kugelten sich auf dem Hallenboden vor Lachen.

Nina biss ganz fest die Zähne zusammen, doch das half nichts. Schon kullerten ihr die ersten Tränen über die Wangen. Nun konnte sie das Gelächter nicht länger ertragen. So schnell sie konnte, lief sie in die Umkleidekabine und schluchzte los.

Währenddessen tat es der Klasse Leid, dass sie Nina so ausgelacht hatten. Eigentlich mochten sie Nina, sie war immer hilfsbereit und hatte meist für jedes Problem eine Lösung. Jedoch machte es auch Spaß, sie wegen ihrer Körperfülle zu ärgern. Frau Kübler, die Sportlehrerin, meinte, dass jetzt allein die Klasse dafür verantwortlich sei, was als Nächstes geschehen würde. Die Kinder unterhielten sich und entschieden sich dann dafür, sich bei ihrer Klassenkameradin zu entschuldigen. Es war ihnen wichtig, sie als Freundin zu behalten. Und jeder Einzelne von ihnen wollte schließlich auch nicht, dass ihm ein Missgeschick passierte und er deswegen ausgelacht wurde.

Also quetschten sie sich alle in die Umkleidekabine, entschuldigten sich bei Nina und schoben ihr einen Zettel zu. Auf dem stand mit sauberer und klarer Schrift: »*Dicke sind besser.*« Als Nina das las, schüttelte sie den Kopf und meinte: »Nein, nicht besser, jeder ist gut auf seine eigene Art und Weise. Jedoch sollte man auch die Schwächen jedes Einzelnen akzeptieren.«

Vertiefungsmöglichkeiten:

Gespräch über Stärken und Schwächen.

Ein Plakat mit den Worten »Dicke sind besser« in die Mitte legen und darüber reden.

- *Mit den Kindern einen »Stärken – Schwächen – Pass« basteln und jeden persönlich eintragen lassen, wo er seine Stärken und Schwächen sieht; die Zachäusgeschichte mit einkleben. Eine Doppelseite reservieren für Rückmeldungen aus der Gruppe, dazu jeden Pass reihum laufen lassen, und jeder trägt bei den anderen Personen ein, was er an der jeweiligen Person toll findet / wo die Stärken liegen / was positiv auffällt. Damit dies keine peinliche Aktion wird, weil dann Kommentare kommen wie »bei xy fällt mir nichts ein!«, sollte man vorher überlegen, was man alles nennen könnte, und auf Aussehen (z.B. fröhliche Augen), auf die Persönlichkeit (z.B. offene, herzliche Art), besondere Fähigkeiten (z.B. sportlich, handwerklich geschickt etc.) eingehen und viele Beispiele geben.*

Bibelstelle: Lukas 19,1-10

Andrea Kalmbach, Hallwangen

Towanda

»Was hängt da für ein Zettel?« Annika wunderte sich, während sie auf das Gittertor an der Schmalseite des Gartens zuging. Das kleine Tor wurde niemals zugeschlossen, es diente den benachbarten Familien als private Abkürzung zwischen Händelstraße und Mühlweg. Seit Annika in die Schule ging, benutzte sie diese Gartenpforte an jedem Morgen und klopfte bei Heinemanns ans Küchenfenster, um mit Sven zusammen den Schulweg fortzusetzen.

Doch was war das für ein Zettel? Am Gartentürchen angekommen, stellte sich Annika auf die Zehenspitzen, um ihn vom Gestänge herunter zu angeln. Darauf stand geschrieben: »Ich will mit dir nicht mehr in die Schule gehen, Towanda, du bist zu dick!« Annika las den Satz ein zweites Mal. Dann setzte sie sich auf den Rand des Sandkastens, in dem sie früher so oft mit Sven gespielt hatte, und weinte.

Annika war eigentlich ein hübsches Mädchen mit blonden Locken und großen blauen Augen; aber sie war dick. Das war ihr Kummer, solange sie zurückdenken konnte, und den Spitznamen Towanda, den ihr ihr Bruder gegeben hatte, trug sie wohl schon ebenso lange. Ihr Bruder fand es lustig, weil sich »Towanda« so ähnlich anhörte wie »Tonne«, und er fand das passend für Annika. Auch Vaters liebevolles »Towi« klang nur aufreizend in ihren Ohren. Mutter war die Einzige, die sie richtig Annika nannte. Aber von ihr wurde sie mit einem grässlichen Diätplan geplagt, das war fast noch schlimmer. Außerdem half der sowieso nicht.

Annika tat sich furchtbar Leid. Warum musste man schlank sein wie ein Strohhalm? Wie ungerecht das war: Sven aß doppelt so viel wie sie und blieb dünn wie ein Strich. Sie konnte doch nichts dafür.

Ungefähr zwei Monate später fand im Stadtgarten das jährliche Sommerfest ihrer Schule statt. In den Parkanlagen waren auf dem Rasen Bänke aufgestellt und Tische gedeckt. Die Stadtkapelle spielte. Alles lachte und schwatzte durcheinander. Dann ertönte der Lautsprecher und forderte die Schüler zum Beginn der Wettspiele auf. Die Bänke leerten sich. Annika blieb allein an der Kaffeetafel unter den Ahornbäumen zurück. Sie wollte nicht mitmachen. Für sie gab es keine Aussicht auf einen Preis, und nur als Zielscheibe für Gelächter oder gar Spott zu dienen, dazu hatte sie keine Lust.

»Bist du traurig?«

Sie fuhr erschrocken zusammen und stotterte: »Woher wissen Sie das?«

Herr Schneider, der Biologie- und Sportlehrer, der nach Svens Meinung der »lockerste Lehrer« von allen war, setzte sich auf die Bank ihr gegenüber. Er lachte freundlich und sagte: »Ich sehe es deiner Nasenspitze an.« Vom Spielplatz tönte Geschrei und Gelächter zu ihnen herüber. »Da ist was los«, meinte Herr Schneider und fügte fragend hinzu: »Keine Lust?«

»Nein, keine Lust!« Annika schüttelte den Kopf. Aber weil der Lehrer sie so freundlich ansah, verlor sie plötzlich alle Scheu und erklärte: »Ich bin eben etwas molliger als andere.«

»Aber was macht das schon? Glaubst du, dass jeder überall perfekt sein muss? Ich dachte früher auch immer, ich müsste so gut und so schnell laufen können wie meine Freunde. Ich wurde oft als Schnecke bezeichnet und bin deshalb so ungern in den Sportunterricht gegangen, wie du dir nur vorstellen kannst. Als mein Lehrer mich dann darauf ansprach, hab ich ihm davon erzählt, so wie du das gerade tust. Eigentlich war ich nämlich gar kein schlechter Sportler, nur laufen war eben nicht meine Stärke. Mir zuliebe machten wir daraufhin im Sportunterricht Spiele, die mir mehr Spaß machten, in denen ich mithalten konnte. Den Erfolg siehst du ja, jetzt bin ich selber Sportlehrer und begeisterter Sportler. Zwar bin ich im Laufen immer noch nicht der Beste, aber was macht das schon? Jeder hat Stärken und Schwächen! Wie wäre es, wenn du mal versuchst, deine Stärken zu nutzen ...«

Annika schaute ihn zuerst verdutzt an. Den Sportlehrer hatte man früher »Schnecke« genannt? Und was meinte er damit, sie solle ihre Stärken nutzen? Plötzlich strahlte sie bis über beide Ohren, denn sie hatte eine gute Idee ...

Vertiefungsmöglichkeiten:
Die Kinder in Kleingruppen einteilen, pro Kleingruppe soll überlegt werden, wie die Geschichte weitergehen

könnte. Dann im Plenum die einzelnen Gruppen ihre Version erzählen lassen.

– *Anschließend kann man mit den Kindern über das Thema Außenseiter reden, durch was man alles Außenseiter werden kann, was einem als Außenseiter Trost geben kann, wie man aus der Außenseiterrolle herausfinden und wie man einem Außenseiter helfen könnte.*

Bibelstellen: Psalm 102,9; Epheser 2,8; 1. Korinther 12,9

Pascal Vinçon, Perouse

Aufschieben

In letzter Minute

Einstieg:
Mit den Kindern übers Aufschieben und Verschieben von unangenehmen Aufgaben und Pflichten reden. Ihre Erfahrungen berichten lassen.

Es war ein herrlich strahlender Sommertag. Lukas und Michi machten sich nach der Schule auf den Heimweg. Sie liefen so schnell sie konnten, denn sie wollten am Nachmittag ins Freibad. War doch klar, bei so einem super Wetter musste man unbedingt schwimmen gehen. Am nächsten Tag stand eine schwierige Mathearbeit an, doch die war erst einmal unwichtig. Gleich nach dem Mittagessen verabredeten sie sich bei Michi und zogen dann gemeinsam los.

Auf dem Weg zum Freibad regte sich bei Lukas das Gewissen: Heute war die letzte Chance, für die Arbeit zu lernen, denn Mathe war nicht gerade seine Stärke. Im Gegenteil – in Mathe stand er auf einer Vier, was ihn nicht sehr glücklich machte. Aber da sah er die anderen aus seiner Klasse vor dem Freibad warten, und nun wollte er natürlich nicht mehr umkehren.

Im Nu verflog der Nachmittag. Erst auf dem Heimweg dachte Lukas wieder an die Arbeit. Nun wurde ihm etwas komisch zumute, und er erzählte Michi von seiner Sorge. Der meinte, dass nur noch wenig Zeit bliebe, um zu lernen. Aber er wollte ihm helfen und alles genau erklären. Gesagt, getan, die beiden büffelten noch bis spät abends.

Einige Wochen später bekam die Klasse die Mathe-Arbeit zurück. Lukas schlug sein Arbeitsheft auf, und ganz unten in der Ecke stand die Note: eine Vier. Na ja, das war ja nicht gerade eine Glanznote. Aber welche Note er bekommen hätte, wenn sein Freund Michi nicht noch mit ihm gelernt hätte, daran wollte er gar nicht denken. Er wusste genau, dass er selber schuld war. Das Ganze war ihm eine Lehre, er würde in Zukunft früher damit anfangen für Arbeiten zu lernen, besonders für Mathe!

Bibelstelle: Jona 1,1–16 *Andrea Kalmbach, Hallwangen*

Ausländer

Mein Mitmensch

Die U-Bahn war ziemlich voll, fast alle Sitzplätze waren belegt. Als eine Gruppe Jugendlicher einstieg, liefen sie bis ans Ende des Wagens, wo neben einem jungen dunkelhäutigen Mann noch Plätze frei waren. Erst sah es so aus, als ob sie sich nur lautstark unterhielten. Aber schon bald wurde deutlich, dass sie den ausländischen Mann anpöbelten.

Zuerst redeten sie ihn unhöflich von der Seite an, dann fingen sie an ihn zu beschimpfen, und schließlich bedrohte ihn sogar einer und hielt ihm seine Faust unter die Nase. Der junge Mann saß in die Ecke gedrängt da und sah hilflos um sich. Er war allein und die anderen waren zu fünft. Da hatte er keine Chance. Warum kam ihm niemand zur Hilfe? Es waren so viele Menschen in der U-Bahn!

Auf einmal stand eine Frau auf. Sie war schon ziemlich alt und musste sich beim Gehen an den Haltegriffen festhalten, um nicht das Gleichgewicht zu verlieren. Sie kam auf die Gruppe am Wagenende zu und stellte sich direkt vor die randalierenden Jugendlichen. »Bitte hören Sie auf, diesen Mann zu belästigen!«, sagte sie laut und deutlich.

»Hey, Oma, das geht dich einen Scheißdreck an!«, rief einer der Jugendlichen.

»Nein, da haben Sie nicht Recht! Das geht mich schon etwas an, wenn ein Mitmensch bedroht wird!«, widersprach die Frau.

Jetzt fingen die Jugendlichen an, auch sie zu beschimpfen und zu bedrohen.

Impulsfragen:
Wie würdet ihr euch verhalten (ehrlich überlegen!)? Was meint ihr, wie die Geschichte weitergeht? Was könnte dem Ausländer und der älteren Frau helfen?

Doch die Frau blieb stehen und bat die Clique wieder, den Mann in Ruhe zu lassen. Sie wusste, dass sie gegen diese Jugendlichen keine Chance hatte. Aber der junge Mann hatte ja allein auch keine Chance, und sie wollte nicht einfach so tun, als ob sie nicht sehen und hören würde, was hier in der Ecke geschah. Also blieb sie stehen, auch wenn ihr mulmig zumute war.

Und auf einmal merkte sie, dass sie nicht mehr allein dastand. Während sie mit den Jugendlichen redete, war ein Mann aufgestanden und hatte sich hinter sie gestellt. Er hatte sich von ihrem Mut anstecken lassen, und immer mehr Leute standen auf und folgten seinem Beispiel, bis schließlich fast alle Mitfahrenden hinter der Frau standen.

Gegen so viele Menschen konnten die Jugendlichen nichts machen. Sie ließen den jungen ausländischen Mann in Ruhe und stiegen an der nächsten Station aus.

Vertiefungsmöglichkeiten:
Sie können mit den Kindern über Ausländerhass reden, durch was er entstehen kann, ob sie auch schon Beispiele erlebt haben, und warum Menschen Angst haben, sich solchen Bedrohungen entgegenzustellen.

- *Oder sprechen Sie über Zivilcourage und darüber, wie viel jeder Einzelne zu einer friedlicheren und gerechteren Welt beitragen kann – auch als Kind.*
- *Sie können auch mit den Kindern überlegen, wer alles unser Mitmensch und Nächster ist. Erzählen Sie die Geschichte vom barmherzigen Samariter, bei der klar wird, dass jeder, der unsere Hilfe braucht, unser Nächster ist, unabhängig von Rasse, Hautfarbe und Religion.*
- *Eine weitere Möglichkeit ist, die Geschichte vom barmherzigen Samariter in die heutige Zeit zu übertragen und die Kinder ein Theaterstück überlegen zu lassen, das in ihrer Lebenswelt spielt.*

Bibelstelle: Lukas 10,25-37 *Nicole Vogel, Münsingen*

Menschen mit einer Behinderung

Die Medaille

Petra ist voll motiviert: Sie will eine Medaille von den olympischen Spielen mit nach Hause bringen – als Tennisspielerin. Dabei war eigentlich immer Ski fahren ihr Lieblingssport. Schon als Kind ist sie voller Begeisterung die Hänge hinuntergerast und hat mit ihrer Jugendmannschaft vom Skiclub ein paar Pokale gewonnen.

Aber dann ist es passiert: Bei einer rasanten Schussfahrt verliert sie die Kontrolle über ihre Ski und stürzt. Mit voller Wucht prallt sie mit dem Rücken auf eine Eisplatte. Im Krankenhaus sind die Ärzte zuerst ganz zuversichtlich. Aber nach ein paar Wochen kann Petra ihre Beine immer noch nicht bewegen, und irgendwann steht fest, dass sie für immer im Rollstuhl sitzen wird.

Petra ist völlig verzweifelt und hat das Gefühl, gar nicht mehr richtig zu leben: Nie mehr Sport machen können. Kein Ski fahren, kein Rad fahren, kein Inlineskating. Alles, was ihr Spaß macht, geht nicht mehr.

Auch Petras Eltern sind schockiert und versuchen ihr zu helfen. Sie tun alles für Petra, was sie können; sie nehmen ihr alles ab, verwöhnen sie, wo es nur geht. Da packt Petra eines Tages die Wut. Nicht nur auf ihre Behinderung, sondern auch auf ihre Eltern, die sie mit ihren 16 Jahren auf einmal wieder wie ein kleines Kind behandeln und versorgen. Hartnäckig und mit aller Kraft fängt sie an zu trainieren und zu üben. Sie will es sich und allen beweisen, dass sie sich trotz Rollstuhl selbst versorgen und selbstständig leben kann.

Als sie von einer Gruppe Rollstuhlfahrer hört, die im Nachbarort Tennis spielen, ist sie voller Begeisterung dabei. Mit dem gleichen sportlichen Ehrgeiz wie früher beim Skifahren stürzt sie sich auf diese neue Sportart und trainiert mehrmals in der Woche.

Und jetzt hat sie es geschafft, sie darf mit der deutschen Nationalmannschaft zu den Paralympics fahren, den olympischen Spielen für Menschen mit einer Behinderung. Und vielleicht wird sogar ihr größter Traum wahr und sie gewinnt eine Medaille.

Vertiefungsmöglichkeiten:

Rollstühle besorgen (kann man in Altenheimen oder diakonischen Einrichtungen ausleihen) und einen Abend lang verschiedene Spiele und Aufgaben mit Rollstühlen machen. Dabei werden die Kinder merken, dass es gar nicht so einfach ist, geschickt mit einem Rollstuhl umzugehen.

– *Ein interessantes Experiment ist es auch, gemeinsam in Kleingruppen loszuziehen – jeweils ein Erwachsener und zwei bis drei Kinder mit einem Rollstuhl. Die Kinder sollen sich mit dem Rollstuhlfahren abwechseln. Jede Kleingruppe bekommt ein Aufgabenblatt. Der jeweilige Rollstuhlfahrer soll in einen Supermarkt gehen und eine Tafel Schokolade kaufen, in eine Telefonzelle gehen und telefonieren, in einen Bus einsteigen, eine öffentliche Einrichtung wie Rathaus, Schule o.Ä. besuchen, etc. Während der Aufgaben halten sich der Erwachsene und die anderen im Hintergrund. Es wird bald sehr deutlich werden, dass viele Supermärkte ungeeignet für Rollstuhlfahrer sind, ebenso wie Busse, Telefonzellen, etc. Wichtig ist, dass die Kinder hier ihre Erfahrungen machen können, dass aber die Menschen im Umfeld nicht verärgert werden, wenn sie beobachten, dass da einer wieder aus dem Rollstuhl aussteigt und herumrennt. Achten Sie darauf, dass nicht der Eindruck des Veräppelns entsteht, sondern erklären Sie, dass man das Leben eines Rollstuhlfahrers und die alltäglichen Probleme verstehen will. Im Anschluss an dieses Experiment gemeinsam die Erlebnisse erzählen und die Erfahrungen austauschen.*

Bibelstelle: Matthäus 9,1–8 *Nicole Vogel, Münsingen*

Menschen mit einer Behinderung

Wen ich bewundere

Seufzend nimmt Frau Specht Jonathans Heft vom Stapel und schlägt es auf. Sie korrigiert gerade Aufsätze. Die Schüler sollten über einen Menschen schreiben, den sie bewundern, und sie hat schon drei Aufsätze über die neueste Boygroup und vier über Fußballspieler gelesen.

Aber als sie den ersten Satz von Jonathans Aufsatz liest, stutzt sie. Er hat nicht, wie sie erwartet hat, über sein Idol, den Formel-Eins-Weltmeister geschrieben, von dem er sonst bei jeder Gelegenheit erzählt. Er schreibt über seine Schwester.

Jonathans Schwester ist ein paar Jahre älter. Frau Specht kennt die Familie, weil sie in der gleichen Straße wohnt. Das Besondere ist, dass Tamara geistig behindert ist. Und Frau Specht weiß, dass manche Kinder aus der Klasse Tamara mit ihrer etwas schwerfälligen und kindlichen Art veräppeln und dass Jonathan oft wegen seiner Schwester ausgelacht wird.

Sie liest, was Jonathan schreibt: »Ich bewundere meine Schwester, weil sie so offen und ehrlich zu allen Menschen ist. Obwohl viele Menschen ihr gegenüber gar nicht offen sind, sondern sie blöd anmachen oder veräppeln. Darüber ist sie oft enttäuscht und traurig. Aber wenn sie diese Leute trifft, begrüßt Tamara sie trotzdem wieder mit ihrem ganz besonderen Lächeln und fragt sie fröhlich: ›Hallo, wie geht's?‹«

Vertiefungsmöglichkeiten:

Sprechen Sie über Menschen mit einer Behinderung: Wer kennt solche Menschen? Welche verschiedenen Arten von Behinderungen gibt es?

- *Besuch in einer Behinderteneinrichtung, Behindertenkindergarten, -schule, -werkstatt.*
- *Spieleabend mit einer Behindertengruppe, möglichst im Alter der Kinder. Sie können die Gruppe entweder einladen oder selbst hingehen. Mit den Verantwortlichen der Behindertengruppe den Spieleabend vorbereiten, damit auch Spiele gemacht werden, die die Behinderten nicht nur als Verlierer dastehen lassen. Damit werden Berührungsängste abgebaut und Kontakte geschaffen.*

Bibelstelle: Matthäus 5,8 *Nicole Vogel, Münsingen*

Bekenntnis

Abgestempelt

Dritte Stunde, Sportunterricht. Maurizio hat in der Pause getrödelt und muss sich jetzt beim Umziehen beeilen. Gerade rechtzeitig zur Mannschaftseinteilung schafft er es in die Halle. Basketball – die beiden größten Jungs aus der Klasse wählen sich ihre Teams.

Maurizio zieht sich seine Klamotten zurecht und erschrickt. Das blaue T-Shirt, das er da anhat – ist das nicht das T-Shirt vom letzten Jungscharlager? Er hat gar nicht darauf geachtet, als er es heute

Morgen aus dem Schrank zog. Was steht hinten drauf? »Du, Gott, machst mir Mut.« Au Backe! Maurizio spürt, wie er rot wird. In der Jungschar zieht er das T-Shirt immer voller Stolz an. Aber hier in der Schulklasse? Wo doch keiner außer ihm in der Jungschar ist. Was die wohl von ihm denken werden? Wenn er das T-Shirt doch nur verstecken könnte! Aber jetzt ist es zu spät – alle müssen es schon gesehen haben. Maurizio blickt sich um. Hinter ihm flüstern zwei Mitschüler miteinander. Bestimmt machen sie sich über ihn lustig. Und für eine Mannschaft gewählt wurde er auch noch nicht. Wer will auch einen im Team haben, der mit frommen Sprüchen auf dem T-Shirt daherkommt? Da ist man doch gleich abgestempelt.

»Mauri« – erst beim zweiten Mal hört Maurizio, dass eines der Teams ihn nun gewählt hat. »Die nehmen mich bestimmt nur aus Mitleid«, denkt er sich und geht mit gesenktem Kopf zu seiner Mannschaft. Am liebsten würde er im Boden versinken. Zeigt nicht da drüben schon wieder jemand auf ihn? Und überhaupt – Maurizio wird das dumpfe Gefühl nicht los, dass alle viel unfreundlicher zu ihm sind als sonst. Das Basketball-Spiel läuft heute weitgehend an Maurizio vorbei. »He, Mauri, du Schlafmütze, was ist denn los?«, fragt ihn einer aus dem Team.

»Mach dich doch über jemand anderen lustig«, schnauzt Maurizio zurück. Jetzt hat er genug. »Muss mal aufs Klo«, ruft Maurizio dann dem Sportlehrer zu, und schon rennt er aus der Halle in die Umkleidekabine. Er hat doch ein Ersatz-T-Shirt eingepackt, ist ihm eingefallen, das wird ihn von den blöden Kommentaren befreien. Im Handumdrehen ist er in der Kabine und kramt in seiner Tasche nach dem anderen T-Shirt. Er zieht sich das verschwitzte blaue T-Shirt über den Kopf und knallt es in die Ecke.

»Moment mal«, fährt es ihm da durch den Kopf. Hat das Jungscharlager-T-Shirt nicht einen Kragen? Aber das, welches er gerade ausgezogen hat, ist kragenlos. Maurizio greift nach dem T-Shirt und schaut sich die Rückseite an. Sie ist so blau wie die Vorderseite – kein Aufdruck zu sehen. Es ist gar nicht das T-Shirt vom Jungscharlager, sondern das blaue T-Shirt, das ihm seine Mutter vor einiger Zeit gekauft hat. Maurizio stockt der Atem. Immer wieder blickt er auf das unbedruckte T-Shirt und dann muss er auf einmal laut losprusten. Was hat er sich für Sorgen gemacht – völlig überflüssig! Maurizio lacht über sich selbst. Die tuschelnden Klassenkameraden, die Unfreundlichkeit seiner Mitspieler: Das alles hat er sich nur eingebildet. Aus lauter Angst, die anderen würden etwas gegen ein T-Shirt vom Jungscharlager haben. So ein Blödsinn! Und dabei ist er sich so sicher gewesen, dass ihn heute alle komisch angeschaut haben. In Wirklichkeit war die Sache wohl andersherum, wird ihm jetzt klar: Er hat sich vor lauter Angst alles nur eingebildet – und damit den anderen Unrecht getan.

Grinsend zieht sich Maurizio das blaue T-Shirt wieder über und macht sich auf den Weg zurück in die Halle. Und nächste Woche, das nimmt er sich vor, wird er wieder ein blaues T-Shirt zum Sportunterricht anziehen – und zwar das mit dem Aufdruck vom Jungscharlager: »Du, Gott, machst mir Mut.«

Vertiefungsmöglichkeiten:

Auf einem Tisch eine »Ausstellung« mit christlichen Alltagssymbolen machen: Jeder Gruppenteilnehmer, der will, legt dort etwas hin, was für ihn im Alltag ein Bekenntnis zum Glauben darstellt, z.B. eine Halskette mit Kreuz, ein WWJD-Armband, einen Kugelschreiber mit Fisch-Symbol usw. Wer kann zu seinem »Ausstellungsstück« ein ähnliches Erlebnis berichten wie das von Maurizio?

– *Gespräch über das Bekennen des eigenen Glaubens. Warum fällt es uns manchmal so schwer? Warum lohnt es sich, zu seinem Glauben zu stehen? Wie kann man reagieren, wenn man wegen seines Glaubens verspottet und ausgelacht wird?*
– *Gespräch über verschiedene christliche Symbole und »fromme Werbeartikel«. Was bedeuten sie tatsächlich? Trage ich es, weil es eine Modeerscheinung ist (z.B. das WWJD-Armband), oder weil ich damit etwas aussagen will? Denke ich mir etwas dabei, wenn ich oder andere eine Halskette mit einem Kreuzanhänger tragen? Modeerscheinung oder Bekenntnis?*

Bibelstellen: Psalm 118,6; 1. Johannes 4,15; 1. Petrus 3,15

Wolfgang Ilg, Tübingen

Bekenntnis

Die schlechte Relinote

Frau Lüttgen, die Religionslehrerin, verteilt die Klassenarbeiten. Natürlich sind alle gespannt, welche Noten sie bekommen.

Kevin wartet auf sein Heft. Besonders viel hat er nicht gelernt, so wie alle eben. Aber er hat im Unterricht aufgepasst. Er passt immer auf, aber eigentlich nur deshalb, damit er zu Hause nicht so viel lernen muss. Die Zeit ist ihm dafür zu schade, lieber geht er Fußball spielen.

Er schlägt sein Heft auf und sieht seine Note. Alles zieht sich in ihm zusammen. Soo schlecht, das hat er nicht erwartet. »So ein Mist, ausgerechnet in Religion. Bisher lief doch alles ganz gut, Mathe und Englisch sind meine Problemfächer. Physik und Chemie gehen gerade noch. Kommt jetzt ein weiteres Fach dazu, in dem ich mich anstrengen muss? Und ich habe mich so sicher gefühlt.«

Kevin ist wütend, traurig und enttäuscht. So hat er sich das nicht vorgestellt. Und jetzt hört er, wie die anderen ihre Noten vergleichen. »Was hast du?« »Ne glatte Zwei – und selber?« »Zwei minus.« Kevin kennt dieses Spiel. Irgendwann wird auch er gefragt werden. Und jetzt ist es so, wie es auch schon in Mathe und Englisch ist. Da ist er meistens der Schlechteste, das ist kein gutes Gefühl. Und schon wird er gefragt: »Hey, Kevin, was hast du rausgekriegt?« »Eine Vier«, sagt er leise. Die anderen schweigen betroffen. So schlecht hat bisher keiner geschrieben. Da ruft Bille: »Ha, und ausgerechnet du gehst in die Jungschar. Da hast du wohl die letzten Male gefehlt? Du bist wohl kein guter Christ. Da musst du besser aufpassen – in deiner Jungschar.«

Bevor Kevin reagieren kann, lachen Bille und ihre Freunde los. Dann geht die Unterhaltung über die Arbeit und die Noten der anderen weiter, und keiner kümmert sich mehr um Kevin. Kevin sitzt stumm auf seinem Platz. Jetzt muss er den Spott auch noch ertragen. Was für ein blöder Tag.

Aber jetzt beginnt er nachzudenken. Dass Bille von ihm weiß, dass er in die Jungschar geht, hat er nicht gewusst. Und dass sie weiß, worum es in der Jungschar geht. Oder … – vielleicht weiß sie es doch nicht, schließlich haben die Jungschar und diese Klassenarbeit wenig miteinander zu tun. Weil Kevin in die Jungschar geht, schreibt er noch lange nicht gute Klassenarbeiten in Religion. Und außerdem erkennt man einen guten Christen bestimmt nicht an seinen Religionsunterrichtsnoten, oder?

Ob die anderen ihn beobachten? Bille und ihre Freunde? Was soll er jetzt tun? Die anderen lachen über ihn, über seine Jungschar. Soll er ab jetzt wegbleiben? Kevin entscheidet sich: Nein, er geht weiter zur Jungschar, sie macht ihm Spaß, es gefällt ihm dort. Und wenn Bille wieder lacht? Soll sie doch. Er wird weiterhin zur Jungschar gehen, auch wenn die anderen lachen. Die Jungschar ist ihm wichtiger, das dürfen die anderen gerne wissen.

Vertiefungsmöglichkeiten:

Gedankenanstoß in die Gruppe geben: Was ist ein Bekenntnis? Zu was kann man sich bekennen? Bekenntnis findet nicht nur durch Worte statt. Wie noch?

- *Impulsfragen: Kennt ihr ähnliche Situationen? Was würdet ihr an Kevins Stelle tun oder denken? Wie würdet ihr Bille und den anderen erklären, dass man einen Christen nicht an seinen Religionsunterrichtsnoten erkennen kann? Was sind dann »Erkennungszeichen« für einen Christen?*

Bibelstelle: Johannes 3,2

Gerhard Krehl, Pretoria

Bekenntnis

»Na gut – aber du musst es tun!«

Sara und Lisa waren aufgeregt. Heute hatten sie das erste Mal Kochunterricht in der Schule. Zum einen war es bestimmt eine tolle Abwechslung zum übrigen Stundenplan, und zum anderen machte es den beiden Spaß, etwas zu kochen. Gespannt saßen sie in der ersten Kochstunde da und konnten es kaum erwarten, bis die einzelnen Kochgruppen eingeteilt waren.

Als Frau Spongel, die Kochlehrerin, erklärte, dass sie auch Kochtheorie haben würden, in der es zum Beispiel um die Nährstoffe der einzelnen Lebensmittel gehen würde, waren sie nicht mehr so begeistert. Aber Frau Spongel versprach, dass sie so oft wie möglich kochen würden. Auch heute stand schon das erste Gericht auf dem Stundenplan. Drei Schulstunden hatten sie Zeit, um Nudeln mit einer Pastasoße, einen Salat und eine Quarkspeise als Nachtisch herzustellen. Jede Kochgruppe bekam eine kleine Unterweisung und das Rezept ausgehändigt. Sara und Lisa waren in der gleichen Kochgruppe gelandet und mit vier weiteren Mitschülern nun eifrig beschäftigt.

Eigentlich klappte alles ganz gut, sie mussten Frau Spongel nur zweimal kurz um Hilfe bitten. Endlich stand das erste selbst gekochte Essen dampfend auf dem Tisch, und die Kochgruppe freute sich aufs Kosten ihres ersten Menüs. Als alle etwas auf den Tellern hatten, rief Lukas laut: »Na, dann nix wie ran! Lasst es euch schmecken!« Da fragte Sara zaghaft: »Ja, beten wir denn nicht vor dem Essen?«

Befremdet schauten sie alle an. Nur Lisa nickte, weil sie es von zu Hause gewohnt war. Den anderen Schülern aus Saras Kochgruppe war es fremd, vor dem Essen zu beten und Gott dafür zu danken.

Tim rief: »Hey, ich hab Hunger! Warum soll ich denn jetzt so ein frommes Getue machen?«

Doch Lukas stieß ihm seinen Ellbogen in die Seite und raunte ihm zu: »Ach komm, so schlimm kann's ja nicht werden. Eigentlich kann es nicht schaden, wenn man sich für das Essen bei Gott bedankt. – Wenn's nicht zu lange dauert!«

Tim schaute Lukas zuerst skeptisch an, und dann meinte er: »Na gut, Sara; aber du musst es tun!« Darauf falteten alle die Hände und Sara betete mit hochrotem Kopf: »Vielen Dank, lieber Gott, für das leckere Essen. Danke, dass uns das Essen so gut gelungen ist und dass wir nicht hungern müssen. Amen.«

Dann griffen alle zu ihrem Besteck und trauten ihren Ohren kaum, als Tim sagte: »Das war ja okay. Dann machen wir das jetzt jedes Mal so.«

Vertiefungsmöglichkeiten:

Impulsfragen: Was meint ihr, warum hatte Sara so einen hochroten Kopf beim Beten? Gibt es auch andere Situationen, wo man sich nicht immer traut, seinen Glauben zu leben oder anderen preiszugeben, dass man an Gott glaubt? Habt ihr auch schon einmal so eine Situation erlebt?

- *Gemeinsam etwas kochen und vorher ein Tischgebet überlegen.*
- *Ein »Kochduell« veranstalten. Die Kinder in Kleingruppen aufteilen und jeder Gruppe entweder die gleichen Rezepte und Zutaten oder verschiedene geben. Dann soll jede Kochgruppe »ihr Gericht« kochen und jeweils den Tisch schön decken. Legen Sie dazu neben Geschirr und Besteck verschiedene Servietten, Tonpapier, Scheren etc. bereit. Am Ende bewertet die Jury (Mitarbeiter der Gruppe oder ein eingeladener Sondergast), welche Kochgruppe gewonnen hat. Bewertet wird nach gelungenem Umsetzen des Rezepts, Geschmack des Essens, Tischdekoration und sauberem Arbeitsplatz bzw. »Schlachtfeld« in der Küche. Nach der Jurybewertung essen alle nach einem Tischgebet gemeinsam ihr Gericht. Ratsam: Bei mehreren Kochgruppen zusätzliche Kochplatten mitbringen oder in einer Schulküche anfragen, wo es mehrere Kochmöglichkeiten gibt.*

Bibelstelle: Matthäus 10, 32 *Sybille Kalmbach, Rutesheim*

Besitz

Wodurch hat man ein glückliches Leben?

Der Pfeil steckte: Volltreffer! Der kleine Schneehase fiel tot um. Steve hatte ihn mit einem Schuss seines Bogens genau getroffen. Stolz ging er mit seiner Beute nach Hause. Zum ersten Mal hatte er alleine jagen dürfen – und dann gleich so ein Erfolg! Überglücklich rannte er die letzten 100 Meter des kleinen Pfades zum Blockhaus hinauf, bis er voller Freude in die einfache Küche zu seiner Mutter stürmte.

Es war wie früher, als sie noch mitten in Vancouver gelebt hatten. Aber dann hatte sein Vater seinen sicheren Job bei einer Bank aufgegeben, um in der Wildnis zu leben. Steve hatte alles zurücklassen müssen: seine Freunde und Bekannten, die Schule, seine Katze und seine Spielsachen. Sein Computer mit all den Spielen, der Fernseher und die Playstation wären hier draußen ohnehin nutzlos gewesen. Das war nun ein halbes Jahr her. Inzwischen hatte er sich ein wenig eingelebt. Aber so richtig glücklich war er nicht.

Impulsfragen: Wie geht es uns? Woran merkt man, ob man glücklich oder unglücklich ist? Was bedeutet mir mein Besitz?

Bibelstelle: 1. Mose 12,1 *Pascal Vinçon, Perouse*

Bewahrung

Jules zweiter Geburtstag

Jule sitzt im Zeichenunterricht. Es ist die sechste Vormittagsstunde und draußen ist es heiß. Eigentlich macht ihr Bildende Kunst Spaß, doch heute hat sie irgendwie keine Lust. Mit ihrem Bild ist sie auch nicht so recht zufrieden: Sie sollen eine Coladose möglichst originalgetreu abmalen. Doch der Schriftzug macht Jule schon längere Zeit Schwierigkeiten. Deshalb träumt sie lieber vor sich hin als weiterzumachen. Gerade überlegt sie in Gedanken, was sie heute Nachmittag im Freibad alles anstellen könnte. So kommt es, dass sie das komische Knacken, das schon längere Zeit von der Decke zu hören ist, gar nicht bemerkt. Auch die anderen merken nichts davon, alle sind mehr oder weniger lustlos bei der Arbeit.

»Raus! Sofort alle raus! Lasst alles stehen und liegen und geht in den Gang!« Herr Schmidt ist in der Tür erschienen und blickt mit weit aufgerissenen Augen zur Decke. »Los, beeilt euch!«

Jule weiß nicht so recht, was er will, doch sie folgt den anderen in den Gang. Kaum hat der Letzte das Klassenzimmer verlassen, gibt es einen fürchterlichen Schlag. »Was ist passiert? Was hat da so gekracht?«, will Jule wissen.

»Gott sei Dank noch rechtzeitig.« Herr Schmidt ist völlig fertig. Er schaut in den Raum hinein, der von feinem Staub erfüllt ist. »Seht euch das an: Die ganze Deckenverkleidung – die schweren Holzplatten mitsamt den Lampen – hat sich gelöst und ist zu Boden gegangen. Hier, seht ihr die Schulbank? Nur noch Kleinholz! Nicht auszudenken, was geschehen wäre, wenn wir alle noch im Zimmer gewesen wären.«

Die Schüler sehen durch die Tür in das zerstörte Klassenzimmer. Jule bekommt ganz weiche Knie: Dort, wo sie gesessen hat, liegt jetzt eine schwere Holzplatte. Wenn sie Herr Schmidt nicht gewarnt hätte, wäre sie möglicherweise jetzt ...? Sie wagt den Gedanken gar nicht zu Ende zu denken.

Am Nachmittag erzählt sie ihrer Freundin im Freibad: »Du, heute bin ich zum zweiten Mal geboren. Heute habe ich ein neues Leben geschenkt bekommen.«

Impulsfragen: Gibt es das, ein neues Leben? Wer bestimmt über mein Leben – wie lange es dauert?

Vertiefung:
Überlegen Sie mit den Kindern, wo jeder schon Bewahrung erlebt hat. Erarbeiten Sie außerdem mit ihnen, dass wir durch den Glauben an Jesus auch ein neues Leben geschenkt bekommen. Er bewahrt uns durch seinen Kreuzestod und seine Auferstehung vor dem ewigen Tod und schenkt uns ewiges neues Leben. Planen und feiern Sie gemeinsam ein »Geburtstagsfest der besonderen Art«, in dem diese Aspekte vorkommen.

Bibelstellen: Johannes 3,3; 11,25; Römer 6,4

Stephan Schiek, Hausen o.V.

Bewahrung

Wachsame Augen

Einstieg:
In die Mitte einen Hammer, einige Nägel und ein Brett legen.

»Bitte Papa! Bitte lass mich den Hasenstall reparieren. Ich hab dir schon so oft zugeschaut, wenn du mit dem Hammer die Nägel eingeschlagen hast. Ich kann das wirklich!« Seit knapp einer halben Stunde war Jans Vater dabei, die losen Bretter und den Drahtzaun wieder zu befestigen. Denn die Hasen waren durch die Löcher geschlüpft und in die angrenzenden Gärten gehoppelt. Nur mit Mühe hatten der Vater und Jan sie wieder einfangen können.

»Okay, Jan! Das nächste Brett kannst du festnageln. Und wenn ich sicher bin, dass du es kannst, darfst du den Rest machen!«

Überglücklich nahm Jan den Hammer entgegen. Er zog ein Brett vom Stapel und angelte sich aus der Packung einen Nagel. Fachmännisch legte er das Brett an den vorgezogenen Strich, setzte den Nagel an und schlug zu. Mit vier kräftigen Schlägen hatte er den Nagel in das Brett geschlagen. Das Gleiche wiederholte er an der unteren Kante. Nun saß das Brett fest. Jan blickte auf.

»Spitze!«, lobte der Vater. »Meinst du, du schaffst den Rest auch?«

»Na klar!«, erwiderte Jan.

»Gut, dann gehe ich jetzt ins Haus und versuche den tropfenden Wasserhahn in der Küche zu reparieren. Wenn du Hilfe brauchst, kommst du, ja?« Mit diesen Worten drehte sich der Vater um, ging auf das Haus zu und verschwand in der Küchentür. Jan wandte sich wieder seiner Arbeit zu. Brett für Brett und Nagel für Nagel verarbeitete er. Die Arbeit war nicht einfach, aber Jan war glücklich, dass sein Vater es ihm zutraute. Als Jan sich einmal umdrehte, sah er seinen Vater durch das Küchenfenster winken.

Noch vier Bretter lagen auf der Wiese. Als Jan alle eingeschlagen hatte, war immer noch ein Loch übrig. Ein Brett fehlte. Was nun? Der Vater war nicht zu sehen und Jan hatte auch keine große Lust ihn zu suchen. Da kam ihm die Idee: »Wenn ich selbst ein Brett suche, dann wäre Vater sicher stolz auf mich. Dann muss er nicht extra wegen einem Brett losgehen und eines kaufen. Im Schuppen müssten noch welche liegen.« Gesagt, getan.

Im Schuppen war es nicht sehr ordentlich. Überall standen Gartengeräte und andere Werkzeuge herum. Durch das kleine Fenster fiel nicht sehr viel Licht herein. Langsam gewöhnten Jans Augen sich an die Dunkelheit. Er erkannte die Umrisse des Schubkarrens, des Rechens und der anderen Dinge. Auf einem Regal entdeckte Jan schließlich noch Bretter. Sie hatten ungefähr die Größe, die er brauchte. Doch er war zu klein, um die Bretter zu erreichen. Suchend blickte er sich um. Da erspähte er in der Ecke einen kleinen Holzschemel, den er für geeignet hielt. Prüfend hob ihn Jan hoch, drehte ihn in den Händen und stieg darauf. Er stand fest. »Sehr gut!«, dachte Jan. »Das müsste gehen.« Er nahm den Schemel und stellte ihn direkt unter das Regal. »Wenn ich mich genug strecke, dann kann ich das Brett herunterziehen.« Vorsichtig stieg Jan auf den Schemel. Langsam streckte er sich in die Höhe. Und tatsächlich – mit den Fingerspitzen konnte er das Brett erreichen. Zentimeter für Zentimeter ließ sich das Brett vorziehen. Doch was Jan nicht sah, waren zwei Sägen, die auf den Brettern lagen. Je mehr Jan das Brett nach vorne zog, desto näher rutschten die Sägen an den Rand.

Der Vater hatte inzwischen eine Dichtung gefunden und war in die Küche zurückgekehrt. Als er aus dem Fenster blickte, war Jan nicht mehr zu sehen. Hammer und Nägel lagen auf dem Boden. Alle Bretter waren angenagelt. Vaters Blick glitt an den sauber angebrachten Brettern entlang. Da entdeckte er die Lücke, die nach dem letzten Brett entstanden war. Aber wo war Jan?

Von einer Ahnung getrieben lief der Vater in den Garten. »Jan? Jan, wo bist du?« Er erhielt keine Antwort. Seine suchenden Augen blieben an der offenen Schuppentür hängen. Noch bevor der Vater einen Schritt in Richtung Schuppen machen konnte, ertönte lautes Rumpeln und Scheppern aus dem Inneren des Schuppens. Dann war es still. Mit zwei Schritten war der Vater im Schuppen. Jan stand mitten im Raum und hielt das Brett über dem Kopf. Neben ihm lagen zwei Sägen.

»Jan, ist dir was passiert?«, rief der Vater.

»Nein«, antwortete Jan noch völlig erschrocken.

Aufatmend nahm der Vater Jan das Brett ab und schloss ihn in die Arme. »Gott sei Dank, dass nichts passiert ist. Ein Glück, dass ich gemerkt habe, dass du weg warst. Wer weiß, was passiert wäre, wenn du dich verletzt hättest und ich nicht nach dir gesucht hätte. Das hätte schlimm enden können!«

Abends im Bett faltete Jan seine Hände und betete: »Danke, lieber Gott, dass heute nichts passiert ist. Danke, dass du auf mich aufgepasst hast. Danke auch, dass Papa mich gesucht hat.« Der Schreck saß ihm noch tief in den Knochen. Sein Vater hatte ihn nicht ausgeschimpft, sondern ihm geraten, nächstes Mal um Rat zu fragen. Er hatte ihm auch erklärt, dass Gott wie ein Vater ist, der uns sehr lieb hat und auf uns aufpasst und den wir um Hilfe bitten können, wenn wir nicht mehr weiter wissen oder einen Rat brauchen.

Vertiefungsmöglichkeiten:

Mit den Kindern darüber reden, wo auch sie schon Bewahrung erlebt haben. Klarstellen, dass Gottes Behüten nicht bedeutet, dass wir nicht auch selbst nachdenken und aufpassen müssen. Gottes Schutz ist kein Freibrief für gefährliche Aktionen.

- *Mit den Kindern Psalm 17,8 lesen und anschließend selber nach solchen symbolischen Bildern suchen. Dann gemeinsam einen neuen Dankpsalm formulieren.*

Bibelstelle: Psalm 17,8 *Claudia Rothacker, Malmsheim*

Bewahrung

Unerwartetes in den Bergen

Ein Pfarrer sitzt beim Konfirmandenwochenende abends gemütlich mit seinen Konfirmanden zusammen. Sie haben eine lange Bergwanderung hinter sich, und es tut gut, die Füße auszuruhen und vor dem prasselnden Kaminfeuer zu sitzen. Da fragt ein Konfirmand den Pfarrer: »Jetzt haben wir doch Zeit, jetzt müssen Sie uns endlich die Berggeschichte erzählen!«

Der Pfarrer fragt nach: »Die Berggeschichte? Was für eine Berggeschichte?«

»Na, neulich im Konfi-Unterricht hatten wir es doch von Gefahr und Bewahrung, und da haben Sie gesagt, Sie würden uns mal die Berggeschichte erzählen, wenn wir mehr Zeit haben. Jetzt haben wir Zeit.«

Der Pfarrer schaut in die Runde und sieht zustimmend nickende Gesichter. »Also gut, wenn ihr meint! Ja, das war wirklich ein sehr eindrückliches Erlebnis. Ich war noch jung, vielleicht so 18, 19 Jahre alt. Das könnt ihr euch wahrscheinlich gar nicht vorstellen, dass ich auch mal jung war ...« Die Konfirmandengruppe kichert. »Ja, wir machten damals eine Freizeit in den Bergen ...« Der Pfarrer schaut versonnen in das prasselnde Feuer. Die Bilder und Erlebnisse von damals steigen in ihm hoch, er erinnert sich genau. Und dann beginnt er zu erzählen, so lebendig, dass die Konfirmanden es sich vorstellen können, als hätten sie es selbst erlebt ...

»Die zwei Freizeitwochen auf der Berghütte vergingen wie im Flug. Schon war das Bergfest vorbei und jetzt sollte die Zweitagestour stattfinden, die uns in noch größere Höhen und noch herrlichere Berge bringen würde. Nach Frühstück und Morgenlob wurden die Rucksäcke gepackt, und los ging's: vorbei an herrlichen kleinen Bergseen, und ab 2500 Meter aufwärts kamen immer wieder – trotz Hochsommer – blinkende Schneefelder, die gut waren für eine kleine Schneeballschlacht. Die Gruppe war gut gelaunt und freute sich auf den Gipfel, der schon zu sehen war. Es waren noch etwa zwei Stunden Weg.

Langsam verschlechterte sich das Wetter etwas, einige Wolken zogen auf, aber es schien eher unbedenklich, und nach einer weiteren Stunde gab es leichten Graupel, was aber besser war als Regen oder Schneesturm. Die Sicht war nicht schlecht, und daher wollte natürlich keiner so kurz vor dem Gipfel umdrehen.

Endlich hatten wir es geschafft. Die Freude war groß. Wir waren alle jung und nicht sehr bergerfahren. Viele waren zum ersten Mal in einer Höhe von über 3000 Metern. Ich schwitzte gewaltig und schmolz mir etwas von dem Schnee und Graupel und mischte es mit Zitronensaft, weil meine Trinkflasche schon ziemlich leer war. Auch die anderen stärkten sich mit ihrem Proviant und heißem Tee. Doch plötzlich fiel uns etwas Seltsames auf: den Mädchen in der Gruppe standen buchstäblich die Haare zu Berge. Wie kam das nur? Das sah unglaublich lustig aus. Das hatten wir noch nie gesehen. Wir mussten wahnsinnig lachen.

In der Gruppe war auch ein Physikstudent. Er dachte zwar irgendwie an Elektrizität, aber wir waren uns keiner Gefahr bewusst. Ich habe noch nie besonders gut gehört, aber dann fiel es mir auf: Ein seltsames Brummen lag in der Luft. BSSSSSS ...

Auf dem Gipfel waren auch zwei Schweizer – vermutlich Geometer, die irgendeine Tafel anbrachten. Wo sie herkamen und was sie genau da oben taten, wussten wir nicht. Sie riefen uns zu: »Es chömmt ein Gewitter!« In dem Hallihallo der Gruppe, die fröhlich auf dem Gipfel war, ging dieser Satz zunächst unter. Es war irgendwie auch schwer vorstellbar. Es war schon den ganzen Tag eher kühl gewesen, und kein fernes Grollen kündete ein bedrohliches Unwetter an. Wir stimmten den Gipfelgesang, einen Kanon, an: »Die Herrlichkeit des Herrn bleibe ewiglich, der Herr freue sich seiner Werke ...«

Dann ging alles sehr schnell. Die Geometer hatten ihr Werkzeug plötzlich sehr zügig zusammengepackt und riefen mitten in unseren Gesang nun unüberhörbar: »Es chömmt ein Gewitter, nix wie runter!« Und schon waren sie weg. Nun hatten wir es auch gehört, die ganze Gruppe. Es fiel uns wie Schuppen von den Augen: die elektrisierten Haare, das Brummen, ein ganz nahes Gewitter! Und fast alle taten es nun den Geometern gleich: Wir fingen an, vom Berg hinunterzurennen. Besonders schnell rannten wir Männer, irgendwie hatte uns die Panik erfasst. Nur eine – meine zukünftige – Frau bewahrte die Ruhe und blieb, wie ausgemacht, ganz am Schluss bei den Langsamen; sie ging als Allerletzte.

Wir waren noch nicht sehr weit, als dort, wo wir gerade noch gestanden hatten, der Blitz einschlug. Seine Ausläufer streiften noch die letzen drei Leute unserer Gruppe. Meine Verlobte dachte bei dem Stromschlag: »Jetzt müsste ich eigentlich tot umfallen.«

Bis auf den heutigen Tag bin ich froh, dass es nicht so gekommen ist, wie es hätte kommen können. Die Gruppe war ungeheuer aufgeregt und ungeheuer dankbar, dass am Abend alle gesund auf unserer Hütte ankamen: Es war Bewahrung durch Gott unseren Vater, Bewahrung, wie sie einem nicht immer zuteil wird. Bewahrung, unverdientes Geschenk. Statt dem bunten Abend, der geplant war, war jetzt ein Lob- und Dankabend angesagt: Dank dem Vater im Himmel, der uns allen das Leben erhalten hat.«

Es ist ganz still. Die Konfirmanden und der Pfarrer sitzen ruhig da und denken an das eindrückliche Erlebnis. Man hört nur das leise Prasseln des Kaminfeuers.

Vertiefung:
Sie können über Bewahrung, aber auch über Unfall und Tod sprechen; oft haben auch Kinder schon solche Erfahrungen gemacht. Außerdem können Sie den Kanon »Die Herrlichkeit des Herrn« lernen und singen. (Er ist zum Beispiel in dem Liederbuch »Ich will dir danken« vom Hänssler-Verlag und Bundes-Verlag enthalten.)

Bibelstelle: Psalm 91,11 *Claus Geiger, Loßburg*

Beweis

Der schlaue Lehrling

Lange hat der Automechanikermeister seinen Lehrling beobachtet: Sein Lehrling ist tüchtig, er stellt sich geschickt an, arbeitet konzentriert, und auf ihn kann er sich verlassen. Nur eines stört ihn: Sein Lehrling glaubt an Gott. Er bekennt dies auch vor den anderen Angestellten in der Autowerkstatt und ist durch nichts davon abzubringen, obwohl er oft wegen seines Glaubens gehänselt wird. Da fasst der Automechanikermeister einen Plan. Er will ihn vor allen Arbeitern der Werkstatt bloßstellen.

Am nächsten Tag – alle haben sich vor dem Büro des Meisters versammelt und warten auf ihre Arbeitsverteilung an diesem Tag – ruft der Meister den Lehrling zu sich. Alle schauen gespannt auf die beiden. Was hat der Meister vor? »Siehst du den Himmel?«, fragt der Meister den Lehrling.

»Jawohl, Meister!«

»Siehst du auch die Sonne – und den Hof draußen mit den vielen Autos?«

»Jawohl, Meister!«

»Siehst du Gott?«

»Nein, Meister!«

»Also gibt's auch keinen!«

Darauf erwidert der Lehrling: »Darf ich auch etwas fragen?«

»Ja!«

Der Lehrling richtet sich an alle versammelten Arbeiter der Autowerkstatt und fragt sie: »Seht ihr den Meister – Beine – Kopf – Arme?«

»Ja!«

»Seht ihr auch seinen Verstand?«

»Nein!«

»Also ...!«

Der Meister lacht laut, sodass es in der Werkstatt hallt. Die Arbeiter lachen auch. Und der Lehrling wendet sich an seinen Meister: »Verzeihen Sie, Meister!«

»Schon gut«, sagt der, »verzeihst du mir auch? Ich glaube, das mit dem Beweisen von Gott muss ich mir noch mal überlegen. Und vielleicht lasse ich mir ja bei Gelegenheit ein bisschen mehr von dir über deinen Gott erzählen.«

Vertiefung:
Überlegen Sie gemeinsam, warum der Meister und andere Menschen Beweise haben wollen, dass es Gott gibt. Überlegen Sie, was der Lehrling dem Meister über Gott erzählen könnte, wenn er ihn noch einmal fragen wird, wer und wie Gott ist und wie man an ihn glauben kann.

Bibelstelle: Hebräer 11,6

Sybille Kalmbach, Rutesheim

Bibel

Die durchschossene Bibel

Einstieg:
Bibel in die Mitte legen.

»Ich war an der Front«, erzählt ein Soldat. »Wir krochen von Laufgraben zu Laufgraben. Plötzlich fühlte ich einen heftigen Schlag gegen meine Brust und dann einen stechenden Schmerz. Was war geschehen? Wie gewöhnlich trug ich meine Taschenbibel bei mir, und hätte die feindliche Kugel nicht zuerst die Bibel durchschlagen müssen, hätte sie ganz gewiss mein Herz erreicht. Jetzt hatte ich nur eine flache Wunde, die bald wieder heilte. Ich sehe darin eine Fügung Gottes. Diese durchschossene Bibel hat mir nun zweimal das Leben gerettet. Das erste Mal, als sie mir den Weg zum Retter zeigte, und das zweite Mal, als sie die tödliche Kugel auffing.«

Vertiefung: Überlegen Sie gemeinsam mit den Kindern, was der Soldat meint, wenn er sagt, dass ihm die Bibel »zweimal das Leben gerettet« hat, und was der Satz »als sie mir den Weg zum Retter zeigte« bedeuten soll.

Bibelstellen: Epheser 6,16; Psalm 91,5+9-16

Sybille Kalmbach, Rutesheim

Bibel

Die halbierte Bibel, oder: Wie ging es weiter?

Vor vielen vielen Jahren wurden Bücher noch von Hand gedruckt.

Deshalb waren sie auch selten und kostbar. Viele Familien besaßen gar keine Bücher. So ging es auch einem armen Ehepaar – sie hatten nicht viel Geld, und sie konnten sich kein Buch leisten. Der Mann verdiente nur wenig Geld als Waldarbeiter, seine Frau putzte und wusch Wäsche für reiche Leute.

Eines Tages kam ein Hausierer vorbei. Neben Knöpfen, Stricknadeln und Taschentüchern hatte er auch eine Bibel zu verkaufen. Ein Buch, eine Bibel! Das reizte die Frau. Eigentlich hatte sie kein Geld für solche unnützen Sachen. Und was ihr Mann wohl dazu sagen würde? Aber keiner ihrer Freunde besaß ein Buch, schon gar nicht eine Bibel. Und wenn sie eine besitzen würden, dann wären sie etwas Besonderes. So kaufte sie das Buch nach einigem Hin und Her.

Als ihr Mann am Abend nach Hause kam, legte sie es neben seinen Teller. Er sah das Buch sofort. Er nahm es in die Hand und schaute es sich an. »Woher hast du eine Bibel?«, fragte er misstrauisch.

»Ich habe sie von einem Händler gekauft. Keiner unserer Freunde hat eine Bibel. Wir sind die ersten.«

»Und deshalb wirfst du mein Geld zum Fenster hinaus? Die anderen haben aus gutem Grund keine Bibel. Die ist völlig nutzlos. Du kannst sie nicht essen, nicht in ihr schlafen und Milch gibt sie auch nicht. So gehst du mit meinem Geld um!« Der Mann wurde immer zorniger.

Seine Frau wandte verschüchtert ein: »Aber das ist doch auch mein Geld. Das Geld gehört dir und mir.«

Das hätte sie nicht sagen sollen, denn nun wurde ihr Mann noch wütender. »So, das Geld gehört also uns beiden, ja? Jedem die Hälfte? Dann gilt das auch für die Bibel? Also, die eine Hälfte dir und die andere Hälfte mir!« Und er schlug das Buch auf und riss es auseinander. Dann warf er der Frau den kleineren Teil hin und steckte seinen eigenen Teil in die Tasche.

Am nächsten Tag ging der Mann wieder zur Arbeit. In der Mittagspause holte er sein Brot aus der Tasche. Dabei sah er die zerrissene Bibel. Seit dem Streit am vorigen Tag hatte er mit seiner Frau kein Wort mehr gesprochen und sich immer wieder über die unnötig gekaufte Bibel aufgeregt. Aber jetzt schaute er sich das Buch doch an. Er bereute es, dass er die Bibel zerrissen hatte. Jetzt konnte man sie nicht mehr verkaufen. Ob man das Buch vielleicht kleben konnte? Er drehte und wendete die Bibel, und dabei fiel sein Blick auf die letzte Seite. Da stand: »Ich bin nicht mehr wert, dass ich dein Sohn bin, nimm mich als Arbeiter in deinen Dienst.«

Der Mann war erstaunt. Wer sagte so etwas über sich? Mit plötzlichem Interesse beugte er sich über die Bibel und las den Anfang der Geschichte: Ein Mann hatte zwei Söhne ... Der eine verlangt sein Erbe – warum es ihm wohl nicht gefallen hat daheim? Und der Vater gibt ihm auch noch das Geld. Dass der Sohn es dann zum Fenster hinauswirft, damit war zu rechnen. Wie der Vater wohl reagiert, wenn sein Sohn zurückkommt? Ob er ihn davonjagt? Oder nimmt er ihn wieder auf?

Aber an dieser spannenden Stelle war die Bibel entzwei gerissen. Er wusste nicht, wie die Geschichte weiterging. Die Pause war vorbei. Die anderen Waldarbeiter riefen nach ihm.

»Schade, dass ich den Schluss der Geschichte nicht weiß«, murmelte er vor sich hin und ging wieder an die Arbeit. Aber die Geschichte ließ ihn nicht los. Den ganzen Nachmittag überlegte er, wie der Vater wohl reagiert hatte. Und wie er selber reagieren würde.

Als er nach Hause kam, schaute er gleich, ob er die andere Bibelhälfte irgendwo finden konnte, aber er entdeckte sie nirgends. Seine Frau fragen wollte er nicht, dazu war er zu stolz.

So ging es einige Tage. Jeden Abend suchte er an anderen Orten, sogar im Küchenschrank und im Ziegenstall. Die Frau wunderte sich, warum sich ihr Mann plötzlich so seltsam verhielt. Warum interessierte er sich so sehr für den Haushalt? Das hatte er früher doch nicht getan. Dass er ihre Hälfte der Bibel suchen könnte, kam ihr nicht in den Sinn. Dabei hatte auch sie mit Bibellesen angefangen. Und so wie ihr Mann hinten anfing, hatte sie vorne angefangen. Auf der ersten Seite, mitten in der Geschichte. Dass da ein Sohn zu seinem Vater zurückkehrt und so herzlich aufgenommen wird. Warum er wohl weggegangen ist? Vielleicht haben sie gestritten? Oder hat er einen Auftrag ausführen müssen? Eigentlich hätte sie gern gewusst, wie die Geschichte angefangen hatte. Aber sie wagte es nicht, ihren Mann nach der anderen Hälfte zu fragen. Wahrscheinlich hatte er seinen Teil längst weggeworfen.

Nach einer Woche hielt es der Mann nicht mehr aus. Er wollte endlich das Ende der Geschichte wissen. Beim Abendbrot sagte er deshalb plötzlich: »Du, hast du eigentlich die Bibel noch? Ich meine, deine Hälfte? Oder hast du sie weggeworfen?«

»Nein«, sagte seine Frau zögernd, »ich habe sie noch, warum fragst du?«

»Na ja, ich habe zufällig die letzte Geschichte gelesen und mir fehlt das Ende, ich weiß nicht, wie die Geschichte ausgeht. Könntest du mir deine Buchhälfte leihen?«

Da lachte seine Frau. »Aber gerne, genau die Geschichte habe ich auch gelesen. Ich kenne nur den Schluss, und du nur den Anfang. Warum ist der Sohn denn weggegangen?«

Da lachte auch ihr Mann. »Weißt du was, wir lesen sie jetzt gemeinsam.«

Sie holten ihre beiden Bibelhälften herbei und lasen sich gegenseitig vor. Beide merkten, dass es ihnen gut tat, über die Geschichte nachzudenken, Fragen zu stellen, Antworten zu suchen.

Da beschlossen sie, ab jetzt immer gemeinsam die Bibelgeschichten zu lesen.

Vertiefungsmöglichkeiten:

Gemeinsam mit den Kindern die Geschichte vom verlorenen Sohn oder eine andere Bibelgeschichte lesen und anschließend darüber austauschen (Fragen stellen lassen, Antworten suchen, die Geschichte beurteilen, überlegen, was sie für uns heute bedeutet ...). Überlegen Sie danach mit den Kindern, was gemeinsames Bibellesen für Vorteile hat.

- *Erzählen Sie den Kindern eine möglichst unbekannte Geschichte aus der Bibel und brechen Sie mittendrin ab – lassen Sie die Kinder dann in der Bibel nachschlagen und lesen Sie den Text gemeinsam fertig, tauschen Sie sich anschließend über die Geschichte und über das gemeinsame Bibellesen aus.*
- *Mit den Kindern einen Heftordner beginnen, in den jedes Mal eine »halbierte« Bibelgeschichte eingeklebt wird und der Hinweis auf die Bibelstelle, sodass die Kinder Lust bekommen, die andere Hälfte der Geschichte nachzuschlagen und zu lesen. Sprechen Sie dann immer beim darauffolgenden Mal gemeinsam über die Geschichte (vorher am besten nochmal lesen oder fertig erzählen, damit auch die etwas davon haben, die es nicht nachgeschlagen haben).*

– *Ein weiterer Ansporn für die Kinder wäre ein zusätzliches Rätselblatt für den Ordner, das erst gelöst werden kann, wenn man die Geschichte gelesen hat, z.B. ein Silbenrätsel, Kreuzworträtsel o.Ä.*

Bibelstellen: Lukas 15,11ff; Matthäus 13,1-23; Johannes 5,24

Gerhard Krehl, Pretoria

Bibel

Gute Nachrichten

Einstieg: Einen Lottoschein in die Mitte legen und die Kinder fragen, was sie über Lotto wissen – wie man den Schein ausfüllt, wie man gewinnen kann, wie man benachrichtigt wird, etc.

Schon seit zehn Jahren war Herr Knörre Briefträger. So manches hatte er in seinem Beruf erlebt. Aber eine Geschichte fiel ihm immer wieder ein, wenn er sonntags im Gottesdienst saß. Eine verrückte Geschichte war das gewesen mit dem alten Opa Hartmann ...

Als Opa Hartmann in das kleine Häuschen einzog, hatte er ein dickes Klebeband genommen und den Briefkasten zugeklebt. Knörre hatte das zunächst gar nicht bemerkt, denn der alte Hartmann bekam fast nie Post. Doch eines Tages hatte Knörre tatsächlich einen Brief für Hartmann in der Tasche. Von der Lotto-Gesellschaft. Knörre kannte diese Briefe: So benachrichtigte die Lotto-Gesellschaft Leute, die einen kleinen Betrag gewonnen hatten. »Hartmann wird sich freuen!«, dachte Knörre noch, als er zu dem Häuschen kam. Doch wohin sollte er den Brief stecken? Der zugeklebte Briefkasten war nicht zu öffnen. Als Knörre die Klinke am Gartentor herunterdrückte, sprang ihm Hartmanns Hund entgegen und fletschte die Zähne. Nein, das musste ja wohl nicht sein!

Weil Knörre wusste, dass der alte Hartmann das Geld gut gebrauchen konnte, rief er ihn am Nachmittag extra an. Aber

Hartmann ließ ihn gar nicht zu Wort kommen: »Verschonen Sie mich mit Ihren Briefen. Ich will keine Post!« Am selben Abend traf Knörre den Opa Hartmann zufällig im Stadtpark. »Herr Hartmann!«, rief er. »Ich habe eine gute Nachricht für Sie.« Aber Hartmann winkte ab: »Lassen Sie mich in Ruhe.« Schließlich musste Knörre den Brief zurückschicken. »Annahme verweigert«, schrieb er mit rotem Stift neben die durchgestrichene Adresse. Wie konnte jemand nur so stur sein!

Die Geschichte mit Opa Hartmann lag nun schon eine ganze Weile zurück. Aber immer wieder musste Knörre daran denken – und zwar immer dann, wenn der Pfarrer im Gottesdienst die Bibel in die Hand nahm und aus dem Evangelium vorlas. »Evangelium bedeutet: Gute Nachricht«, sagte der Pfarrer immer wieder. Mitleidig schaute Knörre dann den Pfarrer an. »Unsere Berufe haben was gemeinsam«, dachte er, »gute Nachrichten an den Mann zu bringen, kann manchmal ganz schön schwer sein!«

Vertiefung:
Mit den Kindern zusammen ein Schreiben aufsetzen, wie es wohl die Lottogesellschaft an die Gewinner schreibt. Danach ein Schreiben aufsetzen, das auch persönlich an einen Adressaten gerichtet ist und von der »anderen« guten Nachricht berichtet ...

Bibelstellen: 2. Korinther 5,20; Markus 4,1-20; Matthäus 11,15

Wolfgang Ilg, Tübingen

Bibel

Michels Beschluss

Als Michel morgens aus dem Bett steigt, tritt er auf seine Bibel, die vor dem Bett liegt.

»Wie kommt denn die dahin?«, fragt er sich. »Ach ja«, es fällt ihm wieder ein, »ich wollte doch gestern Abend meine Stille Zeit machen, hmm, ich bin wohl dabei eingeschlafen.«

Im Schlaf ist ihm die Bibel aus der Hand gerutscht und auf den Boden gefallen.

Michel hebt sie auf und glättet ein paar zerknitterte Seiten. Das mit der Stillen Zeit ist so eine Sache. Die letzten paar Wochen hat er nicht mehr so rechte Lust. Irgendwie ist es nicht mehr so aufregend. Am Anfang war es noch spannend, weil es ungewohnt und etwas Neues war. Aber jetzt weiß er, wie es geht. Manche Geschichten kennt er schon fast auswendig.

Ob es wirklich etwas bringt? Gott liebt ihn doch sowieso. Michel legt die Bibel auf seinen Schreibtisch, direkt neben sein Englisch-Wörterbuch. »O ja, stimmt, ich muss heute noch den neuen Abschnitt lernen.« Er seufzt. Eigentlich wollte er das auch gestern erledigen. Schon die zweite Sache, die er gestern nicht geschafft hat.

Michel erinnert sich: Als der Englischunterricht anfing, da hat er sich vorgenommen, eines Tages nach England zu fahren, sich mit den Leuten dort ganz normal zu unterhalten, auf Englisch. Das ist sein Traum. Deshalb hat er immer gut aufgepasst und mitgemacht. Doch mit der Zeit wurde es anstrengend, und manchmal hat er keine Lust zu lernen. Aber wenn er eines Tages nach England fahren will, Englisch sprechen, seinen Traum wahr machen, dann muss er dran bleiben. Michel beschließt: »Also, heute werde ich auf jeden Fall Englisch lernen, schließlich will ich mal nach England.«

Da fällt sein Blick wieder auf die Bibel. Auch hier hat er einen Traum. Er will Gott besser kennen lernen, will sein Leben mit ihm führen. Gott soll an jedem Tag beteiligt sein. Nicht nur nebenher, nein, mittendrin. Michel fasst einen zweiten Beschluss: »Heute mach ich auf jeden Fall wieder Stille Zeit, damit sich dieser Traum von Gott und mir auch erfüllt.«

Sein letzter Gedanke vor dem Frühstück ist: Schade, dass man so hart für seine Träume arbeiten muss – aber es lohnt sich!!

Vertiefungsmöglichkeiten:
Mit den Kindern zusammen einüben, wie man Stille Zeit für sich alleine machen kann. Allerdings ist es sinnvoll,

dies nicht bei dem einen Mal zu belassen, sondern eine ganze Weile zusammen in der Jungschar Stille Zeit gemeinsam zu machen, am besten mit einer Arbeitshilfe, die für Kinder in dem entsprechenden Alter geeignet ist und dazu einlädt, auch selbst dranzubleiben (es empfiehlt sich, sich in einer christlichen Buchhandlung oder im Jugendwerk beraten zu lassen). Evtl. können Sie sich mit den Interessierten eine halbe Stunde vor der Jungschar treffen.

– *Ideal ist es, wenn man jedem Kind ein Bibelleseheft schenkt und sich wöchentlich austauscht, wie es mit dem Bibellesen geklappt hat. Es ist wichtig, die Kinder viel zu loben und zu unterstützen; gemeinsames Lesen ist ein Ansporn (nicht nur für die Kinder!). Sie müssen aber auch sehr aufpassen, dass kein Leistungsdruck entsteht und man nicht gleich ein schlechtes Gewissen bekommt, wenn man nicht regelmäßig gelesen hat. Die Kinder sollen die Erfahrung machen, dass es Spaß macht, Neues zu entdecken und dazuzulernen, dass sie aber nicht Gottes moralischen Zeigefinger im Rücken haben!!*

Bibelstellen: Psalm 119,11; Matthäus 24,35; Lukas 4,4 (= 5. Mose 8,3)

Gerhard Krehl, Pretoria

Bibel

Neue Regeln

Gerade wollte Nicki Ralf kräftig in die Seite boxen, er hatte schon ausgeholt – da ließ er ruckartig seinen Arm sinken. Die Tür war fast geräuschlos aufgegangen, Sam kam herein. Ein Glück, Sam hatte nichts gesehen. Er unterhielt sich beim Eintreten mit seinem neuen Freund Michael und hatte Nicki deshalb nicht beim Schlagen erwischt.

Sam war ihr Bandenboss. Und neuerdings hatte er etwas gegen Schlägereien, obwohl ihn das vorher nie gestört hatte. Im Gegenteil, er hatte kräftig mitgemacht und war nicht zimperlich gewesen beim Austeilen von Schlägen. Aber seit einiger Zeit war Sam so anders geworden. Warum eigentlich? Es war doch nichts Besonderes geschehen, außer dass dieser Michael seit ein paar Monaten alle paar Tage zu ihnen ins Kinderheim kam. Aber der war doch auch ein ganz normaler Mensch. Er kickte und lachte mit ihnen, unterhielt sich gut mit ihnen und raufte manchmal sogar mit.

Irgendwann hatte er dann angefangen zu erzählen. Jetzt erinnerte sich Nicki: Geschichten, über die er nur lachen konnte, hatten ihren Boss Sam von Anfang an fasziniert. Nicki hatte höchstens aus Höflichkeit zugehört, obwohl er davon nicht gerade viel besaß. Manchmal war es wirklich spannend gewesen, das gab er zu. Aber war das nicht einfach unmöglich, was Michael ihnen da erzählte?

Bei ihnen herrschten raue Sitten. Rücksicht kannten sie so gut wie gar nicht. Jeder schaute darauf, dass er gut durchkam. Glücklich waren sie dabei eigentlich nicht. Kannten sie dieses Gefühl überhaupt? Niemand kümmerte sich darum, wie sie sich fühlten. Und jetzt kam dieser Michael daher, um ihnen zu erzählen, dass Gott selbst um sie besorgt sei. Darüber konnte Nicki nur lächeln. Hatte der eine Ahnung, nicht mal ihre Eltern wollten etwas von ihnen wissen.

Bei dem Gedanken daran, wie Sam immer zugehört hatte, konnte Nicki nur den Kopf schütteln. Er hatte jetzt sogar eine Bibel und war plötzlich zur Leseratte geworden – Sam, der vorher vor jedem Buchstaben davongelaufen war. Seit neuestem führte er andere Regeln ein, die hatte Sam wohl auch aus seinem schlauen Buch. Deshalb hatte er auch schnell mit dem Schlagen aufgehört, als Sam zur Türe hereingekommen war. Keine fiesen Schlägereien mehr, das war eine dieser neuen Regeln.

War es möglich, dass ein ganz normales Buch einen von ihnen verändern konnte? Es war ja nicht nur einer. Weil Sam ihr Boss war, hatte das für sie alle Folgen. Da musste doch irgendwie mehr dahinter stecken. Sonst würde Sam sich auch nicht damit abgeben, das wusste Nicki.

Impulsfragen:
Welche Geschichten hat Michael wohl den Kindern im Kinderheim erzählt? Warum ist Sam plötzlich so anders? Was hat Sam wohl an der Bibel fasziniert? Welche Folgen hat es, wenn ich mit Jesus ein neues Leben beginnen will?

Bibelstellen: Matthäus 5,5+9; Lukas 4,4 *Sarai Krämer, Perouse*

Dank

Danke sagen

Die Tür knallte lautstark zu. »Das finde ich voll unfair!«, zischte Ann-Kathrin. Wütend warf sie sich aufs Bett und boxte in ihr Kopfkissen. Nach einer Weile hatte sich ihre Wut etwas gelegt, und sie dachte an vorhin.

Den ganzen Samstagvormittag hatten sie und ihre Schwester beim Putzen geholfen. Die Mutter hatte einen Bänderriss und lag auf dem Sofa, und gestern Abend hatten sie und ihre Schwester heimlich beschlossen, ganz früh aufzustehen und eine Putzaktion zu starten. Als Überraschung für ihre Mutter, damit sie sich freuen konnte, wie ihre Töchter alles im Griff hatten. Heute Morgen war es ihr wirklich nicht leicht gefallen, so früh aufzustehen, und Putzen war auch nicht gerade ihre Lieblingsbeschäftigung. Deshalb war sie ärgerlich, als ihre Schwester erst eine Stunde später aufstand – da hatte Ann-Kathrin schon gespült und im Wohnzimmer abgestaubt, gefegt und gewischt.

Sie brachten ihrer Mutter das Frühstück ans Bett – und wer hatte die Brötchen geholt? Natürlich auch ihre Schwester. Sie, Ann-Kathrin, hatte in der Zeit alleine weitergeputzt. Und später hatte Lisa, ihre Schwester, immer nur in der Nähe der Mutter geputzt, damit diese auch immer beobachten konnte, wie fleißig Lisa war.

Und was war jetzt das Ergebnis? Ann-Kathrin hatte zwar viel länger und viel mehr geputzt, aber Lisa hatte sich das große Lob der Mutter erschlichen. Gerade hatte es Ann-Kathrin gehört, wie die Mutter zu Lisa sagte: »Lisa, du bist halt meine Fleißige, ich bin stolz auf dich! Danke für all deine Mühe heute!« Die Mutter hatte sich nur bei Lisa bedankt, das war so unfair.

Während Ann-Kathrin noch auf dem Bett lag und über die Ungerechtigkeit schmollte, hörte sie ihre Mutter rufen: »Ann-Kathrin?!« Langsam rappelte sie sich auf und ging zu ihrer Mutter. Sie war gar nicht gut drauf. Aber als sie bei ihrer Mutter angekommen war, nahm diese sie in den Arm und sagte: »Danke!« Ann-Kathrin schaute ihre Mutter überrascht an. »Was ist los, Ann-Kathrin? Meinst du, ich hätte deinen Einsatz nicht bemerkt? Ich bin stolz auf dich, du hast heute schon ganz schön viel gearbeitet. Weißt du, für mich ist das ziemlich blöd, wenn ich hier nur so rumliegen kann, und deshalb bin ich wirklich dankbar, dass ihr zwei mir so helft!«

Ann-Kathrin war so überrascht, dass sie kein Wort herausbrachte. Hatte die Mutter doch bemerkt, wie sie sich abgerackert hatte? Und sie war gleich beleidigt gewesen, nur weil nicht sofort ein Danke gekommen war.

Vertiefungsmöglichkeiten:

Gemeinsam überlegen, warum es einem so gut tut, wenn man ein Danke gesagt bekommt.

- *Die Frage in den Raum stellen, wem man alles Danke sagt und bei welchen Gelegenheiten. Wann wird es bewusst gesagt und wann nur als Floskel?*
- *Wie oft sagen wir Gott Danke? Für was können wir Gott danken? Bereiten Sie gemeinsam einen Dankabend vor, an dem Gott auf unterschiedlichste Weise ganz bewusst Danke gesagt wird. Dafür kann man Danklieder heraussuchen, einen Danke-Tanz einstudieren, Dankgebete formulieren und in den Psalmen nachschauen, wie die Menschen Gott früher gedankt haben.*

Bibelstellen: Psalm 69,31; Epheser 5,20; Kolosser 1,12; Kolosser 3,16; Hebräer 12,28; Psalm 9,2; 26,7; 71,22; 100,4

Sybille Kalmbach, Rutesheim

Diakonie

Das Weihnachtsgeschenk

»Dieses Jahr wünsche ich mir so ein Computerspiel zu Weihnachten, wie Steffi es letzte Woche zum Geburtstag gekriegt hat. Weißt du, Mama, da gibt's noch so ein anderes, ganz ähnliches; aber das soll noch viel besser sein. Dann könnte ich das immer mit Steffi zusammen spielen.«

»Ach Lena, du weißt doch, dass wir für so was gar kein Geld haben. Das kostet doch sicher viel Geld, oder?«

»Nö, das ist voll billig gewesen, sagt Steffi. Bloß 30 oder 35 Euro oder so.«

»Mensch Lena, das ist für mich ganz und gar nicht billig. Du weißt, dass es nur Kleinigkeiten geben wird. Das haben wir schon x-mal besprochen und ich will da nicht weiter drüber reden.«

Wenn ihre Mutter in diesem Tonfall redete, wusste Lena, dass da nichts mehr zu machen war. Seufzend schnappte sie sich ihren Schulranzen und fing an ihre Hefte auszupacken.

Natürlich wusste sie, dass es keine großen Geschenke geben würde. Seit sich ihre Eltern vor drei Jahren getrennt hatten und sie mit ihren beiden Geschwistern und ihrer Mutter in diese winzige Wohnung umgezogen war, hatte ihnen die Mutter das schon oft erklärt. Aber zu Weihnachten! Nur ein einziges *richtiges* Geschenk! Nicht nur so oberpraktische Sachen wie neue Winterstiefel und so. Neue Kleider gab's ohnehin nur, wenn die Sachen von ihrem älteren Bruder völlig hinüber waren und Lena sie beim besten Willen nicht mehr anziehen konnte.

Aber die Mutter war da eisern. Alles, was nicht lebensnotwendig war, hielt sie für Luxus. Und den konnte man nur sich leisten, wenn man genug Geld hatte. Aber eben nicht, wenn man schon bei jedem Freibadbesuch voher überlegen musste, ob das in diesem Monat noch drin war.

Lenas Mutter war aber gar nicht so eisern, wie Lena dachte. Ihr fiel es schwer, dass sie ihren Kindern immer wieder die Vorfreude verderben musste. Frau Zeisel, die in der Kleiderkammer der Diakonischen Bezirksstelle arbeitete, fiel gleich auf, dass Lenas Mutter recht niedergeschlagen war. Sie hatte kaum guten Morgen gesagt, als sie den kleinen Raum betreten hatte, und jetzt schaute sie schon seit über zehn Minuten die Stapel mit Kinderhosen und -pullis durch, ohne ein Wort mit Frau Zeisel zu reden. Dabei kannten sich die beiden Frauen gut. Mindestens einmal im Monat kam Lenas Mutter allein oder mit ihren Kindern hierher, um zu schauen, ob bei den gebrauchten Kleidern etwas Passendes für die Kinder dabei war.

»Haben Sie schon angefangen, die Weihnachtsgeschenke für Ihre Kinder zu kaufen?«, fragte Frau Zeisel.

Ganz langsam und mit einem Seufzer drehte sich Lenas Mutter zu ihr um. »Ach, Frau Zeisel, Sie wissen doch auch, dass da bei uns nix drin ist. Das sag ich gerade jeden Tag zu meinen Kindern. Und jetzt fangen Sie auch noch damit an.«

»Ja, und zwar mit Absicht. Wir machen dieses Jahr auf dem Weihnachtsmarkt nämlich eine besondere Spendenaktion. Da können Leute, die etwas spenden wollen, Weihnachtswünsche von Kindern erfüllen. Kinder aus Familien, die nur sehr wenig Geld haben, dürfen sich für ungefähr 30 Euro etwas wünschen. Diese Wünsche schreiben wir auf kleine Zettel, die an unserem Stand aufgehängt werden. Und da können sich die Leute dann einen Wunsch aussuchen, den sie erfüllen, indem sie uns das Geld dafür geben.«

Lenas Mutter schaute Frau Zeisel groß an. »Da dürfen sich Kinder einfach das wünschen, was sie wollen?«

»Solange es nicht mehr als höchstens 35 Euro kostet. Und wir haben gedacht, dass das auch etwas für Sie und Ihre Kinder wäre. Ich habe hier einen Infozettel für Sie. Ich bin sicher, Ihren Kindern fällt gleich ein Wunsch ein!«

Mit einem Lächeln nahm Lenas Mutter den Zettel. »Da bin ich mir ganz sicher!«

Vertiefungsmöglichkeiten:

– *Überlegen Sie mit den Kindern, welche Menschen sie kennen, die Hilfe brauchen (Alte, Behinderte, Ausländer, Obdachlose, Kranke usw.).*

- *Überlegen Sie gemeinsam, welche Hilfen für diese Menschen es in der eigenen Stadt gibt (Sozialstation, Alten- bzw. Behindertenheim, Kinderhort, Kleiderkammer, Beratungsstellen usw.).*
- *Fragen Sie die Kinder, was sie über diese Einrichtungen wissen. Tragen Sie mit eigenen Informationen zu dem Gespräch bei, weil das Wissen der Kinder sehr unterschiedlich bis sehr gering sein wird.*
- *Machen Sie mit der Gruppe einmal einen Besuch in einer dieser Einrichtungen.*

Bibelstelle: 5. Mose 15,1–4+7–11 *Nicole Vogel, Münsingen*

Dienen

Die Abrechnung

Einstieg: Erklären Sie den Kindern, dass Sie gemeinsam mit ihnen eine Liste erstellen wollen, was einzelne Tätigkeiten wert sind. Arbeiter, Schreiner, etc. bekommen ja Lohn für ihre Arbeit, und nun sollen einmal die Tätigkeiten, die Kinder zu machen haben, berechnet werden. Überlegen Sie zusammen, was Kinderzimmer aufräumen, Spülmaschine ausräumen und Ähnliches wohl wert wäre. Diese Liste entsprechend ergänzen und nach Beendigung in die Mitte legen.

Christian saß im schattigen Hof und wünschte sich nichts sehnlicher als eine große Portion Eis. »Ach, wenn ich doch nur Geld hätte«, seufzte er. »Ja, die andern, die haben's gut. Jede Woche bekommt Julian Taschengeld von seiner Mutter, und Sandro bekommt auch etwas, wenn er einkaufen geht. Meine Eltern könnten mir ruhig auch was bezahlen für all die Arbeit, die ich tun muss. Das ist wirklich eine prima Idee! Ich werde es so machen wie der Schreiner neulich. Ich schreibe eine Rechnung!«

Beim Abendessen fand die Mutter einen Zettel neben ihrem Teller. Gespannt fing sie an zu lesen:

Treppe gesäubert	1,00 EURO
2-mal eingekauft	1,00 EURO
3-mal abgetrocknet	0,60 EURO
Garage gekehrt	0,50 EURO
3 Besorgungen gemacht	0,75 EURO
Schuhe geputzt (5 Paar)	1,00 EURO
	4,85 EURO

Christian wusste nicht genau, wie die Eltern die Sache aufnehmen würden. Er fand zwar, dass seine Preise sehr niedrig waren. Aber schließlich waren 4,85 EURO doch eine ganze Menge Geld.

Mutter lächelte nur, als sie Vater den Zettel reichte. Auf Vaters Gesicht konnte man überhaupt nichts lesen. Er steckte den Zettel schweigend ein.

Am nächsten Morgen fand Christian einen Briefumschlag neben seinem Teller. Als er ihn öffnete, fand er 4,85 EURO und außerdem noch ein zusammengelegtes Papier. »Ach, vielen Dank«, rief Christian voller Freude und steckte das Geld ein. Dann faltete er den Zettel auseinander und las:

Täglich 3 Mahlzeiten	-,— EURO
Wohnen und Schlafen	-,— EURO
Fahrrad und Spielsachen	-,— EURO
Eine Woche Ferienlager	-,— EURO
Wäsche waschen und bügeln	-,— EURO
Putzen deines Zimmers	-,— EURO
Teilnahme an unserm Ausflug	-,— EURO
Gute Pflege während Krankheit	-,— EURO
	-,— EURO

Christian bekam einen roten Kopf. Langsam griff er in seine Tasche, zog den Umschlag mit dem Geld heraus und legte ihn auf Vaters Platz.

Aber auch die Eltern hatten etwas verstanden: Ihr Sohn Christian sollte Taschengeld bekommen und lernen, mit diesem Geld gut umzugehen.

Vertiefung:
Warten Sie die Reaktionen der Kinder ab und reden Sie mit ihnen über die Geschichte. Überlegen Sie gemeinsam, welche Dienstleistungen (Gang zum Recyclinghof, Rasen mähen, Holz sägen und aufsetzen ...) man als Gruppe anbieten könnte, und entwerfen Sie eine Werbeannonce. Man kann die Aktion über Handzettel oder die Bekanntgabe bei den Abkündigungen im Gottesdienst/Gemeindeblatt etc. veröffentlichen und entweder einen Tag festlegen oder als Dauereinrichtung einen bestimmten Samstag alle zwei Monate aussuchen. Für die Dienstleistungen sollte man vorher einen Geldbetrag vereinbaren, der aber nicht in die Gruppenkasse wandert, sondern für einen guten Zweck bestimmt ist, z.B. als Spende für ein Brunnenprojekt in Afrika, für die Kindernothilfe o.Ä. Somit lernen die Kinder, dass auch ihre Dienstleistungen schon gebraucht werden und etwas wert sind, dass sie anderen Menschen damit helfen können, der Erlös aber nicht eigennützig »verbraten« werden soll, sondern auch anderen Menschen, die Hilfe brauchen, zugute kommt.

Bibelstelle: 1. Petrus 4,10 *Sybille Kalmbach, Rutesheim*

Diskriminierung

Kein Sitzplatz für Ausländer

»Schnell, sonst geht uns die Bahn raus!«, presste Linus im Rennen hervor. Jonathan war zwei Schritte vor ihm und nahm immer zwei bis drei Stufen der Rolltreppe auf einmal. Linus folgte ihm dicht auf den Fersen, und im letzten Augenblick sprangen die beiden in die S-Bahn. Geschafft!!

Noch ganz außer Puste hielten die beiden nach einem Sitzplatz

Ausschau, aber es war Feierabendzeit und alle Plätze belegt. Linus und Jonathan kümmerte dies nicht weiter, sie suchten sich einen guten Stehplatz und begannen über das Fußballspiel zu reden, das sie abends im Fernsehen anschauen wollten. Die beiden waren so in ihr Gespräch und ihre Auseinandersetzung, welche Mannschaft besser war, vertieft, dass sie die seltsame Spannung zuerst gar nicht bemerkten, die sich im S-Bahn-Waggon aufgebaut hatte. Doch als es plötzlich ganz still war, bemerkten auch die beiden Jungen, dass hier irgendetwas nicht so war wie sonst.

»He, wie oft soll ich es noch sagen: Das hier ist ein Platz für Deutsche, also steh auf!«, tönte es plötzlich laut und fordernd ganz in ihrer Nähe. Linus und Jonathan entdeckten einen großen, stämmigen jungen Mann, der in unverkennbarer Drohgebärde vor dem Sitzplatz eines dunkelhäutigen Mannes stand.

Der dunkelhäutige Mann sagte leise: »Aber ich hier zuerst, mir Füße wehtun.«

Ein unangenehmes Lachen war zu hören: »Hey, du Nigger, lern erst mal richtig Deutsch, bevor du deine Klappe aufmachst. Ich hab dir schon mal gesagt, dass dieser Platz hier für Deutsche ist, nicht für Ausländer. Und wenn dir das nicht passt, zieh wieder ab nach Afrika!«

Jonathan und Linus hielten die Luft an. Das war ganz schön hart, was sich der Typ hier erlaubte. Aber eigentlich war es noch seltsamer, dass kein Mensch in der dicht besetzten S-Bahn reagierte. Irgendwie taten alle so, als würden sie nichts mitbekommen. Einige verschanzten sich hinter ihren Zeitungen, andere schauten zum Fenster hinaus, keiner sagte ein Wort und schritt ein.

»Ich nicht aus Afrika, ich aus Ecuador. Ich ...«

»Das ist mir doch wurstegal, wo du herkommst, auf jeden Fall bist du ein Ausländer. Mit dir diskutier ich doch nicht. Und wenn du jetzt noch weiter Faxen machst und mir nicht ganz zackig den Platz freimachst, dann lernst du mal eine deutsche Faust kennen.« Der stämmige junge Mann erhob schon die geballte Faust, da rief es plötzlich laut und deutlich: »Halt!«

Jonathan zuckte zusammen. Hatte er tatsächlich gerade »Halt« geschrien? Er war selber ganz von seinem Mut überrumpelt und lief knallrot an. Prompt richtete sich die Aufmerksamkeit des Störenfriedes auf Jonathan. »Ey, was willst du, Kleiner? Willst du dich mit mir anlegen? Das meinst du doch wohl nicht im Ernst, oder? Und dann auch noch wegen so einem Ausländer!«

Jetzt lief Linus zu vollen Touren auf und stand seinem Freund bei: »Ich finde das auch nicht okay. Der Mann dort war als Erster da, und Deutschland ist ja wohl ein freies Land, wo keine Rassendiskriminierungsgesetze gelten.«

Der stämmige Mann war nun ganz abgelenkt von dem Ausländer und wandte sich Linus und Jonathan zu. »Na, was haben wir denn da für einen Klugscheißer? Das ist mir doch egal, ob es Rassendisgri ... äh, Dingsda gibt, und wenn ihr hier einen Aufstand macht, dann werd ich euch kleinen Jungs die Fresse polieren.«

Er machte zwei Schritte auf Jonathan und Linus zu, denen vor Angst fast die Luft wegblieb. Doch da stellte sich eine ältere Frau in den Weg und blieb auffordernd vor dem Mann stehen.

»Aus dem Weg, Oma!«

»Nein, ich werde nicht aus dem Weg gehen! Ich habe schon viel zu lange Ihren Unverschämtheiten zugehört. Alle Achtung vor dem Mut der Kinder!«

Da stand auch ein Mann auf, der mit Anzug und Krawatte gekleidet war, dann eine Mutter mit zwei kleinen Kindern, einige ältere Schüler, zwei Bauarbeiter und nach und nach fast das ganze Abteil. Der pöbelnde junge Mann wurde plötzlich ganz still, als er merkte, dass sich das Blatt gewendet hatte und alle S-Bahn-Gäste plötzlich Stellung bezogen und sich gegen ihn und sein Verhalten wandten. Er schaute suchend um sich, und in dem Augenblick hielt die S-Bahn an. Zornig vor sich hinmurmelnd, bahnte er sich schnell einen Weg durch die Menge und stieg aus.

Vertiefungsmöglichkeiten:
Die Reaktionen der Kinder abwarten, anschließend über die Geschichte sprechen.

– *Impulsfragen: Wie ging die Geschichte wohl weiter? Was haben die Leute in der S-Bahn jetzt geredet? Wie fandet ihr das Verhalten von Jonathan und Linus? Warum haben die anderen S-Bahn-Gäste nicht gleich reagiert? Warum gibt es auch heute noch Ausländerfeindlichkeit? Was genau bedeutet das Wort Rassendiskriminierung? Kennt ihr auch ausländische Mitbürger?*

- *Die Geschichte spontan weiterspielen, vorher die Rollen verteilen (Jonathan, Linus, Oma, Bauarbeiter, etc.).*
- *Die Geschichte vom barmherzigen Samariter (Lukas 10,29ff) lesen und gemeinsam in eine heutige Geschichte umschreiben, in der auch Mitbürger vorbeigehen und ein Ausländer hilft.*
- *Gemeinsam überlegen, wie man sich in solchen Situationen verhalten kann, auch die Gefahren bedenken.*

Bibelstelle: Lukas 10,29-37 *Sybille Kalmbach, Rutesheim*

Stefan und die »Glücklichmacher«

Einstieg: Anti-Drogen-Plakat (z.B. erhältlich bei Krankenkassen oder dem Weißen Kreuz) in die Mitte legen, die Kinder fragen, was sie über Drogen und ihre Wirkung wissen.

Schon als Kind war Stefan schwierig. Seine Eltern waren oft ratlos, wie sie mit ihm umgehen sollten. Kleine Diebstähle oder auch kleinere Einbrüche gehörten bei ihm zur Tagesordnung. In der Schule wurde es deshalb schnell zum Außenseiter abgestempelt. »Nein, mit dem wollen wir nichts zu tun haben«, schimpften seine Klassenkameraden über ihn. Stefan kümmerte sich wenig um die Meinung anderer. »Die können mir alle gestohlen bleiben, ich mache, was ich will«, war seine Antwort, und: »Dann suche ich mir meine Freunde woanders.« Recht schnell fand er Leute, die sich um ihn kümmerten.

Durch diese »neuen Freunde« lernte Stefan viel in seinem Leben – vor allem den Gebrauch von Drogen. »Das ist doch alles nicht so schlimm«, hörte er sie am Anfang sagen. »So ein oder zwei Glücklichmacher«, wie sie die Drogen nannten, »können doch nicht schaden.« Schon bald gehörten Kokain und Heroin zu seinen täglichen »Begleitern«. Unbemerkt stieg sein Verlangen nach den »Glücklichmachern«. »Ich brauche mehr von diesem Zeug«, hörte er sich immer öfter sagen. Und in der Tat, sein Körper forderte es inzwischen. Zu spät merkte er, dass er abhängig geworden war. »Wo bekomme ich das Geld zum Kauf der Drogen her?«, war jetzt seine tägliche Sorge.

Einbruch, Diebstahl, Raub standen von nun an auf der Tagesordnung. Bis ihn eines Tages die Polizei bei einem Einbruch erwischte. So kam er zum ersten Mal in seinem Leben in ein Drogenentzugszentrum und ins Gefängnis. Die Schmerzen in der Entziehungskur waren für ihn fast nicht auszuhalten. Kaum war er wieder auf freiem Fuß, ging es weiter wie gehabt: Drogen, Drogen beschaffen, Einbruch, Diebstahl. »So kann mein Leben nicht weitergehen«, sagte er sich, »die Drogen machen mich kaputt.« Wieder wurde er von der Polizei erwischt – und wieder war er auf Entziehungskur. Wieder machte er die Erfahrung: »So eine Entziehungskur ist eine schreckliche und sehr schmerzhafte Sache.« Ihm war klar: »Ich kann nicht mehr ohne Drogen leben, aber gleichzeitig zerstören sie mein Leben.« Deshalb hatte er, als er erneut aus der Therapie entlassen wurde, wieder nur den einen Gedanken: »Wie komme ich an die Drogen?«

Sein täglicher Bedarf stieg ständig. Sein Körper war inzwischen nur noch ein Wrack. »Mein Leben ist am Ende – ich komme von den Drogen einfach nicht los, ich kann mir nur noch den Goldenen Schuss« – eine letzte tödliche Spritze – »geben.« Mit diesem Gedanken ging er mit gesenktem Kopf durch die Straßen. Von weitem hörte er leise Musik. Ohne es zu merken, ging er langsam dorthin, wo die Musik herkam. Ein kleines Zelt stand mitten in einem Park. Stefan blieb stehen und hörte einfach nur zu. Eine Frau erzählte etwas über Gottes Sohn Jesus Christus: »Jesus kann Menschen frei machen.«

»So ein Quatsch, wie sollte Jesus mir noch helfen können?«, dachte Stefan. Verärgert ging er weiter. Doch der Gedanke ließ ihn nicht los: »Vielleicht kann mich Jesus wirklich von den Drogen frei machen?« Stefan begann zum ersten Mal in seinem Leben leise zu beten: »Jesus, ich weiß nicht, ob es dich gibt, aber wenn es dich gibt, so hilf mir, von den Drogen frei zu werden.«

Und dann geschah das Unglaubliche: »Plötzlich hatte ich kein Verlangen mehr nach Drogen«, sagte Stefan später. »Was vorher bei zwei Entziehungskuren nicht gelang, war auf einmal möglich. Ohne Schmerzen konnte ich auf die Drogen verzichten. Da war mir klar, Jesus lebt wirklich, er erhört Gebete und er macht frei.«

Bibelstelle: Johannes 4,13–14 *Thomas Maier, Berlin*

Ehrlichkeit

Der Geldbeutel

12.30 Uhr – endlich geschafft für heute, endlich Schulschluss! Nicht auszuhalten, das Gelaber über Bruchrechnen, Nenner und Zähler. Hatten die alten Griechen nichts Besseres zu tun als Mathematik? Schnell verschwinden die Bücher und das Mäppchen in der Schultasche.

Fröhlich schwatzend laufen Luca und Steffen, beide Schüler der 5a, über den Schulhof zum Fahrradständer.

Auf halber Strecke bei den Tischtennisplatten bleibt Steffen plötzlich stehen. Was war das eben unter der Tischtennisplatte? Oder hat er sich getäuscht? Er geht die drei Schritte zurück, bückt sich und – tatsächlich, da liegt ein schwarzer Geldbeutel.

»Mensch, du Glückspilz«, platzt Luca heraus, »so was sollte ich auch mal finden. Ich bin zur Zeit wieder völlig pleite.« Beim genaueren Untersuchen des Geldbeutels finden die Jungen ein paar Sammelbilder der Fußballnationalmannschaft, zwei alte Kinokarten und 15 Euro – aber keinen Ausweis, keine Fahrkarte oder sonstige Hinweise auf den Eigentümer. Wahrscheinlich gehört er einem Schüler der Oberstufe, aber wem? Was nun? Es ist niemand in der

Nähe. »Nimm das Geld und wirf den Geldbeutel einfach weg«, schlägt Luca vor.

Aber Steffen hört nicht auf seinen Freund. »Quatsch, du Blödmann, das können wir nicht machen. Den bringen wir zum Hausmeister. Dort kann ihn der Besitzer dann abholen.«

Der Hausmeister ist, wie üblich um diese Zeit, in seiner Werkstatt und repariert Stühle, welche vom ewigen Kippeln kaputtgegangen sind. »Ihr seid zwei sehr ehrliche Burschen, ich werde den Geldbeutel in die Vitrine zu den Fundsachen legen«, lobt er Luca und Steffen, als sie ihm den Geldbeutel übergeben. Die Jungs verabschieden sich und laufen zu ihren Fahrrädern.

»Du immer mit deiner Ehrlichkeit«, meckert Luca, als sie ihre Mountainbikes aus dem Radständer ziehen. »Du hättest uns wenigstens einen Finderlohn aus dem Geldbeutel nehmen können. Du weißt ja eh nicht, wem er gehört.«

Steffen blickt seinen Freund ernst an. »Ja, wem er gehört, das weiß ich nicht, aber wem er nicht gehört, das weiß ich ganz bestimmt.«

Vertiefung:
Mit den Kindern über die verschiedenen Reaktionen von Luca und Steffen reden, dabei ehrlich überlegen, wie man selbst gehandelt hätte. Dann überlegen, wie die Geschichte wohl weitergegangen ist. Für Kinder ist es oft wichtig, dass Luca und Steffen später einen Finderlohn bekommen und für ihre Ehrlichkeit belohnt werden. Man kann mit ihnen noch über die Möglichkeit reden, dass sich vielleicht auch niemand bedankt hat und es trotzdem richtig und berechtigt war, den Geldbeutel abzugeben, weil die eigene Ehrlichkeit, das gute Gewissen, Gottes Freude über diese Tat der Lohn ist und nicht wieder ein materieller Wert.

Bibelstelle: 3. Mose 19,11

Stefan Widmaier, Perouse

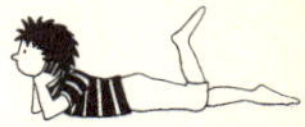

Ehrlich währt am längsten

Technik war nie die große Stärke meiner Omi. Aber sie war ein von Grund auf ehrlicher Mensch. Einmal sprachen wir über das Busfahren in ihrer Heimatstadt, was sie auch mit 80 Jahren noch regelmäßig tat. Das System der Zehnerkarten finde sie nun wirklich anstrengend, sagte sie.

»Warum denn anstrengend, Omi?«, fragten wir Enkel erstaunt.

»Na«, antwortete sie, »ich muss mir doch immer merken, wie oft ich mit der Karte schon gefahren bin, damit ich sie auch rechtzeitig wegwerfen kann.«

Wir blickten uns verwundert an. Es dauerte eine Weile, bis wir des Rätsels Lösung hatten: Seit Jahren hatte unsere Omi noch nicht ein Mal ihre Zehnerkarte am Automat entwertet. Sie merkte sich einfach, wie oft sie schon gefahren war. Nach zehn Fahrten warf sie die noch ungestempelte Zehnerkarte in den Müll und kaufte sich eine neue. Technik war wirklich nicht ihre Stärke, kein einziges Mal hatte sie mit einer korrekt gestempelten Fahrkarte im Bus gesessen! Aber sie war die wohl ehrlichste Schwarzfahrerin, die mir jemals begegnet ist.

Vertiefung:
Gespräch über Ehrlichkeit, Betrug, »große und kleine Lügen«, Unrecht.

Bibelstelle: Sprüche 2,7

Wolfgang Ilg, Tübingen

Einsamkeit

In den Chugach Mountains

Wieder wurde John Keystone wach. Das Heulen der Timberwölfe, die sich nahe der Wohncontainer umhertrieben, hatte erneut eingesetzt. Wieder musste er an seine Frau denken, die alleine mit seinen Kindern zu Hause war. Warum hatte er sich dazu überreden lassen, hierher in die Chugach Mountains nach Alaska zu kommen? Tag für Tag dasselbe: meterhoher Schnee, der die Männer dazu zwang, Schneeschuhe zu tragen, um nicht einzusinken, dann die kalte Luft und nicht zuletzt die immer wiederkehrenden Schneestürme, welche die Arbeiten fast vollständig unterbrachen. Die ohnehin schweren Bedingungen wurden durch nur wenige Stunden Tageslicht noch verschärft. Das konnte auch die erfahrensten Männer an den Rand der Verzweiflung bringen. Nicht wenige erlagen der bedrückenden Wirkung des Polarkreises.

Sicherlich war der Job eine Abwechslung, ein Abenteuer. Aber hier, am Ende der Welt, im ewigen Eis, hatte er das Gefühl, völlig allein zu sein. Abgeschnitten von allem, was einem Menschen das Leben erst schön macht. Weg von Frau, Kindern, Freunden – und auch Gott schien ihm hier unendlich weit weg. Wieder hörte er die Wölfe heulen, und langsam fiel John erneut in einen unruhigen Schlaf.

Impulsfragen: Wo erlebt ihr Einsamkeit? Was für Gründe gibt es für Einsamkeit? Wo haben wir das Gefühl, dass Gott nicht bei uns ist?

Am nächsten Morgen ging seit langem wieder die Sonne über dem Bohrcamp auf. Doch nicht nur das: Er traute seinen Augen nicht, denn in seinem Postfach lag ein Brief von seiner Frau. Dieser Morgen begann mit einem Lächeln – jetzt wusste er es wieder: Er war nicht ganz vergessen. Und mit den ersten Sonnenstrahlen spürte er wieder ganz neu Gottes Nähe, auch hier mitten in der Eiswüste.

Bibelstellen: Psalm 23; Römer 8,38–39 *Pascal Vinçon, Perouse*

Ideale Eltern gesucht

Karen und Philipp saßen im Schlafanzug auf Karens Bett. Sie hatten ein gemeinsames Kinderzimmer, und im Moment hörte man sie empört tuscheln. Sie schimpften über ihre Eltern. »Der Film war so spannend, und außerdem wäre er in einer halben Stunde sowieso zu Ende gewesen!«, hörte man Karen flüstern.

»Ja, genau«, sagte Philipp, »und egal, was wir sagen, immer haben unsere Eltern Recht.«

Karen nickte zustimmend. »Und ich finde auch noch ungerecht, dass wir morgen schon wieder unser Kinderzimmer aufräumen sollen. So schlimm sieht es hier wirklich nicht aus – und wenn, dann ist das doch unser Problem, oder?!«

Philipp seufzte laut, doch da kam gleich ein »Psssst!« von Karen. »Sollen unsere Eltern vielleicht hören, dass wir noch nicht schlafen? Dann motzen sie nochmal.« Philipp hielt sich schnell die Hand vor den Mund.

Eine ganze Weile saßen beide in Gedanken versunken nebeneinander und ließen ihre Füße von der Bettkante baumeln. Plötzlich meinte Philipp: »Aber weißt du, Karen, obwohl mich ja schon einiges ärgert bei unseren Eltern – eigentlich haben wir es doch ganz gut.«

Karen fragte nach: »Wie kommst du denn jetzt darauf?«

»Na ja, ich habe gerade überlegt, wie die Eltern von den anderen aus meiner Klasse so sind. Und da schneiden unsere noch ganz gut ab.«

Karen hob zweifelnd die Augenbrauen, und Philipp erklärte: »Ja, schau mal, bei Maria ließen sich ihre Eltern scheiden, und die ist jetzt immer unter der Woche bei ihrer Mutter und am Wochenende bei ihrem Vater. Das ist nicht gerade so toll. Und Enricos Eltern gehen ziemlich viel weg und er sitzt dann immer alleine daheim. Unsere Eltern unternehmen jede Woche etwas mit uns. Und Sonjas Eltern haben das Uhrengeschäft, die haben nur Zeit für den Laden und die Buchhaltung und so. Und Kalle hat noch fünf Geschwister, bei denen ist das Geld immer knapp, und die können auch nicht so weit weg in Urlaub fahren, weil das alles zu teuer ist.«

Karen blickte eine Weile versonnen vor sich hin. »Hm, ja, Philipp, okay, ganz so schlecht haben wir es wohl nicht erwischt mit unseren Eltern. Aber manche Sachen finde ich trotzdem unfair. Weißt du, eigentlich sollten wir mal einen Plan machen, wie die idealen Eltern sich benehmen.«

Philipp schaute Karen an. »Und was willst du mit so einem Plan?«

»Hmmm – vielleicht unten beim Bäcker aufhängen, dass es alle lesen können. Oder in der Schule verteilen. Oder in einer Fernsehsendung damit auftreten. – Oder eine Familienkonferenz machen.«

»Eine Familienkonferenz?«, fragte Philipp. »Was ist denn das?«

»Das kenne ich von Angela, meiner Freundin. Die machen das einmal im Monat. Das findet abends statt, und zuerst gibt es ein leckeres Essen, das jedes Mal jemand anderes aus der Familie richtet. Und dann besprechen sie alles, was ihnen wichtig ist – zum Beispiel, wer wann dran ist mit Spülmaschine ausräumen, wer den Müll runterbringt, wer Getränke aus dem Keller holt. Und das wechselt dann immer. Und damit sie es bis zum nächsten Mal nicht vergessen, schreiben sie es in ihr Familienbuch. Und dann darf man alles sagen, was einem stinkt oder was man gerne mal unternehmen möchte oder so. Und alle aus der Familie sitzen mit am Tisch und reden darüber. Und die Ergebnisse schreiben sie in das Buch. Und dann machen sie noch Brettspiele oder sonst irgendwas alle gemeinsam.«

Philipp sah aus wie ein lebendes Fragezeichen. »Und das funktioniert? Finden die das denn gut?«

Karen erwiderte: »Klar finden die das gut. Na ja, die Eltern dürfen natürlich auch sagen, was ihnen stinkt, aber irgendwie ist es halt gerechter. Und sie haben ja auch noch das Buch, damit sie nichts vergessen und beim nächsten Mal nachschauen können, ob alles geklappt hat.«

Philipp überlegte eine Weile, dann meinte er: »Du, das finde ich gut. Das könnten wir unseren Eltern doch auch mal vorschlagen. Vielleicht nächsten Freitagabend? Und damit wir gleich was zum

Reden haben, machen wir so eine Liste, wie wir uns die idealen Eltern vorstellen.«

Karen nickte begeistert. »Cool, das machen wir. Komm, wir fangen gleich an.« Sie holte sich vom Schreibtisch einen Notizblock und einen Bleistift und schrieb ganz oben hin »ideale Eltern gesucht«.

Vertiefungsmöglichkeiten:

Mit den Kindern zusammen so eine Liste erstellen, einige Anregungen zum Beginn siehe unten. Evtl. die Liste später benutzen, um sie mit einem informierenden Begleitbrief an die Eltern weiterzugeben und die Idee mit der Familienkonferenz mit vorzuschlagen. Oder man kann einen Elternabend mit Kindern und Eltern veranstalten, in dem »gegenseitige Erwartungen« ein Thema sind. Wichtig ist hier natürlich ein sehr einfühlsames Vorgehen, damit die Eltern nicht den Eindruck haben, man würde sie anklagen, sondern sie sollen Lust bekommen, sich auf das Thema einzulassen und manche Anregungen vielleicht auszuprobieren. Vorsicht auch im Umgang mit Kindern bzw. Eltern, die ein sehr schlechtes Verhältnis haben, damit dies durch das Herausstreichen der »idealen Eltern« nicht noch mehr verstärkt wird.

- *Folgende Bibelstellen lesen: Epheser 6,1-4; Kolosser 3,20-21; mit den Kindern überlegen, was sie bedeuten. Unbedingter Gehorsam gegenüber den Eltern? Ein gutes Verhältnis untereinander?*
- *Überlegen Sie mit den Kindern zusammen, warum man Gott auch den »Vater« nennt. Ist er wie ein »normaler« Vater? Wenn nein, was ist anders?*

Fernsehen

☐ Sie lassen ihre Kinder fernsehen, solange die Kinder wollen.

☐ Sie lassen ihre Kinder nur dann abends fernsehen, wenn sie am nächsten Tag schulfrei haben.

☐ Sie lassen ihre Kinder jeden Tag eine halbe Stunde an den Apparat.

☐ Sie entscheiden jeweils, welche Sendungen ihre Kinder sehen.

☐ Sie sehen gemeinsam mit den Kindern und diskutieren die Sendung.

Schule

- ☐ Sie beaufsichtigen ihre Kinder ständig.
- ☐ Sie wissen gar nicht, was ihre Kinder lernen.
- ☐ Sie loben ihre Kinder, wenn sie Fortschritte machen.
- ☐ Sie ..., wenn die Kinder schlechte Arbeiten mit nach Hause bringen.

Taschengeld

- ☐ Sie geben ihnen regelmäßig eine feste Summe zur freien Verfügung.
- ☐ Sie bewahren das Taschengeld für besondere Anlässe auf.
- ☐ Sie wollen genau wissen, wie ihre Kinder das Taschengeld ausgeben.
- ☐ Sie geben ihren Kindern kein Taschengeld.

Kinderzimmer

- ☐ Sie kümmern sich nicht um die Gestaltung des Kinderzimmers.
- ☐ Sie verbieten ihren Kindern, Poster an den Wänden aufzuhängen.
- ☐ Sie helfen ihnen, es schön einzurichten.
- ☐ Sie lassen Unordnung zu.
- ☐ Sie verlangen, dass das Zimmer immer aufgeräumt ist.

Kleidung

- ☐ Sie gehen mit ihren Kindern einkaufen und suchen ihnen die richtigen Sachen aus.
- ☐ Sie merken nicht, dass ihre Kinder neue Kleidung brauchen.
- ☐ Sie lassen ihre Kinder die Sachen aussuchen und warten an der Kasse beim Bezahlen.

Feste

- ☐ Sie schlagen vor, eine Party zu Hause zu organisieren.
- ☐ Sie fragen nie, zu welchen Festen ihre Kinder eingeladen sind.
- ☐ Sie bestimmen, auf welche Feste ihre Kinder gehen dürfen.

Post

- ☐ Sie öffnen die Briefe und lesen sie durch, um sich zu informieren.
- ☐ Sie sehen gar nicht auf den Absender.
- ☐ Sie erkundigen sich gelegentlich nach dem Inhalt.
- ☐ Sie ..., wenn die Kinder überhaupt nichts erzählen.

Beten

- ☐ Sie lassen ihre Kinder das Vaterunser beten, wenn sie ihnen »Gute Nacht« gesagt haben.
- ☐ Sie beten mit ihnen zusammen verschiedene Kindergebete.
- ☐ Sie schlagen ihnen verschiedene Gebete vor.
- ☐ Sie ..., wenn sie selber nicht beten.

Freund(in)

- ☐ Sie wollen nicht, dass die Freunde ihrer Kinder zu Besuch kommen.
- ☐ Sie kümmern sich nicht darum, mit welchen anderen Kindern ihre Kinder befreundet sind.
- ☐ Sie laden die Freunde ihrer Kinder zu sich ein.
- ☐ Sie ..., wenn sie meinen, diese Freundschaft sei »kein guter Umgang«.

Nach Hause kommen

- ☐ Sie setzen fest, wann die Kinder zu Hause sein müssen.
- ☐ Es ist ihnen egal, wann sie kommen.
- ☐ Sie setzen von Fall zu Fall gemeinsam mit den Kindern fest, wann sie zu Hause sein sollen.
- ☐ Sie ..., wenn die Kinder sich nicht an die Abmachung halten.

Strafe

- ☐ Sie strafen ihre Kinder nie.
- ☐ Sie strafen nur, wenn sie frech waren.
- ☐ Sie strafen immer, wenn sie nicht aufs Wort gehorchen.
- ☐ Sie strafen sie durch Schläge.
- ☐ Sie sperren das Taschengeld.
- ☐ Sie geben Hausarrest.
- ☐ Sie reden nicht mehr mit ihnen.
- ☐ Sie verbieten ihnen die Lieblingsbeschäftigung.

Streit

- ☐ Sie halten einen Streit in der Familie für notwendig.
- ☐ Sie halten ihn für gefährlich.
- ☐ Sie halten ihn für unangenehm.
- ☐ Sie wollen Recht behalten.
- ☐ Sie geben meistens nach.
- ☐ Sie schließen Kompromisse.

Bibelstellen: Epheser 6,1-4; Kolosser 3,20-21

Sybille Kalmbach, Rutesheim

Engel

Gibt es Schutzengel?

Daheim im Schlafzimmer der Eltern hängt ein großes Bild über dem Bett. Und auf diesem Bild ist ein Engel in lichten Farben zu sehen, der zwei Kinder, ein Mädchen und einen Jungen, sorgsam über eine Brücke geleitet. Das wäre weiter nichts Aufregendes, aber diese Brücke ist aus Holz und es fehlen Bretter, sodass auf dem Weg über den reißenden Bach klaffende Löcher zu überbrücken sind. Das Bild vermittelt große Geborgenheit trotz der lauernden Gefahr.

Wie tröstlich ist solch ein Bild von dem Engel, der die Kinder stets beschützt. Eines Tages jedoch passiert etwas, das die Eltern nicht nur an das gemalte Bild dieses Schutzengels erinnert, sondern an einen echten Schutzengel:

Die Kinder rennen aus dem Haus und über die Straße zur anderen Seite hinüber. Sie haben es eilig. Lisa erreicht gerade noch die andere Straßenseite. Der jüngere Bruder Manuel will sie fangen, und sie schreit aus Leibeskräften: »Bleib stehen, bleib!«

Aber schon gibt es einen lauten Knall und einen Mark und Bein durchdringenden Schrei. Manuel ist in ein Motorrad gesprungen. Blut tropft von seiner Stirn. Der Motorradfahrer ist kreidebleich, ihm ist außer dem Schreck Gott sei Dank nichts passiert. Schnell werden die Eltern verständigt und der Krankenwagen angefordert.

Manuel wird im Krankenhaus an der Schläfe genäht und erhält einen dicken Verband. Vorsichtshalber muss er im Krankenhaus bleiben. Aber nach drei Tagen darf er wieder heim; es konnte sonst kein körperlicher Schaden festgestellt werden. Die Eltern sind überzeugt: Manuel hatte nicht nur einen Schutzengel, sondern mehrere!

Wenige Wochen später ist die Mutter von Lisa und Manuel abends bei einer Sitzung. Sie kann mit einer Kollegin heimfahren. Es ist Spätherbst und schon dunkel. Fröhlich verabschiedet sie sich von der Kollegin, bevor sie aus dem Auto aussteigt. Sie blickt nach beiden Seiten, bevor sie die Straße überquert, um endlich nach Hause zu kommen. Die Straße ist frei. Mutter ist gerade in der Mitte, als sie von rechts Lichter erblickt. Ein Porsche prescht mit rasender Geschwindigkeit daher. Wie von Engelshand getragen erreicht die Mutter noch den rettenden Bürgersteig. Ihr schlottern die Knie, und sie ist kaum fähig, die Haustüre zu öffnen.

Der Fahrer legt vorne an der Kurve den Rückwärtsgang ein und fährt schnell zurück. Er sieht, die Passantin ist unverletzt, und er fährt ohne auszusteigen mit kreischenden Reifen davon.

Die Mutter ist ihrem Schutzengel begegnet, davon ist sie felsenfest überzeugt, und es war nicht das erste Mal in ihrem Leben. Dankbar betet sie zu Gott, der sie und ihre ganze Familie beschirmt und beschützt und seine Engel an die Seite aller Menschen stellt.

Vertiefungsmöglichkeiten:

Gespräch über gefährliche Momente und Schutzengel. Achtung: Sie sollten damit rechnen, dass auch die Frage aufkommt, warum der Schutzengel nicht immer hilft und manche Kinder auch sterben müssen.

– *Jeder malt ein Bild, so wie er sich einen Engel vorstellt. Dazu gelbe und weiße Kreide vorher in Zuckerwasser einlegen, und mit diesen feuchten Kreiden auf schwarzem Tonpapier malen. (Wenn die Kreide später getrocknet ist, leuchten die Farben besonders schön.) Alternativ kann man auch Wachsmalfarben oder Ölpastellkreiden verwenden. Sprechen Sie anschließend mit den Kindern darüber, warum sie sich den Engel so vorstellen, wie sie ihn gemalt haben.*

Bibelstelle: Psalm 91,11

Bärbel Kalmbach, Hallwangen

Entscheidung

Entscheidung verschieben nicht erlaubt!

Kai und Daniel waren schon immer die besten Freunde und unternahmen fast jeden Nachmittag etwas gemeinsam. Doch seit einiger Zeit war Kai nicht nur mit Daniel befreundet, sondern auch mit Per, der zwei Jahre älter war.

Per hatte eine coole Bande, und Kai war stolz, als Jüngster zu dieser Bande zu gehören. Doch die Aktionen dieser Bande waren nicht immer so toll. Einmal klauten sie einer alten Frau eine Handtasche und verwendeten das darin gefundene Geld, um für alle Eis zu kaufen. Sie klügelten vorher einen genauen Plan aus, welche Jungs die Frau anrempeln sollten und wer ihr in diesem Moment die Handtasche aus der Hand reißen würde. Einen Fluchtweg planten sie auch. Kai war sich zwar nicht sicher, ob er so eine Aktion gut finden sollte, aber irgendwie klappte alles und das Eis war nicht zu verachten. Im Übrigen meinte Per, sie hätten ja nicht viel geklaut, die 10 Euro würden der Frau nicht wehtun. Auch sonst lief in dieser Bande manches, was nicht immer okay war, aber es war einfach ein tolles Gefühl, dazuzugehören.

Daniel mochte Per und seine Bande nicht, und obwohl Kai ihn öfters mitnehmen wollte, weigerte er sich standhaft. Immer wieder redete er seinem Freund Kai ins Gewissen und erklärte, dass das, was Per und seine Bande anstellten, Unrecht war. Doch Kai wehrte die Vorwürfe ab und meinte: »Das sagst du bloß, weil du neidisch bist und ich nicht mehr so viel Zeit für dich habe.«

Eines Tages saßen Kai und Daniel zusammen am Rand des Fußballplatzes. Sie hatten der Fußballmannschaft zugeschaut und über die Leistungen der einzelnen Spieler gefachsimpelt. Nachdem die Spieler vom Platz gegangen waren, machte Daniel plötzlich ein sehr ernstes Gesicht. »Du, Kai«, sagte er. »Ich sage es dir heute zum letzten Mal: Du bist mit den falschen Freunden zusammen. Per und seine Bande sind üble Kerle, und ich sage das nicht, weil ich eifersüchtig auf deine so genannten Freunde bin, sondern weil ich mir Sorgen mache. Das, was die alles anstellen, ist nicht okay, und dich ziehen sie da mit rein. Eines Tages erwischen sie euch noch, und dann hast du Probleme mit der Polizei.«

»Ach was.« Kai machte eine abfällige Handbewegung. »Wir passen schon auf und lassen uns nicht erwischen. Weißt du, das macht Spaß, weil es so spannend ist, ein viel besserer Nervenkitzel als der beste Krimi!«

Daniel erwiderte: »Kai, ich finde das nicht witzig. Selbst wenn ihr nie erwischt werdet, das ist Unrecht, was du da machst. Bleib weg von der Bande und von Per, bitte! Entscheide dich, denn ich will nicht der Freund von jemand sein, der alte Frauen und Männer bestiehlt und Sachen kaputtmacht. Du musst dich entscheiden – entweder du bist Pers Freund oder mein Freund.«

Kai schaute verwundert. So hatte Daniel noch nie mit ihm geredet. Was sollte das? Wollte er ihn erpressen? Oder hatte er vielleicht doch Recht, dass er mit Pers Bande langsam, aber sicher auf die schiefe Bahn rutschte? Er fand auch nicht alles okay, aber trotzdem war es irgendwie cool, zu dieser Bande zu gehören. Kai stand langsam auf und sagte: »Daniel, weißt du was? Ich überlege es mir nochmal. Ich möchte mich nicht jetzt gleich entscheiden. Vielleicht nächste Woche oder bis zu den Sommerferien oder so.«

Da stand auch Daniel auf und schaute Kai in die Augen. Beide sprachen kein Wort. Dann zog Daniel mit der Fußspitze einen Kreis in die sandige Erde, rund um Kai herum, der ihn verwundert beobachtete. Anschließend meinte Daniel ernst: »Entscheidung verschieben ist nicht erlaubt. Entscheide dich jetzt, innerhalb dieses Kreises.«

Da wusste Kai, dass er sich genau jetzt entscheiden musste.

Vertiefung: Überlegen Sie mit den Kindern, wie die Geschichte weitergeht. Sprechen Sie über wichtige Entscheidungen, die das Leben beeinflussen. Lesen Sie die angegebenen Bibelstellen und überlegen Sie mit den Kindern, warum auch hier eine Entscheidung gefordert wird.

Bibelstellen: Josua 24,15; 5. Mose 30,15

Sybille Kalmbach, Rutesheim

Entscheidung

... wie ein Tischtennisball

Einstieg:
Tischtennisspiele, Tischtennisturnier.

Mark hatte sich den Fuß vertreten, deshalb musste einer der Mitarbeiter bei ihm bleiben. An diesem Nachmittag stand eine Schnitzeljagd im nahen Wald auf dem Programm. Zuerst wusste ich nicht recht, wie ich diesen stillen Jungen die ganze Zeit beschäftigen sollte. Doch dann fiel mir ein, dass Mark Tischtennis spielte, ziemlich gut sogar. Er hatte schon mehrere Turniere gewonnen. Als ich ihm den Vorschlag machte, war er sofort begeistert.

Ich hatte keine Chance gegen ihn, doch er ließ von Spiel zu Spiel merklich nach. Lag es an seinem Fuß? Ich wollte ihn gerade fragen, ob wir lieber aufhören sollten. Da stand er völlig reglos und starrte auf den Ball. Der lag genau auf der Linie, bewegte sich nur ganz leicht hin und her und blieb schließlich genau darauf liegen. »Ich komme mir vor wie dieser Tischtennisball«, sagte Mark vor sich hin, »ich kann mich auch nicht entscheiden, auf welche Seite ich gehöre. Ein Leben mit Jesus kann ich mir einfach nicht so recht vorstellen, ohne ihn aber auch nicht.«

Vertiefung:
Schenken Sie jedem Kind einen Tischtennisball als Erinnerung an diese Geschichte. Überlegen Sie gemeinsam, was Mark bewegt, welche Argumente ihn auf die eine und die andere Seite »kullern« lassen.

Bibelstelle: 1. Könige 18,21

Sarai Krämer, Perouse

Die große Enttäuschung

Seit Wochen gab es in der Familie kein anderes Thema als nur noch Fredericks sechsten Geburtstag am 5. März. Frederick redete seit Weihnachten von nichts anderem mehr als von einer Geige. Er hatte sich schon zu Weihnachten eine gewünscht, aber da bekam er ein Buch, Spielsachen, ein Paar Strümpfe und Süßigkeiten. Das war eine große Enttäuschung für ihn gewesen. Doch nun glaubte er fest daran, zu seinem Geburtstag eine Geige zu bekommen. Es musste keine neue und große Geige sein. Aber er wollte unbedingt so ein Musikinstrument haben.

Nun muss man wissen, dass Fredericks Vater, Herr Schneider, bereits seit zwei Jahren arbeitslos war. Die Firma, in der er arbeitete, hatte keine Aufträge mehr bekommen, und so wurde Herr Schneider entlassen. Natürlich meldete er sich auf dem Arbeitsamt und bewarb sich bei allen möglichen Stellen. Doch bis jetzt hatte er keine neue Arbeit bekommen. Aus diesem Grunde war manchmal das Geld bei Schneiders etwas knapp.

Frederick und seine zwei Brüder hatten stets genug zu essen. Und er hatte auch nie gehört, dass seine Eltern über zu wenig Geld klagten. Aber er wusste es doch. Und eine Geige war sehr teuer. In der Stadt im Musikladen hatte er eine für 400 Euro gesehen. Trotzdem erzählte er jedem, der es hören wollte, dass sein größter Geburtstagswunsch eine Geige sei. Mutter und Vater wurden dann meistens sehr still und bedrückt. Dies merkte Frederick jedoch nicht. Vielleicht wollte er es auch nicht merken.

Endlich kam der große Tag. Frederick jubelte: »Heute bekomme ich eine Geige! Ihr werdet schon sehen!« In der Schule konnte er vor Aufregung kaum stillsitzen und erst recht nicht aufpassen. Den Heimweg rannte er ohne Verschnaufpause. Zum Mittagessen gab es Fredericks Lieblingsgericht: Hähnchen und Pommes. Und endlich war der Augenblick gekommen, in dem Frederick seine

Geschenke erhielt. Mutter holte sie aus dem Wohnzimmer und legte sie vor ihn auf den Tisch.

Alle sahen, dass ein Geigenkasten nicht dabei war. Frederick riss die Geschenke auf. Da gab es einen neuen Schlafanzug, den er nach der Meinung seiner Mutter unbedingt benötigte, eine Hörspielkassette von Tante Irmgard und eine Blockflöte. Frederick schossen die Tränen in die Augen, als er begriff, dass er keine Geige bekommen hatte. Er schluckte und rannte in sein Zimmer. Man sah ihn den ganzen Tag nicht mehr. Mutter versuchte zwar, ihn zu trösten, doch es half nichts. Frederick kostete nicht einmal von dem selbst gemachten Geburtstagskuchen.

Es war wohl die größte Enttäuschung, die Frederick jemals erlebt hatte. Von diesem Tag an hörte man ihn nie mehr von einer Geige reden, weder zu Ostern, noch zu Weihnachten, noch zu irgendeinem anderen Fest. Damals dachten alle lange Zeit, Frederick würde sich gar keine Geige mehr wünschen. Aber da irrten sie sich, denn wenn man ganz genau hinsah, dann konnte man bemerken, wie er immer noch glänzende Augen bekam, wenn er im Radio Geigenmusik hörte.

Vertiefung:
Gespräch über unerfüllte Wünsche; überlegen, wie es einem geht, wenn Wünsche nicht erfüllt werden. Impulsfragen: Warum können manche Wünsche nicht in Erfüllung gehen? Was wünscht sich Gott von uns?

Bibelstellen: 1. Mose 3; Jeremia 29,13-14 – *Bettina Müller, Höfingen*

Erlösung

John lebt!

San Francisco, Mittagszeit. Überall herrscht ein reges Treiben auf den Straßen. Plötzlich beginnt alles zu wackeln. Was ist das?

Es dauert ein paar Sekunden, bis jeder weiß, was los ist: Erdbeben! Überall kracht es. Hochhäuser stürzen zusammen, als seien es nur Kartenhäuser. Von allen Seiten hört man Schreie: »Hilfe, ich bin eingeklemmt. Ist denn keiner da, der helfen kann? Ich komme hier nicht mehr weg.«

Stunden vergehen. Arbeitskommandos sind längst ausgerückt, um Verschüttete zu bergen. Tage vergehen. Viele sind schon befreit. Aber immer noch sucht man unter den Trümmern nach Überlebenden. Ob man dem einen oder anderen noch helfen kann? Wenn man jetzt die letzten Überlebenden nicht findet, werden sie unter den Trümmern verhungern oder verdursten.

Während fieberhaft gearbeitet wird, hört einer der Arbeiter ein leises Stöhnen: »Hilfe! Holt mich hier raus!« Sofort wird an der entsprechenden Stelle weitergegraben. Nach mühevoller Kleinarbeit – die verkanteten Betonteile müssen Stück für Stück abgeschlagen werden – findet man endlich den eingeklemmten Jungen. Wie leblos liegt er unter den Trümmern. Sofort ist ein Arzt zur Stelle und stellt fest: »Er lebt noch! Los, lasst uns ihn da rausholen, damit er medizinische Hilfe bekommen kann.« Bald ist es geschafft.

Nach einiger Zeit kommt der Verletzte zur Besinnung. Er schaut sich nach allen Seiten um. Ein Leuchten geht über sein Gesicht: Gerettet! Da sind Menschen, die sich um ihn sorgen. Man hat ihn, John, herausgeholt aus seiner hoffnungslosen Lage. Als eine Krankenschwester an sein Bett kommt, kriegt John nur noch ein Wort heraus: »Danke.« Und jeder, der es gehört hat, weiß, dass das wirklich so gemeint ist.

Vertiefungsmöglichkeiten:

Mit den Kindern über die Gefühle von John sprechen.

Ein Bild malen von dem geretteten John inmitten der Trümmer und in eine Gedankenblase ein bis zwei Sätze schreiben, die ihm kurz nach seiner Rettung durch den Kopf gehen.

– *Gemeinsam überlegen, was das Wort »Erlösung« für John bedeutet und was es für eine Bedeutung hat, wenn wir sagen: »Jesus hat uns erlöst.«*

– *John hat sich nach seiner Rettung für die Erlösung aus dem sicheren Tod bedankt. Wie können wir Gott danke sagen für unsere Erlösung durch ihn?*

Bibelstellen: Psalm 119,9; Matthäus 20,28; Römer 3,24; 1. Timotheus 2,6

Sybille Kalmbach, Rutesheim

Erntedankfest

Der Bauernhof-Ausflug

Die Eltern von Simone haben einen Bauernhof. Der Hof liegt etwas außerhalb der Stadt, ganz nah am Waldrand. Auf dem Bauernhof gibt es Kühe und Hühner, ein paar Katzen und einen Hund. Simone muss mit ihren drei älteren Geschwistern auf dem Hof mithelfen. Besonders zur Zeit der Ernte gibt es sehr viel zu tun. Deshalb kann Simone oft nicht mitgehen, wenn die Mädchen aus ihrer Klasse etwas zusammen unternehmen. Die meisten ihrer Klassenkameradinnen wollen sowieso nichts mit ihr zu tun haben. Hinter Simones Rücken wird oft getuschelt: »Guck, da kommt sie wieder und stinkt nach Kuhfladen!« Darüber ist Simone sehr traurig, und manchmal wünscht sie sich, ihr Vater wäre kein Landwirt, sondern hätte irgendeinen anderen Beruf!

In Simones Klasse wird heute über den bevorstehenden Schulausflug gesprochen. Wohin soll es gehen? Die Lehrerin schlägt vor, eine kleine Wanderung zu machen und anschließend einen Bauernhof zu besichtigen. Als die Kinder das hören, fangen alle außer Simone an zu lachen. »Was? Auf einen Bauernhof? Das ist doch stinklangweilig! Und zum Wandern haben wir auch keine Lust!« – »Womöglich müssen wir noch die Kühe von Simone anschauen und stinken hinterher genauso nach Mist!« Simone wird bei diesen Worten ganz rot und schämt sich mehr als jemals zuvor, dass ihre Eltern einen Hof haben. Sie wünscht sich nichts mehr, als dass die Klasse *nicht* auf ihren Hof kommt. Doch die Lehrerin bleibt bei ihrem Vorschlag: »Wir wandern nächsten Mittwoch von hier aus zum

Waldspielplatz. Dort werden wir grillen und anschließend den Hof von Simones Eltern besuchen. Ich habe schon alles mit Simones Vater abgesprochen.«

Als Simone an diesem Mittag nach Hause kommt, ist sie traurig und wütend zugleich. Als die Mutter fragt, was los ist, fängt Simone an zu weinen: »Warum habt ihr der Lehrerin erlaubt, mit der Klasse auf den Hof zu kommen? Jetzt haben alle einen Grund, sich über mich lustig zu machen! Ich will nicht, dass die ganze Klasse über mich lacht!« Die Mutter versteht nicht, was Simone meint, und will nochmal nachfragen, aber Simone ist schon aus der Küche gelaufen und hat sich weinend in ihr Zimmer eingeschlossen.

Die Schultage bis zum Ausflug sind für Simone eine Qual. Die ganze Klasse macht allein sie dafür verantwortlich, dass sie am Schulausflug wandern müssen. »Die Parallelklasse macht eine Kanu-Tour. Und wir müssen doof durch den Wald latschen – daran bist nur du schuld, du alte Stinke-Kuh!«

Am Morgen des Schulausflugs treffen sich alle Kinder im Schulhof und wandern zum Grillplatz. Das Wetter ist wunderschön, aber die Stimmung in der Klasse ist miserabel. Keiner hat Lust auf den bevorstehenden Tag, alle sind neidisch auf die Parallelklasse, die mit den Kanus davongefahren ist. Nach dem Grillen steht der Besuch auf Simones Hof an. Je näher die Klasse dem Hof kommt, desto schlechter fühlt sich Simone. So ungern wie heute ist sie noch nie nach Hause gegangen.

Als die Kinder den Hof betreten, läuft ihnen schon Harras, der große Wachhund, laut bellend entgegen. Viele Mädchen der Klasse fürchten sich vor Harras und trauen sich nicht, weiter in den Hof hineinzugehen. Aber Harras erkennt sofort, dass Simone unter den vielen fremden Menschen ist. Er hört auf zu bellen und läuft schwanzwedelnd auf sie zu. Simone nimmt den riesigen Hund in ihre Arme und streichelt ihn. Dann führt sie ihn am Halsband in den Zwinger. Die Jungs der Klasse sind schwer beeindruckt, dass so ein großer Hund auf Simone hört.

Simones Vater empfängt die Kinder am Kuhstall. An der Hand hält er ein kleines Kälbchen, das erst vor ein paar Tagen geboren wurde. Die Kinder sind von dem Kälbchen begeistert. Vor allem die Mädchen können sich fast nicht mehr beruhigen: »Ist das süüüß! Darf man es auch streicheln?« Der Vater erzählt von der

Geburt der kleinen Kuh, und er erwähnt, dass Simone bei der Geburt dabei gewesen ist. Die Klassenkameraden schauen Simone ungläubig und auch etwas neidisch an. Simone wird ganz rot und ist ein bisschen stolz auf sich und auch auf das Kälbchen.

Nach der Besichtigung des Kuhstalls dürfen alle Kinder auf einem großen Ladewagen sitzen, der am Traktor von Simones Vater angehängt ist. Mit diesem Gefährt erkunden sie die umliegenden Felder, die zum Bauernhof gehören, und den Wald. Der Bauer erklärt die verschiedenen Sorten Getreide, lässt die Kinder an frischen Maiskolben knabbern und zeigt ihnen die Stelle, an der im Winter die Weihnachtsbäume geschlagen werden. Alle sind begeistert. Vor allem natürlich von der rasanten Fahrt auf dem Ladewagen. Wenn sie über die Feldwege fahren, hoppelt und kracht es überall. Die Kinder haben riesigen Spaß.

Zurück auf dem Hof dürfen die Kinder die Hühner füttern und vom frisch gebackenen Brot probieren, das Simones Mutter gerade aus dem großen Ofen holt. Simone freut sich, dass die Kinder nicht über ihren Vater oder ihre Mutter gelacht haben, sondern sogar ganz begeistert von ihren Eltern sind.

Am nächsten Sonntag wird in der Kinderkirche das Erntedankfest gefeiert. Aus Simones Klasse sind auch einige Kinder mit dabei. Als die Kinder ihre gefüllten Erntekörbchen nach vorne bringen und am Altar ablegen, betont der Pfarrer, dass die Menschen ohne die tägliche Arbeit der Bauern nichts zu essen hätten und dass die Arbeit der Bauern deshalb so wichtig sei. Die Kinder aus Simones Klasse schauen Simone bei diesen Worten verstohlen an. Und Simone kostet diesen Augenblick richtig aus. Sie ist stolz auf ihre Eltern und weiß, dass es etwas ganz Besonderes ist, wenn man einen Bauernhof hat.

Vertiefung:
Einen Ausflug auf einen Bauernhof organisieren und die Bauernfamilie fragen, ob sie auch den Bauernhof und die Erträge des Hofes zeigen und erklären können.

Bibelstelle: 2. Mose 23,16

Marion Käser, Hausen i. V.

Die Wärmflasche

Einstieg:
Zeigen Sie ein Bild von einem Erntedankaltar, auf dem Erntedankgaben aufgebaut sind.

Es war am Samstag vor dem Erntedankfest. Florian, Patrick und Maxi zogen ihren voll geladenen Leiterwagen mühsam den Braunweiler Berg hinunter – ja, hinunter, denn einen schweren Handwagen führt man einen Berg hinab noch mühsamer als hinauf. Mit großer Anstrengung stemmten sich die Jungen gegen den Wagen, der schneller rollte, als er sollte, und ihnen fast über die Füße fuhr. Nur mit all ihrer Kraft konnten sie das Fuhrwerk aufhalten. Florian rannte gerade einem Kohlkopf nach, der vom Wagen gefallen war und die abschüssige Straße hinunterrollte.

Es war wie jedes Jahr. Die Konfirmanden hatten die Aufgabe, überall im Dorf in den Häusern und Bauernhöfen Erntedankgaben einzusammeln, mit denen der Erntedankaltar geschmückt wurde. Dieses »Ernteopfer« wurde dann immer nach dem Fest an Bedürftige verteilt. Maxi, Patrick und Florian hatten ziemlich viele Erntegaben bekommen, und ihr Leiterwagen war übervoll mit Kartoffelsäcken, Äpfeln und vielem mehr.

Als Letzte kamen sie endlich in der Dämmerung an der Kirche an. »Da kommen die langsamen Lahmaffen!«, schrien ihnen die anderen entgegen.

»Hey, ganz locker bleiben«, antwortete Patrick seelenruhig, »wir hatten den weitesten Weg.« Sie räumten Säcke und Kartons von ihrem Wagen. Die anderen schauten zu.

»Was ist denn das?« Grinsend hielt Maxi eine verbeulte Kupferbettflasche in die Höhe, die aus einem Kartoffelsack herausgeschaut hatte. Die Konfirmanden bogen sich vor Lachen.

»Mit Erntedankgaben treibt man keinen Unfug«, schalt die Küsterin, und es war nicht klar, ob sie die Konfirmanden oder den ehemaligen Besitzer der Wärmflasche meinte. »Wer hat sie denn mitgebracht?«, fragte sie.

»Was können wir dafür?«, knurrten die drei Jungs. »Sie war in einem Kartoffelsack.«

Wozu aber eine so alte Bettflasche noch taugen kann, wenn sie nur in die richtigen Hände kommt, das lernten die Konfirmanden in der nächsten Konfirmandenunterrichtsstunde von ihrem Pfarrer. Auf dem Tisch am Platz des Pfarrers lag sie zum Gespött der Konfirmanden. Florian, Maxi und Patrick erwarteten ein Donnerwetter, obwohl sie sich unschuldig fühlten. Doch der Pfarrer überraschte seine Schüler. Er fragte, indem er lächelnd auf das verbeulte Ding deutete: »Was kann man damit machen?«

Verlegenes Schweigen war die Antwort der Konfirmanden. Maxi flüsterte: »Fussball spielen.«

»Nein, das habe ich nicht gemeint«, sagte der Pfarrer. Dann erzählte er, wie er als Kind in der Nachkriegszeit zusammen mit anderen aus Schrott, aus verbeulten, unbrauchbaren Kupferteilen und alten Messingstücken mit primitivsten Hilfsmitteln Teller, Becher und Leuchter geschmiedet und gehämmert hatte. »Manchmal«, meinte der Pfarrer, »erhalten wir Gottes gute Gaben in recht schäbiger Verpackung. Aber ich finde es klasse, dass Gott auch unsere Phantasie herausfordert.« Der Pfarrer blinzelte den drei »Wärmflaschenabholern« zu und meinte: »Ich glaube, das ist genau die richtige Aufgabe für euch drei. Aus dieser alten, verbeulten Wärmflsche lässt sich mit ein bisschen Phantasie bestimmt noch eine schöne Erntedankgabe herstellen. Nutzt die Phantasie, die Gott euch geschenkt hat, ich bin gespannt darauf!« Mit diesen Worten legte er den verblüfften Jungs die Wärmflasche vor die Nase, unter dem schadenfrohen Gegrinse der anderen Konfirmanden, die froh waren, »normale« Erntegaben eingesammelt zu haben ...

Nach dem Konfirmandenunterricht setzten sich die drei Freunde erst einmal zusammen und berieten, was zu tun sei. Über die Extraaufgabe des Pfarrers waren sie nicht gerade hocherfreut, aber andererseits war jetzt ihr Ehrgeiz geweckt. Sie wollten es den anderen zeigen, dass sie dieser Herausforderung gewachsen waren. Nach eingehender Beratung machten sie sich auf zur Werkstatt des Schmieds. »Wer hat euch denn den Floh ins Ohr gesetzt?«, brummte der alte Schmied. »Sieht dem Pfarrer ähnlich«, sagte er, nachdem sie ihm kurz von ihrer Idee erzählt hatten. »Soll er euch doch selbst in die Lehre nehmen!« Er betrachtete die alte Wärmflasche und meinte: »Naja, könnte gehen, ein Prachtstück wird's allerdings nicht werden.«

Am nächsten Freitag nach Feierabend arbeiteten die drei in seiner Werkstatt. Zunächst wurde der untere Teil der Wärmflasche abgesägt. Danach hieß die Anweisung des Schmiedes: »Flachhämmern!« Florian begann. Doch so anstrengend hatte er sich das nicht vorgestellt. Nach einigen mühseligen Stunden war das Kupfer ganz eben gehämmert. Mit Lineal und Stechzirkel zeichnete Patrick ein schönes Oval auf das Kupferblech. »Ihr braucht das Blech nicht ganz durchzuschlagen«, sagte der Kupferschmied. »Wenn ein tiefer Einschnitt da ist, lassen sich die überstehenden Teile mit der Flachzange abknipsen.« Viel Geduld von Meister und Schülern gehörte dazu, bis endlich durch Hämmern und Klopfen auf Amboss und Rundholz ein Teller getrieben war. »Kupfer und Messing wird – im Gegensatz zu Eisen – kalt bearbeitet«, erklärte der Kupferschmied den Jungen, »aber beides wird hart vom Hammerschlag. Manchmal lässt sich das Metall zuletzt kaum noch bearbeiten, dann müssen wir es zwischendurch glühen. Die Abkühlung hinterher im Wasser macht es wieder geschmeidig für den Hammer.«

Aufmerksam sahen die Jungen dem Meister zu, wie er mit einer langen Zange das Kupferblech ins Schmiedefeuer hielt. »Wie wäre es mit einem Ährenkranz als Randverzierung, ein richtiger Ernteteller?«, fragte der Schmied und holte einen spitzen Stahldorn zum Gravieren. »Der soll staunen, der Herr Pfarrer!«

Und der Pfarrer staunte wirklich. Gefeilt und geschmirgelt, blank gerieben und mit einer feinen Schicht Zaponlack überzogen sah der selbst geschmiedete Ernteteller tatsächlich aus wie gekauft, nur noch viel schöner. Am nächsten Erntedankfest stand auf den Stufen des Altars, gefüllt mit rotbackigen Äpfeln, ein handgearbeiteter Kupferteller. Und auf der vordersten Kirchenbank saßen drei Jungen mit blanken Kupferknöpfen an ihren grünen Lodenjacken. Der Pfarrer aber hielt eine zündende Predigt, in der zuletzt sogar eine alte Wärmflasche zu Ehren kam.

Auf der hintersten Bank der Kirche saß Großmutter Zeiser mit ihrem Enkel. Plötzlich stupste der sie aufgeregt in die Seite. Überall hatte er verzweifelt nach der Bettflasche seiner Großmutter gesucht und sie nirgends gefunden. Er hatte nur noch gewusst, dass er sie vor dem Einfüllen der Kartoffeln in die Kartoffelsäcke noch in den Händen gehalten hatte. Mit hochrotem Kopf hörte er der Predigt zu und flüsterte leise: »Großmutter, jetzt weiß ich, wo deine Wärmflasche gelandet ist! Sie war in den Kartoffelsäcken, die wir fürs Erntedankfest abgegeben haben!«

Vertiefungsmöglichkeiten:

Als Bastelangebot Kupferbearbeitung anbieten, in Bastelläden findet man schon vorbereitete Schalen etc., in Schulen kann man oft entsprechendes Werkzeug ausleihen.

– *Gemeinsam überlegen, was man als Erntedankgabe der Gruppe herstellen und für den Erntedankgottesdienst beisteuern könnte.*

– *Mit den Kindern zusammen überlegen, welchen Sinn das Erntedankfest hat; dies ist vor allem mit »Stadtkindern« wichtig, da sie keine Erntezeiten und keinen Ernteertrag mehr kennen, genauso wenig wie ihnen bewusst ist, was eine verdorbene Ernte oder schlechte Ertragsjahre bedeuten.*

Bibelstelle: Psalm 92,2 *Pascal Vinçon, Perouse*

Ewigkeit

Kann man mit Geld alles kaufen?

Einstieg:

Mit den Kindern auf einem Plakat sammeln, für was Geld alles gut ist, was man sich damit alles kaufen kann.

Boris' Vater ist aus dem Krankenhaus entlassen worden. Die Ärzte können ihm nicht mehr helfen: Krebs – unheilbar. In der Familie traut sich keiner darüber zu reden. Das Thema wird einfach zur Seite geschoben und verschwiegen.

Boris' Vater bleiben nur noch wenige Tage. Er spürt, wie ihm das Leben zwischen den Fingern zerrinnt. Er kann es nicht festhalten.

Als Boris mit seinem Vater im Wohnzimmer einmal alleine ist, zeigt er ihm verschiedene Gegenstände, die er von den vielen Reisen um die Welt mitgebracht hat. Souvenirs aus aller Welt: Paris, New York, Hongkong, Australien, Amerika ... »Wohin ich auf dieser Welt auch reiste«, so erzählt der Vater, »habe ich überall nur gekauft. Ich kann von Glück sagen, dass ich ein reicher Mann bin.« Dann berichtet er, was er noch alles besitzt: mehrere Häuser, vier große Autos, viele Grundstücke, Beteiligungen an mehreren Firmen, Millionen auf dem Konto ... »Aber kann ich damit etwa mein Leben kaufen?«, fragt er. »Ewiges Leben? Am Schluss bleibt mir nichts, was mir wirklich hilft.« Traurig schauen beide zum Fenster hinaus.

Vertiefung:
Gespräch über den Wert von Geld im »normalen« Leben und über den Wert von Geld im Sterben bzw. im Tod. Fragen Sie die Kinder, ob sie wissen, wie der Vater ewiges Leben bekommen kann, wenn er es nicht kaufen kann.

Bibelstelle: Matthäus 19,16-26 *Thomas Maier, Berlin*

Ewigkeit

Wie lang ist eine Sekunde der Ewigkeit?

Jenny und Dennis saßen bei ihren Großeltern im Wohnzimmer. Die Großmutter las ihnen ein Märchen vor, das mit dem Satz endete: »Und der Prinz heiratete das arme Mädchen, und sie liebten sich bis in alle Ewigkeit.«

»Ewigkeit?«, fragte Dennis. »Das ist ein komisches Wort, oder? Sagt das nicht auch manchmal der Pfarrer? Und im Vaterunser beten wir auch was mit Ewigkeit.«

»Ja«, meinte Jenny, »dass wir nach dem Tod für alle Ewigkeit bei Gott sind oder so. Wie lange geht denn die Ewigkeit? Eine Million Jahre? Oder hundert Millionen Jahre?«

Der Großvater schmunzelte und brummte vor sich hin: »Kinder, das ist eine gute Frage, wie lange die Ewigkeit ist. Das ist nämlich sehr schwer zu beschreiben. – Ihr wisst doch, wie lange eine Sekunde dauert, oder?«

»Ja, klar!«

»Also, als ich noch ein kleiner Junge war, da sagte mein Vater immer: Irgendwo auf dieser Welt gibt es einen Berg. Einmal im Jahr kommt ein kleiner Vogel zu diesem Berg und wetzt an einem Stein seinen Schnabel. So geschieht es jedes Jahr ein Mal. Wenn dann eines Tages der ganze Berg abgewetzt ist, dann ist eine Sekunde der Ewigkeit vergangen.«

Vertiefungsmöglichkeiten:

- *Sie können mit den Kindern darüber reden, ob sie sich durch die Erklärung des Großvaters besser vorstellen können, was Ewigkeit ist.*
- *Sprechen Sie zusammen das Vaterunser und überlegen Sie, was hier Ewigkeit bedeutet.*
- *Überlegen Sie gemeinsam, wie man Ewigkeit noch erklären oder auch als Bild darstellen könnte.*

Bibelstellen: Psalm 29,10; 133,3; Matthäus 6,13; Hebräer 13,8; Johannes 6,51

Sybille Kalmbach, Rutesheim

Falle

Alles hört auf mein Kommando!

Jan war Klassensprecher und hatte das Sagen in der Klasse. Alle hörten auf ihn und machten, was er befahl. Da er groß und stark war, hatte jeder Angst vor ihm.

Es fing damit an, dass er dem schüchternen Georg den mitgebrachten Lutscher wegnahm, Lilli den Glitzerbleistift zerbrach und Tims Papierflieger zerriss, den dieser mit viel Mühe gebastelt hatte. Außerdem musste Mia jeden Tag ein Pausenbrot mehr mitbringen, das er dann gierig verschlang.

Dies alles und noch viel mehr ereignete sich – bis die Klasse zu dem Entschluss kam, dass es so nicht weitergehen konnte. Sie trafen sich eines Mittags alle ohne Jan auf dem Spielplatz und berieten sich. Die Klasse wollte ihm gehörig eins auswischen. Ja, am liebsten hätten sie ihm eine Falle gestellt, die er nie mehr vergessen sollte! Doch da meldete sich Mia zu Wort und meinte: »Wenn wir ihn jetzt reinlegen, dann ändert das gar nichts. Dann sind wir genauso fies wie er. Und Jan ist wahrscheinlich so gemein zu uns, weil wir ihm keine Chance lassen, nett zu sein.«

Diese Worte gaben ihnen zu denken, und schließlich sahen es alle ein. Jedoch musste etwas geschehen. Sie bewunderten Jan zwar, weil er so stark war und jeder machte, was er sagte. Andererseits hassten sie ihn auch genau deshalb. Da fiel ihnen ein, dass ihr Religionslehrer einmal eine ganz ähnliche Geschichte erzählt hatte. Sie sollten in solch einem Fall mit dem Menschen reden und ihm ehrlich sagen, was sie persönlich bedrückte. Zudem könne man auch Gott um Rat und Hilfe bitten, diesen Menschen zu verstehen, warum er gerade so handelte. Also stellten sie Jan am nächsten Tag in der großen Pause zur Rede und sagten ihm, was sie an ihm störte.

Methodischer Tipp: Hier die Geschichte unterbrechen und überlegen, wie Jan wohl reagiert. Dann die Geschichte fertig erzählen und die Kinder fragen, ob und warum sie Zweifel haben, dass die Geschichte so ausgeht. Gemeinsam weitere Möglichkeiten überlegen, wie man mit so einer Situation umgehen kann.

Jan war erschrocken, als er erfuhr, dass sie ihn hassten. Er meinte kleinlaut, dass ihm alles Leid täte, er jedoch nur durch diese Art und Weise Aufmerksamkeit von der Klasse bekommen könne. Er versprach zu versuchen, sich ab jetzt zu ändern. Die Klasse begriff, dass er all die Piesackereien nicht aus Spaß gemacht hatte, sondern weil sich niemand um ihn kümmerte.

Impulsfrage: Warum hätte es Jesus nicht gut gefunden, wenn die Kinder Jan eine Falle gestellt hätten?

Bibelstelle: 1. Mose 37,2–50,26

Andrea Kalmbach, Hallwangen

Faulheit

Das Pausengespräch

Es ist Pause. Die Kinder tummeln sich auf dem Schulhof. Mit hochrotem Kopf rennt der zehnjährige Pit über die Treppe in den Schulhof auf eine Gruppe zu, in der er seinen Freund Michael entdeckt hat. Pit fuchtelt mit einem Schreibheft in der Luft herum. Und ganz laut ruft er: »So, jetzt habe ich den Beweis, dass es keinen Gott gibt!«

»Nun spinn doch nicht rum!«, sagt sein elfjähriger Freund Michael.

»Ich spinne überhaupt nicht«, antwortet Pit. Und voller Eifer zeigt er auf sein Heft: »Hier, guck doch mal! Wir haben heute unsere Mathearbeit wiedergekriegt und ich habe eine 5 bekommen. Und dabei habe ich den lieben Gott noch morgens darum gebeten, dass ich eine gute Note bekomme. Aber er hat überhaupt nicht auf mich gehört! Und darum ist für mich klar«, er zieht die Luft geräuschvoll ein und klappt sein Heft zu, »dass es keinen Gott gibt.«

Michael weiß im ersten Augenblick gar nicht, was er antworten soll. Doch dann kontert er: »Du bist faul wie die Pest, Pit, das weiß doch jeder! Jeden Nachmittag hast du auf der Wiese Fußball gespielt. Und jetzt willst du Gott deine eigene Faulheit in die Schuhe schieben. Das finde ich ungerecht!«

»Ich auch!« Die tiefe Stimme, die das sagt, gehört dem 15-jährigen Christian, der Michaels Jungscharleiter ist. Unbemerkt ist er an die Gruppe herangetreten und hat den letzten Satz mit angehört.

»Aber –«, protestiert Pit.

Doch Christian lässt sich nicht beirren: »Kein Aber. Man kann Gott nicht für etwas verantwortlich machen, was man selbst versäumt hat. Gott tanzt doch nicht nach deiner Pfeife! Und Gott lässt sich schon gar nicht von dir erpressen, so wie in einem Krimi: Ich war zu faul, aber jetzt musst du mir helfen; und wenn du das nicht tust, dann bist du für mich erledigt, dann bist du gar nicht da!«

»Ist er auch nicht!«, erwidert Pit patzig.

Vertiefungsmöglichkeiten:
Wie ging das Gespräch wohl weiter?
Mit den Kindern über die Bedeutung von Gebet sprechen und was sie von der »Erpressung« halten. Ehrlich nachhaken, wer dies auch schon ausprobiert hat.

– *Nachfragen und überlegen, wie Pit es richtig machen könnte. Das Gebet bleiben lassen? Gott noch einmal auf die Probe stellen? Beten und lernen?*
– *Eine Gebetskerze einführen. Jedes Mal im Religionsunterricht oder in der Gruppenstunde wird die Gebetskerze angezündet und alle sitzen oder stehen in einem Kreis. Sie als Leiter/in beginnen mit dem Gebet und reichen dann die Kerze an Ihren rechten Nachbarn weiter. Wer die Kerze in den Händen hält, kann entweder leise für sich oder laut beten, dann wird die Kerze an den Nächsten weitergereicht. Am Ende kommt die Gebetskerze wieder bei Ihnen an, und Sie sprechen die Abschlussworte. Die Gebetskerze ist für die Kinder eine Konzentrationshilfe, und sie tun sich mit solchen Gebetsritualen leichter, freies Gebet einzuüben. Beim Einführen der Gebetskerze ist es wichtig, dass man Druck abbaut und erklärt, dass Gott lautes und leises Beten hört. Außerdem ist es hilfreich, die ersten Male vor dem Gebet gemeinsam mit den Kindern Gebetsanliegen zu sammeln, damit sie nicht während des Gebets panisch nach einem Anliegen suchen. Auch »Doppelungen« sind für Gott okay. Eine weitere Hilfe ist es, wenn man ihnen erklärt, dass die Kerze ein Symbol ist für Jesus, das Licht der Welt.*

Bibelstellen: Johannes 1,18; 4,10; Matthäus 11,27

Sybille Kalmbach, Rutesheim

Freiheit

Freier Fall

Ramona konnte es kaum erwarten: Heute begann der Kletterkurs! Schon eine halbe Stunde vor der Abfahrtszeit stand sie bereit. Endlich war es so weit: Die Klettergruppe war in den Bergen angekommen. Fast senkrecht ging der Fels nach oben – Ramona konnte sich kaum daran satt sehen. Wie viel hatte sie schon von der Freiheit in den Bergen gehört! Sie dachte an das Poster, das seit einigen Wochen über ihrem Bett hing: ein Freeclimber, der sich nur mit zwei sicheren Handgriffen am überhängenden Felsen hielt – das war ein Bild für wahre Freiheit.

Schon nach ein paar einführenden Erklärungen durften Ramona und die anderen Kletterschüler erste Griffe am Fels ausprobieren. »Wollt ihr mit oder ohne Seil beginnen?«, fragte der Gruppenleiter.

»Ohne natürlich«, sagte Ramona, »ich will mich doch frei fühlen.«

Die Anfängerwand hatte gute Haltemöglichkeiten, und so war sie rasch zwei Meter am Fels emporgeklettert. Stolz schaute sie zu ihren Freundinnen am Boden herunter – und erschrak. Noch war ihre Höhe so gering, dass ein Sturz nicht viel ausgemacht hätte. Aber trotzdem: Das Gefühl, ganz ohne Sicherung am Berg zu hängen, weckte in ihr ein beklommenes Gefühl. Ihre Hände verkrampften sich, und sie wollte nur noch eins: möglichst schnell wieder runter auf den sicheren Boden.

Nur mit Hilfe des Kletterlehrers kam sie Stück für Stück nach unten. »Na, Ramona«, grinste der, »hast du die große Freiheit im Felsen erlebt?«

Erst jetzt merkte Ramona, dass ihre Knie zitterten. »Kann ich vielleicht doch mit Seil klettern?«, fragte sie zaghaft.

»Natürlich!«, antwortete der Kletterlehrer und lachte: »Weißt du, wir lassen keinen Anfänger ohne Seil dorthin, wo es wirklich gefährlich wird. Freiheit ohne Sicherung endet meist im freien Fall. Richtig frei fühlst du dich erst, wenn du sicher gehalten wirst.«

Und tatsächlich: Kaum hing Ramona am gesicherten Seil, begann sie mutig zu klettern und wagte sich in die Höhe.

Vertiefung:
Zusammen mit den Kindern eine Kletterwand besuchen, mit einem geschulten Kletterlehrer die Kinder sichern und klettern lassen. Anschließend Gespräch über die Erfahrungen beim Klettern und die Bedeutung des sichernden Seils. Evtl. Übertragung des sichernden Seiles – es schenkt mir viel (Bewegungs-)Freiheit und gibt doch Sicherheit, ist meine Verbindung nach oben, wo es in einem starken Halt festgemacht ist. Mit den Kindern überlegen, wie die Übertragung aussehen könnte, was in diesem Bild der Glaube ist, was Gott ...

Bibelstellen: Johannes 8,36; Psalm 118,8; Römer 8,38-39; Römer 6,18; Sprüche 16,18

Wolfgang Ilg, Tübingen

Freundschaft

Matze in der Zwickmühle

Matthias und Johannes sind dicke Freunde. Jeden Morgen treffen sie sich bei der Brücke, um zusammen mit dem Fahrrad in die Schule zu fahren. Den Weg kennen sie wie im Schlaf, schließlich gehen sie schon in die fünfte Klasse. Zuerst geht's über die Brücke, zwei Straßen runter und über eine Fußgängerampel. Dann kommt die Straße mit dem Bäcker, wo sie manchmal noch ein Vesper einkaufen, und von da an sieht man die Schule schon.

So sind sie auch heute unterwegs. Die Schule war ganz okay. In Erdkunde haben sie einen Film gesehen und in Mathe keine Hausaufgaben aufbekommen – »... weil heute so schönes Wetter ist!«, hat Frau Schmid, ihre Lehrerin, gesagt.

»He, Matze, das hat's doch noch nie gegeben! Was ist denn mit der Schmid los? Sonst bekommen wir immer ein paar Aufgaben am Ende der Stunde!«

»Stimmt. Wer weiß, vielleicht hat sie einfach einen guten Tag gehabt. Ich jedenfalls finde es gar nicht schlimm, dass ich heute Mittag nicht büffeln muss!«, meint Matthias.

»Ich beklage mich auch nicht. Im Gegenteil, da könnten wir heute mit dem Fahrrad durch die Gegend düsen, oder?«

»Klar, das wäre super. He, Joe, schau mal da drüben. Mann, ist das ein gigantischer Kirschbaum!«

»Cool! Komm, da könnten wir zur Feier des Tages ein paar pflücken!«

»Super Idee, ich bin dabei. Wir dürfen uns bloß nicht erwischen lassen. Ich glaube, der Baum gehört dem alten Mann am Ende der Straße. Und mit dem ist bestimmt nicht gut Kirschen essen ...«

Doch Joe hört es schon nicht mehr. Er hat sein Fahrrad an die Hecke gelehnt und läuft zielstrebig auf die dunkelroten Kirschen zu. Matze rennt ihm hinterher und kommt gleichzeitig mit ihm am Kirschbaum an.

»Wer zuerst oben ist«, ruft Joe und schwingt sich den ersten Ast hoch. Auf einen Baum zu klettern ist für sie kein Problem.

»So musch esch im Schlaraffenland schein!«, bringt Matze mühsam hervor und stopft sich gleich nochmal eine Hand voll Kirschen in den Mund.

»Oder im Paradies«, meint Joe und klettert einen Ast höher.

Matze bleibt lieber weiter unten, man weiß ja nie. Und plötzlich hält ein Auto direkt an der Wiese. Matze schaut rüber und traut seinen Augen nicht. »So ein Mist, der alte Mann! Joe, hau ab!«, schreit Matze noch im Flug, springt vom Baum und rennt davon. Ganz außer Atem wirft er sich hinter eine Hecke und bleibt ruhig liegen. Sein Herz rast wie wild. Von Joe ist nichts zu sehen.

Vorsichtig schaut er hinter seiner Schutzhecke hervor und traut seinen Augen nicht. Der alte Mann steht unten am Baum und Joe – ja, Joe sitzt oben auf einem Ast. »O Mann, wieso ist er so weit hoch geklettert? So was musste ja passieren! Aber was machen die da so lange?« Jetzt gibt der Mann einen Eimer nach oben und Joe klettert noch höher. Matze überlegt: »Was soll ich nur machen? Soll ich zurückgehen und mich stellen? Oder zum Fahrrad schleichen und mich aus dem Staub machen?« Joe wird ihn sicher nicht verpetzen. Aber wenn seine Eltern erfahren, dass er Kirschen geklaut hat, gibt's bestimmt Hausarrest.

Impulsfrage: Was soll Matze eurer Meinung nach tun?

Mit pochendem Herzen kommt Matthias zum Baum. »Wer bist du denn, und was willst du hier? Siehst du nicht, dass wir beschäftigt sind?«, fährt ihn der alte Mann unfreundlich an.

»Ich, ähm, möchte mich, ähm, entschuldigen!«, stottert Matze. »Ich, ich war nämlich vorhin auch auf dem Baum – und es tut mir Leid!«

»Und wieso bist du jetzt zurückgekommen?«, will der Mann wissen.

»Ich war bei meinem Fahrrad unten und wollte losfahren«, erklärt Matthias. »Aber Joe und ich sind Freunde. Und da wollte ich ihn nicht hier allein lassen. Schließlich waren wir ja beide auf dem Baum.«

Johannes sitzt auf einem Ast oben und strahlt übers ganze Gesicht. »Mensch Matze, dass du wiedergekommen bist – super! Ich hätte es dir bestimmt nicht übel genommen, wenn du weggefahren wärst. Auf dich kann man sich einfach verlassen!«

Vertiefung:
Schreiben Sie mit den Kindern eine »Stellenanzeige« bzw. eine Zeitungsannonce für einen echten Freund. Versuchen Sie in kurzen Stichworten und Beschreibungen alles aufzunehmen, was ein echter Freund ist oder wie er sein sollte. Sprechen Sie anschließend mit den Kindern darüber, ob es diesen perfekten Freund gibt, und heben Sie hervor, dass man in einer echten Freundschaft auch Fehler verzeiht und nicht nur nehmen will, sondern auch gern gibt.

Bibelstelle: 1. Samuel 20

Nicole Vogel, Münsingen

Mitten in der Nacht

»Huck, huck«, machte es, dann war von unserem Auto nichts mehr zu hören. Mein Vater hatte es gerade noch bis zum Straßenrand geschafft. Jetzt standen wir da, mitten in der Nacht auf der Rückfahrt aus dem Urlaub. Der Motor streikte.

»Was machen wir denn jetzt?«, fragte meine Mutter ganz erschrocken.

Mein Vater überlegte: »Bis zum nächsten Dorf ist es nicht mehr weit. Dort rufe ich meinen alten Freund Sebastian an. Der wohnt hier in der Nähe. Er kommt bestimmt und hilft uns!«

»Aber mitten in der Nacht? Wir können ihn doch nicht aus dem Bett holen!?«, gab Mutter zu bedenken.

»Lass nur, er wird meine Bitte nicht abschlagen, er ist mein Freund!« Dann ging er los.

Es dauerte nicht lange, dann kam Vater zurück – und wenig später kam Sebastian, Vaters Freund! Mit seinem großen Auto schleppte er uns ab und in seinem Haus konnten wir auch übernachten. Es ist prima, wenn man Freunde hat!

Vertiefungsmöglichkeiten:

Über das Thema Freunde und Freundschaft sprechen, überlegen, welche Beispiele für Freundschaft die Kinder schon erlebt haben. Evtl. jedes Kind seine Freundegeschichte aufschreiben oder malen lassen und ein Freundebuch zusammenstellen.

- *Das Bilderbuch »Freunde« von Helme Heine anschauen.*
- *Ein Freundefest feiern. Dazu darf jedes Kind einen Freund oder eine Freundin mitbringen. Das Freundespaar soll jeweils ein Kleidungsstück in der gleichen Farbe tragen (z.B. kommen zwei Freunde in gelben T-Shirts). Es werden Freundespiele gemacht (z.B. füttern sich die Freunde gegenseitig und mit verbundenen Augen Kekse oder Pudding, sie müssen ihren Freund*

beschreiben, es gibt einen Freunde-Luftballon-Paartanz, bei dem der Luftballon zwischen Bauch und Bauch nicht runterfallen darf, Dreibeinlauf mit dem Freund, etc.) und zum Abschluss gibt es für jedes Freundespaar einen Freundschafts-Eisbecher.

Bibelstelle: Sprüche 18,24 *Sybille Kalmbach, Rutesheim*

Freunde

Wenn, dann alle!

Einstieg: Legen Sie ein Plakat in die Mitte, auf dem Sie gemeinsam sammeln und notieren, was Freundschaft bedeutet und woran man Freundschaft erkennen kann. Daraus wird sich automatisch ein Gespräch über Freundschaft ergeben.

»O Mann, so ein Mist aber auch!«, brüllte David, als er zur Tür hereingestürmt kam. Er schmiss seine Schultasche mit voller Wucht gegen die Kommode im Flur und verschwand in seinem Zimmer. Es war noch ein lauter Knall zu hören, denn er hatte die Tür mit aller Kraft hinter sich zugeschlagen.

Frau Öhlsen, Davids Mutter, war gerade damit beschäftigt, das Mittagessen zu kochen. Jetzt legte sie den Kochlöffel beiseite und folgte ihrem Sohn. »Na sag mal, was ist denn passiert?«, fragte sie. David erzählte, dass sie heute in der Schule über den geplanten Ausflug gesprochen hatten. Er war sehr enttäuscht, denn er würde mehr Geld kosten, als er sich in letzter Zeit mit Zeitungsaustragen erarbeitet hatte. Frau Öhlsen machte ein trauriges Gesicht. Seit einiger Zeit war sie arbeitslos. So hatten sie gerade sehr wenig Geld und konnten es nur für die dringendsten Dinge verwenden. Dazu zählte der Ausflug natürlich nicht.

Am folgenden Tag in der Schule zogen seine Klassenkameraden David beiseite. Sie hatten mitbekommen, was sein Problem war.

Das restliche Geld, das ihm noch fehlte, wollten sie bezahlen; sie hatten alle zusammengelegt. Auf einen so tollen Ausflug wollten sie nicht ohne ihn gehen.

David strahlte übers ganze Gesicht und jubelte so laut, dass es alle hören konnten: »Ihr seid wahre Freunde! Schön, dass es euch gibt!«

Vertiefung:
Die Geschichte von David und Jonathan erzählen (1. Samuel 19,1-7, evtl. auch 1. Samuel 18,1-4 und 1. Samuel 20,1-23). Dann nochmal das Plakat nehmen und mit einem Stift in anderer Farbe dazuschreiben, welche Bedeutung diese Freundschaft hatte und was wir daraus lernen können.

Bibelstelle: 1. Samuel 19,1-7 *Andrea Kalmbach, Hallwangen*

Frieden

Die Kanone und das Gänseblümchen

Einstieg:
Bild in die Mitte legen von einer Kanone und/oder von Gänseblümchen.

Der Krieg war schon lange zu Ende, aber da stand eine Kanone immer noch einsam und verlassen auf dem Feld. Sie hoffte wohl, bald wieder zum Einsatz zu kommen. Als sie wieder einmal in Gedanken versunken an die gute alte Zeit dachte, in der durch ihren Einsatz noch ganze Dörfer niedergemacht wurden, hörte sie auf einmal ein freundliches »Guten Morgen!« Wo kam das her?

Siehe da: In einer der Ritzen der Kanone hatte sich Erde angesammelt und genau dort war ein Gänseblümchen gewachsen.

Die Kanone erwiderte den Gruß jedoch nicht – im Gegenteil: Sie bat das Gänseblümchen, derartige Aufmerksamkeiten in Zukunft zu unterlassen. Doch das Gänseblümchen ließ sich nicht beirren und wünschte der Kanone jeden Morgen einen »Guten Morgen!« und jeden Abend eine »Gute Nacht!«. Anfangs beschwerte sich die Kanone jedes Mal, denn sie hatte für Freundlichkeiten jeglicher Art nichts übrig. Die Hartnäckigkeit des Gänseblümchens machte sie jedoch bald sehr nachdenklich. Schließlich kam der Tag, an dem sie dem Gänseblümchen auch einen »Guten Morgen!« wünschte. Dabei wurde die Kanone so froh und glücklich, wie sie es nie zuvor gewesen war. Gleichzeitig wünschte sie sich mehr und mehr, nie wieder in einem Krieg verwendet zu werden. Am folgenden Tag entdeckte die Kanone, nachdem sie und das Gänseblümchen sich begrüßt hatten, wie an verschiedenen Stellen weitere Gänseblümchen wuchsen. »Einen wunderschönen guten Morgen und herzlich willkommen!«, begrüßte die Kanone jeden Neuankömmling. Es dauerte gar nicht lange und die Kanone war übersät mit blühenden Gänseblümchen.

Heute würde an dieser Stelle niemand mehr eine richtige Kanone vermuten.

Vertiefungsmöglichkeiten:
Mit den Kindern über Krieg sprechen, was sie davon wissen, was sie davon halten.

- *Mit den Kindern überlegen, wo auch Krieg »im Kleinen« herrscht, z.B. Streit zwischen Freunden oder den Eltern, Geschwistern, etc., Verpetzen von Klassenkameraden, Lästern über andere ...*
- *Mit den Kindern zwei Collagen erstellen zum Thema »Krieg« und »Frieden«.*
- *Mit den Kindern eine Liste erstellen, warum Frieden wichtig ist, und eine Liste, was man für den Frieden tun kann – die Politiker im »Großen«, aber auch jedes einzelne Kind »im Kleinen«.*

Bibelstellen: Matthäus 5,9; Römer 12,18; Kolosser 1,20; Johannes 16,33

Sybille Kalmbach, Rutesheim

Gaben

Die Taschengeldaktion

Vorüberlegungen:
Bei dieser Version der bekannten biblischen Geschichte von den anvertrauten Talenten kommen noch zusätzliche neue Fragen mit ins Spiel, etwa: Die Kinder waren unterschiedlich alt, unterschiedlich weit entwickelt etc. Die Frage nach den Voraussetzungen der Kinder (im Gleichnis: der Knechte) wird stärker. Man könnte hier die Geschichte auch mit Drillingen erzählen, um eine gleiche Ausgangsposition zu schaffen. Andererseits sind diese Unterschiede in der Realität aber genauso da, und spätestens bei der Auslegung der Geschichte muss ich als »Prediger/in« darauf eingehen, dass auch die Knechte unterschiedliche Begabungen hatten, unterschiedlich reif waren etc. Gerade bei Kindern ist ja auch die Frage da: Was können Kinder tun?
Wenn man sich auf die Aussage konzentriert: »Mir ist etwas anvertraut, wie gehe ich damit um?« (im positiven Sinn: Ich bin begabt, beschenkt, wertvoll), kann dies Gleichnis kindgerecht erzählt werden. Wenn es aber allgemein um mehr Leistung geht, sollte diese Geschichte bzw. dieses Gleichnis nicht dazu missbraucht werden.

Herr Lehmann ist gespannt wie ein Flitzebogen. Heute wird er seinen drei Kindern eine interessante Aufgabe geben. Jeder bekommt das Taschengeld für ein ganzes Jahr ausgezahlt.

Das ist eine recht große Summe. Thomas ist mit 16 Jahren der Älteste, er bekommt den größten Betrag. Lisa ist ein Jahr jünger und bekommt etwas weniger. Lukas ist mit 14 Jahren der Jüngste von den dreien und bekommt am wenigsten.

Der Vater erklärt seinen Kindern: »Ihr habt jetzt das Taschengeld für ein ganzes Jahr auf einmal erhalten. Ihr könnt damit tun, was ihr wollt. In einem Jahr werde ich euch fragen, was ihr mit dem Geld angefangen habt.« Damit gibt er jedem seiner Kinder den entsprechenden Betrag in die Hand. Herr Lehmann fragt sich: »Wie werden sie wohl damit umgehen?«

Methodischer Tipp: Machen Sie hier einen Einschnitt und fragen Sie die Kinder, was sie tun würden. Welche Möglichkeiten gibt es für Kinder? Wie viel Geld ist es wohl?

Thomas bringt sein Geld zur Bank. Er hat ein eigenes Konto. Er spart für seinen Führerschein.

Etwas Geld verdient er mit Zeitungen austragen, das muss bis auf weiteres reichen als Taschengeld. Lisa weiß nicht so recht, was sie machen soll. Schließlich bringt sie ihr Geld zu ihrer Patentante. Sie soll ihr helfen, das Geld zu verwalten. Lukas ist begeistert, so viel Geld zu haben. Die nächsten Wochen lebt er auf großem Fuß. Er lässt es sich gut gehen. Bis er eines Tages merkt, wie wenig Geld er noch übrig hat und wie lang das Jahr noch ist.

Am Ende des Jahres versammelt Herr Lehmann seine Kinder und fragt: «Nun, was habt ihr mit dem Geld gemacht?«

Thomas meint: »Ich habe noch alles auf der Bank, mit Zinsen, mein Führerschein ist jetzt finanziert.«

Lisa sagt: »Tante Renate hat mir geholfen, ich habe jeden Monat den gleichen Betrag erhalten wie sonst auch.«

Lukas schaut etwas verlegen: »Na ja, es wird dringend Zeit für das neue Jahr, ich sitze schon seit Monaten auf dem Trockenen.«

Herr Lehmann lobt seine zwei Ältesten: «Das habt ihr gut gemacht, ihr seid verantwortungsvoll mit eurem Geld umgegangen. Ihr habt euch sogar Hilfe geholt. Du aber, Lukas, musst Verantwortung noch lernen.«

Vertiefungsmöglichkeit:
Ein Projekt in der Kirchengemeinde starten (oder zur Not in kleinerem Rahmen nur in der Kindergruppe), dabei beachten, dass so etwas rechtzeitig eingebracht werden muss wegen des Haushaltsplans. Jede kirchliche Gruppe (Jungschar, Jungenschaft, Frauenkreis, Posaunenchor, Kinderkirche ...) bekommt 25 Euro ausbezahlt und den Auftrag, mit die-

sen anvertrauten »Pfunden« und mit den ihnen anvertrauten Gaben und Talenten zu »wuchern«. Das heißt, mit diesem Geld soll etwas geschehen, damit mehr daraus wird. Mehr bedeutet hier nicht unbedingt, dass sich der Geldwert vermehren soll, sondern dass es sinnvoll eingebracht wird.

Einige Beispiele aus einer Gemeinde, wo dies schon durchgeführt wurde: Die Jungschargruppe kaufte Bastelmaterial und stellte Geschenke her für die Bewohner eines Altenheims, die Geschenke wurden bei einem Besuch überreicht, bei dem gesungen und fröhlich gefeiert wurde. Der Hauskreis kaufte Holz und stellte eine »Kinder-Kirchenkiste« her, die mit kleinen Bilderbüchern, Malbüchern, Kuscheltieren etc. gefüllt wurde – seither steht diese Kinder-Kirchenkiste in jedem Gottesdienst vorne bereit, damit die kleinen Kinder, denen es zu langweilig wird, sich »Ablenkung« und Beschäftigung holen können. Der Frauenkreis kaufte Zutaten für Lebkuchen und stellte Massen von Lebkuchen her, die verkauft wurden. Der Erlös wurde für hungernde Kinder in Afrika gespendet.

Nach einem halben Jahr wird ein großes Gemeindefest gefeiert, bei dem die Ergebnisse der Talenteaktion der ganzen Gemeinde vorgestellt werden. Die Aktion hat viele positive Punkte: 1. Die einzelnen kirchlichen Gruppen fühlen sich durch die gemeinsame Aktion viel stärker verbunden als bisher. 2. Ein kleiner, aber positiver Wettstreit entsteht, weil man etwas »Gutes« machen will. 3. Die Aktion erleichtert die Programmplanung für manche Gruppenabende. 4. Ein biblisches Gleichnis wird ins Leben umgesetzt und brandaktuell. 5. Viele sinnvolle Aktionen und Hilfsmaßnahmen für die unterschiedlichsten Menschen entstehen.

Bibelstelle: Matthäus 25,14-30

Gerhard Krehl, Pretoria

Die Meistergeigerin

Es ist ein kalter Wintermorgen in Amsterdam. In der Fußgängerzone steht ein Mann. Er hat eine Geige dabei. Er will Musik machen, um Geld zu verdienen. Er legt einen Hut vor sich hin, und dann beginnt er zu spielen. Aber die Leute gehen achtlos vorbei, manche laufen sogar schneller. Vielleicht wollen sie ihrem schlechten Gewissen davonlaufen, weil sie nichts geben wollen. Vielleicht aber laufen sie auch schneller, um dem Geigenspiel zu entgehen. Es sind nur sehr kratzige Töne, die er mit blau gefrorenen Fingern dem Instrument entlockt. Es klingt nicht schön.

Plötzlich kommt eine Frau auf ihn zu. »Darf ich Ihre Geige für einen Augenblick haben?«, fragt sie freundlich.

»Ja, bitte schön.«

Die Fremde nimmt die Geige, stimmt sie und beginnt zu spielen. Die Geige klingt auf einmal voller und schöner. Die Frau entlockt der Geige ganz neue Töne, ihr Geigenspiel klingt völlig anders. Es sind wunderschöne Melodien, die sie spielt. Die Leute bleiben stehen, sie hören zu, sie sind begeistert. Die Menge wird immer größer. Es bildet sich ein weiter Kreis um die Geigenspielerin, und schon kommt eine Polizeistreife vorbei, die sich über diesen Menschenauflauf wundert.

Da hört die Fremde mit dem Geigespielen auf, und alle beginnen zu klatschen. Die Meistergeigerin gibt dem Mann seine Geige zurück, nimmt dafür seinen Hut und geht durch die Reihen. In kurzer Zeit ist der Hut gefüllt. Dann gibt sie dem Mann den Hut zurück, legt ihre Visitenkarte obendrauf und geht einfach weiter.

Verblüfft fragt ein Polizist: »Was war denn hier los?«

Der Mann, selber noch erstaunt, antwortet: »Sie hat meinen Platz eingenommen. In meinen Händen kratzte die Geige nur, es war nicht schön, aber als sie gespielt hat, da klang die Geige wunderbar.« Und dann sieht er auf die Visitenkarte und liest den Namen einer weltbekannten Geigerin.

Vertiefung:
Mit CD-Player oder Kassettenrecorder Geigenmusik spielen lassen und die Kinder zur Stille und zum Hinhören anleiten. In der Stille sollen sie die Augen schließen und sich vorstellen, wie sich die Geschichte abgespielt hat, vor dem inneren Auge Bilder entstehen lassen. Regen Sie anschließend einen Austausch darüber an, was jeder »gesehen« hat, und überlegen Sie mit den Kindern, warum diese bekannte Geigerin so gehandelt hat.

Bibelstelle: 1. Korinther 15,10a ; Galater 2,20a

Gerhard Krehl, Pretoria

Gaben

Das Eigentor

0 : 3, das war nicht gerade ein Ergebnis, auf das man stolz sein konnte. Ärgerlich über sich selbst stapfte Andreas mit den anderen Jungen aus seiner Mannschaft zur Umkleidekabine. Sie hatten den Aufstieg in die nächsthöhere Klasse nicht geschafft, und er war schuld. Andreas war sauer auf sich selbst: Es wollte ihm beim Fußball einfach nichts gelingen, so oft er auch trainierte und so sehr er sich auch Mühe gab. Zu allem Unglück hatte er am Ende des miserablen Spiels auch noch ein Eigentor geschossen, sodass es mit der Hoffnung auf ein Unentschieden endgültig vorbei war.

Im Umkleideraum hagelte es Vorwürfe. Er hätte sich am liebsten die Ohren zugehalten. »Mensch, mit dir war aber heute überhaupt nichts los, da kann ja meine Oma besser spielen!«, schimpfte Michael. Und der Trainer brummte: »Wenn man nicht Fußball spielen kann, sollte man es lieber lassen.«

Andreas konnte nichts entgegnen. Er biss die Zähne zusammen. Als er mit den anderen nach Hause ging, verlor er kein einziges Wort – er dachte nach. Welche Fähigkeiten hatte er überhaupt? Sven konnte mit dem Ball umgehen, als wäre er damit zur Welt gekommen. Stefan spielte phantastisch Gitarre. Alle Mädels im Ort fanden ihn toll. Simone konnte wunderbar zeichnen. Marc war ein Computerspezialist. Jeder hatte etwas, worin er besonders gut war. Jeder hatte seine besondere Begabung, jeder. »... nur ich nicht«, dachte er enttäuscht. Nein, er hatte nichts zu bieten.

Plötzlich Gepolter und ein Aufschrei. Über den Gehweg rollten Äpfel und Birnen. Die Tasche einer älteren Frau war gerissen, und ihr gesamter Einkauf verteilte sich auf der Straße. Andreas' Freunde, die erst lachend zugesehen hatten, wie die Frau jeden einzelnen Apfel aufhob, schnappten sich jeder einen und machten sich aus dem Staub. »Das kann man doch nicht machen«, dachte Andreas und half die Früchte aufzusammeln.

»Könntest du mir helfen, die Sachen in mein Auto zu tragen?«, fragte die Frau.

»Selbstverständlich«, antwortete er.

Als sie fertig waren, schenkte sie ihm lächelnd eine Tafel Schokolade. »Du bist ein toller Junge, so einen wie dich findet man nicht jeden Tag!«

Glücklich ging Andreas nach Hause.

Vertiefung:
»Ich bin ich«-Leporello basteln und ausfüllen, siehe Kopiervorlagen (s. S. 142+143). Über Gaben reden und wie man sie entdecken kann, auch über den Neid auf die Gaben anderer.

Bibelstelle: Römer 12,6+8

Pascal Vinçon, Perouse

ICH & DU
bin bist
ICH DU

Ich bin weder ein großer Herrscher,
noch ein Mensch, der keine Rechte
hat.
ICH bin ICH
Ich habe Talente und Fähigkeiten
wie sonst niemand.
Meine Art ist einmalig.

Gott sagt zu mir:
Ich habe dich so gemacht.
DU bist DU.

ICH BIN ICH.
Kein Mensch kann mich kopieren.
Kein Computer kann mich speichern.
Es gibt mich nur einmal auf der Welt,
unter Milliarden von Menschen.

Es gibt vieles,
das mich beeinflusst hat,
mich gebogen, erzogen:
meine Eltern – meine Freunde.
Und trotzdem: ICH bin ICH.

Derzeitige Haarfarbe:
(bitte einkleben)

Haarlänge:

Vorname:

Name:

Geburtstag:

Geschwister:

Gewicht: —— ***kg***

Zahnfüllungen:

Blinddarmbesitzer ***Ja*** ☐ ***Nein*** ☐

Hosengröße:

Was ich mal machen will …

Mund - ab - druck …

Größe: ______ cm

Abstand Nase – Hinterkopf ______ cm

Oberarmumfang: ______ cm (!)

Ich kann …

- mit der großen Zehe in der Nase popeln ☐
- länger als eine Minute die Luft anhalten ☐
- Handstand machen ☐
- ______
- ______
- ______
- ______

»Ich bin ich«–Leporello

- 48 x 10,5 cm Tonkartonstreifen zuschneiden
- alle 9,6 cm knicken, einmal nach vorne, einmal nach hinten, so dass eine Treppe entsteht
- die 10 Seiten der Kopiervorlage ausschneiden und aufkleben
- dann kann jedes Kind sein Leporello ausfüllen, anmalen, verzieren …

Gaben

Die Rose*

Ein bekannter Schriftsteller war zu Besuch in Paris. Regelmäßig ging er über einen Platz, an dem eine Bettlerin saß. Ohne aufzublicken, ohne auch nur ein Zeichen des Bittens oder Dankens von sich zu geben, saß die Frau mit gesenktem Blick schweigend immer am gleichen Ort und streckte ihre Hand aus.

Der Schriftsteller gab ihr nie etwas. Doch seine französische Begleiterin warf ihr häufig ein Geldstück hin. Eines Tages fragte ihn die Begleiterin, warum er eigentlich nichts gebe. Da antwortete er: »Wir müssten ihrem Herzen etwas schenken, nicht ihrer Hand.«

Einige Tage später brachte der Schriftsteller eine eben aufgeblühte weiße Rose mit, legte sie in die offene, abgemagerte Hand der Bettlerin und wollte weitergehen. Da geschah das Unerwartete: Die Bettlerin blickte auf, sah den Geber, erhob sich mühsam von der Erde, tastete nach der Hand des fremden Mannes, drückte sie und ging mit der Rose davon. Eine Woche lang war die Bettlerin verschwunden. Der Platz, an dem sie vorher gebettelt hatte, blieb leer.

Nach acht Tagen saß sie plötzlich wieder an der gewohnten Stelle. Sie war stumm wie damals und zeigte nur ihre Bedürftigkeit durch die ausgestreckte Hand. Die junge Französin, die den Schriftsteller begleitete, fragte erstaunt: »Wovon hat sie denn in den letzten Tagen gelebt?« Und der Schriftsteller antwortete: »Von der Rose ...«

Vertiefung:
Gespräch über Bettler und den Umgang damit, wenn man sie in einer Fußgängerzone o. Ä. sitzen sieht. Mit den Kin-

* Verfasser unbekannt. Umgeschrieben und nacherzählt von Rosemarie Ilg. Aus: Barbara und Hans Hug (Hrsg.), *Blätter die uns durch das Jahr begleiten. Ein immerwährender Kalender mit 365 Geschichten* (Geschichte zum 16. Juni), Stuttgart 1992

dern überlegen, was die Bettlerin von der Rose hatte, und auch, wie Menschen in die Situation kommen, betteln zu müssen.

Bibelstellen: Lukas 6,38; 12,48; 2. Korinther 9,7

Rosemarie Ilg, Tübingen

Gebet

Das Gleichnis von der Spinne

Einstiegsmöglichkeit:
Ein Bild von einem Spinnennetz (mit oder ohne Spinne) in die Mitte legen.

Kira, die Spinne, hatte großen Hunger. Sie hatte schon einige Tage lang nichts gegessen. Da erinnerte sie sich an die besondere Kunst, die nur Spinnen beherrschen. Zuerst suchte sie sich eine schöne Stelle im Gebüsch aus, mitten im Stadtpark. Und dann begann sie mit ihrer besonderen Kunst. Sie ließ aus ihrem Körper einen Faden fließen. Den band sie oben im Gebüsch fest, ließ sich dann daran herunterfallen und baute ihr Netz. Es wurde ein schönes Kunstwerk, viele feine Fäden verwob sie miteinander, in der Mitte ging der Faden nach oben, dann wurden viele Fäden nach allen Seiten verwoben und kreisförmig rundum noch weitere Fäden angebracht. Als sie fertig war, schaute sie stolz ihr Werk an, und als zwei Kinder vorbeikamen, hörte sie das eine sagen: »Schau mal, das ist aber ein besonders schönes und großes Spinnennetz!«

Als sich am nächsten Morgen der Tau auf das Netz legte, funkelten viele kleine Tautropfen wie schimmernde Perlen in der Morgensonne. Doch das Netz war nicht nur besonders schön geworden, es war auch sehr praktisch. Denn plötzlich hatte Kira wieder genug zu essen. Fliegen, Mücken und alle möglichen Insekten verfingen sich in dem Netz, und Kira hatte genügend Nahrungsvorrat.

Doch Kira war noch nicht ganz zufrieden. Sie hatte jetzt genug zu essen und ein schönes Spinnennetz, das oft von den Stadtparkbesuchern bewundert wurde. Aber eines störte sie: der Faden von unten nach oben. Der musste eigentlich nicht sein, der störte das Kunstwerk in ihren Augen. Was für einen Nutzen hatte dieser Faden? Noch nie war eine Fliege an diesem Faden hängen geblieben. Kurz entschlossen biss sie den Faden ab und – das ganze Netz fiel in sich zusammen. Kiras wunderschönes Kunstwerk war zerstört. Und dies alles nur, weil sie eines vergessen hatte: die Bedeutung des Fadens nach oben!

Vertiefungsmöglichkeiten:

Impulsfragen an die Kinder: Was ist die Bedeutung des Fadens nach oben? Wenn man das Gleichnis überträgt und sagt, der Faden nach oben ist bei unserem Glauben das Gebet, was könnte das bedeuten?

– *Mit den Kindern zusammen ein großes Spinnennetz aus Wolle auf einen schwarzen Tonkarton aufkleben und darunter schreiben: Das Gebet ist wie der Faden nach oben.*
– *Spinnennetz-Spiel: Alle Kinder stellen sich im Kreis auf und werfen sich gegenseitig ein großes Wollknäuel zu. Die Wolle sollte nicht zu dünn sein. Man kann vorher immer den Namen dessen rufen, dem man das Knäuel zuwirft, so werden auch gleich die Namen geübt. Das Kind, das das Wollknäuel fängt, hält mit der einen Hand die Wolle fest und wirft mit der anderen Hand das Knäuel weiter. So entsteht nach und nach ein großes Netz. Dies wiederholt man so lange, bis jedes Kind ca. 4-6 Fäden in der Hand hat. Man sollte auch darauf achten, dass nicht gerade dem Nebenmann das Knäuel zugeworfen wird, sondern eher den Personen gegenüber. Ist das Netz verwoben genug, nimmt ein Mitspieler auch noch die Fäden seines Nebenspielers in die freie Hand, sodass ein Spieler frei ist. Alle gehen nun in die Hocke, der freie Spieler geht vorsichtig in die Mitte und legt sich auf das Netz. Dann stehen die »Spinnennetzhalter« langsam auf, und der Spieler in der Mitte wird von dem Netz gehalten und kann darin liegen. Bestimmt wollen mehrere Kinder dieses Getragensein auch erleben.*

Bibelstelle: 1. Thessalonicher 5,17 – *Sybille Kalmbach, Rutesheim*

Keine Zeit zum Gebet

Darauf hatte ich mich schon lange gefreut: Mit meinen Eltern auf den Viehmarkt zu fahren. Ich war gespannt und sehnte den Tag ungeduldig herbei. Endlich war es so weit. Am liebsten wäre ich sofort nach dem Aufstehen losgefahren. Ich war viel zu aufgeregt, um zu frühstücken. Nach dem Frühstück griff Vater wie gewohnt nach der Bibel. »Aber Vater!«, sagte ich ungeduldig. »Wir haben heute Morgen keine Zeit zum Gebet. Wir können es doch bis heute Abend aufschieben.«

Vater schaute mich überrascht an. »In unsrem Haus kommt Gott zuerst, wie du weißt, Nicole.«

»Aber ich bete heute nicht«, antwortete ich ärgerlich.

»Schön, Nicole, du brauchst nicht zu beten«, sagte Mutter und schaute mich ernst an. Zum Glück waren wir wenig später unterwegs und bald darauf kamen wir an. Zunächst schauten meine Freundin Sarah und ich uns mit unseren Müttern auf dem Markt um. Dann aber wollten wir uns lieber selbstständig machen. Vergnügt gingen wir los. Es war interessant, in den verschiedenen Marktständen zu stöbern.

Neben dem Ausstellungsgelände begann der Wald, wo wir plötzlich am Rande der Lichtung ein Rehkitz entdeckten. Vorsichtig näherten wir uns dem Kitz. »Vielleicht lässt es sich streicheln«, sagte ich zu Sarah. Als wir näher kamen, wandte es sich um und ging auf den Wald zu. Wäre es gerannt, dann wären wir umgekehrt. Aber es ging ganz langsam. So folgten wir dem Reh gedankenlos in den Wald. Doch auf einmal verloren wir es aus den Augen.

Nun wollten wir zum Ausstellungsgelände zurückkehren – aber wie? Aus welcher Richtung waren wir gekommen? Wo war der Weg zurück? Eine ganze Weile liefen wir im Wald herum, aber wir hatten uns hoffnungslos verirrt. »Wir sollten anhalten und beten, dass uns jemand findet«, sagte Sarah.

Plötzlich fiel mir ein, dass ich mich morgens stur geweigert hatte zu beten. Jetzt, als ich Hilfe brauchte, schämte ich mich, Gott darum zu bitten. »Bete du«, sagte ich zu Sarah.

»Lieber Gott, bitte schick jemand, der uns findet«, betete sie. Dann setzten wir uns auf einen Baumstumpf und warteten. Die Zeit kam uns unendlich lang vor. Schließlich schliefen wir ein. Wir erwachten, als uns jemand vorsichtig auf seine Arme nahm: »Vater!?«

»Ich wusste, dass du kommen würdest«, sagte ich zu ihm. »Wir baten Gott, dass er uns jemanden schickt. Es tut mir Leid, dass ich heute Morgen nicht gebetet habe. Ist ja unfair, wenn ich mit Gott nur rede, wenn ich seine Hilfe brauche.«

Vertiefung:
Gebetskerze: Setzen oder stellen Sie sich mit den Kindern im Kreis und zünden Sie eine schöne Kerze an, die »Gebetskerze«. Die Kerze wird reihum weitergereicht, und derjenige, der sie gerade in den Händen hält, darf laut beten, oder nur leise in Gedanken für sich. Wenn die Kerze einmal die Runde gemacht hat, schließen Sie als Leiter/in das Gebet ab. Bei »gebetsungeübten« Kindern ist es eine Hilfe, wenn man vor dem Gebet zuerst gemeinsam sammelt, für was man Gott alles danken oder bitten könnte. Bringen Sie diese Gebetskerze nun jedes Mal mit und gestalten Sie so den Beginn oder das Ende der Gruppenstunde oder des Religionsunterrichtes, damit es für die Kinder etwas Normales und Vertrautes wird.

Als Anregung:
Man kann mit den Kindern die Gebetskerze auch gestalten, oder einmal für jedes Kind so eine Kerze herstellen, damit es auch zu Hause mit diesem »Gebetsritual« eine Form einüben kann, mit Gott zu reden. Dazu kann man erklären, dass die Kerze eine Hilfe ist zur Konzentration, und auch ein Zeichen, weil Jesus als das Licht der Welt bezeichnet wird und uns der Kerzenschein daran erinnert.

Bibelstellen: Psalm 50,15; Matthäus 21,22

Thomas Maier, Berlin

Marcel kann einfach nicht rechnen

Einstieg:
Gesprächsrunde über das Thema: Hört Gott unsere Gebete?

Marcel ging in die dritte Klasse, und meistens ging er sehr gern in die Schule. Er war zwar nicht sehr gut, aber auch nicht ganz schlecht. Nur dienstags und donnerstags ging er nicht gern in die Schule. An diesen Tagen stand nämlich das Fach Mathe auf dem Stundenplan. In Mathe war er wirklich schlecht. Er konnte sich einfach nicht merken, warum wann wie was zusammengezählt oder abgezogen wurde. Während der Schulstunde passte er zwar auf, doch wenn er dann an seinem Schreibtisch vor den Hausaufgaben saß, verstand er plötzlich nichts mehr. Er kam einfach nicht auf den richtigen Lösungsweg, obwohl er stundenlang davorsaß.

»Was soll ich nur tun?«, grübelte Marcel. »Mutter kann mir nicht helfen, sie muss nachmittags arbeiten.« Auch sein Vater konnte ihm bei seinen Aufgaben nicht helfen, denn er war immer nur am Wochenende zu Hause. Marcels Vater arbeitete bei einer großen Firma im Ausland. »Am besten wird es wohl sein, wenn ich sage, ich habe die Schulaufgaben vergessen!«

Seine Lehrerin nahm ihm diese Ausrede eine Weile ab. Doch irgendwann bestand sie darauf, dass Marcel die Hausaufgaben nachmachen sollte.

Wieder saß Marcel in der Klemme. Da fiel ihm ein, dass er seinen Kummer einfach Gott sagen konnte. Er begann zu beten: »Vater im Himmel und auf der Erde! Du bist ein so großer Gott! Meine Mutter sagt immer, dass du alles kannst! Mach doch bitte, dass ich die Rechenaufgaben verstehe! Amen.« Doch nach seinem Gebet verstand er die Gleichungen immer noch nicht.

Marcel dachte: »So schnell kann Gott wohl keine Gebete erhören! Wahrscheinlich muss ich ihn noch öfters darum bitten!« Von nun an betete Marcel jeden Abend. Immer bat er Gott darum, dass er in Mathematik besser werde. Doch so sehr Marcel auch betete, es half nichts. Im Gegenteil, in der nächsten Woche stand eine Klassenarbeit an, in der er zeigen musste, was er wirklich konnte. Von nun an betete Marcel noch inniger und häufiger zu Gott als je zu vor.

Als dann die Klassenarbeit vor ihm lag, brach er fast in Tränen aus. Gott hatte ihm nicht geholfen! Voller Zorn dachte er: »Es gibt wahrscheinlich gar keinen Gott!« Eine Woche später bekamen sie ihre Arbeit zurück, und unter Marcels Blatt stand die Note 6. Jetzt konnte er erst recht nicht mehr an Gott glauben oder gar zu ihm beten. Als die Schulstunde zu Ende war, sagte die Lehrerin: »Marcel und Daniel! Könntet ihr nach der Stunde noch kurz hier bleiben?«

Marcel erschrak und dachte: »Hat das etwas mit der Klassenarbeit zu tun? Ist Daniel denn auch so schlecht in Mathe wie ich?« Marcel hatte bisher nichts mit Daniel zu tun gehabt, denn Daniel war erst seit ein paar Wochen in Marcels Klasse und saß vier Reihen vor ihm. Die beiden Jungen blieben nach dem Klingelzeichen auf ihren Plätzen sitzen und warteten, was die Lehrerin von ihnen wollte.

»Daniel«, begann die Lehrerin. »hast du schon einen Freund in dieser Klasse gefunden?« Daniel schüttelte den Kopf.

»Dann mache ich dir einen Vorschlag«, fuhr die Lehrerin fort. »Du bist in Mathematik sehr gut. Marcel dagegen eher schlecht. Wie wäre es, wenn du Marcel Nachhilfe geben würdest?«

Marcel wurde sehr verlegen und lief rot an. Doch Daniel schien über diese Aufgabe sehr erfreut zu sein. »Sehr gerne!«, rief er und drehte sich um, um Marcel die Hand zu geben.

»Einverstanden?«, fragte die Lehrerin.

Marcel war einverstanden und gab Daniel die Hand.

Von diesem Tag an trafen sich Marcel und Daniel regelmäßig zu den Schulaufgaben. Daniel konnte gut rechnen und hatte viel Geduld, um Marcel die Matheaufgaben zu erklären. Wenn sie fertig waren, spielten sie zusammen Karten oder fuhren mit ihren Fahrrädern um die Häuser.

Nach langer Zeit betete Marcel eines Abends wieder. Er sagte: »Vater im Himmel und auf der Erde! Ich weiß nun, dass es dich doch gibt! Ja, und ich weiß auch, dass du meine Gebete erhört hast.

Ich kann zwar immer noch nicht so gut rechnen, aber ich habe einen guten Freund gefunden. Und dafür möchte ich dir danken. Das ist viel mehr wert als gute Noten in Mathe. Vielleicht werde ich sogar einmal Fußballstar, dann muss ich sowieso nicht rechnen können!«

Vertiefung:
Gott hört uns genau zu! Spielen Sie mit den Kindern »Flüsterpost«: Alle sitzen im Kreis, einer denkt sich ein schwieriges Wort (Dampfschifffahrtskapitän o.Ä.) oder einen Satz aus und flüstert es seinem rechten Nachbarn ganz leise ins Ohr. Der flüstert es wieder seinem rechten Nachbarn ins Ohr, etc., bis das Wort oder der Satz einmal die Runde gemacht hat. Die letzte Person vor dem »Absender« darf das angekommene Wort / den Satz laut sagen – bestimmt kommt kaum das ursprünglich Gesagte an, sondern ein lustiges Kuddelmuddel.

Bibelstellen: Matthäus 26,39b; Johannes 14,13

Bettina Müller, Höfingen

Gebetserhörung

Der Bus, der nicht anhielt

»Wach auf, Fatima, wir müssen losgehen! Die Sonne steht schon über der Hügelkuppe.«

Fatima gähnte und setzte sich auf. Sie und Maria hatten in dem Dorf übernachtet, das sie jeden Dienstagabend besuchten, um Arznei zu verteilen und die Gute Nachricht allen weiterzusagen, die sie hören wollten. Menana, eine Frau, die von Maria im Spital behandelt worden war, hatte sie in ihr Dorf eingeladen. Als sie dann kamen, bewirtete sie sie hoch erfreut in ihrem kleinen Haus. Von da an versammelte sich unter dem Strohdach einmal in der Woche bei

Sonnenuntergang eine Menge dunkeläugiger Dorfbewohner, die auf dem Heimweg von ihren Feldern hier vorbeikamen. Manche wollten nur Arznei, andere jedoch blieben um das Kohlenfeuer hocken und wollten unbedingt Geschichten aus der Bibel hören. Manchmal unterhielten sie sich bis tief in die Nacht hinein über Fragen, die sie bewegten. Oft konnten sich Maria und Fatima erst nach Mitternacht auf den Matratzen an der Wand schlafen legen.

Am nächsten Morgen mussten sie dann früh aufstehen und so schnell wie möglich heimkehren, denn gegen neun Uhr erschienen die Kinder zum Unterricht und die Missionsstation lag ungefähr zwölf Kilometer vom Dorf entfernt. Manchmal legten sie diese Strecke zu Fuß zurück, gelegentlich aber konnten sie wenigstens fünf Kilometer bis zu einer Straßengabelung mit dem Marktbus fahren. Leider verkehrte der Bus sehr unregelmäßig.

An diesem frühen Sommermorgen zogen sie wie gewöhnlich los. Es war Erntezeit. Die Stoppelfelder glänzten blass golden. Der Morgenwind fegte die Tennen sauber. Unten am Fluss wuchs der Mais in smaragdgrünen Flecken und die Feigen waren reif zur Ernte. Die Sonne durchdrang schon den Frühnebel. Es würde ein sehr heißer Tag werden. Je eher sie nach Hause kamen, desto besser. Zu ihrer großen Erleichterung kam gerade der Bus in Sicht, als sie die Hauptstraße erreichten. Er war schon voll, doch sie schafften es noch, sich hineinzuquetschen.

Es dauerte nicht lange, da stieß Fatima Maria an. Gleich würden sie bei der Straßengabelung ankommen. Sie kämpften sich durch die vielen Leute nach vorn zum Fahrer. »Können Sie bitte an der Abzweigung anhalten?«, bat Fatima. »Wir würden da gern aussteigen!«

Doch der Fahrer erwies sich als schlecht gelaunt und unfreundlich. »Kommt überhaupt nicht in Frage!«, knurrte er. »Das ist keine richtige Haltestelle. Da halte ich nicht an. Ich fahre bis zur nächsten Brücke. Von dort aus könnt ihr zu eurem Dorf zurücklaufen.«

»Aber das bringt uns meilenweit von unserem Weg!«, rief Maria entsetzt. »Wir werden Stunden brauchen, um den steilen Berghang wieder hinaufzuklettern. Halten Sie doch bitte an!« In ihrem Herzen rief sie zu Gott: »Herr, du weißt, dass wir unbedingt nach Hause kommen müssen und es wird immer heißer! Lass ihn doch bitte anhalten!«

Der Fahrer aber ließ sich nicht überreden und so blieb ihnen nichts anderes übrig, als sich in ihr Schicksal zu fügen. Maria kochte innerlich vor Zorn, Fatima dagegen war erstaunlich ruhig. »Wir haben doch heute Morgen darum gebetet, dass Gott uns gut nach Hause bringt«, flüsterte sie Maria zu. »Nun warte doch! Wir kommen schon irgendwie heim!«

Maria war gar nicht nach Ruhe zu Mute, als der Bus schließlich anhielt und sie zehn Kilometer von ihrem Dorf entfernt am Fuß eines steilen Hügels absetzte.

Sie blieben stehen und blickten ins Tal hinunter. Vielleicht kam ja ein anderes Fahrzeug aus der Gegenrichtung, das sie wieder mit zurücknehmen könnte? Doch weit und breit war kein Auto in Sicht. Die Hügel flimmerten schon in der Hitze und der Fluss war fast völlig ausgetrocknet. Er war nur noch ein kleiner Bach zwischen Oleanderbüschen.

Maria und Fatima blickten so angestrengt ins Tal hinunter, dass sie gar nicht hörten, wie sich ihnen von hinten, vom Berg her, eine Frau näherte. In ihren Armen hielt sie ein Bündel, das mit einem Tuch zugedeckt war. Sie warf einen Blick auf Maria, ging aber dann direkt auf Fatima zu. »Ist das die englische Krankenschwester?«, fragte sie.

»Ja, meine Schwester«, antwortete Fatima.

»Dann mach mich bitte mit ihr bekannt!«, bat die Frau. Die kräftige, dunkeläugige Landfrau trug einen breiten Strohhut und ein Kleid aus gestreiftem grobem Tuch. An den Beinen trug sie lederne Gamaschen, die sie vor Dornen und Schlangenbissen schützten, und um den Hals trug sie Amulette, die sie vor bösen Geistern bewahren sollten. Sie trat vor Maria hin und zog das Tuch von dem Bündel in ihrem Arm fort. Es war ein Baby, dessen Gesicht sie bedeckt hatte, um seine entzündeten Augen vor Fliegen zu schützen. Die Augenlider waren so geschwollen, dass sie wie dunkle Weinbeeren aussahen. Die Augen selbst waren darunter gar nicht mehr zu erkennen.

»Ich habe sie dir gebracht«, sagte die Frau einfach.

»Wie lange ist es schon so schlimm mit ihren Augen?«, fragte Maria.

»Seit vier Tagen. Sie schreit immer nur und will nicht trinken.«

»Aber wieso bist du gerade hierher gekommen? Heute ist doch

kein Markttag! Und sonst ist niemand aus deinem Dorf auf der Straße!«

»Letzte Nacht merkte ich, dass es meinem Kind immer schlechter ging. Sie glühte vor Fieber. Ich schlief mit einem schweren Herzen ein. Doch dann hatte ich plötzlich einen Traum. Ein weiß gekleideter Mann kam auf mich zu und befahl mir: ›Bring das Kind zu der englischen Krankenschwester!‹ – Ich antwortete ihm: ›Aber ich weiß nicht, wo sie wohnt. Ja, ich kenne sie nicht einmal.‹ Da fuhr der Mann in Weiß fort: ›Steh bei Morgengrauen auf und geh zur Hauptstraße hinunter, dort, wo die Brücke ist! Da wartet sie auf dich. Sie wird dir sagen, was du tun sollst.‹ Deshalb bin ich gekommen und du bist tatsächlich hier.«

So gingen sie miteinander die lange Straße entlang, die den Hügel hinaufführte und sie irgendwann zur Missionsstation bringen würde. Bald kam ein anderer Bus vorbei, dessen Fahrer anhielt und sie einsteigen ließ. So konnten sie sogar den größten Teil des Weges fahren. Die Frau blieb den ganzen Tag bei Maria. Am Abend sah das Baby schon viel besser aus. Es hatte einige Penicillinspritzen bekommen und die Augen waren mehrmals gespült worden. Die Frau konnte wieder mit ihrem Baby nach Hause gehen und Maria gab ihr Medizin mit und versprach ihr, sie am Samstag zu besuchen.

Das Kind wurde ganz gesund und an jenem Samstag hörten diese Familie und das ganze Dorf zum ersten Mal von der Liebe Jesu. Noch oft besuchten Maria und Fatima das Dorf. Die Mutter und ihre Nachbarin waren besonders interessiert. Maria und Fatima saßen auf dem Boden, erzählten ihnen, wie sehr Gott sie liebte, und dankten ihrem Herrn immer wieder, dass er »warte« gesagt hatte, als Maria ihn im Gebet bestürmt hatte, er solle doch den Busfahrer anhalten lassen.

Impulsfragen: Warum handelt Gott nicht immer so, wie wir es wollen? Hilft Beten etwas? Habt ihr auch schon einmal erlebt, dass Gott anders gehandelt hat, als ihr es wolltet?

Bibelstellen: Johannes 11; Psalm 37,7

Sybille Kalmbach, Rutesheim

Kein Platz in der Herberge ...

Die drei Jungen waren seit Stunden mit ihren schweren Rucksäcken unterwegs. Die Sonne war bereits hinter den Erhebungen des südlichen Schwarzwaldes verschwunden. Micha, Oliver und Hanno hatten eine lange Tagesetappe in praller Frühlingssonne hinter sich gebracht. Durch den Schnee in den Höhenlagen waren ihre Gesichter von Sonnenbrand und Erschöpfung gezeichnet.

Doch anders als sonst hatten sie an diesem Tag kein Glück bei der Suche nach einer Unterkunft. Auf ihrem Weg vom Bärental bis an den Titisee lagen etliche Bauernhöfe und große Anwesen, doch keiner der Hausherren war bereit gewesen, die drei müden Wanderer aufzunehmen. Über ihr Tagesziel waren sie längst hinausgelaufen, aber trotz Müdigkeit und schmerzenden Füßen waren sie zum Weitergehen gezwungen.

»Ich komme mir vor wie Maria und Josef auf der Suche nach einer Herberge«, sagte Micha und brach so das Schweigen. Enttäuschung machte sich breit, und in der folgenden Diskussion einigten sie sich, ihre Vorsätze zu brechen (nur in Bauernhäusern oder Pfarrhäusern um eine kostenlose Unterkunft zu bitten) und nach einer Pension oder Jugendherberge Ausschau zu halten. Doch so oft sie klopften und klingelten, sie konnten keinen Platz für die Nacht finden.

Langsam kamen sie Neustadt näher. Dies war eigentlich das geplante Etappenziel für den nächsten Tag gewesen. Wie die Palme einer einsamen Oase ragte der Kirchturm über die Häuser des Ortes. Micha, Oliver und Hanno schauten sich kurz an, und ohne ein Wort zu verlieren nahmen sie Kurs auf die Kirche. Als sie am nahe gelegenen Pfarrhaus völlig am Boden zerstört klingelten, ahnten sie noch nicht, dass der folgende Abend einer der schönsten ihres Lebens werden würde.

Impulsfrage:
Wie geht die Geschichte wohl weiter?

Die Tür des Pfarrhauses öffnete sich, und der Pfarrer trat heraus. Als er von ihrer langen Wanderung und ihrer ergebnislosen Herbergssuche hörte, meinte er lachend: »Na, das hört sich ja an wie bei Maria und Josef, die auch keine Unterkunft fanden.« Er lud die müden Wanderer ein, im Gemeindehaus zu übernachten. Doch damit nicht genug. An diesem Abend fand ein großes Gemeindefest statt, und auch dazu wurden die drei Jungen eingeladen. Nach einer kurzen Erfrischung aus der Pfarrküche waren sie wieder munter und machten sich auf zum Gemeindefest. Es wurde ein sehr langer und fröhlicher Abend, und Micha, Oliver und Hanno lernten viele nette Menschen kennen, wurden zum Essen eingeladen und spürten die herzliche Gastfreundschaft des Pfarrers und seiner Gemeinde.

Diesen Tag würden sie so schnell nicht vergessen – es blieb aber mehr die Gastfreundschaft in Erinnerung als die mühsame Wanderung. Doch jedes Jahr, wenn sie die Weihnachtsgeschichte hörten, konnten sie noch viel mehr mit Maria und Josef mitfühlen ...

Vertiefung:
Zweitagestour mit Übernachtung planen, dazu ein Pfarrhaus oder Gemeindehaus anfragen.

Bibelstelle: Lukas 2,1-7 *Pascal Vinçon, Perouse*

Geborgenheit

Im Sturm

Endlich Urlaub! Familie Schmidt fährt mit einem voll bepackten Auto los – gar nicht so einfach, alles unterzubringen, was Eltern und drei Kinder brauchen, wenn es zum Zelten geht. Aber Papa Schmidt hat es schließlich geschafft, alle Koffer, Schlafsäcke, das Zelt und vieles mehr im Auto unterzubringen, und nun kann es losgehen.

Nach einigen Stunden Fahrt kommen sie an ihrem Zeltplatz an und bauen mit geübten Handgriffen ihr großes Familienzelt auf. Es steht nun in der Nähe eines kleinen Hauses auf der Wiese. Nach einem leckeren Abendessen, natürlich gekocht auf dem Campingkocher, und einer Runde Boccia ist es schon dunkel geworden, und alle liegen früh in ihren Schlafsäcken. Bald schlafen sie ein, denn die lange Fahrt, das Bocciaspielen und die frische Luft hat sie müde gemacht.

Plötzlich wacht die ganze Familie auf. Ein Sturm ist losgebrochen. Der Regen prasselt auf die Zeltplane. Als es noch schlimmer wird, nimmt die Mutter die Kinder und rennt durch den Regen ins Haus. Der Vater bleibt und hält die Stangen fest. Erst im Haus merkt die Mutter, dass Sara fehlt. Sie sucht ihre Jüngste und findet sie schließlich, wie sie seelenruhig im Zelt sitzt.

Erschrocken fragt die Mutter: »Ist alles okay? Warum bist du denn noch hier?«

Sara schaut ihre Mutter verwundert an, blickt dann zu ihrem Vater und sagt: »Papa, du hast das Zelt doch gehalten!«

Sara vertraute dem Vater: Sie fühlte sich in seiner Nähe selbst in dieser Situation geborgen. Sie wusste: Der Vater ist stark.

Impulsfragen:
Habt ihr auch schon so eine Situation erlebt, wo ihr eigentlich ängstlich hättet sein können, aber wo ihr euch dann doch sicher gefühlt habt, weil jemand da war, dem ihr vertraut habt? Wie könnte man diese Geschichte auf unser Leben mit Gott übertragen? Was könnte man in einer Situation beten, in der man Angst hat und auf Gott vertrauen will?

*Psalmgebet aus heutiger Zeit**

Geborgen ist mein Leben in Gott.
Er hält mich in seinen Händen.

* Aus: *Sagt Gott, wie wunderbar er ist; alte und neue Psalmen zum Sprechen und Singen,* J. Koerver / G. Mohr / A. Weidle (Hrsg.), Verlag Junge Gemeinde, 2. Auflage 1995, Leinfelden-Echterdingen

Manchmal habe ich Angst.
Ich bin ganz allein.
Wer ist da, der mich tröstet?

Geborgen ist mein Leben in Gott.
Er hält mich in seinen Händen.

Manchmal bin ich sehr traurig.
Oft weiß ich nicht, warum ... (evtl. etwas einsetzen).
Wer ist da, der mich in seinen Arm nimmt?

Geborgen ist mein Leben in Gott.
Er hält mich in seinen Händen.

Manchmal habe ich das Gefühl, dass mich niemand leiden mag.
Oft mag ich mich selbst nicht.
Wer ist da, der mich verstehen will?

Geborgen ist mein Leben in Gott.
Er hält mich in seinen Händen.

Manchmal bin ich feige.
Ich traue mich nicht, den Mund aufzumachen.
Ich habe nicht den Mut, das Rechte zu tun.
Wer ist da, der mir hilft?

Geborgen ist mein Leben in Gott.
Er hält mich in seinen Händen.

Manchmal habe ich Angst vor dem Sterben.
Ich versuche, mir das vorzustellen.
Wer ist da, der mich aus dieser Angst begleitet?
Geborgen ist mein Leben in Gott.

Er hält mich in seinen Händen.
Er ist für mich da.
Er hat mich lieb.

Bibelstelle: Jesaja 41,10 *Sybille Kalmbach, Rutesheim*

Die Mutprobe

Endlich hatten sie ihn angesprochen. Didi sollte in den Club der »Grünen Geier« aufgenommen werden. Doch dazu – so hatte ihm Michel gesagt – musste er erst die Mutprobe bestehen.

Als Didi am nächsten Tag aus der Schule kam, fand er den Briefumschlag im Briefkasten: »Hallo Didi, heute Nachmittag hängt Frau Reichenbach ihren grünen Wellensittich in ihr Fenster. Bring ihn – tot oder lebendig – bis heute Abend zur knorrigen Eiche. Die Grünen Geier.«

Didi machte sich nach dem Mittagessen sofort auf den Weg. Am Haus von Frau Reichenbach sah er den Vogelkäfig im Fenster hängen. Er versteckte sich im Gebüsch des Gartens. Kurz darauf ging Frau Reichenbach mit einem Einkaufskorb aus dem Haus. »Gut«, dachte Didi, »sie wird nicht daheim sein.« Als die Frau hinter der nächsten Wegbiegung verschwunden war, verließ er sein Versteck und ging auf das Fenster zu. Doch es war zu hoch für ihn. Was nun?

Suchend blickte er sich um. Da fiel sein Blick auf eine Leiter. Sie stand an einem Apfelbaum. Er schleppte sie ans Fenster und stellte sie auf. Sprosse für Sprosse klomm er nach oben. Am Fenster angekommen, öffnete er die Käfigtür und ergriff den aufgeregt flatternden Vogel.

»Au!« – der Vogel hatte ihn gezwickt, dennoch ließ er ihn nicht los. Er fühlte das Herz des Tieres, wie es in seinen Händen kämpfte, um freizukommen. Der Vogel piepste ängstlich. Schnell kletterte Didi die Leiter herunter.

In diesem Moment sieht er Frau Reichenbach um die nächste Hausecke kommen. Wenn sie den Vogel hört! Warum piepst er auch so laut? Hastig eilt Didi den Weg zurück zum Gebüsch. Da sieht er den Springbrunnen – tot oder lebendig, das ist die Rettung, und schon hält er das Tier unter das Wasser. Am Abend bringt er den toten Vogel zum Treffpunkt an der knorrigen Eiche.

Vertiefungsmöglichkeiten:
Reaktionen der Kinder abwarten, dann Gespräch über die Geschichte.

- *Gespräch über Unrecht und über die Zehn Gebote.*
- *Mit den Kindern zusammen überlegen, warum Gott den Menschen die Gebote gegeben hat. Überlegen Sie weiter, welche anderen hilfreichen Gebote und Regeln es für das Zusammenleben unter den Menschen gibt. Welche sind von den Zehn Geboten Gottes abgeleitet?*
- *Sind die Zehn Gebote dazu da, um die Menschen zu drangsalieren, oder sind sie eine Hilfe?*
- *Welche Gebote sollen in dieser Kindergruppe gelten? (Versuchen Sie, nicht nur Diebstahl, Töten etc. aufzunehmen, sondern auch Regeln für den Umgang miteinander.)*
- *Wie hat Jesus alle Gebote zusammengefasst? Bibelstelle aufschlagen und nachlesen, darüber diskutieren: Matthäus 22,36-39.*

Bibelstellen: 2. Mose 20,13; 5. Mose 6,5; 3. Mose 19,18; Matthäus 22,36-39

Sybille Kalmbach, Rutesheim

Gebote

Durchfahrt verboten!

»Erwischt!« Damit hatte Martin nicht gerechnet. Eine kräftige Hand packte ihn an der Schulter. »Hab ich dich endlich! Ich gebe mir so viel Mühe mit meiner Blumenzucht, und du fährst einfach mit deinem Fahrrad darüber!«

Martin zog das Genick ein und spürte die kräftige Hand auf seiner Schulter. Er drehte langsam den Kopf und blickte in ein Paar dunkle, wütend funkelnde Augen. »Wa-wa-was ist l-l-los? Ich habe doch nichts gemacht?!«, bekam er nach einigen Schrecksekunden endlich über die Lippen.

Der Mann lockerte seinen harten Griff immer noch nicht. Auch er konnte kaum sprechen – aber vor Wut. Er zeigte anklagend auf die Blumenbeete hinter Martin. Da dieser sich durch den starken Handgriff kaum drehen konnte, wurde der etwas gelockert. Als Martin nun seinen Kopf drehte, sah er die Bescherung. Viele Blumenbeete am Rande des schmalen Weges wiesen deutliche Fahrradspuren auf. Mühsam und kunstvoll angelegte Pflanzengruppierungen – Narzissen, Osterglocken und Tulpen – waren von den Fahrradreifen beschädigt worden.

Martin musste im Stillen zugeben, dass die Blumen ziemlich übel aussahen. Aber darauf hatte er nie geachtet. Schließlich konnte er seinen Heimweg von der Schule um zehn Minuten abkürzen, wenn er diesen Weg nahm. Und mal vom Weg abzukommen, wenn man es eilig hatte, das konnte ja schließlich passieren.

Martin schaute dem wütenden Mann in die Augen und begann wieder zu stottern: »A-a-also, das ist s-s-so, der Weg ist v-v-viel schneller, und ich hab doch H-H-Hunger ...«

Der Mann meinte: »So. Hunger. Der Weg ist schneller. Weißt du, was für ein Weg das ist?«

Er zeigte auf ein Schild, das Martin nie beachtet hatte: »Privatweg – Durchfahrt verboten.«

Martin sah sich um. Ein Privatweg? Dann durfte er hier gar nicht durch? Er sah sich noch einmal um und bemerkte jetzt erst richtig, wie viel Schaden er angerichtet hatte. Kaum eine Blume stand noch gerade da, überall waren Fahrradspuren. Was jetzt?

Impulsfragen:
Wie könnte die Geschichte weitergehen? Habt ihr auch schon Gebote missachtet? Warum werden Gebote überhaupt aufgestellt, für was sind sie gut? Welche Gebote hat Gott aufgestellt? Zu welchem Zweck? (Nicht zur Schikane, sondern für uns als Lebenshilfe. Nicht, um uns unser Versagen zu zeigen, sondern um Hilfen zu geben.)

Bibelstellen: 2. Mose 20,1-17; 32,8

Sybille Kalmbach, Rutesheim

Gebote

Shopping

Schon wieder hatten sie den Bus verpasst. »Warum muss Herr Schlosser immer die Stunde überziehen?«, maulte Nina. »Jetzt müssen wir auf den nächsten Bus warten.«

»Ach komm«, meinte Anna, »wir gehen in die Stadt und laufen etwas herum.« Nina fand die Idee nicht schlecht und sie machten sich auf den Weg. Als sie zur Fußgängerzone kamen, steuerten sie direkt auf das große Kaufhaus zu. Da war viel Schönes zu sehen. Gleich am Eingang war die Parfümerieabteilung mit Lidschatten, Nagellack und Lippenstiften in allen Farben. Die Parfümfläschchen sahen edel aus und die Düfte waren verführerisch. Nina kam kaum aus dem Staunen heraus, doch Anna zog sie schon weiter. An Büchern und Zeitschriften vorbei steuerten sie auf die Rolltreppe zu, um in die Musikabteilung im ersten Stock zu gelangen. Hier konnten sie es eine Weile aushalten. Jede Menge neue CDs und Singles waren zu sehen. Und was noch besser war – anzuhören.

Nina sah sich eine Weile planlos um, doch dann blieb ihr Blick an etwas haften: Dort war die neue Maxi-CD ihrer Lieblings-Boygroup. Die wollte sie schon immer haben. Sie ging an die Kopfhörer, um ihren Lieblingshit anzuhören. Super, wie die Boys da sangen und spielten – einfach zum Träumen. Und das Cover war auch genial. In jeden der vier könnte sie sich glatt verlieben.

»Die kaufe ich gleich«, dachte Nina. Doch als sie in ihren Geldbeutel schaute, war da viel zu wenig drin. Schade, und Taschengeld gab's diesen Monat auch nicht mehr. »Aber wenn ich die CD nicht gleich heute habe, dann halte ich den Rest der Woche nicht mehr aus!« Als sie den Geldbeutel wegstecken wollte, kam ihr eine Idee – und schon war die CD in ihrer Jackentasche verschwunden. »Das bemerkt niemand. Die Maxis sind nicht mal gesichert!«

Vorsichtig schaute sie sich um, ob sie jemand beobachtet hatte. Da sah sie, dass Anna gerade von den Computerspielen kam. »Komm, wir müssen gehen.« Und sie gingen zurück zur Bushaltestelle.

Impulsfragen:
Was sagt ihr zu Ninas Verhalten? Was würdet ihr an ihrer Stelle jetzt tun? Die Maxi-CD zurückbringen? In den Zehn Geboten steht: »Du sollst nicht stehlen!« (2. Mose 20,15). Findet ihr das, was Nina getan hat, schlimm? Das Kaufhaus hat doch genügend CDs und genügend Geld erst recht. Welchen Sinn hat das Gebot?

Bibelstelle: 2. Mose 20,15 — *Stephan Schiek, Hausen o.V.*

Gefängnis

»Dein Vater ist ein Verbrecher!«

Eigentlich war Timo ein ganz normaler Junge. Die meisten in meiner Klasse mochten ihn. In der dritten Klasse war er sogar Klassensprecher gewesen. Aber diese Zeiten waren jetzt vorbei. In den Sommerferien hatte Sebastian, ein Junge aus unserer Schule, eine Neuigkeit erfahren, die bald unsere ganze Schule wusste: Timos Vater war im Gefängnis.

Bald bestand kein Zweifel mehr, dass Sebastian Recht hatte: Timos Papa saß im Knast! Was er wohl angestellt hatte? »Er hat bestimmt jemanden umgebracht«, meinten die einen. »Wahrscheinlich hat er eine Bank ausgeraubt«, sagten andere. Genaues wusste man nicht, aber so viel stand fest: Mit Timo wollte niemand mehr etwas zu tun haben. Die Mädchen, die in Timos Straße wohnten und bisher immer zusammen mit Timo zur Schule geradelt waren, wurden seit dem Beginn des neuen Schuljahres von ihren Eltern mit dem Auto gefahren. »Haltet euch ja von diesem Timo fern«, schärfte man ihnen ein. Als Timo an seinem Geburtstag für unsere Klasse einen Kuchen mitbrachte, nahm keiner ein Stück davon. Wahrscheinlich ging es allen so wie mir: Ich befürchtete, Timos

Mutter könnte den Kuchen vergiftet haben. Man weiß ja nie – wenn schon der Vater ein Verbrecher ist ...

Auch ich hatte, wie die meisten Jungs aus unserem Dorf, den Kontakt mit Timo abgebrochen. Doch dann geschah Folgendes: Mein Vater wurde kurz nach Weihnachten schwer krank. Und wenige Tage später stand Timo vor der Tür. Er wollte sich erkundigen, wie es meinem Vater und mir ging. »Du?«, rutschte es mir heraus. Es ergab sich ein langes Gespräch. Timo erzählte mir, dass auch sein Vater krank sei – »alkoholkrank«. Er hatte häufig zu viel getrunken und dann andere Männer in der Kneipe beleidigt. Immer wieder war es zu Schlägereien gekommen – und schließlich musste Timos Papa wegen Körperverletzung ins Gefängnis.

»Weißt du«, sagte Timo, »eigentlich ist mein Papa kein Verbrecher. Sondern er ist krank und braucht Hilfe. Ich mag meinen Papa – aber ich habe Angst, dass es nie mehr so wird wie früher.«

»Bestimmt hilft ihm jeder, wenn er erst mal wieder aus dem Knast nach Hause kommen darf«, antwortete ich schnell.

»Von wegen!«, sagte Timo. »Ich weiß schon, wie es kommen wird, wenn er wieder da ist: Jeder wird auf ihn zeigen und über ihn urteilen, noch bevor er mit ihm gesprochen hat.«

»Denkst du, die Leute sind so gemein?«, fragte ich.

»Ja«, antwortete Timo traurig, »mit einem Verbrecher will keiner etwas zu tun haben.« Eine Träne rollte ihm übers Gesicht, als er leise hinzufügte: »Und mit einem Verbrechersohn auch nicht.«

Vertiefungsmöglichkeiten:

Mit den Kindern über die Geschichte, über Timos Gefühle und die Ängste der Leute im Dorf reden.

- *Gemeinsam überlegen, wie die Geschichte weitergehen könnte.*
- *Evtl. Kontakt mit einem Gefängnisseelsorger aufnehmen und ihn einmal einladen. Es bietet sich an, auch die Eltern der Kinder einzuladen, da das Thema auch für sie interessant sein könnte – auch, um zu vermeiden, dass Missverständnisse und Vorwürfe wie »Herunterspielen von Verbrechen« etc. entstehen können.*

Bibelstellen: Römer 15,7; Matthäus 7,1-5; Johannes 8,1-11

Wolfgang Ilg, Tübingen

Moritz' Geheimnis

Moritz rannte über die Wiese nach Hause. Bei der Geschwindigkeit und mit der Abkürzung konnte er es vielleicht noch schaffen, pünktlich zum Abendessen zu kommen. Er wollte seine Eltern nicht schon wieder ärgern. Doch plötzlich hielt er abrupt an. Hatte da im Gras etwas geglitzert? Er ging ein paar Schritte zurück und suchte alles mit seinen Augen ab. Vielleicht hatte er sich nur getäuscht? Nein, tatsächlich, da lag etwas. Moritz schaute sich um, bückte sich blitzschnell, griff zu und steckte die Hand in seine Hosentasche. Hoffentlich hatte ihn niemand gesehen. Er wusste selbst nicht genau, was es war, das er da aufgehoben hatte, aber es hatte wunderschön ausgesehen. Er wollte es zu Hause ganz ungestört in seinem Zimmer betrachten.

Beim Essen war Moritz so unruhig wie noch nie. Er brachte vor lauter Spannung kaum etwas herunter. In seinem Zimmer schloss er sorgfältig die Tür, atmete tief ein und holte seinen Fund aus der Tasche. Tatsächlich, es hatte sich schon so angefühlt: Er hatte eine wunderschön glänzende Perlmuttmuschel gefunden. Sie war nicht besonders groß und sah von außen eher langweilig aus, doch wenn man sie ins Licht hielt, funkelte sie in den schönsten Farben. Als er Schritte auf der Treppe hörte, versteckte Moritz die Muschel bei seinen anderen Schätzen.

Abends im Bett konnte er nicht einschlafen. Immer wieder dachte er an die Muschel. Es tauchten auch Gedanken auf, die er schnell wieder verdrängte. Till hatte am Nachmittag erzählt, was ihm sein Vater von einer Geschäftsreise mitgebracht hatte. Hatte er nicht auch von einer Muschel gesprochen? Tills Beschreibung passte jedoch gar nicht zu Moritz' Fund. Also war es sicher nicht Tills Muschel. Aber wie ließ es sich erklären, dass auf einer Wiese weit weg vom Meer eine Muschel lag? Moritz würde diese Geschichte einfach als Geheimnis für sich behalten, dann musste er keinem etwas erklären und niemand würde ihm dumme Fragen stellen.

Zwei Tage später hatte Moritz den Gedanken an Till schon wieder vergessen. Er war richtig stolz auf sein Geheimnis, und es kostete ihn nicht wenig Anstrengung, es für sich zu behalten. Manchmal platzte er fast und hätte es beinahe weitererzählt.

Heute wollten sie sich wieder zum Spielen treffen, doch Till kam nicht. Sie konnten ohne ihn nicht anfangen und warteten. Als Till nach einer halben Stunde auftauchte, sagte er nur: »Ich kann heute nicht, ich muss wieder heim. Lasst euch was einfallen, was ihr auch ohne mich spielen könnt.« Er drehte sich zum Gehen um, aber da packte Moritz ihn am Ärmel: »He, was ist denn los? Du kannst uns doch nicht einfach so hängen lassen. Was haben wir dir denn getan?«

Till wollte nicht sagen, was los war, doch sie ließen ihn nicht gehen, und es blieb ihm nichts anderes übrig, als die Sache zu erklären: »Ich habe euch doch von der Muschel erzählt. Sie gehört eigentlich meiner Mutter. Und jetzt ist sie weg. Irgendwie hat mein Vater herausbekommen, dass ich sie genommen habe. Aber ich finde sie nicht mehr und weiß auch nicht, wo ich sie hingetan habe.«

Moritz bekam ein komisches Gefühl. Also waren die Überlegungen mit Tills Muschel doch nicht so abwegig gewesen. Sollte er sein Geheimnis, das ihm so viel wert war, einfach preisgeben?

Impulsfragen:
Wie soll sich Moritz verhalten? Was ist unrecht an Moritz' Geheimnis? Welche Situationen kennt ihr von euch, wo ihr euch auch nicht richtig verhalten habt? Was könnte Moritz jetzt helfen? Was kann euch in so einer Situation helfen?

Bibelstelle: Lukas 8,17

Sarai Krämer, Perouse

Auf Eisbärjagd

Einstieg:
Zeigen Sie ein Bild von Alaska, evtl. mit Eisbär.

Es war schon immer ein alter Traum von ihm gewesen, in den Weiten Alaskas wie ein Trapper auf Jagd zu gehen. Jetzt war es so weit. Er hatte einen alten Mann gefunden, der als sehr erfahren galt und ihn hoffentlich mitnehmen würde.

Als Sebastian an der Tür der zerfallenen Hütte klopfte, wurde ihm nur widerwillig geöffnet. Der alte Eskimo roch nach Alkohol und Lebertran (eine Art Walöl) und ließ ihn zuerst gar nicht herein. Er wollte nichts von Sebastians Anfrage wissen – warum sollte er mit so einem Möchtegern jagen gehen? Doch beim Anblick des Bündels Dollarnoten vergaß der Eskimo seinen Stolz. Wie viele Menschen hier in der kleinen Stadt Nome war er sehr arm. Die Zeiten, in denen sich eine Familie noch von der Jagd ernähren konnte, waren lang vorbei. Jetzt bestimmten Alkohol und Sinnlosigkeit sein Leben.

So geschah es, dass Sebastian mitdurfte – auf Eisbärjagd. Mit dem Hundeschlitten zogen sie los. Sie fuhren über unendlich glitzernde Weiten der riesigen Wüste aus Schnee und Eis. Die Hunde zerrten und zogen, auch sie freuten sich und bellten lauthals. Sie waren auf der Suche nach Nanoq, wie der König des Eises bei den Eskimos genannt wird, und das spürten auch die Hunde. Es waren spannende Stunden. Doch lange fanden sie nichts – bis die Hunde plötzlich unruhig wurden.

Der Schlitten stoppte. Der Jäger ließ zwei seiner Hunde von der Leine, diese liefen geradewegs auf einen kleinen Hügel zu. Der Bär musste sie bereits bemerkt haben, denn er erschien plötzlich aus seinem Versteck. Die Hunde bedrohten den Bären, fletschten die Zähne und bellten. Der Bär richtete sich auf und versetzte einem der Hunde einen gewaltigen Hieb mit seiner Pranke. Plötzlich durchbrach ein Schuss die Stille. Der weiße Riese begann zu wanken. Noch einmal knallte es und der Bär ging zu Boden.

Langsam schlichen sich Sebastian und der Jäger an das Tier heran. Falls der Eisbär nur verletzt war, könnte ihnen das zum Verhängnis werden. Äußerste Vorsicht war geboten. Doch sie hatten Glück, der Bär war tot – leider auch einer der Hunde. Nun begann ihre Arbeit erst richtig. Der Eisbär musste zerlegt und aus dem Fell geschlagen werden. Sie waren die ganze Nacht über beschäftigt und Sebastian packte tüchtig mit an. Sie mussten sich beeilen, denn andere Tiere nahmen schnell die Witterung des toten Bären auf: Wölfe. Die beiden Männer kamen jedoch zügig voran, und bei Tagesanbruch konnten sie den Rückweg antreten. Am späten Abend erreichten sie Nome.

Sebastian hatte in den letzten Stunden Großes erlebt. So ein Abenteuer gab es nirgends zu kaufen, und der Eskimo war gegen Ende der Jagd auch noch gesprächig geworden. Nur eines verstand Sebastian nicht: Warum hatte der alte Mann ihm das Geld zurückgegeben?

Impulsfragen:
Kann man mit Geld alles kaufen? Warum hat der Eskimo das Geld nicht behalten? Was würdest du für Geld alles tun?

Bibelstelle: Markus 8,36-37 *Pascal Vinçon, Perouse*

Geld

Die schwierige Entscheidung

Einstieg:
Legen Sie einige Orangen und Geldmünzen in die Mitte.

Puh, das haben sie sich wirklich verdient. Daniel, Martin und

Tobias ziehen ihren Handkarren mit den zwei leeren Orangenkisten zum Gemeindehaus. Fast zwei Stunden sind sie durch die Straßen gezogen, um ihre Orangen zu verkaufen. Sie haben bei der Orangenaktion mitgemacht – der Erlös der verkauften Orangen ist für arme Kinder in Afrika. Zwei Stunden sind sie unterwegs gewesen, aber jetzt sind alle Orangen weg und ihre Geldtasche ist voll.

Jeder von ihnen hat noch 4 Euro Trinkgeld bekommen. »Weil ihr so fleißig für die armen Kinder in Afrika arbeitet«, haben die Leute gesagt. Martin will sich schon seit fünf Wochen die neue Bravo-Hits-CD kaufen. Jetzt hat er die 15 Euro endlich zusammen. Gleich morgen wird er in die Stadt fahren. Da sagt Daniel plötzlich: »Ihr spendet die 4 Euro doch auch für die Kinder in Afrika, oder?«

Martin zuckt zusammen. »Nein, eigentlich will ich das Geld selber behalten«, denkt er für sich.

Und Tobias sagt laut: »Die ganzen 4 Euro? Aber das ist unser Geld!«

»Das ist doch egal«, meint Daniel, »die Kinder in Afrika brauchen es viel dringender als wir.«

»Stimmt schon«, antwortet Tobias, »aber alles möchte ich nicht hergeben. Ich behalte 1 Euro für mich und 3 Euro gebe ich für Afrika.«

Martin fängt an zu rechnen. Bei nur 1 Euro wird es weitere zwei Wochen dauern, bis er die CD kaufen kann. Was soll er machen? Die ganzen 4 Euro oder nur 1 Euro behalten?

Vertiefung:
Reden Sie mit den Kindern über Martins Dilemma. Wie soll er sich verhalten? Und wie würden sich die Kinder verhalten, wenn sie ganz ehrlich sind? Holen Sie auch nähere Informationen über die alljährliche Orangenaktion ein (CVJM Weltdienst) und organisieren Sie eine Orangenaktion in der eigenen Ortschaft.

Bibelstelle: Hebräer 13,16

Sebastian Heusel, Münsingen

Gerechtigkeit

Fairer Lohn?

»Hey, Thomas und Fabian, könnt ihr kurz warten, ich will noch was mit euch reden.«

Überrascht blieben die beiden in der Tür stehen. Gerade wollten sie zusammen mit den anderen Jungs aus dem Zimmer stürmen. Warum wollte Markus, ihr Jungscharleiter, mit ihnen reden? Eigentlich hatten sie sich heute in der Jungscharstunde doch gar nicht schlecht benommen. Und dass es Simon beim letzten Spiel der Länge nach auf den Boden geschlagen hatte, war ja eigentlich auch nur passiert, weil er sich so dumm angestellt hatte.

Markus hatte seine Sachen zusammengekramt und kam zu ihnen herüber. »Wie sieht's aus, wollt ihr euch ein bisschen Geld verdienen? Wisst ihr, ich habe meinem Opa versprochen, dass ich in seinem Garten so einen alten morschen Apfelbaum rausmache. Und da könnte ich Hilfe gebrauchen. Wir treffen uns am Samstag um neun Uhr – zum Mittagessen bestelle ich uns eine Pizza und bis um vier spätestens sind wir sicher fertig.«

Thomas und Fabian sahen sich an. Eine Pizza war nicht schlecht. »Und was springt dabei raus?«, fragte Fabian.

»Also, sagen wir 10 Euro für jeden und die Pizza natürlich. Seid ihr dabei?«

»Logo!« – »Geht klar!« Für eine Pizza und 10 Euro konnte man schon mal so ein Bäumchen rausmachen.

Aber als sie sich am Samstagmorgen trafen und zu dem Garten gingen, stellte sich heraus, dass der Baum riesig war. Auch Markus war sich seiner Sache auf einmal nicht mehr so sicher. »Mensch, das schaffen wir drei doch niemals. Wisst ihr, wir müssen den Baum ja nicht bloß fällen. Das ist mit der Motorsäge im Nullkommanichts erledigt. Aber wir müssen auch den Stumpf mit den ganzen Wurzeln ausgraben. Meint ihr, es hat sonst noch jemand Zeit, uns zu helfen?«

»Ich kann schnell zu Alex rüberlaufen und ihn fragen«, rief

Thomas und rannte los. Fabian und Markus fingen schon mal an, und tatsächlich war der Baum nach ein paar Minuten gefällt. Endlich tauchte Fabian wieder auf. »Alex kommt! Aber der muss zuerst noch was für seine Mutter einkaufen.«

Also machten sie zu dritt weiter. Mit Schaufeln und Hacken fingen sie an, die Wurzeln auszugraben. Markus sägte die Äste und den Stamm in kleinere Stücke. Es war eine echte Schufterei. Bald tat ihnen der Rücken weh und an Fabians Händen bildeten sich Blasen. Als Alex auftauchte, war es fast Mittag. »Mensch, wo warst du denn so lange?«

»Ach, ich hab was vergessen und da hat mich meine Mutter gleich nochmal losgeschickt. Wo ist denn Markus? Lässt der euch alleine seine Arbeit machen?« Alex sah sich suchend nach dem Jungscharleiter um.

»Nein, der ist schon los, unsre Pizza holen. Wir schuften hier schließlich schon seit Stunden!« Vorwurfsvoll sah Thomas zu Alex hinüber.

»Ach übrigens«, sagte Alex. »Ich hab vorher beim Einkaufen Simon getroffen und der hat gesagt, dass er nach dem Essen auch zum Helfen vorbeikommt.«

Mit dieser Aussicht und der leckeren Pizza im Bauch ließ es sich besser weiterarbeiten. Bald hatten sie den riesigen Wurzelstock ganz ausgegraben. Als Simon um kurz vor drei Uhr kam, mussten sie nur noch die zersägten Äste und den Stamm wegtragen und hinter dem Schuppen stapeln.

»Klasse, Leute, wir sind eine halbe Stunde früher fertig, als wir gedacht haben!«, rief Markus begeistert. »Da habt ihr euch euer Geld aber echt verdient.« Er angelte seinen Geldbeutel aus der Hosentasche und zog ein ganzes Bündel Scheine heraus. Dann gab er Fabian und Thomas je einen 10-Euro-Schein. »Das war wirklich hart verdient, oder?«, sagte Thomas zu Fabian und steckte das Geld in die Tasche.

»Hey stark! Ich krieg auch 10 Euro!« Grinsend wedelte Alex mit dem Geldschein durch die Luft. Erstaunt sahen Thomas und Fabian hoch. Das war ganz schön großzügig von Markus. Schließlich hatte Alex erst kurz vor der Mittagspause angefangen mitzuarbeiten. Und dann sahen sie, dass Markus doch tatsächlich noch einen 10-Euro-Schein herauszog und ihn Simon hinstreckte.

»Ach komm, das gibt’s doch nicht!«, rief Fabian.

»Kannst du nicht rechnen oder was?«, schrie Thomas. »Der ist doch erst vor einer halben Stunde gekommen. Da war die Arbeit doch fast geschafft. Für so ein bisschen Ästezusammentragen kriegt der gleich viel wie wir für fast sechs Stunden Schufterei? Das ist doch total ungerecht!«

Vertiefungsmöglichkeiten:

Die mit Sicherheit kommenden Reaktionen der Kinder abwarten. Kinder von ca. 8-12 Jahren haben ein sehr stark ausgeprägtes Gerechtigkeitsgefühl und werden sicher die Ungerechtigkeit der Bezahlung beanstanden. Formulieren Sie mit ihnen gemeinsam, was alles unfair gelaufen ist, und schreiben Sie es auf.

– *Lesen Sie anschließend Matthäus 20,1-16, das Gleichnis von den Arbeitern im Weinberg. Schreiben Sie gemeinsam auf, was auch hier ungerecht gelaufen ist. Überlegen Sie danach mit den Kindern, was Jesus mit diesem Gleichnis sagen wollte. Arbeiten Sie gemeinsam Unterschiede heraus zwischen der ungerechten Bezahlung in beiden Geschichten und Jesu Absicht, etwas über die Mitarbeiter in Gottes Reich zu sagen. Überlegen Sie zusammen, warum es für uns Menschen gut ist, dass Jesus gerade nicht »fairen Lohn« verteilt und bei jedem nachschaut, wie viel Leistung jeder Einzelne erbracht hat.*

Bibelstelle: Mattthäus 20,1-16 *Nicole Vogel, Münsingen*

Gerechtigkeit

Gerechtigkeit muss sein

Ein lauter Schrei erfüllte den Raum. Marco, der Kleinste der Familie, verzog das Gesicht und verkroch sich unter dem Tisch. Sein

Vater hatte eine seiner grünen Spielfiguren zu Fall gebracht und mit einem Lächeln im Gesicht erklärt: »Tja, Marco, das Spiel heißt doch ›Mensch ärgere dich nicht!‹«

Marcos größere Schwester Ida konnte nicht darüber lachen. Sie hatte alles genau beobachtet und meinte nun zu ihrem Vater, dass er seinen letzten Spielzug sofort rückgängig machen solle. Denn er hätte ganz klar geschummelt! Die Mutter meinte grinsend: »Gerechtigkeit muss sein.« Der Vater sah das ein und stellte die Spielfigur an ihren ehemaligen Platz zurück. Marco kam zufrieden unter dem Tisch hervor, und so konnte weitergespielt werden. Da meinte Ida zu ihrem kleinen Bruder: »Diesmal hattest du Glück, dass Papa gerade geschummmelt hat. Wenn das aber nicht so ist, dann musst du es akzeptieren, wenn deine Figur rausfliegt. Gerechtigkeit muss sein – beim Schummeln, aber auch beim Verlieren. Denn wer gewinnen will, muss auch verlieren können!«

Vertiefungsmöglichkeiten:
Gespräch darüber, dass bei Gott jeder Sieger ist.
Mensch-ärgere-dich-nicht-Turnier veranstalten.
Spielrunde mit unterschiedlichen Spielen, bei denen es mehr Punkte für Fairness als für den Sieg gibt.

Bibelstelle: Psalm 7,10 *Andrea Kalmbach, Hallwangen*

Glaube

Das Haus auf dem Fels

Nach einer fast zehnstündigen Autoreise war endlich das Ziel erreicht: Südtirol. Nun begann eine mühsame Quartiersuche in einem lang gezogenen Seitental, denn die Fahrt ging einfach ins Blaue, ohne Buchung eines Zimmers. Es war drückend schwül und heiß, und die ersten drei Gastgeber, bei welchen das Ehepaar um Quartier anfragte, hatten in der gewünschten Zeit kein Zimmer frei. Zurück ins heiße Auto und weiter. Der Kirchturm des malerischen Bergdorfes grüßte von weitem, das war ein gutes Zeichen! Und wirklich: Direkt neben der Kirche gab es in einer gemütlichen Frühstückspension noch ein gastliches Zimmer mit Balkon. Wie freute sich das Ehepaar mit den beiden Kindern! Schnell packten sie ihre Urlaubshabseligkeiten aus. Das Allerwichtigste waren der Rucksack, die Wanderbekleidung und praktische Bergstiefel.

Sie erfrischten sich unter der Dusche und machten sich dann neugierig auf den Weg. Die Straße war gesäumt mit heimeligen Häusern, vor denen bunte Blumen wuchsen. Der Pfad führte an urigen Bauernhäusern vorbei in eine Schlucht. Hohe Bäume wurzelten an dem wildromantischen Bergbach, der über runde Steine plätscherte. Ganz nebenbei wanderte manch edel geschliffener Stein heimlich und still in den Rucksack, mit Ehrfurcht vor dem wohl hohen Alter des Steins.

Es wurde heller, und die erkundungsfreudige Familie marschierte aus dem wilden »Bergbach-Urwald« in eine Lichtung – und es verschlug ihnen fast den Atem. Wie aus einem Munde riefen sie: »Das Haus auf dem Fels!« Vor ihnen thronte stolz und eigenwillig ein altes Südtiroler Bauernhaus auf einem riesigen, hohen Felsklotz. »Dass es so was in echt gibt!«, staunte Tim.

Seine Schwester Lisa gab ihm Recht. »Oh, seht!«, rief sie. »Da ist eine Tafel an der Felswand!« Die Kinder sprangen hin und entzifferten den Text: »Das Häusl am Stein, erbaut um 1700, beim Hochwasser der Falschauer im Jahre 1882 freigeschwemmt worden.«

Hochwasser war den beiden Kindern nicht fremd, denn sie wohnten zu Hause an einem Bach. Der war toll zum Spielen, aber bei starken Gewittern oder nach einer Schneeschmelze wurde er plötzlich so reißend und trat oft gewaltig über die Ufer. Die beiden wussten aus eigener Erfahrung, wie es ist, wenn das Wasser ins Haus dringt und statt Segen (denn Wasser heißt Leben!) Zerstörung hinterlässt.

Am Abend erzählte die freundliche Hauswirtin gerne die Begebenheit vom Haus auf dem Stein. Damals flohen alle Bewohner des Tales fluchtartig, denn das reißende Wasser der Falschauer riss alles zu Tal. Als die Ultentalbewohner nach dieser schweren Katastrophe und Beruhigung des Baches wieder heimkehrten, stand in dieser Schlucht nur noch ein Haus: das Haus auf dem Fels! Die Eigentümer hatten zuvor nicht gewusst, dass das Haus auf solch einem hohen, riesigen Felsblock gebaut war. Das gewaltige Hochwasser hatte ihn freigeschwemmt. Wie durch ein Wunder war gerade dieses eine Haus vor dem Untergang bewahrt worden. »Das Häusl am Stein«, wie es in der Südtiroler Sprache heißt, ist bis zum heutigen Tag eine der eindrücklichsten Sehenswürdigkeiten im Ultental. Dort wird das Bibelwort (Matthäus 7,24-25) sichtbares Symbol:

Darum, wer diese meine Rede hört und tut sie, der gleicht einem klugen Mann, der sein Haus auf Fels baute. Als nun ein Platzregen fiel und die Wasser kamen und die Winde wehten und stießen an das Haus, fiel es doch nicht ein; denn es war auf Fels gegründet.

Vertiefung:

Mit den Kindern zusammen ins Freie gehen. An einer Stelle Sand aufschütten und darauf mit Bauklötzen ein kleines Häuschen (oder zumindest die Hauswände) aufbauen. An einer anderen Stelle auf einen Stein ein Häuschen bauen oder zuvor einige Steine aufschichten. Dann mit einer Gießkanne viel Wasser über die Häuser rieseln lassen. Das Haus auf Sand wird nach und nach zusammenstürzen, weil das Wasser den Sand wegschwemmt. Das Haus auf dem Fels wird stehenbleiben! (Tipp: Eher mit »zartem« Wasserschwall gießen, weil die Bauklötze natürlich nicht so fest zusammenhalten wie ein richtig gebautes Haus. Wenn man zu stark gießt, rutschen die Steine auseinander und das Beispiel misslingt. Man könnte auch Legohäuschen bauen, aber es wird eindrücklicher, wenn das ganze Haus zusammenfällt, sobald der Sand weggeschwemmt wird, und bei einem Legohaus ist zu viel Standfestigkeit im Haus selbst.)

Bibelstelle: Matthäus 7,24-25

Bärbel Kalmbach, Hallwangen

Drei Brüder in Not

Es war Donnerstag und alle Jungen aus dem Ort freuten sich auf die Jungschar. In der Jungschar wurden immer tolle Spiele gemacht und es gab spannende Andachten. Am Donnerstagabend sah man kaum Jungen auf der Straße, denn keiner wollte die Jungscharstunde verpassen.

An diesem Donnerstag las Andreas, der Jungscharleiter, aus seinem Andachtsbuch vor. Allerdings hörten drei Jungen überhaupt nicht zu: Nils, Philipp und Matthias. Die drei waren Brüder. Sie wollten von Gott nichts wissen, aber sie gingen trotzdem in die Jungschar, weil die Spiele solchen Spaß machten. Heute war die letzte Jungschar vor den Ferien und der Jungscharleiter sagte zu den Brüdern: »Es ist nie zu früh, um an Gott zu glauben, merkt euch das!« Der Leiter wusste, dass die drei nichts von Gott wissen wollten, aber er betete für sie und hoffte, dass sie zum Glauben finden würden.

Am nächsten Tag fuhren die Brüder mit ihren Eltern in die Ferien zu einer gemieteten Hütte im Gebirge. Die Hütte war völlig abgelegen, und es gab nur wenig Häuser dort. Rundherum war viel Wald. Als sie sich in dem Haus eingerichtet hatten, ging die Sonne langsam unter.

Philipp fragte: »Dürfen wir noch ein bisschen die Gegend erkunden?«

Die Mutter meinte: »Na gut, ihr gebt ja eh keine Ruhe, aber seid zurück, bevor es völlig dunkel ist. Hier verirrt man sich schnell!«

Die Brüder machten sich auf ihre Erkundungstour. Im Wald entdeckten sie Spuren von Tieren und folgten ihnen. Ein Pfiff zeigte ihnen: Es mussten Murmeltiere sein. Und tatsächlich, bald sahen sie sie. Wie wunderbar! Die jungen Tiere rannten um den Bau und spielten in der Abendsonne.

Doch plötzlich bemerkten die Jungen, dass sie die Orientierung verloren hatten. Lange suchten sie nach dem Rückweg. Was sollten sie nur tun? Sie hatten sich verirrt.

Währenddessen war es dunkel geworden, und die Eltern wurden unruhig. Sie benachrichtigten schließlich die Bergwacht, die sofort handelte und einen Suchtrupp losschickte.

Es wurde immer kälter, und die drei Brüder hatten das Gefühl, zu Eisklötzen zu gefrieren.

Doch plötzlich fiel ihnen der Satz des Jungscharleiters wieder ein: »Es ist nie zu früh, an Gott zu glauben ... es ist nie zu früh, an Gott zu glauben ...« Dieser Satz ging ihnen immer wieder durch den Kopf. Alle dachten das Gleiche: Jetzt hilft nur noch Beten! Und so versuchten sie es miteinander.

Das Beten machte sie ruhiger, und danach wurde ihnen ganz warm ums Herz. Plötzlich hörten sie Stimmen. Es war ein Suchtrupp. Wie sich herausstellte, war dieser Suchtrupp ganz in ihrer Nähe gewesen, auf dem Rückweg von einer Schutzhütte, die etwas weiter oben lag. Da war Gott im Spiel, das war für die drei Brüder ganz klar: Er hat uns geholfen!

Als Andreas, der Jungscharleiter, nach den Ferien in die Jungschar kam, wunderte er sich sehr, denn die drei begrüßten ihn freudig. Sie erzählten ihm ihre Geschichte und sagten: »Stell dir vor, wir haben über deinen Satz nachgedacht: Es ist nie zu früh, an Gott zu glauben. Wir wollen jetzt auch an Gott glauben. Wir wollen diese Entscheidung nicht mehr vor uns herschieben, denn wir haben erlebt, wie Gott uns geholfen hat. Viele sagen, wenn man älter ist, kann man immer noch anfangen, mit Gott zu leben. Dein Satz aber hat uns klar gemacht, dass wir jetzt anfangen sollten, an Gott zu glauben, weil er wirklich überall bei uns ist.«

Vertiefungsmöglichkeiten:

Gebet: Beten Sie zusammen mit den Kindern. Hilfreich ist dabei eine kleine Kerze. Man kann erklären, dass in der Bibel Jesus auch als das Licht bezeichnet wird (evtl. näher ausführen). Nun einen kleinen Steh- oder Sitzkreis bilden. Sie als Jungscharleiter/in haben die Kerze zuerst in der Hand und beten einen Satz – Sie danken Gott für etwas oder bitten ihn um etwas (wenn es die Kinder zum ersten Mal machen, überlegen Sie vorher gemeinsam Sätze und Beispiele, damit sie sicherer sind, z.B. Dank für die schöne JS-Stunde, das gute Wetter, die 1 in Mathe, Bitte für den Zahnarztbesuch, den nächsten Deutschaufsatz, die kranke Mitschülerin ...). Dann geben Sie die Kerze an den Nächsten neben Ihnen weiter, und der betet auch entweder laut, so dass ihn alle hören, oder leise für sich. So wird die Kerze reihum gegeben, bis sie wieder bei Ihnen ankommt und Sie das Gebet mit einem Abschlusssatz oder Segen beenden. Vor dem Gebet wird den Kindern erklärt, dass Gott sie hört, ob sie nun laut oder leise beten, und dass man ihm alles sagen darf. Die Kerze hilft zur Konzentration; jeder weiß, wann er dran ist, und es wird auch dadurch eingeübt und gezeigt, dass jetzt das Gebet dran ist.

– *Persönliches Gespräch: Da das Thema »an Gott glauben«, »Entscheidung« und »anfangen, mit Gott zu leben« angeschnitten wird, sollte man überlegen, ob man das in der Jungschar noch näher thematisieren will, oder man bietet an, dass Kinder, die das näher interessiert oder die Fragen haben, nach der Jungschar zu Ihnen kommen können, weil Sie da mehr Zeit für sie haben und es nicht gleich alle mitkriegen. Man sollte auf gar keinen Fall die Begeisterung über die Geschichte oder die Begeisterung für den Jungscharleiter/die Leiterin ausnützen, um ein Kind zu einer Entscheidung zu drängen, weil dies nicht echt wäre und für später viel kaputtmachen kann. Sie als Leiter/in sollten sich für interessierte Kinder viel Zeit nehmen, sie aber zu nichts drängen. Man darf auf Gott vertrauen, dass er wirkt, wo und wann er will, dass er uns als Werkzeuge gebrauchen will, aber nicht als Zwangsmissionare.*

Bibelstelle: Hebräer 3 *Lukas Geiger, 10 Jahre, Loßburg*

Glaubensprüfung

Ein Siegeslied

Niemand weiß genau, warum Kaiser Nero die frühen Christen in Rom so sehr hasste. Er hatte absolute Macht über Leben und Tod seiner Untertanen und sie lebten in ständiger Furcht vor ihm. Die Christen jedoch fürchteten ihn nicht, denn sie hatten die Angst vor dem Tod verloren. Sie wussten, dass selbst der Tod sie nicht von der Liebe Gottes trennen konnte, und sterben bedeutete für sie, voller Freude in die Gegenwart Christi zu treten. Und so gingen viele von ihnen singend in den Tod. Sie wussten, dass Nero zwar ihren Körper töten konnte, dass er aber keine Macht über ihren Geist hatte. Vielleicht hasste er sie deshalb so sehr.

Den ganzen Sommer lang hatte Nero es genossen, im Kolosseum zu sitzen, dem riesigen Freilichttheater in Rom, und sich und die römische Bevölkerung mit dem Schauspiel zu erfreuen, wie Christen den wilden Tieren vorgeworfen wurden. Doch im kalten römischen Winter war das Kolosseum geschlossen, und so fragte sich Nero, was mit den 40 Christen geschehen sollte, die aufgespürt und verhaftet worden waren und nun das kaiserliche Herz erfreuen sollten.

»Sie sollen erfrieren«, knurrte Nero und blickte in die weiße Winterlandschaft hinaus. Einem Hauptmann seiner Leibwache befahl er, die 40 Gefangenen zu einem kleinen zugefrorenen See in den Hügeln über der Stadt zu führen, sie zu entkleiden und sie in der Nacht aufs Eis zu schicken, damit sie dort starben oder ihrem Glauben abschworen. Der Hauptmann und seine Männer sollten am Ufer ein großes Feuer anzünden und daneben Wache halten, bis der letzte Verurteilte tot umgefallen war oder seinen Glauben verleugnet hatte und ans wärmende Feuer gekommen war.

Neros Befehle wurden ausgeführt, und so standen bald 40 Menschen im Mondschein des klaren Winterhimmels in der Mitte des zugefrorenen Sees. Die Wachmannschaft am Ufer wärmte sich am Feuer. Dann und wann wurde das Knistern des Feuers von einem Lied übertönt, das dort in der Mitte des Sees angestimmt wurde:

> »Vierzig Getreue kämpfen für dich, o Christus,
> erringen für dich den Sieg,
> gewinnen für dich die Krone!«

Der Hauptmann hörte schweigend und traurig zu, denn auch er kannte den Weg des Christus. Auch er glaubte, dass dieser Weg zum ewigen Leben führte, aber er hatte nie den Mut aufgebracht, sich dazu zu bekennen. Er hatte zu viele Christen leiden sehen; wie konnte er aushalten, was sie ertragen mussten?

Plötzlich verstummten die Soldaten und alle Gesichter wandten sich dem See zu. Da stolperte eine Gestalt auf sie zu, den Kopf schamgebeugt. Die Eiseskälte und der Anblick des Feuers hatten die Widerstandskraft des Mannes gebrochen. Die Soldaten brachen in spöttisches Gelächter aus, zerrten den Mann ans Ufer, zogen ihn an und gaben ihm etwas zu essen; sie verachteten ihn. Dort draußen auf dem Eis war das Triumphlied verstummt. Die Leute weinten um ihren Bruder, der sie verlassen hatte.

Doch plötzlich blieb den spottenden Soldaten am Feuer das Lachen im Halse stecken. Ihr Hauptmann erhob sich, warf seine Kleider ab und schritt bleich, aber entschlossen aufs Eis. Die Christen hießen ihn freudig willkommen und bald erschallte wieder ihr Lied, wenn auch die Stimmen schwächer wurden:

> »Vierzig Getreue kämpfen für dich, o Christus,
> erringen für dich den Sieg,
> gewinnen für dich die Krone.«

Vertiefung:
Sagen Sie nach der Geschichte nichts und warten Sie auf die Reaktionen der Kinder. Reden Sie dann mit ihnen über diese Geschichte und die schlimme Zeit unter Nero. Nehmen Sie den Hauptmann in den Blick – wie verständlich ist es, dass er sich zuerst nicht öffentlich zu seinem Glauben bekannt hat! Und plötzlich hatte er den Mut – woher? Überlegen Sie gemeinsam, wo es auch ohne Christenverfolgung in unserem Alltag Situationen gibt, in denen man sich nicht getraut, zu seinem Glauben zu stehen.

Bibelstelle: Philipper 1,21

Sybille Kalmbach, Rutesheim

Was Hennenflügel mit Gott zu tun haben

Mucksmäuschenstill saß Maike da und starrte gebannt in das Halbdunkel. Sie hatte sich ihre Sommerferien ganz anders vorgestellt. Nachdem sie erfahren hatte, dass das Geld nur für zwei Wochen auf einem Bauernhof reichte, war sie sehr enttäuscht gewesen. Sie machte einen Aufstand und wollte nicht mitgehen. Nicht einmal einen Computer gab es dort. Natürlich war sie doch mitgegangen, eine andere Möglichkeit hatte sie ja nicht.

Jetzt hockte sie schon fast den halben Tag in dem düsteren und stinkenden Hühnerstall. Sie kam aus dem Staunen nicht heraus. Ein Ei nach dem anderen hatte hauchdünne Risse bekommen; winzige, nasse und unansehnliche komische Wesen hatten sich schließlich herausgezwängt. Viermal hatte Maike das Schlüpfen eines Kükens nun mitverfolgt, und doch konnte sie sich nicht von dem Anblick lösen.

Aus diesen seltsamen Geschöpfen wurden runde kleine Federbällchen, sobald sie mit ihrer Mutter in Berührung kamen. Unter den Flügeln der alten Henne saßen sie nun sicher und geborgen. Ab und zu lugte eines ganz neugierig darunter hervor. Doch sobald die Mutter gluckste, verschwand es wieder unter den warmen und schützenden Flügeln.

Da fiel Maike auf einmal ein Satz ein, den sie vor einiger Zeit gehört hatte, und langsam fing sie an zu verstehen, was damit gemeint war.

Vertiefung:
Die unten aufgeführten Bibelstellen aufschlagen und die Sätze herausschreiben, dazu ein Bild malen, wie Küken unter den Flügeln der Henne Zuflucht und Schutz finden. Reden Sie mit den Kindern über die Bedeutung dieser schützenden Flügel und überlegen Sie gemeinsam, was das bedeutet, wenn man dieses Bild auf Gott überträgt (wie es die Psalmbeter gemacht haben). Man kann auch jedem Kind eine Post-

karte schenken, auf der eins der Bibelworte steht und eine Henne zu sehen ist, die mit ihren Flügeln ihre Küken schützt.

Bibelstellen: Matthäus 23,37b; Psalm 91,4 (17,8; 36,8; 63,8)

Sarai Krämer, Perousie

Gott – Heiliger Geist

Der Handschuh

Aufmerksam und still haben die Kinder Anja zugehört. Aber alles haben sie nicht verstanden. Wie war das wirklich, als die Jünger an Pfingsten vom Heiligen Geist erfüllt wurden? Als sie alle in verschiedenen Sprachen zu Gott beteten? Anja sieht viele fragende Gesichter.

»Wie ist das, wenn man vom Heiligen Geist erfüllt wird?«
»Wie funktioniert das mit dem Heiligen Geist?«
»Verändert er einen wirklich, und tut das weh?«
»Kann den jeder bekommen?«
»Das kann ich mir nicht vorstellen, wie soll das gehen?«

Dass solche Fragen kommen, hat sich Anja schon gedacht. Jetzt nimmt sie einen Handschuh und legt ihn auf ihr Knie. »Seht ihr«, erklärt sie, »der Handschuh liegt einfach da, aber richtig lebendig wird er erst, wenn meine Hand hineinfährt. Jetzt kann der Handschuh etwas anpacken oder verändern.«

Da meint jemand: »Das stimmt doch nicht, das ist doch immer noch deine Hand. Das ist nicht der Handschuh, der ist bloss drumherum.«

Anja nickt. »Stimmt genau, du hast Recht, es ist eigentlich meine Hand. Uns Menschen kannst du vergleichen mit diesem leeren Handschuh. So wie die Hand in einen Handschuh schlüpft und ihn lebendig macht, so kommt Gottes Heiliger Geist in einen Menschen und erfüllt ihn. Erst dann wird er lebendig. Und von außen siehst du nur den Handschuh. Wie die Hand einen Handschuh füllt, so erfüllt Gott und sein Heiliger Geist dich. Und er handelt durch dich und von außen siehst du nur den Menschen.«

Anja hat ihre Hand immer noch im Handschuh. Plötzlich greift sie nach Peter und packt ihn am Kragen. Peter erschrickt. Er hat doch gar nichts getan. Doch genauso schnell lässt ihn Anja wieder los und streicht ihm freundlich übers Haar. Alle wundern sich ein bisschen, aber Anja fängt schon mit der Erklärung an: »Wenn dich der Handschuh packt und dir weh tut, dann weisst du, es steckt keine freundliche Hand drinnen. Wenn dich der Handschuh aber streichelt, dann gehört die Hand einem Freund. Wenn nun ein Mensch vom Heiligen Geist erfüllt ist, erkennst du es auch an seinem Leben. Er wird mit der Zeit immer mehr Gutes tun. Mit irgendetwas fängt es an. Vielleicht wird er weniger lügen oder freundlicher zu seinen Mitmenschen werden, oder ... na ja, ihr müsst es halt selber ausprobieren. Der Heilige Geist in diesem Menschen bewirkt die Veränderung. So kommt Gott in unser Leben hinein und erfüllt jeden Menschen, wenn er es möchte.«

Methodischer Tipp:
Machen Sie vor oder nach der Geschichte Spiele mit Handschuhen. Oder basteln Sie Handpuppen aus Handschuhen oder Socken und erwecken Sie sie zum »Leben«.

Bibelstellen: Johannes 14,17+26; 16,7 *Gerhard Krehl, Pretoria*

Heilung

Das kranke Kaninchen

Jenny liefen die Tränen übers Gesicht. »Aber wenn Max nie wieder gesund wird?« Jennys Mutter setzte sich neben Jenny ins Gras, und beide beobachteten das Kaninchen Max, das sich nicht von der Stelle rührte. »Max will gar nicht mehr hier im Garten herumtoben. Warum hat ihm der Tierarzt nicht sofort geholfen?«

Jennys Mutter schaute das Kaninchen an, das ein lieb gewordener Teil ihrer Familie war. Auch ihr tat es Leid, Max nicht richtig helfen zu können. »Jenny, der Tierarzt hat es doch gesagt. Er muss zuerst den Befund aus dem Labor abwarten, und dann kann er sagen, ob man Max noch helfen kann oder nicht.«

»Aber wozu ist er denn Arzt? Er soll mein Kaninchen wieder heilen.«

»Jenny, jetzt sei mal nicht ungerecht. Doktor Krause hat Max schließlich schon von ein paar Krankheiten geheilt. Weißt du noch, als Max die schlimme Augenkrankheit hatte? Da haben die Tropfen von Doktor Krause geholfen. Und bei seiner Entzündung am Fuß auch.«

Jenny schluchzte noch einmal auf und war dann lange Zeit still. Plötzlich sagte sie: »Mama, weißt du, wenn Jesus jetzt hier wäre, der könnte Max ruckzuck heilen.« Die Mutter schaute Jenny fragend an. »Weißt du, Jesus konnte kranke Leute wieder gesund machen. Sogar, wenn sie schon tot waren. In der Kinderkirche und im Religionsunterricht habe ich viele Geschichten gehört. Von dem Lazarus und von der Schwiegermutter vom Petrus und von der Tochter vom Jairus und vom Bartimäus und von dem Gelähmten – Mensch, Mama, merkst du was? Das sind ganz schön viele, und immer hat es geklappt. Ich glaube, wir müssen gar nicht mehr zu Doktor Krause gehen. Ich bete einfach zu Jesus, und schwupps ist Max wieder geheilt wie all die anderen, die Jesus gesund gemacht hat.«

Vertiefungsmöglichkeiten:
Gemeinsam überlegen, was die Mutter wohl Jenny geantwortet hat.

- *Arbeiten Sie heraus, warum Jesus damals Menschen geheilt hat, und warum heute manchen Menschen oder Tieren geholfen werden kann, für die man betet, und manchen nicht.*
- *Ein Gebet verfassen, in dem man an alle Kranken denkt und für sie bittet.*
- *Überlegen Sie gemeinsam, was die Aussage »Jesus ist Gottes Sohn, aber kein Zauberdoktor auf Befehl« bedeuten könnte.*

- *Lassen Sie die Kinder ihre Erlebnisse mit kranken Tieren oder Menschen und dem Gebet erzählen.*
- *Überlegen Sie, wie die Geschichte mit dem Kaninchen wohl weitergeht.*
- *Gemeinsam Wundergeschichten bzw. Heilungsgeschichten in der Bibel lesen (siehe z.B. Jennys Aufzählung) und herausarbeiten, wie Jesus geholfen hat, was er sagte und warum er diese Menschen wohl geheilt hat.*

Bibelstellen: Apostelgeschichte 4,22; Markus 10,46ff; 5,21ff; 9,14ff; 7,31ff; 6,53ff; Matthäus 8,1ff; 8,14ff; 15,29ff; Lukas 5,17ff; Johannes 11,1ff

Sybille Kalmbach, Rutesheim

Heimlichkeit

Die verbotene Freundschaft

Einstieg: Bilder von zwei deutschen und einem türkischen Mädchen in die Mitte legen.

Margit war 10 Jahre alt und ging in die Grundschule. Sie war ein fröhliches Mädchen und ging ganz gern zur Schule, nur Mathe mochte sie nicht. Aber da half ihr ihre Freundin beim Lernen. In dem Ort, in dem Margit wohnte, lebten zahlreiche ausländische Familien, in der Mehrzahl aus der Türkei.

Margit kam normalerweise immer um 12 Uhr von der Schule nach Hause. Doch plötzlich begann es, dass sie nach Schulschluss immer erst viel später zu Hause war, was die Mutter sehr verwunderte. Der Schulweg war nicht weit, und der Mutter kam das Ganze ein wenig seltsam vor. Deshalb fragte sie nicht lange, sondern lief mittags ihrer Tochter entgegen und wartete versteckt hinter Büschen. Fröhlich plaudernd marschierte Margit mit ihrer Banknachbarin

Selina die Straße entlang und brachte Selina bis an die Haustür. Schnell kehrte sie wieder um und ging nicht etwa die letzten Schritte nach Hause, nein, sie rannte wieder Richtung Schule. Die Mutter wartete jetzt umso gespannter hinter ihren Büschen. Bald darauf hüpften zwei muntere Mädchen den Schulberg herunter und ihre Augen strahlten! Margit hielt ihre türkische Freundin Aisha an der Hand und erklärte ihr nebenbei lebhaft die Hausaufgaben.

Treu sorgend wie Margit war, begleitete sie ihre muslimische Freundin auch bis an deren Haustür, die viel weiter entfernt lag. Dann kam sie zufrieden und glücklich heim, wo sie die Mutter (die zwischenzeitlich schnell heimgeeilt war) bereits zum Mittagessen erwartete. Die ganze Familie freute sich stets auf das gemeinsame Mittagessen. Jeder erzählte von seinen Erlebnissen, Vater, Mutter, Margits kleiner Bruder und auch Margit berichteten, was sie alles erlebt hatten. Aber mit keiner Silbe erwähnte Margit den doppelten Schulheimweg.

Bei der gemütlichen abendlichen Lesestunde an Margits Bett sprach die Mutter sie darauf an, warum sie zuerst mit Selina und dann noch extra mit Aisha heimgelaufen sei. Da schluchzte Margit auf, denn das bedrückte sie schon seit einiger Zeit. Sie litt sehr darunter, dass ihre Freundin Selina nichts mit den ausländischen Mitschülern zu tun haben wollte – Selinas Eltern sagten, es wären »Andersgläubige«. Margit mochte aber beide Freundinnen, Selina und Aisha, und schlug deshalb in ihrer Not diesen »Kompromiss-Doppelweg« ein. Das verstand die Mutter gut. Sie litt selbst sehr darunter, dass sich Menschen verschiedener Länder, Kulturen und Religionen ablehnen.

Jetzt brauchte Margit nicht mehr heimlich den zweiten Schulweg einzuschlagen, denn sie wusste, dass ihre Eltern Verständnis für sie hatten. Dennoch ließ Margit nicht locker, bis nach langer Zeit die drei Klassenkameradinnen gemeinsam heimgehen durften.

Vertiefung:
Gespräch über ausländische Mitschüler und den Umgang mit ihnen, Gespräch über andere Kulturen und Auffälligkeiten oder Bräuche (z.B. Kopftuch) und den Umgang damit.

Bibelstelle: Lukas 10,25-37 *Bärbel Kalmbach, Hallwangen*

»Ich habe keine Lust!«

Heute macht Tobias' Mutter das ganze Haus von oben bis unten sauber. »Weil heute Frühlingsanfang ist«, sagt die Mutter. Tobias hält nicht sehr viel von dieser Art von Frühlingsanfang. Er verkriecht sich in sein Zimmer und tut so, als ob er total beschäftigt wäre, um ja nicht mithelfen zu müssen. Doch irgendwann kommt die Mutter ins Zimmer und fragt, ob er nicht den Flur saugen könnte. »Der Staubsauger steht schon bereit, du musst ihn nur noch einschalten.«

Impulsfragen: Was glaubt ihr – wird Tobias den Flur sauber machen? Würdet ihr an seiner Stelle der Mutter helfen? Wie ist das bei euch mit dem Mithelfen zu Hause geregelt?

Tobias hat überhaupt keine Lust zum Staubsaugen. Er sieht auch nicht ein, warum gerade er der Mutter helfen soll. Deshalb brummt er etwas von »hab noch Hausaufgaben zu machen« und schließt die Tür hinter sich zu. Die Mutter ist sowieso beschäftigt und merkt nie, dass er natürlich überhaupt keine Hausaufgaben macht ...

Nach dem Mittagessen ruft ihn der Vater und bittet ihn, den Hof zu fegen. Der Vater kümmert sich gerade um die Fahrräder der Familie und macht sie wieder flott für den Sommer. Deshalb möchte er, dass Tobias ihm das Fegen abnimmt. »Schon wieder so eine doofe Arbeit und anstrengend ist das auch noch«, denkt Tobias. Die Ausrede mit den Hausaufgaben zieht aber jetzt nicht mehr und so ruft er dem Vater einfach durch das Fenster zu: »Ich habe keine Lust, das kann doch auch jemand anderes tun!«

Impulsfragen: Warum hat man manchmal keine Lust, etwas zu tun? Wie bewertet ihr das Verhalten von Tobias? Wie sollten sich die Eltern eurer Meinung nach verhalten?

Tobias' Eltern sind über das Verhalten ihres Sohnes sehr enttäuscht. Sie beschließen deshalb, ihn in Zukunft etwas spüren zu lassen, wie das ist, wenn man eine Bitte um Hilfe ablehnt. So bleibt der Plattfuß an Tobias' Fahrrad erst einmal so wie er ist, weil der Vater einfach keine Lust hat, ihn zu reparieren. Und auch bei der Bastelarbeit, die Tobias aus der Schule mit nach Hause bringt, hilft die Mutter nicht mit, denn sie hat keine Lust.

Impulsfragen: Glaubt ihr, Tobias wird nun sein Verhalten gegenüber seinen Eltern ändern? Wie würdet ihr reagieren? Bei welchen Tätigkeiten seid ihr auf die Hilfe von anderen angewiesen?

Vertiefung:
Was sagt Jesus zum Thema Helfen? Vgl. 1. Petrus 4,10: »Dient einander, ein jeder mit der Gabe, die er empfangen hat, als die guten Haushalter der mancherlei Gnade Gottes.«

Bibelstelle: 1. Petrus 4,10 *Marion Käser, Hausen i.V.*

Helfen

Mit Geld kann man viel Gutes tun

Henri Dunant (sprich: ãri Dünã) hat schon als junger Mann so viel Geld, dass er in seiner Heimatstadt Genf einen Saal mieten kann, um junge Männer einzuladen – zu einer Evangelisation! Auf einer Evangelisation wird viel von Jesus erzählt und dazu eingeladen, sich für den Glauben an ihn zu entscheiden. Henri Dunant hat also so viel Geld, um in Genf einen Saal für eine Evangelisation zu mieten. Und er ist erst 27 Jahre alt, als er bei der Gründung des CVJM (Christlicher Verein junger Männer)-Weltbundes dabei ist.

Als er 31 Jahre alt ist (1859), erlebt er bei Solferino in Italien mit, wie 40 000 Soldaten bei einem Kampf verwundet werden, und er hilft mit, die Verletzten zu versorgen. Wieder zu Hause berichtet er von diesem Erlebnis und regt damit die Gründung von freiwilligen Hilfsorganisationen an, die sich um die Versorgung von Verwundeten kümmern: das Rote Kreuz.

Aber das ist ihm noch nicht genug. Er reist durch Europa und besucht Könige und Präsidenten, und schon 1863 findet eine internationale Konferenz statt. 1864 wird das Genfer Abkommen (Genfer Konvention) geschlossen: Überall dort, wo ein rotes Kreuz auf einem weißen Untergrund zu sehen ist, herrscht Neutralität. Das heißt, dass hier keine Soldaten kämpfen, sondern Menschen sich um die Rettung und Versorgung von Verletzten kümmern.

Henri Dunant steckt sehr viel Geld und seine ganze Energie in den Aufbau des Roten Kreuzes und vernachlässigt dabei seinen Beruf als Bankier. Schließlich geht er bankrott und lebt viele Jahre in einem Armenheim, die Welt hat ihn vergessen. Aber dann entdeckt ihn ein Reporter. Großes Erstaunen – Dunant, wer war das nochmal? Hatte der nicht einmal das Rote Kreuz ...? Als er 73 Jahre alt ist (1901), erhält er den Nobelpreis. 1910 stirbt er. Als die Leute sein Testament eröffnen, lesen sie als letzten Satz: »Ich bin ein Jünger Jesu und sonst nichts.«

Weitere Infos zum Roten Kreuz:
Das Rote Kreuz war später, während der Nazizeit, so neutral, dass es nicht wagte, sich für die Juden einzusetzen. Damit hätte es ja gegen NS-Deutschland Partei ergreifen müssen. In den Jahren zwischen 1939 und 1945 hat der Rote-Kreuz-Suchdienst über 120 Millionen Nachrichten zwischen Kriegsgefangenen und ihren Familien vermittelt.

Vertiefungsmöglichkeiten:
In einem Lexikon nachschlagen, was man dort über Henri Dunant findet.
- *Gemeinsam überlegen, wie andere reiche Menschen ihr Geld verwenden (anlegen, für sich selbst ausgeben, anderen helfen ...).*
- *Eine Einrichtung des Roten Kreuzes besuchen.*
- *Nähere Infos zum CVJM und zum CVJM-Weltbund zusammentragen.*

Bibelstelle: Hebräer 13,16 *Nicole Vogel, Münsingen*

Hirte

Tom, der Hirte

Tom war 15 Jahre alt. Er lebte in einem kleinen Bergdorf. In der Schule war er sehr schwach. »Was soll aus ihm werden?«, fragten sich seine Eltern. »Er ist ein guter Junge und bei allen Leuten beliebt, aber es wird schwierig, für ihn einen Beruf zu finden.«

Da hatte einer aus dem Dorf eine Idee: »Wisst ihr, in den Ferien hat Tom doch immer dem alten Hirten geholfen, die Schafe zu hüten. Tom hat eine gute Art mit den Schafen umzugehen, und es hat ihm sehr viel Freude gemacht.« – »Tom wird Hirte!« Das war gut für ihn. Hier konnte er die Gaben entfalten, die er hatte.

Tom wurde ein guter Hirte. Er führte seine Schafe weg vom Dorf, tief in die Berge. Er weidete sie auf grünen, saftigen Wiesen. Er führte sie zur frischen Wasserquelle. Er kannte jeden Weg und führte seine Schafe am Abend wieder sicher in den Stall. Im Sommer sammelte er Heu für den langen Winter. Er stapelte es in einer großen, trockenen Höhle in den Bergen. Wenn dann der erste Schnee fiel, führte er seine Schafe in die Höhle. Er gab ihnen Heu für eine Woche. Dann verschloss er die Höhle mit einem Gatter und ging zurück ins Dorf. Nach einer Woche kam er zurück und fütterte die Schafe wieder. Die Leute im Dorf hatten schnell bemerkt: »Tom ist wirklich ein guter Hirte.«

Es war wieder einmal Winter. Obwohl tiefer Schnee lag, stieg Tom hinauf in die Berge, um die Schafe zu füttern. Als er einen Tag bei den Schafen war, kam ein großer Schneesturm. Es schneite mehrere Tage. Die Menschen im Dorf sagten: »Hoffentlich ist Tom in der Höhle geblieben. Nach dem Sturm wird er zurückkommen.« Der Schneesturm hörte auf. Aber Tom kam nicht. Man wartete – einen Tag, zwei Tage, drei Tage. Die Leute machten sich große Sorgen: »Hoffentlich ist ihm nichts passiert.«

Schließlich machte sich ein Team auf in die Berge, um nach Tom zu suchen. Als sie zur Höhle kamen, stellten sie fest: »Tom ist da gewesen.« Die Schafe hatten frisches Heu und klares Wasser. Die

Suche ging weiter. Immer wieder riefen sie seinen Namen: »Tom! Toooommm!« Aber außer dem Echo, das von den Bergen zurückkam, war nichts zu hören. Nach drei Tagen gaben die Leute erschöpft und müde auf, nach Tom zu suchen.

Es wurde Frühling. Der Schnee schmolz. Eines Tages kam ein Mann aufgeregt ins Dorf gelaufen: »Leute!«, rief er laut. »Ich habe Tom gefunden«, und leise fügte er hinzu: »Er ist tot!« Einige Männer aus dem Dorf machten sich sofort auf. Tatsächlich, in einer Schneehöhle lag er. »Merkwürdig«, sagte einer aus der Gruppe. »Sein Gesicht hat so ein Strahlen, und mit seiner rechten Hand hält er den Ringfinger der Linken fest umschlossen. Ganz fest. Was das wohl zu bedeuten hat?« Niemand wusste eine Erklärung.

Da kam der alte Pfarrer des Dorfes. Er sah Tom lange an. Dann sagte er zu den Männern: »Ich will euch sagen, warum Tom seinen Ringfinger so fest hält. – Tom war ja nie so gescheit und im Konfirmandenunterricht konnte er nicht viel lernen. Auch nicht den Psalm vom guten Hirten. Da sagte ich zu ihm: ›Tom, du lernst nur die ersten fünf Wörter von diesem Psalm. Strecke deine linke Hand aus und spreize die Finger. Jetzt kannst du die fünf Wörter an den Fingern abzählen: Der – Herr – ist – mein – Hirte.‹ Tom ging mit dem Zeigefinger der rechten Hand an den fünf Fingern entlang. Beim Daumen fing er an: ›Der – Herr – ist – mein – Hirte.‹

›Jesus ist der gute Hirte. Er kennt dich. Er geht mit dir. Er ist *dein* Hirte. Dein Hirte, der dich nicht verlässt. Merk es dir. Und damit du es gewiss nicht vergisst, umklammerst du bei dem Wort *mein* mit der rechten Hand den Ringfinger der linken. So. So ist es recht. Der – Herr – ist – *mein* – Hirte. Er lässt uns nicht umkommen. Und niemand wird uns aus seiner Hand herausreißen. Auch nicht der Tod.‹«

Da wussten die Männer, woran Tom gedacht hatte, als er starb.

Vertiefung:
Lernen Sie mit den Kindern auch die ersten fünf Wörter des Psalmes so, wie es Tom gelernt hatte. Üben Sie mit und ohne Worte. Lassen Sie die Kinder anschließend ein Bild von einem Hirten mit seiner Schafherde malen und den Anfang des Psalm 23 oder den ganzen Psalm darunter oder daneben schreiben.

Bibelstelle: Psalm 23 *Thomas Maier, Berlin*

Jesus liebt dich

Ein Zettel vom Himmel?

»Ich brauche noch eine Schnur, aber eine lange!« – »Wo gibt's Karton für eine Postkarte?« – »Luftballons gut festhalten!«

Alle rufen durcheinander, es geht hoch her bei den Vorbereitungen für den Luftballonstart. Nur Simon sitzt ganz still auf dem Boden etwas abseits und malt sehr sorgfältig eine extra-große Postkarte für seinen Luftballon. Neugierig versucht Timo, ihm über die Schulter zu schauen: »Was schreibst du denn für Romane? Der Absender reicht doch, damit sich der Finder bei dir melden kann.«

Schnell dreht Simon die Karte um und sagt nur: »Das ist allein für den Empfänger des Luftballons bestimmt.«

Timo läuft kopfschüttelnd weiter. Der hat vielleicht Humor, als ob er wüsste, wer den Luftballon mit der Nachricht findet. »Manchmal ist Simon schon komisch«, murmelt er vor sich hin. Doch der sitzt immer noch auf dem Boden und wirft einen letzten Blick auf seine Luftballonkarte. Bevor er den Ballon daran festknotet, schaut er in den Himmel und betet: »Jesus, du allein weißt, wer diesen Luftballon mit der Karte finden wird. Lass ihn doch bitte dem Menschen helfen zu verstehen, dass du ihn liebst.«

Die anderen sind auch schon fertig; gemeinsam zählen sie nun von zehn rückwärts. Die bunte Schar von Luftballons steigt in den Himmel und wird immer kleiner.

»Ich geh nicht mehr heim, wenn die mich weiterhin so nerven!« Kevin ist so wütend, dass er schon laut vor sich hinredet, ohne es zu merken. Seine Mutter hat ihn wieder zur Jungschar geschickt, dabei kann und will er diese Geschichten einfach nicht mehr hören. Seine Eltern hätten gern, dass er das alles glaubt. Dabei wird er in der Schule von Markus und Philipp oft gehänselt. Er wäre gern so wie sie: von den anderen nicht nur akzeptiert, sondern sogar richtig angesehen.

»Ich hasse euch schon fast dafür, dass ihr mir den ganzen Quatsch aufzwängen wollt«, schimpft Kevin weiter. Eigentlich stimmt das gar nicht, er mag seine Eltern, andere könnten auf ihn neidisch sein. Doch er kann nur noch an diese eine Seite von ihnen denken, die ihn so aufregt. Er würde am liebsten einfach alles vergessen, was er jemals über Gott gehört hat, ihn einfach aus seinen Gedanken wegwischen. Er würde gern, aber es geht nicht. Es ist richtig verzwickt: Je mehr er versucht, nicht daran zu denken, desto mehr Geschichten fallen ihm ein. Davonlaufen ist also auch sinnlos.

Ein lauter Knall reißt ihn aus seinen Gedanken. Er dreht sich um und sieht in der Ästen eines Baumes einen zerfetzten Luftballon hängen. Kevin klettert ein Stück hinauf, bis er hinkommt. Wieder unten angekommen, faltet er die Karte auseinander, die an der Luftballonschnur hing – und muss sich erst einmal setzen. In dicken Buchstaben steht da: JESUS SUCHT DICH, WEIL ER DICH LIEBT!

»Ich fass es nicht!« Kevin zwickt sich erst einmal in den Arm, um sicherzugehen, dass er nicht schon Alpträume hat. Er liest es immer wieder. Besonders das »weil er dich liebt« lässt ihn nicht mehr los. Das hat er noch nie wirklich verstanden. Jesus meint ihn, Kevin. Er ist ihm wichtig, nein, er liebt ihn sogar. Jetzt wird es ihm auf einmal klarer. Er setzt sich einfach auf den Boden und betet: »Jesus, du schickst sogar einen Zettel vom Himmel, damit ich endlich verstehe, dass du mich liebst. Jetzt will ich dir nicht mehr länger davonlaufen, sondern mit dir leben.« Er klemmt sich die Karte unter den Arm und macht sich auf den Heimweg.

Vertiefung:
Überlegen Sie gemeinsam, warum der Luftballon Kevin geholfen hat und warum Simon diesen Satz auf die Postkarte geschrieben hat. Machen Sie auch einen Luftballonstart mit den Kindern und überlegen Sie vorher gemeinsam, welchen Text jeder Einzelne auf die Karte schreiben will und warum.

Bibelstelle: Offenbarung 3,20

Sarai Krämer, Perouse

Jungschar

»Das ist doch von der Kirche«

»Mach sie fertig, Lukas! Auf, die schaffst du noch«, feuerte Lars seinen Freund an. Lukas schwitzte und hatte einen feuerroten Kopf. Wie jeden Mittwoch saßen sie bei Lars im Zimmer und spielten mit seinem Computer. Lukas war kurz vor einem neuen Highscore – doch plötzlich piepste seine Uhr Alarm.

»Lars, kannst du übernehmen, ich muss jetzt gehen«, sagte Lukas zu seinem Freund.

»He, du stehst kurz vor einem neuen Rekord, da kannst du doch nicht einfach aufhören.«

»Aber ich muss in die Jungschar – die fängt in 5 Minuten an. Und die möchte ich auf keinen Fall verpassen«, antwortete Lukas.

Lars schüttelte verständnislos den Kopf. »Du und deine blöde Jungschar. Das ist doch von der Kirche. Ist doch voll langweilig!«

Lukas war schon fast aus dem Zimmer. Wie jeden Mittwoch machte er sich auch heute kurz vor fünf auf den Weg in die Jungschar. Was sie wohl heute machen würden? Die letzten Worte von Lars klangen ihm noch im Ohr: »Das ist doch von der Kirche. Ist doch voll langweilig.« Der hatte keine Ahnung. Lukas war jetzt seit einem halben Jahr in der Jungschar und bisher war es immer genial. Ohne Jungschar wäre das Leben ganz schön langweilig. Denn jede Woche freute sich Lukas schon auf den Mittwoch.

Vertiefung:
Werbeslogans oder Werbeplakate für Jungschar/Kinderkirche bzw. Religionsunterricht/Kirche oder für Jesus erfinden und gestalten. Gemeinsam entweder im Gemeindehaus aufhängen oder beim Bäcker, in der Schule ... In der darauffolgenden Woche über die erlebten und gehörten Reaktionen berichten.

Bibelstelle: 5. Mose 6,4-7; Markus 16,15

Sebastian Heusel, Münsingen

Überraschung!

»Ein Wochenende voller Überraschungen ...«, so hatte es in der Einladung für die Jungschar-Wochenendfreizeit gestanden. Tamara war ziemlich gespannt, was die Mitarbeiter sich alles überlegt hatten. Jetzt musste sie nur noch ihre Sachen einpacken, dann konnte es losgehen. Vor lauter Aufregung rannte sie in der ganzen Wohnung herum. Mit ihrer Freundin Julia hatte sie schon einige Aktionen, so genannte »Überraschungen«, für die Mitarbeiter geplant. Schlafen wollten sie nachts auf jeden Fall nicht, das Wochenende musste schließlich ausgenutzt werden. Ihre Taschenlampen und Taschenmesser würden sie benutzen, wann es ihnen gefiel. Die gruselige Plastikspinne wollte Tamara auch einpacken. Julia würde etwas Pfeffer und Juckpulver mitbringen. Das würde ein Wochenende geben! Die Freude war jetzt schon groß.

Um halb vier trafen sich alle mit Sack und Pack am verabredeten Treffpunkt – und Überraschung Nummer 1: Sie gingen zu Fuß die ca. zwei Kilometer zu dem Haus, in dem das Wochenende stattfinden sollte.

»Toll!«, flüsterte Julia Tamara ins Ohr und verdrehte dabei die Augen. »Und das bei dieser Kälte. Da sind *unsere* Überraschungen doch wirklich angebracht.«

Tamara verstand Julias Geschimpfe nicht, ihr machte so ein Spaziergang nichts aus. Außerdem war das wirklich mal etwas anderes. Sie hatte keine Lust, sich ihre gute Laune verderben zu lassen. Nachdem die Sachen alle im Haus verstaut waren, fing die Freizeit richtig an: Kürbislaternen basteln, singen, neue und lustige Spiele spielen und erfinden ... So was machte echt Spaß – Jungschar ein ganzes Wochenende lang. Auch die Mitarbeiter waren gut gelaunt und ziemlich locker.

An Überraschungen fehlte es tatsächlich nicht: Hasenspuren im frischen Schnee, frische Brötchen zum Frühstück, ein »Drohbrief«

mit Geländespiel, ein bunter Überraschungskuchen, eine Nachtwanderung, bei der ihnen Rehe über den Weg liefen, und natürlich jede Menge Überraschungs-Eier.

Am zweiten Abend fiel Tamara plötzlich ein, dass sie ihre eigenen Überraschungen vor lauter Programm ganz vergessen hatten. Doch als sie darüber nachdachte, hatte sie gar keine Lust mehr, die Mitarbeiter zu ärgern; Julia hatte es sicher auch vergessen. Viel lieber erinnerte sie sich an die Erlebnisse der Überraschungs-Personen. Über das ganze Wochenende verteilt bekamen sie nämlich immer wieder Besuch von verschiedenen Überraschungs-Personen, und die erzählten Überraschungen aus ihrem Leben, die wirklich ungewöhnlich waren.

Wie wird einer, der todkrank ist, plötzlich kerngesund? Können mehr als 5000 Menschen tatsächlich von fünf Broten und zwei Fischen satt werden? – Wo doch beim Mittagessen ziemlich viele Spaghettis kaum gereicht hatten. Hört ein gewaltiger, lebensbedrohlicher Sturm einfach auf Kommando auf? War die Tochter des einen wirklich tot gewesen, als da jemand kam und sie lebendig machte? Stimmte das alles?

Diese Erzählungen stammten alle aus der Bibel, hatten die Mitarbeiter später erklärt. Dass die Bibel keine Erfindung war, sondern dass darin wahre Geschichten standen, wusste Tamara. Nicht nur weil die Mitarbeiter das sagten, sie hatte das auch selbst schon gemerkt. Und wenn das so war, dass das Leben mit Jesus wirklich so spannend und voller Überraschungen war, wollte sie sich das doch mal überlegen. Wie Julia wohl darauf reagieren würde?

Das Überraschungs-Wochenende ging leider viel zu schnell zu Ende. Zur Erinnerung bekam jedes Kind noch eine Überraschung mit nach Hause. Tamara aber nahm nicht nur das Überraschungspaket und die vielen Überraschungserlebnisse mit, sondern auch die Frage: »Soll ich ab jetzt ein Leben mit Jesus beginnen und auf die Überraschungen mit ihm gespannt sein?«

Impulsfragen: Was meint ihr, wie hat sich Tamara wohl entschieden? Welche Überraschungen werden Tamara erwarten, wenn sie ein Leben mit Jesus beginnt? Wird sie auch erleben, wie ein Sturm plötzlich still ist und wie 5000 Menschen von fünf Broten und zwei Fischen satt werden?

Vertiefung:
Gemeinsam mit den Kindern ein Überraschungs-Wochenende oder einen Überraschungsabend planen und durchführen.

Bibelstelle: Johannes 8,12 *Sarai Krämer, Perouse*

Kinder

Fröhliches Kasperletheater

Als erstes stand die große Schultafel oben auf der Bühne. Der Kaufladen und das Puppenhaus leisteten ihr Gesellschaft, daneben standen eine Puppenwiege und die heiß geliebte Eisenbahn mit all ihren verschiedenen Loks und Wagen, den dazugehörenden Gleisen und den vielen liebevoll gefertigten Häusern. Puppen, Bären und andere Kuscheltiere lagen schlafend in ihren Kisten, bis sie immer wieder fast wie »neu geschenkt« im Spielzimmer auftauchten und dafür ein anderer Spielkamerad »schlafen« durfte.

Mutter stand versonnen inmitten dieser ruhenden Spiellandschaft, und plötzlich hatte sie eine tolle Idee! Sie hängte die Tafel aus, stellte sie zum Kaufladen und nahm das Holzgestell der großen Tafel mit ins Arbeitszimmer. Mit der Nähmaschine verwandelte sie bunte Stoffe aus der Restekiste in fröhliche Vorhänge, die sie auf einer goldblitzenden Vorhangstange im Tafelgestell oben einhängte. Jetzt fehlte nur noch die Verkleidung für das Fußgestell! Starke Pappe, bunt bemalt, befestigte Mutter gut, und fertig war ein Kasperletheater mit Vorhängen zum Auf- und Zuziehen! Sie konnte es kaum erwarten, bis ihre drei Kinder abends im Bett waren, und ihre Gutenachtgeschichte fiel kürzer aus als sonst.

Nach dem Abendgebet schliefen alle drei bald tief und fest. Mutter ging wieder begeistert an die Arbeit, denn was war ein Kasperletheater ohne Handpuppen? In langen Wochen entstanden ganz heimlich, ohne dass die Kinder etwas entdeckten, verschiedene Handpuppen, für die der handwerklich begabte Vater noch eine Puppenkiste bastelte.

Endlich war es so weit! An einem verregneten Sonntagnachmittag saßen alle gemütlich vereint bei Kerzenschein, leckerem Marmorkuchen und Kinderpunsch am runden Tisch im Wintergarten. Plötzlich verschwanden die Eltern. Verständnislos blickten sich die Kinder an: »Was ist jetzt los?« Gespannt blickten sie auf das mit einem Leintuch verhüllte Gestell. Langsam wurde das Geheimnis gelüftet und das Leintuch abgezogen. Ein Jubelschrei kam gleichzeitig aus drei Kehlen: »Ein Kasperletheater! So was Tolles!«

Aber das war noch nicht alles! Neugierig starrten alle drei auf die Holzkiste. Und die glücklichen Eltern zauberten lauter fröhliche Gesellen und lustigen Gefährtinnen samt dem frechen Kasperle aus der Puppenkiste. Das Kasperletheater und die verschiedenen Handpuppen riefen bei den Kindern große Begeisterung hervor. Die Holzbänke und Kinderstühle ersetzten die Theaterränge und der Phantasie waren keine Grenzen gesetzt.

An applaudierendem und auch selbst spielendem Publikum fehlte es in der Großfamilie nicht. Bei jedem Familienfest mit Großeltern, Tanten, Onkeln, Cousins und Cousinen gab es spontane Theateraufführungen. Es ging oft so lustig zu, dass selbst die großen »ausgewachsenen« Vettern sich lachend am Boden wälzten.

Nicht selten verkleidete sich das junge Volk selbst und erfreute mit Gesang und Spiel nicht nur die Familie und Freunde, sondern auch die betagten Nachbarn. Auch biblische Geschichten setzten die Kinder in Szene und erlebten den Inhalt, den sie jetzt »spielend« mitteilten, ganz anders. Die Freude stand den spielenden Akteuren ins Gesicht geschrieben und kam wie ein Echo vom begeisterten Publikum zurück. Ob Kind, ob Erwachsener – jeder wurde bei diesen frohen oder besinnlichen Spielen zum Kind, das einfach empfangen kann, ohne etwas dafür geben oder leisten zu müssen.

Vertiefungsmöglichkeiten:
Mit den Kindern zusammen die Geschichte von der Kindersegnung mit Kasperpuppen nachspielen. Als Bühne geht auch ein umgestürzter Tisch, Kasperpuppen gibt es in vielen Kinderzimmern oder auch in Kindergärten auszuleihen.

– *Auch andere biblische Geschichten lassen sich gut mit Kasperfiguren nachspielen, und die Kinder vertiefen so den Inhalt der Geschichte, weil sie sie nicht nur erzählt bekommen, sondern persönlich miterleben. Warum nicht immer wieder in der Jungschar die biblische Geschichte durch ein biblisches Puppentheaterstück vertiefen? Wichtig ist nur, dass man darauf achtet, dass die Geschichte nicht ins Lächerliche gezogen wird. Natürlich sollte Jesus nicht von der Kasperfigur gespielt werden und »Tri-tra-trullala« singen – aber das kann man ja durch die Einführung und die Puppenauswahl regeln.*

Bibelstellen: Sprüche 15,13; Matthäus 18,3

Bärbel Kalmbach, Hallwangen

Kinderheim

Carolinas Familie

Eigentlich hat Jasmin sich ein Zimmer mit ihrer Freundin Laura teilen wollen. Doch kurz vor den Sommerferien ist Laura krank geworden – und Jasmin geht nun allein auf die Jungscharfreizeit.

Auf der Busfahrt lernt Jasmin Carolina kennen. Sie ist anfangs sehr still, doch dann spielen sie zusammen Karten und haben eine Menge zu lachen. Im Freizeitheim angekommen, verkünden beide lauthals: »Wir wollen zusammen in ein Zimmer!« In den folgenden Tagen verstehen sich die beiden immer besser und sind bald die dicksten Freundinnen.

Eines Abends erzählt Jasmin von ihren Eltern. »Weißt du, Carolina, manchmal stinkt es mir ganz schön, dass mein Papa so streng zu mir ist. Vielleicht liegt es ja daran, dass ich die Älteste bin von uns Kindern. – Wie ist das denn bei dir zu Hause? Ich meine: Ist dein Vater auch so?«

Carolinas Gesicht wird ernst und leise antwortet sie: »Ich habe keine Eltern mehr. Sie sind bei einem Autounfall ums Leben gekommen, als ich sechs Jahre alt war.«

Jasmin schluckt. Das hat sie nicht gewusst. »Tut mir Leid ... ähm ... hab ich nun etwas Falsches gesagt?«, stottert sie.

Carolina lächelt und erwidert: »Ach was, das bin ich gewohnt. Manchmal tut es ganz schön weh, wenn man andere sieht, die noch ihre Eltern haben. Da denke ich dann oft: Lieber Eltern, die streng sind, als gar keine Eltern mehr haben.«

Jasmin schweigt und blickt verlegen vor sich hin. Dann fragt sie Carolina: »Hast du gar keine Familie? Ich meine Geschwister, Tanten, Onkel?«

Jasmin schüttelt den Kopf. »Nein, so eine Familie hab ich nicht – dafür aber eine andere, ganz besondere Familie. Wenn ich alle Leute aus meiner Familie zusammenzähle, dann habe ich zwei Väter, drei Mütter und sechs Geschwister.«

Neugierig blickt Jasmin sie an und fragt: »Wie geht denn das?«

Und Carolina beginnt zu erzählen. In einem Kinderheim wohnt sie, aber das ist eigentlich kein Heim, weil sie in einem ganz normalen Wohnhaus in der Stadt lebt. In einer großen Wohnung teilen sich nur die Kleinsten jeweils ein Zimmer. Die »Großen«, zu denen Carolina seit ihrem achten Lebensjahr gehört, haben alle ein eigenes Zimmer. Und wenn sie von der Schule heimkommt, ist immer jemand da. Denn ihre zwei Väter und drei Mütter, erklärt sie, sind Erzieher, die sich um sie und die sechs anderen Kinder kümmern. »Wir müssen natürlich mithelfen beim Kochen, Spülen, Putzen oder Einkaufen. Aber irgendwie ist immer Leben in unsrer Bude. Komm mich doch mal besuchen, es wird dir sicher gefallen!«

An diesem Abend reden die beiden noch lange. Vor dem Einschlafen denkt Jasmin: »Komisch, ich hatte mir ein Kinderheim immer ganz anders vorgestellt!«

Vertiefung:
Gemeinsamer Besuch in einem Kinderheim mit Gegeneinladung in die Jungschargruppe. Anschließend sollten Sie sich über das Erlebte, über den Eindruck des Kinderheims und alles, was die Kinder jetzt beschäftigt, austauschen.

Bibelstellen: Psalm 27,10; Jesaja 66,13

Rosemarie Ilg, Tübingen

Kirche

Wo Gott ist

Nach der Kinderkirche ging Sebastian fröhlich pfeifend aus der Kirchentür auf den Vorplatz hinaus. Zwei wichtig aussehende Männer standen dort: »Na, Kleiner, was hast du denn in der Kirche gemacht?«, fragte einer von ihnen.

»Wir haben gefeiert, dass Gott da ist«, sagte Sebastian.

»Glaubst du das etwa? Ich gebe dir eine Tüte Gummibärchen, wenn du mir beweisen kannst, dass Gott tatsächlich da drinnen in der Kirche ist«, antwortete der Mann.

Sebastian überlegte kurz und sagte dann: »Und ich gebe dir zwei Tüten Gummibärchen, wenn du mir beweisen kannst, dass er nicht da ist«.

Vertiefung:
Mit den Kindern überlegen, wie man anderen Menschen erklären kann, wer Gott ist und wie Gott ist.

Bibelstellen: Matthäus 18,20; Psalm 139,1-6

Wolfgang Ilg, Tübingen

Klassenarbeit

Julian schwänzt die Klassenarbeit

Der Wecker klingelte. Julian räkelte sich wohlig. Gestern war ein super Tag gewesen. Er hatte endlich mal wieder das machen können, wozu er Lust gehabt hatte. Ein Lächeln huschte über sein Gesicht.

»Dienstag. Was haben wir denn heute?«, dachte er. »Religion ...« Plötzlich saß er mit schreckverzerrtem Gesicht aufrecht im Bett. »O weh! Wir schreiben heute eine Reliarbeit und das hab ich total vergessen.« Er sprang aus dem Bett, schnappte seine Sachen, beeilte sich im Bad, fand kaum Zeit »Guten Morgen« zu sagen, trank seinen Saft, und als er das Brötchen hinunterschlang, saß er schon vor seinem Religionsheft. Er prüfte zuerst, wie viel er in der nächsten Stunde lernen müsste. Eine Seite nach der anderen blätterte er um und wurde immer blasser. »Das schaff' ich nie!« Trotzdem, jetzt schon aufzugeben, das war auch nicht seine Sache. Er versuchte es mit aller Macht, doch noch irgendetwas zu behalten. Er paukte zu Hause, auf dem Weg und im Bus ... aber das Ergebnis war niederschmetternd.

Schließlich biss er grimmig und auch ein wenig trotzig die Zähne zusammen. Er hatte die Lösung! Kurz vor der Schule drehte er ab und dachte: »Dann lass ich's heute bleiben. Ich geh einfach nicht hin.« Die nächsten 50 Minuten plagte ihn das schlechte Gewissen: »Was sag ich der Müller? – Kauft sie mir das ab? – Gilt das als Arbeitsverweigerung, wenn's rauskommt? – Hätt ich bloß dran gedacht. – Wenn ich bloß gestern gelernt hätte!« Aber das ließ sich nicht mehr ändern.

Julian lief ziellos durch die Gegend, und wartete, bis die Zeit verging. Die anderen saßen jetzt über der Klassenarbeit – wie es seinen Mitschülern wohl gerade ging? Zur zweiten Unterrichtsstunde ging er dann in die Schule. Er lief gerade die Treppe hinunter, als ihm seine Religionslehrerin entgegenkam. »Hallo, Julian! Wo warst du denn vorhin?«

»Hallo, Frau Müller. Das ist echt peinlich. Ich hab total verschlafen. – Wann soll ich denn nachschreiben?«

»Das trifft sich gut, ich schreibe jetzt mit der 6. Klasse – da schreibst du gleich mit!«

Julian wurde blass. Jetzt musste ihm ganz schnell etwas wirklich Gutes einfallen ... Aber stattdessen stotterte er herum: »Äh, das geht jetzt nicht ... wir haben Mathe und da muss ich unbedingt dabei sein ...«

Frau Müller zog die Augenbrauen hoch: »Warum denn nicht? Wen habt ihr da? Komm mit, du brauchst nur dein Mäppchen. Ich kläre das mit der Kollegin.«

Seine Beine waren schwer. Sein Kopf fühlte sich dumpf an. Ihm fielen keine Argumente mehr ein ... Julian schlurfte mit gesenktem Kopf neben seiner Religionslehrerin her und fühlte sich restlos fertig. Er spürte ihre Seitenblicke. In seinem Auge brannte eine Träne – das fehlte ihm gerade noch. Dann versuchte er ein letztes Mal, die Katastrophe aufzuhalten: »Es ist nämlich so ... ich ...«

»Du hast nicht gelernt. Stimmt's?«

»Ja.«

Frau Müller blieb stehen. »Warum hast du mich angelogen? Das kann ich absolut nicht leiden«, sagte sie scharf.

Julians Gesicht sprach Bände.

»Na ja, da kann ich dir auch nicht helfen. Heute war der Termin.« Sie lief weiter und blieb plötzlich stehen. »Am Freitag in der vierten Stunde schreibe ich mit der 10. Klasse. – Sei pünktlich fünf Minuten vorher vorm Lehrerzimmer. Und erzähl das bloß nicht in deiner Klasse herum, das ist eine absolute Ausnahme. Jetzt lauf, sonst überlege ich es mir noch anders!«

Vertiefung:
Gespräch über Julians Verhalten. Was ist hier Recht und was Unrecht? Was wäre passiert, wenn Julian die Wahrheit gesagt hätte? Warum verhält sich die Religionslehrerin so?

Bibelstelle: Epheser 4,25 *Elke Müllerschön, Aalen*

Klassengemeinschaft

»Mann, ist die doof!«

»Mann, ist die doof!« Sascha sprach etwas zu laut für die Ohren von Frau Maurer. Sein Stoßseufzer war eigentlich nur für ihn selbst und seinen Nebensitzer Christian bestimmt. Es ging um die Neue, Corinna, die der Rektor vorhin in die Klasse gebracht hatte.

Zunächst war nichts Auffälliges an ihr gewesen, wie sie da, ein wenig verlegen, in der Tür stand. »Sieht ganz nett aus«, dachte Linda bei sich und rückte bereitwillig zur Seite, als ein Platz für die Neue gesucht wurde. Aber dann kam die Mathestunde, und bald waren alle in der Klasse überzeugt: Die Neue ist dumm. Wie viel Zentimeter sind 400 Meter? Das wusste doch jeder, aber Corinna verrechnete sich immer wieder. Jetzt saß sie mit hochrotem Kopf neben Linda und wäre am liebsten unter ihrem Tisch verschwunden, während Frau Maurer Sascha ermahnte. Die Lehrerin erklärte den Kindern, dass in Hamburg, wo Corinna herkam, nach einem anderen Plan unterrichtet wurde. Deshalb hatten sie noch keine Längenmaße gelernt. Trotzdem änderte sich die Meinung der Kinder nicht.

In der Pause übertrumpften sich die Jungen mit spöttischen Sprüchen. Alle lachten über Corinna. »Seid doch ruhig, ich kann auch nicht so gut rechnen«, versuchte Linda die Neue zu verteidigen. Ihr tat Corinna Leid. »Komm, wir gehen zu ihr hin«, sagte sie zu Anna, ihrer besten Freundin.

»Wie ist das Leben so in Hamburg? Da ist doch bestimmt was geboten?«, fragten die beiden, um Corinna auf andere Gedanken zu bringen. Doch nach so viel Gehässigkeit war ihre neue Klassenkameradin nicht zu einer Unterhaltung aufgelegt. »Lasst mich in Ruhe«, wehrte sie ab. Nun waren die beiden Mädchen beleidigt und ließen Corinna allein stehen.

Am Samstag beim Mittagessen sagte Linda zu ihren Eltern: »Montag schreiben wir Mathe, grässlich! Jetzt muss ich auch noch am Wochenende lernen, ich hab überhaupt keine Lust!«

»Mathe ist nicht so dein Lieblingsfach, stimmt's?«, hakte Lindas Mutter nach.

»Nee, überhaupt nicht, und das mit den Längenmaßen, da blicke ich auch nicht so recht durch.«

»Dann mach heute Nachmittag etwas mit Anna aus, die ist doch gut in Mathe«, schlug die Mutter vor.

»Ja, super. Ich rufe sie gleich an.«

Anstatt bummeln zu gehen, vertieften sich die beiden Mädchen diesen Samstagnachmittag in Zahlen, Kilometer und Millimeter. Plötzlich schlug sich Linda an die Stirn: »Ich bin vielleicht blöd! Wir hätten doch zu Corinna gehen können. Die tut sich auch schwer mit den dummen Maßen.«

»Klar, gute Idee. Ich hab zufällig herausbekommen, wo sie wohnt. Komm, wir packen einfach unsere Rechenbücher ein und gehen zu ihr.«

Gesagt, getan. Corinna war zu Hause. Sie öffnete sogar selbst die Haustür. »Linda, Anna!« Sie war ganz erstaunt.

»Du, wir lernen gerade für die Mathearbeit am Montag. Und weil du doch auch nicht so ... dachten wir, wir könnten zusammen lernen«, stammelte Linda verlegen.

»Ja, wenn ihr meint.« Corinna wusste nicht so recht, was sie sagen sollte.

»Natürlich meinen wir. Komm, ich erklär's euch beiden«, sagte Anna. Als Corinna die beiden in ihr Zimmer führte, strahlten ihre Augen.

Impulsfragen:
Habt ihr solch eine Situation auch schon mal erlebt? Wie findet ihr das Verhalten der Klasse und das von Anna und Linda? Fällt euch auch jemand in eurer Klasse ein, der aus einem bestimmten Grund gehänselt wird (Nationalität, Kleidung, Konzentration ...)?

Bibelstellen: 1. Petrus 4,10; Galater 5,13b; Markus 10,45

Stephan Schiek, Hausen o.V.

Konflikt

Feige Streberin?

»Weißt du, was du bist? Eine feige Streberin! Und saudoof außerdem!« Wütend dreht sich Sandra um und läuft weg.

»Selber doof«, denkt Hanna und streckt Sandras Rücken die Zunge raus. »So eine Heuchlerin. Die macht auch immer gerade das, was ihr am besten in den Kram passt.« Hanna ist stocksauer. »Feige Streberin« hat Sandra sie genannt. Das findet Hanna fast noch am schlimmsten. Sandra weiß nämlich ganz genau, dass sie keine Streberin ist. Mathe fällt ihr eben leicht und sie kapiert gleich, um was es geht. Sandra dagegen ist in Mathe eine Niete. Deshalb haben sie sich gerade auch so gestritten. Nächste Woche schreiben sie die nächste Arbeit, das hat ihnen ihr Mathelehrer gerade gesagt. Und wenn Sandra wieder eine Fünf schreibt, dann sieht's mit ihrem Zeugnis dieses Jahr mehr als schlecht aus.

»Mensch, Hanna, du musst mich nächste Woche unbedingt abschreiben lassen, sonst fall ich womöglich noch durch«, hat Sandra gleich nach der Stunde gesagt.

»Ach, ich weiß nicht recht«, zögerte Hanna. »Das ist doch irgendwie Betrug, oder nicht?«

»Quatsch, das ist doch praktisch nur eine kleine Hilfe unter Freunden. Das ist nicht richtig geschummelt«, hat Sandra dagegengehalten.

»Ach? Und gestern in der Jungschar, da hast du noch große Töne gespuckt von wegen Ehrlichkeit und so. Und heute ist auf einmal alles ganz anders, nur weil's der Dame besser in den Kram passt?«, hat sich Hanna aufgeregt. Und damit fing der Streit dann erst so richtig an: Hanna redete von Ehrlichkeit und Offenheit und davon, dass Sandra in der Jungschar groß herumtönt, aber dann doch alles anders macht, wenn's drauf ankommt. Und Sandra hielt ihr vor, dass sie keine echte Freundin sei und es ihre Schuld wäre, wenn sie am Ende des Schuljahres sitzen bliebe.

So ein Mist! Klar will Hanna nicht, dass Sandra durchfällt. Sie ist ihre beste Freundin. Und überhaupt. Neben wem soll sie im Unterricht sitzen, wenn Sandra nicht mehr in ihrer Klasse ist? Trotzdem findet sie, dass Abschreiben eigentlich das Gleiche ist wie Lügen. Aber Sandra ist ihre allerbeste Freundin. Vielleicht könnte sie ja nur dieses eine Mal ...?

Impulsfragen: Was denkt ihr? Ist Abschreiben lassen o.k.? Wo fängt denn »richtiges« Lügen bzw. Betrügen an? Was würdet ihr an Hannas Stelle machen? Gibt es Möglichkeiten, Sandra zu helfen, ohne schummeln zu müssen?

Den ganzen Nachmittag überlegt Hanna hin und her, und endlich weiß sie, was sie machen wird. Als Sandra am nächsten Morgen in den Schulbus steigt, fragt sie gleich: »Mensch, Hanna, hast du es dir nochmal überlegt? Du weißt doch, wie wichtig das für mich ist, dass ich da wenigstens eine Vier schaffe!«

»Ja, ich hab's mir überlegt«, sagt Hanna. «Abschreiben lasse ich dich nicht. Aber ich mach dir einen anderen Vorschlag: Ich lerne von heute bis zur Mathearbeit jeden Tag mit dir Mathe. Dafür lasse ich sogar am Montag meine Reitstunde sausen. So schaffen wir es ganz sicher, dass du wenigstens eine Vier schaffst!«

Bibelstelle: Epheser 4,25; 1. Petrus 2,1

Nicole Vogel, Münsingen

Konflikt

Patrick und die Fruchtzwerge

Einstieg:
Fruchtzwerge oder Joghurt besorgen und mit den Kindern zusammen essen.

Patrick war eigentlich ein ganz normaler Junge. Er ging in die 5. Klasse, spielte gerne Fußball und hatte ein neues, rotes Fahrrad mit 21 Gängen. In der Schule war er recht gut. Also, eigentlich war Patrick ganz normal. Und doch war er anders als die anderen in seiner Klasse. Denn Patrick ging jeden Sonntag in die Kinderkirche und mittwochs in die Jungschar. Das machte ihm Spaß, und außerdem hörte er da auch immer Geschichten aus der Bibel. Diese Geschichten kannte er schon ziemlich gut, denn sein Vater war der Pfarrer in der kleinen Stadt.

Immer wieder ärgerten ihn seine Klassenkameraden. Sie sagten »Klein-Jesus« oder »Pfaffensöhnchen« zu ihm. Patrick hörte oft schon gar nicht mehr richtig hin. Steffen war besonders gemein zu ihm. Das war schon immer so.

In der großen Pause wollte Patrick gerade seinen Fruchtzwerg öffnen, als Steffen mit seinen Kumpels zu ihm kam. »Na, Klein-Jesus, hast du heute schon deine gute Tat vollbracht?« Die anderen lachten laut. »Oh, unserem Heiligen hat es wohl die Sprache verschlagen. Das ist ja schade. Und dabei wollte ich doch hören, was man als guter Christ so alles sagt!«

Patrick verzog keine Miene und griff zum Löffel für seinen Fruchtzwerg.

»Das ist ja ein Zufall. Ich habe auch einen Fruchtzwerg dabei«, tönte Steffens Stimme. »Weißt du was, den schenk ich dir!« Er machte den Fruchtzwerg auf, holte den Löffel und klatschte den ganzen Joghurt auf Patricks Kopf.

Nun war es mucksmäuschenstill. Alle schauten auf Patrick. Was würde er machen? So weit war Steffen noch nie gegangen – das war jetzt aber zu viel! Bestimmt würde sich Patrick jetzt rächen! Selbst Steffen merkte, dass er vielleicht einen Schritt zu weit gegangen war.

Da öffnete Patrick seinen Fruchtzwerg und schaute Steffen direkt in die Augen. »Hier«, sagte Patrick, »nimm meinen Joghurt, denn du hast ja keinen mehr.«

Steffen verschlug es die Sprache. Damit hatte er nicht gerechnet!

Impulsfragen:
Was haltet ihr von Patricks Reaktion auf Steffens Unverschämtheit? Wie hättet ihr reagiert? Was meint ihr, wie sich Steffen wohl in Zukunft verhält?

Vertiefung:
Lesen Sie anschließend Matthäus 5,38-42 und sprechen Sie mit den Kindern darüber. Sammeln Sie weitere »Alltagsbeispiele« in Schule, Familie ...

Bibelstelle: Matthäus 5,38-42

Sebastian Heusel, Münsingen

Konflikt

Verräter oder nicht?

»Was soll ich nur machen?« Immer wieder geht Tim diese Frage durch den Kopf. Er kann sich überhaupt nicht auf seine Hausaufgaben konzentrieren. Die ganze Klasse hat beschlossen, morgen den Sportunterricht zu schwänzen, weil ihr Lehrer letzte Woche im Volleyball so gemein gewesen ist. Er hat sich richtig fies aufgeführt, und die ganze Klasse hat beschlossen, ihm eins auszuwischen. Wenn alle den nächsten Sportunterricht schwänzen, dann wird der Lehrer schon sehen, dass irgendetwas nicht in Ordnung ist. Aber damit der Plan aufgeht, müssen wirklich alle schwänzen. Wer nicht mitmacht, ist ein Verräter, heißt es. Es wird Ärger mit der ganzen Klasse bekommen.

Jetzt sitzt Tim in der Klemme. Er weiß genau, dass schwänzen falsch ist. Auf der Jungscharfreizeit letzten Sommer hat er sich dafür entschieden, mit Jesus zu leben. Und Jesus würde da nicht mitmachen. Da ist sich Tim sicher. Jesus würde nicht die Sportstunde schwänzen, er würde etwas anderes machen. Aber was? Und außerdem ist Jesus nicht sichtbar mit in der Klasse. Tim will nicht als Verräter ausgeschimpft werden. Aber schwänzen will er auch nicht. Allein schafft er das einfach nicht.

Verzweifelt schlägt er nochmal seine Bibel auf. Heute Morgen hat er schon darin gelesen, wie Jesus sich verhalten hat, als er in der Wüste sehr verlockende Angebote bekam. Darüber kann Tim nur staunen. Jesus hat genau gewusst, wie er sich verhalten soll – und er? Schwänzen wird er nicht, da ist ihm Jesus wichtiger als alle aus seiner Klasse; doch es wird sicher nicht einfach, wenn sie dann alle gegen ihn sind. Während er die Geschichte aus der Bibel nochmal liest und Jesus die ganze Sache im Gebet erklärt, kommt ihm ein Gedanke. Daran hat er noch gar nicht gedacht. Wäre das wirklich eine Möglichkeit?

Impulsfragen: Was hat Tim sich wohl überlegt? Welche Möglichkeiten gibt es für ihn?

Tim macht sich auf den Weg zum Sportlehrer und schildert ihm die Situation. »Wir fühlen uns ungerecht behandelt. Alle haben sich geärgert und sind wütend. Aber vielleicht haben wir Sie auch nicht richtig verstanden.« Tim redet eine ganze Weile mit dem Sportlehrer. Zuerst hat er Angst gehabt, dass der ihn nicht versteht. Aber der Sportlehrer hört ihm zu und fragt nach.

Am nächsten Tag kommt der Sportlehrer gleich nach der zweiten Stunde und klärt das Missverständnis auf. Er entschuldigt sich vor der ganzen Klasse für sein Verhalten und erklärt, warum er so gehandelt hat. Da gab es wohl Missverständnisse auf beiden Seiten. Das hätte keiner gedacht, nun sieht alles anders aus.

Zwei Unterrichtsstunden später ist Sport. Keiner schwänzt. Der Sportunterricht findet ganz normal statt, das Problem ist geklärt. Tim hätte nie gedacht, dass die Lösung seines Problems so einfach ist. Jetzt weiß er, dass Jesus ihn nicht im Stich gelassen hat.

Bibelstelle: Sprüche 29,25 *Sarai Krämer, Perouse*

Krieg

»In meinem Land ist doch Krieg«

Yeki ist mal wieder unmöglich. Seit ein paar Wochen kommt er gelegentlich in die Jungscharstunde. Doch jedes Mal, wenn er da ist, gibt's Ärger: Wenn ihm etwas nicht passt, ist er sofort dabei, seine Fäuste zu gebrauchen. Schläge in den Bauch, ins Gesicht oder ein Tritt ans Schienbein – das kommt öfters vor.

Yeki kommt aus Ruanda, aus Afrika. In seinem Land herrscht ein schrecklicher Bürgerkrieg und deshalb lebt er seit einem Jahr in Deutschland.

»Au, Yeki hat mich getreten. Ausländer sind blöd«, hat Andi gesagt und hat sofort wieder eine Faust im Bauch.

»Halt's Maul, ich will die Geschichte weiterhören. Erzähl weiter!«, sagt Yeki. Andi hat Christof, den Jungscharleiter, bei seiner Geschichte durch ständiges Reden unterbrochen. Deshalb hat er von Yeki einen Tritt ans Bein bekommen. Geschichten interessieren Yeki. Da hört Yeki jedes Mal mit offenen Ohren zu. Wehe, wenn er dabei gestört wird.

Christof erzählt gerade die Geschichte von Mose in Ägypten.

»Ägypten, das ist doch auch in Afrika?«, fragt Yeki.

»Ja, im Norden. Ruanda ist mehr in der Mitte«, antwortet Christof.

»Weiter!«

Der Pharao soll das Volk der Israeliten ziehen lassen. Doch er weigert sich, und deshalb schickt Gott zehn Plagen über die Ägypter und den Pharao. Das fesselt Yeki. Heuschreckenplage, Moskitoschwärme, tote Rinder – das alles kennt er aus seinem Afrika. Blutiges Flusswasser.

»Aber ein Fluss kann doch kein blutiges Wasser haben, das geht doch gar nicht«, wundert sich Andi.

»Klappe. Klar geht das. Du musst nur genügend Leichen hineinwerfen«, antwortet Yeki.

»Was? Leichen? So viele, dass das Wasser blutig wird?« Andi kann das gar nicht glauben.

»Und ob. Erzähl weiter!«

»Sag mal, Yeki, hast du das gesehen, im Fernsehen oder in echt?«, fragt Christof nach.

»In echt. In meinem Land ist doch Krieg. Das eine Volk gegen das andere. Fluss ist jedenfalls besser als verbrennen.«

»Besser als verbrennen?« Andi kann es kaum glauben.

»Ja, verbrennen stinkt so und dauert so lange.«

»Denkst du oft daran?«, will Christof wissen.

»Manchmal. – Das Bein von meinem Onkel ist nicht mitverbrannt. Ich bin noch mal hin. Am nächsten Tag lag es immer noch da. Dann bin ich weggerannt. Aber jetzt erzähl weiter!«

Christof berichtet weiter von den alten Geschichten aus der Bibel, die gar nicht so alt sind.

Yeki hat das selbst erlebt.

Impulsfragen:
Könnt ihr euch denken, warum Yeki immer gleich ausflippt und sofort zuschlägt? Kennt ihr auch solche Kinder? Wie sollen wir damit umgehen? Stimmt es, dass Ausländer blöd sind? Denkt doch mal darüber nach, warum manche Kinder sofort zuschlagen. Ist es ihre Schuld? Welche Gründe könnte ihr Verhalten haben?

Bibelstelle: Offenbarung 21,1+4

Stephan Schiek, Hausen o.V.

Leichtsinn

Ein gefährlicher Streich

»Wollt ihr auch unterschreiben?« Grinsend streckte Martin ihnen seinen eingegipsten Arm entgegen. Hannes, Marc und Timo schauten sich erleichtert an. So wie's aussah, war Martin also nicht sauer auf sie. Und das, obwohl sie schuld daran waren, dass er jetzt einen gebrochenen Arm hatte.

Dabei hatten sie eigentlich nur einen kleinen Streich vorgehabt. In der Pause hatten sie die Bremsen an Martins Fahrrad gelockert, sodass sie fast nicht mehr funktionierten. Das sollte nur ein Jux sein. Martin wohnte zwei Straßen neben der Schule und in der Gegend war kaum Verkehr. Was sollte da schon passieren?

»Wir könnten ja gleich hinterherradeln und schauen, ob er eine Delle ins Garagentor fährt«, schlug Hannes nach der letzten Stunde vor. Doch es kam alles ganz anders, als sie es sich gedacht hatten. »Hey, ich muss heute in die andere Richtung. Ich esse bei meiner Oma«, rief Martin ihnen zu. »Also tschüss!« Er schwang sich aufs Rad und sauste weg.

Zuerst waren sie nur überrascht. Doch nach ein paar Sekunden dämmerte es ihnen, was das zu bedeuten hatte: Auf dem Weg zu seiner Oma musste Martin einen kleinen Berg hinunter und unten über die viel befahrene Hauptstraße fahren. Sie sprangen auf ihre Räder und rasten ihm hinterher. Hoffentlich konnten sie ihn noch einholen, bevor etwas passierte.

Aber sie kamen zu spät. Ein Skateboard war vor Martin auf die Straße gerollt und Martin konnte weder ausweichen noch bremsen. Timo, Marc und Hannes sahen gerade noch, wie Martin einen Salto über sein Fahrrad machte. Doch es sah schlimmer aus, als es war. Martin brach sich »nur« den Arm. Das hätte auch anders ausgehen können.

Vertiefung:
Mit den Kindern über den leichtsinnigen Streich reden und über Verantwortung bei lustig scheinenden Streichen. Was hätte alles passieren können? Wie hätten sie an Martins Stelle reagiert?

Bibelstelle: Psalm 91,1-3a *Nicole Vogel, Münsingen*

Leiden

Überlebenskampf

Zielstrebig rennt Tesfai durch die Gassen. »Noch zwei Ecken, dann hab' ich es geschafft«, sagt er sich. Hinter ihm wird das Hundegebell lauter und die Angst lässt ihn immer schneller werden. »Noch 50 Meter, dann bin ich die Köter los!«, geht es ihm durch den Kopf. Es sticht ihm leicht in die Seite, sein Herz schlägt dreimal so schnell wie sonst. Da, jetzt sieht er schon die andere Straße. In sechs Sekunden ist er gerettet – geschafft.

Wieder einmal ist er den beiden Hunden des Supermarktes entkommen. Jetzt ist er auf der viel befahrenen Hauptstraße, da kann er ohne Probleme untertauchen. Jeden zweiten Tag nimmt Tesfai diesen Wettlauf mit den Hunden auf sich. Aus den Mülltonnen des Supermarktes holt er sich sein Essen: Früchte, die angefault sind, Brot, das nur leicht schimmelt, und was er eben sonst noch so alles findet. Aber es ist verboten. Der Supermarkt-Besitzer hat sich zwei Kampfhunde angeschafft, um Räuber wie Tesfai zu schnappen.

Dabei will Tesfai doch nur überleben. Seit zwei Jahren lebt er nun schon auf der Straße. Er hat eine alte Matratze zwischen zwei Häusern liegen, die er tagsüber mit einer Plastikfolie abdeckt. Essen kann er immer nur das, was er findet oder was andere ihm geben. Doch es ist schwierig, in dieser großen Stadt zu überleben, weil es so viele Kinder gibt, die wie er auf der Straße leben. Seine Eltern sind im Krieg getötet worden, als er acht Jahre alt war. Verwandte konnten nicht für ihn sorgen, also ging Tesfai in die Hauptstadt.

Aber es ist gefährlich hier. Wie durch ein Wunder lebt er immer noch. Irgendwann – irgendwann einmal ist dies alles vorbei. Das ist der Traum, den Tesfai immer wieder träumt. Aber bis es so weit ist, muss er noch schauen, wie er jeden Tag überleben kann.

Vertiefung:
Nähere Informationen über Straßenkinder in armen Ländern, wie und warum sie Straßenkinder werden, wie sie leben. Bringen Sie Material von Hilfsorganisationen mit und zeigen Sie auf, wie man solchen Kindern helfen kann. Als Gruppe könnten Sie eine Patenschaft für so ein Kind übernehmen und regelmäßig einen kleinen Teil des Taschengeldes einsammeln. Überlegen Sie gemeinsam, durch welche Aktionen man Geld verdienen könnte (Altpapier sammeln, Babysitten, Rasen mähen ...) und überweisen Sie dieses Geld für das Patenkind. Wenn möglich sollte die Gruppe einen Briefkontakt mit diesem Kind beginnen. Gespräch über den christlichen Aspekt der praktizierten Nächstenliebe.

Bibelstelle: Lukas 16,19-30

Sebastian Heusel, Münsingen

Immer der Letzte

Einstieg:
Zu Beginn mit der Gruppe Wettspiele machen (z.B. Staffelspiele, Wettläufe, Weitwurf ...).

Immer der Letzte! Immer der Letzte! – Timmis Problem bestand immer darin, der Letzte zu sein. Eigentlich hieß er Tim, doch die meisten nannten ihn Timmi.

Egal was Timmi machte, er wurde immer Letzter. Im Rechnen war er der Letzte, in Deutsch war er der Letzte, und in Sport erst recht. Oft hatte er einfach nur Pech. Er verstand die Aufgaben falsch und musste von vorne beginnen. Weil er immer der Letzte war, hatte er keine Freunde, denn wer spielt schon mit jemandem, der so langsam ist?!

Die anderen Mitschüler lachten ihn oft aus. Immer wieder hörte er Aussagen wie: »Na, da kommt ja unsere Schnecke!« Oder: »Unser Dummkopf ist auch schon fertig!« Auch die Lehrerin erkundigte sich nur noch: »Tim, bist du fertig?« Timmi ärgerte sich darüber, immer der Letzte zu sein, doch dadurch wurde er nicht schneller, sondern nur traurig.

Seine Mutter versuchte ihn zu trösten: »Ach Timmi, du warst schon bei deiner Geburt nicht der Schnellste. Ich musste drei Tage auf dich warten! Und glaube mir, ich mag dich, auch wenn du der Langsamste bist!« Das war für Timmi nur ein schwacher Trost.

Dabei gab Timmi immer sein Bestes. Er strengte sich in Mathe an, so gut er konnte. Er strengte sich in Deutsch an, so gut er konnte. Und in Sport strengte er sich doppelt so viel an wie die anderen. Trotzdem blieb er der Letzte und der Langsamste.

Eines Tages geschah etwas Seltsames: Die Bundesjugendspiele standen an diesem Tag auf dem Stundenplan. Timmi hatte bereits beim Frühstück ein komisches Gefühl in der Magengegend.

In der vergangenen Nacht hatte er geträumte, beim Wettrennen sei er als Erster durch das Ziel gekommen und hätte eine Urkunde erhalten!

Ihm war klar, dass dies nur ein Traum bleiben würde. Timmi überlegte sich deshalb ernsthaft, ob er überhaupt zur Sportanlage gehen sollte. Vielleicht würde es niemandem auffallen, wenn er heute fehlen würde! Er trödelte absichtlich beim Anziehen und beim Frühstücken. Doch seine Mutter ahnte, was mit ihrem Timmi los war. Da sagte sie: »Tim, ich fahr dich heute mit dem Auto zum Sportplatz!« Sonst musste Timmi zu Fuß den Schulweg gehen. Ausgerechnet heute kam seine Mutter auf diese Idee!

Es half alles nichts, er musste sich den Bundesjugendspielen stellen – vielleicht würde ja doch ein Wunder geschehen. Als Timmi auf dem Sportplatz eintraf, wurde er der Mannschaft von Michael zugeteilt. Michael war der Klassenbeste. Gegen ihn hatte er, der Langsamste, überhaupt keine Chance.

Den Weitsprung, den Ballwurf und auch den 50-Meter-Lauf hatten sie bereits hinter sich. Nun hieß es, Aufstellung zu nehmen für den Ausdauerlauf. Auch Timmi und Michael standen an der Startlinie. Der Startschuss fiel, und alle Kinder machten sich auf die zwei Kilometer lange Strecke. Timmi wollte sich seine Kraft gut einteilen, und wenn auch als Letzter, so doch wenigstens im Ziel ankommen!

Sie hatten alle schon die erste Runde gedreht und waren noch eine halbe Stadionrunde vom Ziel entfernt. Michael führte das Feld an, und Timmi, wie konnte es auch anders sein, machte den Schluss. Da passierte es – der Klassenbeste stolperte und fiel hin. Schmerzverzerrt lag er am Boden und rieb sich den Knöchel. Vermutlich war er verstaucht.

Methodischer Tipp:
Hier unterbrechen und überlegen, wie die Geschichte wohl weitergeht, wie sich die anderen Kinder verhalten.

Michael versuchte wieder auf die Beine zu kommen, doch niemand half ihm. Alle anderen Mitschüler liefen an ihm vorbei und kümmerten sich nicht um ihn. Da kam die »Schnecke« Tim. Tim wunderte sich, dass Michael nicht schon längst im Ziel war. »Was ist los?«, fragte er.

»Hast du es nicht gesehen? Ich bin gestolpert und habe mir meinen Knöchel verdreht.«

»Komm, ich helfe dir!«, bot Timmi an.

Doch Michael wehrte ab. »Lauf nur weiter, dann bist du diesmal nicht der Letzte!«

Timmi bestand jedoch darauf, Michael zu helfen. Er zog ihn am Arm hoch und stützte ihn, so gut er konnte. »Weißt du, ich bekomme sowieso nie eine Urkunde, dann kann ich dir doch auch helfen!«

Michael schaute verdutzt und wunderte sich: »Du hast noch nie eine Urkunde bekommen?«

Timmi schüttelte nur den Kopf. Und so humpelten der Klassenbeste und der Klassenletzte die letzten Stadionmeter bis ins Ziel. Dort wurde Michaels Knöchel bandagiert und hochgelegt. Bei der anschließenden Siegerehrung erhielt Michael trotz des verpatzten Ausdauerlaufs eine Urkunde. Da er seinen Knöchel nicht mehr belasten sollte, verkündete er: »Tim, hol du für mich die Urkunde ab!«

Timmi wurde rot im Gesicht und trat ganz verlegen nach vorne. Der Sportlehrer überreichte ihm Michaels Urkunde. »Die kannst du behalten!«, sagte Michael zu Timmi. »Ich brauche keine mehr! Ich hab zu Hause schon so viele.«

Timmi strahlte und hielt die Urkunde fest in seiner Hand. Sein Traum wurde doch ein Stückchen wahr. Später hing Michaels Urkunde über Timmis Bett. Und von diesem Tag an sah man die beiden Jungen öfters zusammen spielen.

Vertiefung:
Gespräch: Wie ist es, wenn man verliert oder gewinnt? Was bedeutet »geduldig sein«?

Bibelstellen: 1. Timotheus 6,12; Hebräer 12,1

Bettina Müller, Höfingen

Licht

Das rettende Licht

Es sollte der Höhepunkt der Freizeit werden. Darauf hatte sich die Freizeitgruppe schon lange gefreut. Eine Höhlenwanderung in einer »richtigen Höhle«, ohne künstliche Beleuchtung. Schon früh am Morgen waren sie von ihrem Freizeitcamp zur Einstiegsstelle der Höhle losmarschiert. Zwei Stunden ging es durch den Wald. Dann plötzlich: Ein großes schwarzes Loch tat sich auf: die Höhle. Ein Hauch kalter und feuchter Luft schlug ihnen entgegen.

Schnell wurden Fackeln verteilt und angezündet. Jeder wollte ein Fackelträger sein. Vorsichtig und etwas ängstlich wagten sich die Ersten in den Schlund der Höhle. Die anderen folgten. Der Boden war steil und glitschig. »Bitte ganz langsam gehen und zusammenbleiben«, rief der Leiter. Im Schein der Fackeln zeichneten sich die Konturen der Wände ab. Und auch die Schatten der Freizeitteilnehmer bildeten verzerrte Gestalten an den Höhlenwänden. Von der Decke tropfte Wasser. »Ist das unheimlich hier«, rief einer der Teilnehmer. Zum Glück hatte man die Fackeln dabei. Immer tiefer ging es in die Höhle.

Plötzlich ging die erste Fackel aus. Einer aus der Gruppe stellte entsetzt fest: »Unsere Fackeln sind schon fast alle heruntergebrannt.« Ein anderer rief aufgeregt: »Wir haben vergessen, Fackeln für den Rückweg aufzuheben. Die reichen ja nicht mehr bis zum Ausgang zurück.« Sofort wurde der Rückweg angetreten.

Dann ging die nächste Fackel aus. In kurzen Abständen erloschen auch die anderen Fackeln. Zuletzt war nur noch ein kleines Glimmen zu erkennen. Dann war es dunkel. Nichts war mehr zu sehen. Unheimlich. Zunächst machte einer noch ein paar Witze, aber dann waren sich alle der Situation bewusst: »Ohne Licht kommen wir hier nicht so einfach heraus!« Einige fingen aus Angst an zu singen. Vorsichtig versuchte sich jeder im Dunkeln voranzutasten. »Aaaaa«, ein kurzer Schrei. Der Erste war auf dem unebenen, glitschigen Boden gestürzt. »Ich kann nicht mehr weiter, ich weiß ja gar nicht, wo ich hintreten kann«, bemerkte einer mit ängstlicher Stimme. Sie saßen fest. Wie sollten sie aus dem Labyrinth der Höhle sicher herausfinden? – »Jetzt sind wir gefangen«, ging es durch ihre Köpfe.

Die Stimmung war auf dem Nullpunkt. Auf einmal spürte jeder die unangenehme Kälte um sich herum. In der Dunkelheit war das Gefühl für die Zeit abrupt weg. Keiner wusste, wie lange sie hier schon festsaßen. Plötzlich rief einer mit lauter Stimme in die ohnmächtige Lage hinein: »Ich habe eine Taschenlampe! Ich habe gar nicht mehr daran gedacht. Ich habe, als ich zu Hause meine Sachen für die Freizeit packte, eine Taschenlampe in das Seitenfach meines Rucksacks gesteckt. Hier ist sie!« Im selben Augenblick war der Lichtstrahl der Taschenlampe zu sehen. Erleichterung! »Ja super, dass du die Lampe eingesteckt hast.« Einige klatschten vor Begeisterung in die Hände. »Jetzt wissen wir endlich wieder, wo es langgeht«, riefen einige Teilnehmer. Die Stimmung wurde sofort besser. »Ohne deine Taschenlampe hätten wir hier nicht herausgefunden«, sagten sie und klopften ihm anerkennend auf die Schulter. Im Schein des Lichtes fanden sie schließlich den ersehnten Ausgang. Gerettet.

Vertiefungsmöglichkeiten (auch für den Einstieg geeignet):
Raum vollständig abdunkeln (alternativ: mit Tüchern Augen verbinden), Tische, Stühle und verschiedene Gegenstände aufstellen. Die Kinder tasten sich vorsichtig durch den Raum, sollen einen bestimmten Gegenstand finden. Anschließend über die erlebte Orientierungslosigkeit reden.

– *Mit den Kindern einen Raum/eine Höhle o.Ä. besuchen, wo es vollständig dunkel ist. Alle müssen versuchen, durch Tasten zum Ausgang zu finden. Nach längerer Suchzeit eine kleine Kerze anzünden, die den richtigen Weg zeigt und mit ihrem kleinen Lichtschein eine große Hilfe ist. Reden Sie anschließend mit den Kindern darüber, warum Jesus als das Licht der Welt bezeichnet wird und die Bibel als »Leuchte« für den Weg.*
– *Kerzen gießen mit den Kindern und aus Wachsplättchen die Buchstaben aufdrücken für »Jesus, Licht der Welt«.*

Bibelstellen: Johannes 8,12; Psalm 119,105; 27,1

Thomas Maier, Berlin

Noch einen Schritt weiter ...

»Halt, stehen bleiben!«

Doch Timo und Lars bleiben nicht stehen, sie denken gar nicht daran. Warum sollen sie auch, dann hätten sie doch verloren! – Nachtgeländespiel auf einer Jungscharfreizeit. Michael, ein Mitarbeiter, hat die beiden angeleuchtet. Wenn es nach den Spielregeln ginge, müssten Timo und Lars sofort stehen bleiben. Dann wären sie allerdings gefangen und könnten keine Punkte mehr für ihr Team sammeln.

Jetzt rennen sie weiter. Nur weg, weg von diesem gefährlichen Lichtstrahl. Weiter in den Wald hinein. Die Nacht ist finster. Man sieht kaum die Hand vor den Augen. Die Taschenlampe können Timo und Lars nicht anmachen, dann würde man sie entdecken. Timo und Lars beeilen sich. Wer als Erstes am Ziel angelangt ist, hat gewonnen. Plötzlich endet der Weg. Nur noch Unterholz und Gestrüpp – die beiden gehen weiter. Vergessen die Warnung, nur auf den Wegen zu bleiben. Halt! Was war das? Stille!

Doch dann hören sie Stimmen. Das muss das Ziel sein, sie haben es geschafft. »Hallo, wo seid ihr?«, ruft Timo. Da, plötzlich – grell blitzen Autoscheinwerfer auf, leuchten in die dunkle Nacht.

Fassungslos starren Timo und Lars zu den Lichtern hinunter. Kaum zehn Meter weiter beginnt ein Abgrund. Unten ist zwar das Ziel, doch das ist jetzt nicht mehr wichtig. Allein das Licht hat ihre volle Aufmerksamkeit. Es hat ihnen das Leben gerettet.

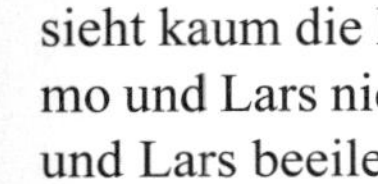

Impulsfragen:
Könnt ihr euch eine solche Situation vorstellen? Welche Bedeutung hat das Licht für Timo und Lars? Welche Bedeutung kann ein Licht noch haben? Gibt es auch »Lichter« im übertragenen Sinn, die uns in unserem Leben weiterhelfen?

Bibelstelle: Johannes 8,12 — *Stephan Schiek, Hausen o.V.*

Schwarze Tiefe in dunkler Nacht

Mitternacht war gerade vorüber, als Lutz auf mich zukam. »Ich hätte jetzt Lust auf ein kühles Bad«, sagte Lutz, »kommst du mit?« Ich ließ mich überreden. Wir liefen zum Strand; es war Ebbe. Der Himmel war tiefschwarz über der Nordsee, der Übergang vom Sand ins Meer kaum zu erkennen. Schnell hatten wir die Badehosen an und liefen dem Wasser entgegen. Es war ein tolles Gefühl, ohne etwas zu sehen, nur dem Rauschen der Brandung folgend, über das Watt zu rennen.

Wir waren weit gelaufen, bis wir uns endlich in die Wogen stürzen konnten. Wir schwammen hinaus. Das Wasser hatte an Tiefe gewonnen. Längst konnten unsere Füße den Boden nicht mehr berühren. Wie ein Fisch durch die Wellen tauchen – um uns herum nichts als Wasser und Finsternis – was für ein Erlebnis!

Es war nur der Bruchteil einer Sekunde, als wir plötzlich merkten: Wir hatten die Orientierung verloren. Das Element, das eben noch prickelnde Erfrischung war, wurde plötzlich zu schwarzer, eisiger Tiefe. Vom Strand nichts zu sehen, mit den Füßen nichts zu tasten, auch durch die Brandung keine Richtung auszumachen; es schien, als hätte die tödliche Falle zugeschnappt. Das rettende Ufer konnte nicht weit entfernt sein – aber wir hatten keine Ahnung, wo es war.

Da nahmen wir in der Ferne den Leuchtturm wahr. Gleichmäßig schleuderte er seine Lichtbündel in die Finsternis hinaus. Wie wenig hatte uns dieser Turm an der Küste zu anderen Zeiten interessiert! In dieser Nacht gab sein Signal die Richtung an, die uns das Leben rettete. Geradewegs auf ihn zusteuernd erreichten wir unser Ufer, erschöpft, aber glücklich.

Methodischer Tipp (wenn die Kinder aufmerksam genug sind): In einem dunklen Raum bzw. bei einer Nachtwanderung die Geschichte mit Taschenlampe vorlesen. Nach »wir hatten die Orientierung verloren« Taschenlampe kurz ausschalten, dann

wieder anschalten, den Lichtschein über die Gesichter der Kinder schweifen lassen und weiter.

Bibelstellen: Psalm 119,105; Jesaja 60,2; Matthäus 4,16; Johannes 8,12

Wolfgang Ilg, Tübingen

Lügen

Ein unerwarteter Besuch

Der alte Heinz freut sich jedes Mal, wenn am Freitagnachmittag der zwölfjährige Hausmeistersohn an seine Tür klopft. Die Freundschaft der beiden besteht schon seit mehreren Jahren. Sie hat im Sandkasten im Stadtgarten begonnen, als Till noch – wie der alte Heinz es etwas drastisch ausdrückt – ein kleiner »Hosenscheißer« war. »Alte Liebe rostet nicht«, sagt er jedes Mal, wenn ihn Till besucht. Seit einem Unfall ist der alte Heinz querschnittsgelähmt und ans Bett gefesselt. Deshalb freut er sich immer über den Besuch von Till.

Meistens erzählt Till die neuesten Ereignisse aus der Schule. Dann werden Fußballergebnisse diskutiert und zuletzt, wenn alles ausgiebig besprochen ist, bittet Till: »Erzähl mir noch etwas aus deiner Jugend.«

»Was soll ich erzählen?«, brummt der alte Mann. »Du kennst doch schon alles.«

Aber dann fällt Heinz meistens noch eine alte Geschichte aus seiner Jugendzeit ein: »In meinem Elternhaus gab es als Gästezimmer ein kleines Dachzimmer mit dem Blick über die Dächer. Für mich hatte das Zimmer vor allem dann Bedeutung, wenn keine Gäste da waren. Es war meine heimliche Schatzhöhle, und ich versteckte dort oben alles, was ich meinen neugierigen Schwestern nicht zeigen wollte. Oft schlich ich mich heimlich hinauf. Unbeobachtet, ungestört genoss ich diesen geheimen Platz, bis zu einem bestimmten Tag.

Du musst wissen, damals wünschte ich mir sehnlichst, wie meine anderen Freunde auch, ein Luftgewehr. Meine Eltern jedoch hielten dieses Spielzeug für zu gefährlich. ›Du musst erst älter werden‹, sagten sie damals. Du weißt ja, die Meinungen von Eltern und Kindern gehen manchmal auseinander. Eines Tages nun zeigte mir mein Freund Andi ein wunderbares neues Luftgewehr, sein Eigentum. Voll Stolz verkündete er: ›Den ersten Spatz habe ich schon geschossen.‹ Ich kam mir neben ihm sehr klein und unbedeutend vor. ›Im Wilden Westen‹, so Andi, ›werde ich nun ein großer Jäger und Held werden, geübt im Schießen, gefürchtet von allen Banditen.‹

Das ließ mir keine Ruhe. Da eine erneute Bitte bei meinen Eltern nichts half, bat ich Andi, mir sein Gewehr zu leihen. Ich bot ihm alle möglichen Dienste an, denn Andi stellte Bedingungen. Andi schrieb von nun an alle Hausaufgaben von mir ab. Und was ihm sonst noch unbequem war – ich erledigte es für ihn. Ich erniedrigte mich, aber der Preis schien mir's wert. Eines Tages fuhr Andi mit seinen Eltern für ein paar Tage zu Verwandten. Da ich einen Tag vorher für ihn einen langen Hausaufsatz geschrieben hatte, überließ er mir für diese Zeit sein Luftgewehr.

Glücklich schlich ich damit durch den Wald. Das Gewehr machte mich ›stark‹, auch wenn ich nichts damit traf. Old Shatterhand war ein Wicht gegen mich. – Übrigens«, fügte der alte Heinz an dieser Stelle ein, »heute bin ich davon überzeugt, dass all die reiche Beute an Spatzen und Mäusen, von der mir Andi fast täglich berichtete, von ihm niemals geschossen wurde. Nicht ein einziges Stück seiner Beute habe ich jemals gesehen.

Es wurde schon dunkel, als ich mit dem Gewehr nach Hause kam. Wo hätte ich es besser verstecken können als im Schrank unseres Gästezimmers? Seit Wochen stand das Zimmer leer, auch erwarteten wir keinen Gast. Also stellte ich das Gewehr einfach in die Ecke. Ahnungslos schlief ich ein.

Als ich am nächsten Morgen zum Frühstück kam, stolperte ich vor Schreck über den Teppich und wäre wahrscheinlich hingefallen, wenn mich Onkel Hardy nicht gerade noch rechtzeitig aufgefangen hätte. Eine Autopanne hatte ihn zu uns geführt. Und dann sah ich auch schon auf Vaters Schreibtisch das Luftgewehr von Andi. ›Wem gehört dieses Gewehr?‹, fragte er mich mit strengem Blick ›Keine Ahnung, mir auf jeden Fall nicht. – Ich habe nichts mit dem Gewehr zu tun‹, war meine Antwort. Ich war so feige, dass ich auf Vaters Fragen die dümmsten Ausreden stotterte. Ich verstrickte mich in immer größere Lügen und war zum Schluss dankbar, als Vater das Gespräch kurzerhand abbrach und mit strenger Stimme erklärte: ›Wenn niemand das Gewehr gehört, werde ich es im Bücherschrank verschließen, bis sich der Besitzer findet.‹

Andi war außer sich, als er am Montag von der Sache erfuhr. Mitleidslos erklärte er mir: ›Wie du das Gewehr beschaffst, ist mir gleichgültig. Ich gebe dir drei Tage Zeit.‹ Und nach kurzem Zögern fügte er hinzu: ›Wenn dir Geld leichter zu beschaffen ist, ich nehme auch Geld.‹

Fassungslos starrte ich Andi an. ›Soll ich stehlen?‹, schrie ich heraus. ›Das habe ich nicht gesagt‹, antwortete Andi kalt, ›nur dass ich notfalls auch Geld dafür nehme. Ich wiederhole noch einmal: Drei Tage hast du Zeit.‹

In diesem Augenblick wusste ich, dass Andi kein guter Freund für mich war. Ich drehte mich um und ließ ihn stehen. Ich ging zu meinem Vater und habe ihm alles gesagt. Nachher wusste ich, dass er ein besserer Freund als Andi war. Geschämt habe ich mich allerdings, das kannst du dir denken ...

Siehst du, mein Junge«, sagte der alte Heinz und das klang ungewohnt ernst, »so kann es einem gehen, wenn unerwartet Besuch kommt. Ein alter Mann wie ich denkt manchmal daran, dass auch der Tod so überraschend kommen kann. Dann sollte man nichts verstecken müssen.«

Vertiefung:
Mit den Kindern über Lügen und Heimlichkeiten reden, und was Heinz mit seinem letzten Satz meinte.

Bibelstelle: Matthäus 25,13

Thomas Maier, Berlin

Paul Feigel und die Lügner

Ein Mann namens Paul Feigel hatte eine gute Tat vollbracht. Deshalb durfte er bei einer guten Fee einen Wunsch äußern, der ganz gewiss in Erfüllung gehen sollte. Paul Feigel war ein großer Freund der Ehrlichkeit und sagte deshalb: »Ich möchte, dass am morgigen Tag alle Menschen, die in meiner Stadt eine Lüge aussprechen oder schreiben, in die Luft hinauffliegen.«

Methodischer Tipp:
Hier die Erzählung unterbrechen und die Kinder überlegen lassen, was wohl am nächsten Tag alles passiert bzw. wer alles in die Luft hinauffliegen wird.

Am andern Tag ereigneten sich furchtbare Dinge. Ein dickbäuchiger Herr, dem Paul Feigel auf der Straße begegnete, schüttelte ihm beide Hände und sagte: »Wie ich mich freue, Sie einmal wieder zu sehen!« Er freute sich aber nicht lange; denn kaum hatte er den Satz gesprochen, da flog er in die Luft und der Wind trug ihn davon.

Es ging in der Stadt turbulent zu. Bald hingen die meisten Geschäftsleute an der Decke, aber auch ein großer Teil der Kundschaft schwebte nach oben. Die Verkäufer hatten die Echtheit ihrer Ware angepriesen, und die Käufer behaupteten, bei der Konkurrenz sei alles billiger und besser.

Ein Bauhandwerker versprach eben, seine Arbeit innerhalb der nächsten drei Wochen auszuführen, da verlor er den Boden unter den Füßen. In einem Büro sagte die Sekretärin am Telefon, der Chef sei leider verreist; da brach die Verbindung plötzlich ab, weil die Sekretärin so heftig nach oben gezerrt wurde, dass die Telefonleitung abriss. Bei der Zeitung löste sich ein Maschinensetzer nach dem andern von seinem Arbeitsplatz und flog davon, den schon lange vorher verschwundenen Redakteuren nach.

Lehrer und Schüler hatten einen Tag wie noch nie. Ein Schüler kam zu spät und entschuldigte sich damit, dass die Straßenbahn nicht gefahren sei; da flog er wie ein Luftballon zur Decke empor. Ebenso ging es einer ganzen Anzahl seiner Kameraden, als sie ihre Bücher und Hefte vergessen oder ihre Hausaufgaben nicht gemacht hatten und dafür die Gründe angaben. Schließlich beteuerte der Lehrer, er habe noch nie eine so schlechte Klasse gehabt wie diese; da löste auch er sich plötzlich vom Boden und flog an die Decke hinauf, wo sich schon der größte Teil seiner Schüler befand.

Ein Minister durchbrach bei den Worten: »Ich bin ein unabhängiger Mann« mit Donnergepolter das Dach des Ministeriums. Im Parlament flog ein Redner nach dem andern gegen die Kuppel, in der die Abgeordneten in dicken Trauben hingen.

Die Menschen entschwebten wie Vogelschwärme, oder sie hingen an den Decken, wenn sie das Glück hatten, sich in geschlossenen Räumen zu befinden. Um die Mittagszeit gab es in der Stadt fast keinen Menschen mehr, der nicht in die Luft hinaufgeschwebt war!

Damen, die sich bis zum Nachmittagskaffee auf den Füßen gehalten hatten, schwebten mit kleinen, spitzen Schreien nach oben, als sie das zweite Stück Kuchen mit der Begründung ablehnten, sie hätten keine Lust mehr auf ein zweites Stück Kuchen. Liebespaare wurden bei dem Schwur ewiger Treue auseinander gerissen, weil einer von ihnen dabei in die Wolken entschwebte. Briefschreiber lösten sich spätestens von ihren Sitzen, als sie an den Schluss kamen: »Mit vorzüglicher Hochachtung.«

Am Abend war die Stadt wie ausgestorben. Nur ein paar alte Beamte und grauhaarige Geschäftsleute waren noch auf dem Boden, sofern sie nicht gerade an diesem Tag ihre Steuererklärung unterschrieben. Aber alle Kinder, die noch nicht sprechen und schreiben konnten, sowie alle Tiere und einige Betrunkene blieben zurück.

Paul Feigel selbst hielt sich auf dem Boden, bis er kurz vor Mitternacht sagte, er hätte diesen Wunsch nicht geäußert, um seine Mitmenschen zu strafen, sondern um sie zu bessern. Da flog auch er sanft gegen den leise klingenden Kronleuchter.

Vertiefungsmöglichkeiten:
Man kann mit den Kindern ein großes Bild von der Stadt malen. Jeder malt einen Menschen, der gerade eine Lüge ausspricht und nach oben schwebt. Am besten malt man zuerst die Stadt, und dann malt jedes Kind auf ein extra Blatt Papier

sein Männchen mit Sprechblase, schneidet es aus und arrangiert es zum Schluss mit allen anderen auf der Stadt, wo es dann aufgeklebt wird.

– *Reden Sie mit den Kindern über Lüge und Wahrheit, darüber, wie schwer es manchmal ist, nicht zu lügen. Fragen Sie die Kinder, bei welchen Anlässen sie gelogen haben. Besprechen Sie gemeinsam, wie man mit Lügen vor Gott umgeht, wie man sie ihm sagen kann und wie und warum Gott vergibt. Dabei sollte man klarstellen, dass eine spätere Entschuldigung nicht der Freibrief für ungehemmtes Lügen ist.*

Bibelstellen: 3. Mose 19,11; Psalm 119,29; Sprüche 30,8; Johannes 16,13

Sybille Kalmbach, Rutesheim

Mitleid

Der gute Streich

Fabian und Dennis streiften durch den Wald. Sie waren 14 Jahre alt und die besten Freunde. Schon so manchen Streich hatten sie zusammen ausgeheckt, und auch heute waren sie wieder in bester Laune und überlegten, wen sie wohl hereinlegen und wie sie sich einen Spaß erlauben könnten.

Während sie gemütlich einen Waldweg entlangschlenderten, stieß Fabian Dennis plötzlich in die Seite, legte zuerst den Finger mit einem leisen »Psst!« auf den Mund und zeigte dann auf seine Entdeckung. Am Waldrand standen ein Paar alte Schuhe. Die beiden schlichen leise durchs Gebüsch und entdeckten kurz darauf einen Acker am Waldrand, auf dem ein Mann barfuß arbeitete. Genauso leise, wie sie gekommen waren, schlichen sie wieder zurück. Bei den Schuhen angekommen, unterhielten sie sich leise. »Was ist denn das für ein komischer Typ – barfuß auf dem Acker arbeiten!«, spottete Dennis.

Fabian zuckte mit den Schultern und betrachtete sich die Schuhe genau. »Hey, schau mal, wie abgewrackt die aussehen! Die sind ziemlich hinüber. Meinst du, der Typ auf dem Acker will sie schonen?«

»Warum schonen?«, fragte Dennis. »Heutzutage ist doch eigentlich niemand mehr so arm, dass er sich nicht ab und zu ein neues Paar Schuhe leisten kann, oder?«

»Hmmm«, Fabian wiegte den Kopf hin und her. »Ich weiß nicht so recht. Hier in Deutschland gibt es natürlich nicht so viele arme Menschen wie in anderen Ländern, aber ich glaube schon, dass ein paar echt jeden Euro zweimal umdrehen müssen.«

»Ach, ist doch jetzt egal«, wischte Dennis die Überlegungen von Fabian mit einer Handbewegung beiseite. »Lass uns lieber überlegen, was wir mit den Schuhen anstellen könnten, die laden doch geradezu zu einem Streich ein, oder? Wie wär's, wenn wir die Schuhe im Gebüsch verstecken? Das gibt bestimmt einen Riesenspaß, wenn wir aus sicherer Entfernung das blöde Gesicht von dem Typ sehen, wenn er auf der Suche nach seinen Schuhen durchs Gebüsch kriecht. Ha, ich könnte mich jetzt schon bei der bloßen Vorstellung kringeln vor Lachen!«

Fabian war irgendwie nicht so begeistert von Dennis' Idee, obwohl er sonst für jeden Streich zu haben war. Er runzelte die Stirn und sagte leise: »Ich weiß nicht so recht, ich glaube, das wäre bei dem Typ hier echt nicht fair. Wenn's mein Vater wäre oder unser Schuldirektor oder so – aber bei dem armen Typ auf dem Acker ... Nee, das finde ich nicht gut.« Plötzlich ging ein Leuchten über sein Gesicht, und seine Augen blitzten: »Hey, aber ich hab eine viel bessere Idee. Wir machen zur Abwechslung mal keinen fiesen Scherz, wir machen einen guten Streich!«

»Ein guter Streich? Wie soll das gehen? Das macht bestimmt keinen Spaß!«

Fabian boxte Dennis auf die Schulter. »Na komm, stell dich nicht so an. Also, mein Plan sieht so aus: Wir verstecken die Schuhe nicht, sondern wir legen was rein.«

Dennis grinste wieder: »Au ja, das ist gut! Faule Eier wären am besten, aber die haben wir hier nicht. Vielleicht finden wir ja Kaninchenköttel oder so.«

»Nix Kaninchenköttel. Ich sagte: ein GUTER Streich. Wir legen Geld rein!«

Dennis war über diese Idee so verblüfft, dass er zunächst gar nichts erwidern konnte. Fabian aber redete munter weiter: »Komm, jetzt sei nicht so. Wir haben doch vorhin das Geld fürs Zeitungsaustragen bekommen. Dann gibt's halt mal einen Videofilm weniger zum Ausleihen, und die Chips schenken wir uns auch. Wenn jeder von uns 10 Euro in einen Schuh legt, wird das DIE Überraschung!«

Jetzt hatte Dennis seine Sprache wiedergefunden: »10 Euro!!! Ich glaube, bei dir hakt es, echt! Willst du jetzt den guten Samariter spielen, oder was! Mann, für 10 Euro muss ich lange Zeitschriften austragen, da kann ich mir ganz schön viel dafür kaufen!«

Fabian meinte nur: »Na, komm schon, du nagst noch nicht am Hungertuch. Und in solchen Schuhen musst du auch nicht rumlaufen. Ich gebe auf jeden Fall 10 Euro her für den linken Schuh, und wenn du den rechten Schuh füllst, brichst du dir keinen dabei ab. Wenn du nicht willst, dann lass es halt bleiben.« Mit diesen Worten holte er seinen Geldbeutel heraus und fingerte einige 1- und 2-Eurostücke heraus. »So, 10 Euro für den linken Schuh!«

Dennis überlegte kurz, zog dann aber auch widerwillig seinen Geldbeutel aus der hinteren Tasche seiner Jeans. »Aber nur, weil du mein bester Kumpel bist! Hoffentlich hast du jetzt nicht nur noch ›gute Streiche‹ im Kopf!«

Nachdem Dennis in den rechten Schuh einen 10-Euro-Schein gelegt hatte, versteckten die beiden sich in einiger Entfernung. Dennis hätte es vor Fabian nie laut zugegeben, aber als der Mann auftauchte und barfuß zu seinen Schuhen ging, bekam er doch Herzklopfen vor Aufregung und freute sich auf die Reaktion des Mannes. Anscheinend hatte man auch bei guten Streichen dieses aufgeregte Kribbeln in der Magengegend.

Der Mann streifte zuerst seine Socken über, die er aus der Hosentasche holte. Dann zog er den ersten Schuh an, und nichts passierte. Fabian und Dennis schauten sich erstaunt und enttäuscht an. Doch als der Mann den zweiten Schuh anzog, hielt er inne. Es war der Schuh mit den Münzen. Er zog den Schuh wieder aus, drehte ihn um, und die Münzen purzelten heraus. Verwundert schaute der Mann zuerst auf das Geld, dann blickte er sich um. Nun zog er auch den anderen Schuh nochmal aus und fingerte den Schein heraus, den er wohl zuvor gar nicht gespürt hatte.

Verblüfft setzte sich der Mann mitten auf den Waldweg, zwischen seinen Füßen die kaputten Schuhe und das Geld. Dann blickte er nach oben und sagte laut: »Danke Herr, dass du meine Gebete erhört hast! Segne doch den Menschen, der das getan hat!«

Fabian und Dennis hörten diese Worte in ihrem Versteck, und ihre Gesichter liefen rot an. Ganz vorsichtig schlichen sie sich weg und liefen schweigend nach Hause.

Vertiefung:
Mit den Kindern zusammen überlegen, was die beiden Freunde wohl später geredet haben. Impulsfragen: Was haltet ihr von dem »guten Streich« der beiden Freunde? Was für »gute Streiche« könnte man noch spielen, auch ohne Geld?

Bibelstelle: Hebräer 13,16

Sybille Kalmbach, Rutesheim

Mut

Die Entscheidung

Heute ist der große Tag. Heute soll die Entscheidung fallen. »Um 14 Uhr an der alten Linde«, hat Grischa gesagt. Grischa ist der Anführer der Tiger, der bekanntesten und meist gefürchteten Bande der Schule. Heute soll Mario seine Aufnahmeprüfung ablegen. Mario ist sehr aufgeregt, als er kurz vor zwei zum vereinbarten Treffpunkt radelt. Was soll das für eine Mutprobe sein? Mario hat keine Ahnung.

An der alten Linde sind alle elf Mitglieder der Tiger bereits versammelt. Mario kennt fast alle, ein paar gehen sogar in die Klasse über ihm. »Wir sind heute hier, um einem neuen Mitglied die

Chance zu geben, in die Bande der Tiger aufgenommen zu werden«, beginnt Grischa feierlich. »Deine Mutprobe heute ist eine Kleinigkeit«, fährt Grischa fort. »Wir werden jetzt zusammen ins Dorf zum Tante-Emma-Laden fahren. Dort wirst du, während einer von uns die Verkäuferin ablenkt, drei Tafeln Schokolade unter dein T-Shirt stecken und dann einfach nach draußen gehen, als hättest du nichts gefunden, klar? Wenn alles geklappt hat, werden wir dann mit der Schokolade deine Aufnahme feiern.«

Die Jungen schwingen sich auf ihre Räder und radeln mit lautem Gejohle dem Dorf entgegen. Mitten unter ihnen Mario. Ein tolles Gefühl. Mario fühlt sich richtig stark. Endlich soll ein großer Traum von ihm in Erfüllung gehen. Doch plötzlich schleichen sich andere Gedanken ein. Darf er denn eine alte Frau bestehlen, um in eine Bande aufgenommen zu werden? Ist es wirklich mutig, eine alte Frau zu bestehlen? Was, wenn er erwischt wird? Was würde sein Vater dazu sagen oder sein Jungscharleiter, der so große Stücke auf ihn hält?

Je näher sie dem Laden kommen, umso banger wird es Mario ums Herz. Er fühlt, wie in ihm ein innerer Kampf beginnt. Die drei Tafeln Schokolade machen die alte Dame nicht arm. Aber er weiß aus der Jungschar, dass Gott gesagt hat: »Du sollst nicht stehlen.«

Und eigentlich will er das tun, was Gott gefällt, so wie David aus der Bibel. Der war nur ein kleiner Schafhirte. Aber mit Gottes Hilfe wurde David ein tapferer Bursche und schlug sogar den Goliat, und das war bekanntlich ein Riese.

Als sie vor dem Laden angekommen sind, blicken ihn die übrigen Bandenmitglieder erwartungsvoll an. Für das Ablenkungsmanöver ist schnell jemand gefunden. Silvio, ein hartgesottener Junge, der nicht lange fackelt. Jetzt ist Mario an der Reihe. Was soll er tun? Soll er jetzt kneifen? »Hast wohl die Hosen schon voll«, stichelt Silvio mit einem überlegenen Lächeln, »aber ein Tiger werden wollen ...! Das haben wir ja gern.« Da nimmt Mario all seinen Mut zusammen ...

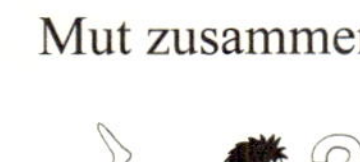

Hier kann man einfach weitererzählen oder die Chance für Impulsfragen nützen: Für was nimmt Mario all seinen Mut zusammen? Wie geht die Geschichte hier

wohl weiter? Überlegen Sie zusammen mit den Kindern verschiedene Möglichkeiten (Mario klaut die Schokolade / Mario rennt davon / Mario weigert sich ...) und listen Sie sie auf einem Plakat auf. Befragen Sie dann die Kinder, wer mit welchem Fortgang der Geschichte rechnet, und schreiben Sie die jeweiligen »Quoten« auf. Erzählen Sie danach weiter.

Da nimmt Mario all seinen Mut zusammen – aber nicht, um die drei Tafeln Schokolade zu stehlen, nein, mit fester Stimmer erwidert er:

»Wenn das so ist, dann muss ich kein Tiger sein. Wenn es bei euch tapfer ist, Unrecht zu tun und alte Frauen zu beklauen, dann kann ich kein Bandenmitglied werden.«

Mario dreht sich um, wendet sein Fahrrad und fährt langsam Richtung Gemeindehaus weg. Hinter sich das hämische Gelächter von den Jungs der Tigerbande. Muttersöhnchen und Feigling sind noch die feineren Ausdrücke, die er zu hören bekommt. Mario ist es zum Heulen zumute. Die große Chance, ein Tiger zu werden, hat er vertan. Andererseits fühlt er sich tapfer und ist stolz darauf, nicht gestohlen zu haben. – Vielleicht kann er ja mit ein paar Jungs aus der Jungschar eine eigene Bande gründen.

Vertiefungsmöglichkeiten:

Mit den Kindern über Marios Verhalten reden und überlegen, wie er sich genau gefühlt hat, nachdem er davongeradelt ist. Auch überlegen, wie er sich gefühlt hätte bei den anderen Möglichkeiten (siehe das selbst geschriebene Plakat).

- *Die Geschichte in verschiedene Szenen einteilen und je nach Gruppengröße immer ein oder zwei Kinder ein Bild zu einer Szene malen lassen. Die anderen »Ausgangsmöglichkeiten« (Stehlen, Abhauen ...) auch malen. Dann die Bilder in der Reihenfolge der Geschichte nebeneinander aufhängen und ab der Stelle, wo es die verschiedenen »Ausgangsmöglichkeiten« gab, den Bilderstreifen in mehrere Streifen teilen. Hinter dem Bilderteil mit dem erzählten Ausgang der Geschichte den Bibeltext Psalm 56,5 aufschreiben und aufhängen, mit den Kindern über den Bibeltext reden, was er wohl bedeuten soll, und wie sie ihn auch in ihrem Leben umsetzen können.*

– *Eine »Jungscharbande« gründen und Grundsätze überlegen (z.B. fest zusammenhalten, nicht stehlen, anderen Menschen helfen – dabei können Sie erklären, dass diese Grundsätze auch die ersten Christengemeinden hatten), Namen geben, »Jungscharbandenpass« erstellen, Aktionen überlegen ...*

Bibelstelle: Psalm 56,5

Stefan Widmaier, Perouse

Mut

Die junge Frau Lohengrin

Lara steht ganz allein auf dem Schulhof. Vor fünf Minuten hat es geklingelt. Alle Mädchen und Jungen sind nach der großen Pause in ihre Klassenzimmer zurückgegangen. Der Unterricht hat bereits begonnen, aber Lara kann sich nicht entschließen, zu den anderen hineinzugehen.

Am Dienstag, im Sachunterricht, hat die ganze Geschichte angefangen. Herr Volker, der Klassenlehrer, erzählte die Sage von dem Gralsritter Lohengrin. Spannend machte er das; Lara sah diesen Ritter ganz genau vor sich – in seiner schimmernden Rüstung, in dem kleinen Boot, von einem Schwan gezogen. Auf dem Rhein fuhren damals noch keine Schiffe und Frachtkähne. Allein Lohengrins Boot schwamm auf dem Fluss. Er kam, um für Elsa von Brabant zu kämpfen. Elsas Onkel, Telramund, hatte ihr das Land weggenommen, das sie von ihrem Vater geerbt hatte. Nun sollte der König den Streit entscheiden. Aber der konnte die Wahrheit nicht herausfinden und ordnete deshalb ein Gottesurteil an, einen Zweikampf. So war das damals üblich.

Doch kein Ritter wollte für Elsa kämpfen, weil alle Angst vor dem starken Telramund hatten. Endlich erschien Lohengrin, vom Gral gesandt, und besiegte Elsas mächtigen Onkel. Lara war fasziniert. »Warum gibt es heute keine Gralsritter mehr?«, fragte sie. Und Herr Volker antwortete, halb scherzend, halb ernst: »Ihr könnt ja so einen Orden gründen, der Unterdrückte und Unschuldige beschützt. Das geht auch ohne Schwert.«

Jetzt hatte die Klasse ihr Pausenthema. Wie zu einem Geheimbund fanden sie sich zusammen: »Wer will Gralsritter werden?«

»Mädchen scheiden aus«, sagte Steffen, als Lara sich sofort meldete. »Weibliche Ritter gibt es nicht. Das ist Männersache.«

In der Tat, wer hatte je von einer Ritterin gehört? Die Jungen pflichteten Steffen bei und die Mädchen zogen sich beleidigt zurück, bloß Lara gab nicht nach. Wenn sie sich etwas in den Kopf gesetzt hatte, dann führte sie es aus. »Mich interessiert überhaupt nicht, was früher war«, erklärte sie nachdrücklich. »Früher ist *nicht* heute. Früher gab es auch keine Ärztinnen und keine Taxifahrerin. Dann werde ich eben die erste Ritterin.«

Was sollten sie darauf antworten? Die Jungen schwiegen verlegen. Doch dann meinte Steffen:

»Ich finde eine Ritterin einfach lächerlich.«

»Lara ist nicht lächerlich«, stand Philipp seiner Freundin bei. Sie stritten noch eine Weile hin und her, bis Joe, dem Klassensprecher, die Geschichte von der Jungfrau von Orleans in den Sinn kam. Eine mutige Frau, die das ganze französische Heer angeführt hatte. »Na also«, stellte Lara zufrieden fest, und damit war der Streit beendet. »Mein Vorschlag ist«, ließ Lara gleich darauf hören, »dass jeder Gralsritter eine Prüfung machen muss.« Denn darin stimmte sie mit den andern überein: Ritter sein war etwas Besonderes, eine Auszeichnung, die man verdienen musste. Ihr Vorschlag fand sofort große Zustimmung.

Nach Schulschluss, auf dem Heimweg, diskutierten die Mädchen und Jungen über die einzelnen Bedingungen: »Vor allem muss ein Ritter schnell rennen können«, forderte Philipp.

»Warum?«, fragte Lara erstaunt, denn ihr leuchtete die Notwendigkeit nicht ein. Philipp wusste keine triftige Begründung und stotterte ein bisschen herum. Er hatte bisher die Erfahrung gemacht, dass flinke Beine immer nützlich waren.

»Du spekulierst auf Pluspunkte«, ertönte Steffens Stimme, »weil du der Schnellste von uns bist. Da hast du dich getäuscht! Kraft braucht ein Held. Ringen und Boxen entscheidet.« Er war der Stärkste der Klasse.

Lara zog ein langes Gesicht. »Typisch Mann«, sagte sie, »nur Muskeln und nichts im Kopf.« Diesen Ausspruch hatte sie von Tante Susi gehört. »Eine Mutprobe ist viel wichtiger. Herr Volker hat gesagt«, sie besann sich einen Augenblick – wie hieß doch dieses schwierige Wort?

»Zivilcourage«, half ihr Philipp.

»Jawohl, Zivilcourage«, wiederholte sie, »das ist Mut ohne Schwert und Faust.«

Nun kamen die Vorschläge von allen Seiten: Von einer hohen Mauer springen. Allein durch den dunklen Wald gehen. Auf einem Baumstamm über den Mühlbach balancieren. Zuletzt sagte Philipp feierlich: »Und wer dann alle Prüfungen bestanden hat, wird zum Ritter geschlagen.«

»Und jeder muss schwören, dass er Schwache und Unschuldige schützen will«, fügte Lara hinzu.

»Das ist doch Käse!«, rief Steffen dazwischen. »Ich schwöre nichts. Ich mache nur, wozu ich Lust habe.« Bestürzt sahen ihn die anderen an.

»Aber das ist doch das Wichtigste«, beteuerte Lara. »Glaubst du vielleicht, Lohengrin hatte Lust, gegen Telramund zu kämpfen?« Sie war ganz außer sich. »Natürlich ist Gralsritter sein mühsam, das ist ja gerade die große Besonderheit.«

»So war das auch nicht gemeint«, lenkte Steffen ein.

Und Joe meinte: »Wir müssen ja nicht unbedingt schwören, vielleicht genügt es, dass jeder sich's fest vornimmt.«

»Aber ganz fest!«, unterstützte Lara ihn.

»Ich werde Gralsritterin«, erzählte Lara ihrer Mutter beim Mittagessen. Frau Lindemann hörte aufmerksam zu, was die Tochter von Elsa und Lohengrin erzählte und von dem Beschluss, einen Ritterorden ohne Schwert zu gründen. »Wen willst du denn nachher beschützen?«, fragte sie.

»Ach, da wird sich schon jemand finden.« Lara überlegte und war selbst erstaunt, dass sie nicht gleich eine ganze Handvoll aufzählen konnte. Es klang mehr wie lautes Nachdenken, als sie sagte:

»Manche Leute quälen ihre Hunde und Katzen – bloß in unserer Gegend kenne ich niemand, der das tut.« Dann fiel ihr ein: »In manchen Klassen gibt es Streit mit ausländischen Kindern. Das wäre eine gute Gelegenheit zum Beschützen. Aber wir verstehen uns alle ganz prima mit Raffael und Lorenzo.«

Frau Lindemann musste lachen, weil Lara bei dieser Feststellung seufzte, als handele es sich um eine traurige Angelegenheit. »Du wirst schon eine Möglichkeit finden«, tröstete sie, »es gibt genug Menschen, die Hilfe brauchen auf der Welt. Man braucht nur die Augen offen zu halten.«

Nun war es Freitag geworden. Heute Nachmittag sollte die Prüfung sein. 15 Bewerber hatten sich gemeldet. In der großen Pause hockten die Kinder auf der niedrigen Mauer in der Ecke des Schulhofs und steckten die Köpfe zusammen. Lara und Philipp notierten in einem Heft die Regeln für den Gralsorden. »Wie sagt man? Stichwort?«, fragte sie Philipp.

»Nein, Losungswort«, lautete Philipps Antwort und Lara schrieb: »Losungswort: Lohengrin.« Dann kaute sie am Bleistiftende herum, während ihre Blicke ziellos über den Hof schweiften, bis sie an zwei Burschen, nicht weit von ihr, hängen blieben.

»Was starrst du denn immerfort zu den Fahrradständern hinüber?« Philipp stupste sie ungeduldig.

»Ich sehe etwas«, erwiderte Lara.

»Das denke ich mir! Blöde Antwort. Was, will ich wissen.«

»Pst! Losung Lohengrin«, flüsterte Lara.

»Spinnst du?« Philipp tippte sich an die Stirn. Er sah zwei Jungen an einem Fahrrad montieren, mehr nicht.

»Sie klauen Lenis Ventile und die Pumpe.«

»Bist du verrückt?«

»Nein, ich erkenne das Rad an den blauen Streifen.« Lara war aufgeregt. Leni wohnte in ihrer Nähe. Jeden Morgen fuhr sie an Lara vorbei. Ein Irrtum war ausgeschlossen. Das war die ersehnte Gelegenheit! »Jetzt können wir zeigen, dass wir Gralsritter sind«, feuerte sie die Freunde an und sprang von der Mauer. Mutig ging sie auf die zwei Jungen zu, die bestimmt zwei Köpfe größer waren als sie. Philipp, Steffen und Joe folgten ihr. »Schraubt sofort die Ventile wieder ein und pumpt Lenis Fahrrad auf!«, befahl das Mädchen empört.

Die Jungen zuckten zusammen, offensichtlich fühlten sie sich ertappt. Doch im selben Augenblick sahen sie: Es war nur eine Zweitklässlerin! Wie läppisch! Der würden sie's zeigen. »Werd nur nicht frech, du kleine Kröte!«, rief der eine. Und der andere: »Verschwinde ganz schnell, sonst mache ich dir Beine! Was spionierst du überhaupt hier herum? Willst du uns verpetzen?« Drohend kam er näher.

Lara wich keinen Schritt zurück. »Wir sind Gralsritter«, verteidigte sie sich.

Die zwei Jungen lachten schallend. »Die junge Frau Lohengrin! Lass dich schleunigst von deiner Gans abholen«, klang es ihr frech entgegen.

»Ihr seid dumm! Es war ein Schwan«, verbesserte Lara die zwei. »Ganz gemeine Kerle seid ihr!«, stieß sie dann hervor. Hilfesuchend drehte sie sich nach ihren Freunden um. Warum sagten sie nichts, sie gehörten doch zusammen, eine verschworene Gemeinschaft, laut Satzung.

Aber hinter Lara standen keine Freunde mehr. Ganz allein war sie, einfach im Stich gelassen. Ihre Augen suchten Philipp, der hantierte verschämt am nächsten Papierkorb herum, während Steffen und Joe intensiv die Goldfische im Springbrunnen betrachteten. Lara fühlt sich so verlassen wie noch nie in ihrem Leben. Jetzt schrillt die Glocke, die Pause ist beendet. Der Schulhof leert sich; nur Lara steht allein auf dem großen Platz.

Vertiefungsmöglichkeiten:
Gespräch über die Geschichte, über Mut und Angst, über die Reaktionen der einzelnen Kinder.

- *Gemeinsam überlegen, wo man »Jungschar-Ritter« (alternativ »Reli-Ritter« o.Ä.) sein könnte und gemeinsam ein Projekt angehen. Dabei aber auch noch einmal konkretisieren, dass es nicht allein um das Planen guter Taten geht, sondern auch um Zivilcourage im Alltag.*
- *Gemeinsam die Geschichte vom Ritter Lohengrin lesen.*

Bibelstelle: Epheser 6,10

Karin Hank, Ludwigsburg

Nächstenliebe

Brauner Biber

Einstieg:
Zeigen Sie ein Bild von einem Indianerreservat am Rande einer Großstadt. Fragen Sie die Kinder, was sie von Indianerreservaten und den Lebensumständen der Indianer dort wissen. Gegebenenfalls ergänzen.

Brauner Biber – so hieß der kleine Indianer, der aus einer engen, hässlichen Siedlung am Rande einer nordamerikanischen Großstadt stammte. Die Zeiten, in denen seine Vorfahren als stolze, freie, unbesiegbare Männer in den endlosen Prärien des Westens jagten und Fallen stellten, waren längst vorbei. Brauner Biber war nun, als er alt genug geworden war, von seinem Vater bei einer bekannten Familie in der Nähe einer größeren Schule untergebracht worden. Er sollte jetzt diese Schule besuchen und nur übers Wochenende nach Hause kommen.

Brauner Biber war oft niedergeschlagen. Er konnte sich gar nicht mehr so recht freuen. Das Lernen machte ihm wenig Schwierigkeiten. Aber er litt unter der Trennung von Eltern und Geschwistern. Außerdem bedrückte es ihn, dass er von seinen weißen Schulkameraden wegen seiner Hautfarbe verachtet wurde. Man schob ihn zur Seite, stellte ihn hintenan und machte sich lustig über ihn. Und wenn bei irgendeinem bösen Streich der Schuldige gesucht wurde, dann sollte er's gewesen sein.

Als Brauner Biber wieder einmal übers Wochenende heimkam, erklärte er seinen Eltern, dass er nie wieder zur Schule gehen wolle. Er könne das Verhalten der weißen Kinder nicht mehr länger ertragen. Lange saß er am Abend mit seinen Eltern zusammen und klagte ihnen sein Leid. Ach, sie verstanden ihn gut. So ähnlich war es ihnen auch schon oft gegangen. Brauner Bibers Mutter nahm ihren Sohn in die Arme und sagte zu ihm: »Weißt du, was ich mache, wenn ich deshalb besonders traurig bin? Ich fange in Gedanken an zu beten. Und manchmal gehe ich dorthin, wo mich niemand hören kann. Ich schreie und weine mir die ganze Ungerechtigkeit von der Seele. Manchmal bin ich dabei ganz schön zornig auf Gott. Aber dann denke ich wieder daran, dass Jesus auch verspottet worden ist und die Leute gemein zu ihm waren. Ich glaube, er versteht mich, denn er weiß ja, dass ich traurig bin. – Vielleicht hilft dir das auch. Versuch es doch einmal.«

Auch sein Vater nahm Brauner Biber in die Arme. Als Brauner Biber im Bett lag, sprachen sein Vater und er das Nachtgebet und Brauner Biber setzte hinzu: »Und hilf mir doch endlich in der Schule. Die Jungen sind immer so gemein zu mir.«

Brauner Biber kehrte wieder in die Schule zurück. Der Winter kam. Es schneite fast jeden Tag. In seinen freien Stunden war Brauner Biber oft draußen im Freien. Dort wusste er bald überall gut Bescheid. Von seinem Vater hatte er manches gelernt, wovon die Kinder in der Stadt kaum Ahnung hatten. Er baute kleine Fallen, stellte sie an versteckten Stellen auf und fing kleines Raubzeug, dessen Fell besonders wertvoll ist. So verging ihm auch die Zeit schneller, denn fast immer war er ja allein.

Wieder einmal hatte er mehrere Bisamratten gefangen. Als er die Tiere seinen Schulkameraden zeigte, lachten die nur. Charly, einer der ältesten von ihnen, war besonders frech. Er meinte: »Typisch Indianer!« Das sei wohl so ziemlich alles, was der kleine »Nager« fertigbringe. Aber das stimmte, wie Charly sehr genau wusste, durchaus nicht. Der Klassenlehrer war mit Braunem Biber und seinen Leistungen sehr zufrieden.

Inzwischen war der Fluss zugefroren. Die Jungen wollten Schlittschuhe und Hockeyschläger holen und sich am Fluss treffen. Brauner Biber schaute ihnen nach, wandte sich um und ging auf den Wald zu. Dort wollte er nach seinen übrigen Fallen sehen. Es dunkelte bereits, als er mit dem Sack auf seinem Rücken auf dem Heimweg war. Als er in die Nähe des Flusses kam, glaubte er eine Stimme zu hören. Ob seine Schulkameraden noch immer Eishockey spielten? Er blieb stehen und lauschte. Wieder hörte er eine Stimme. Da rief doch jemand um Hilfe! Brauner Biber rannte dem Fluss zu, lief am Ufer entlang und begann sich durch lautes Rufen selbst bemerkbar zu machen. Wieder blieb er kurz stehen. Er hörte die Stimme ganz in seiner Nähe. Er eilte darauf zu. Da hockte einer unterhalb der hohen Uferböschung auf einer Baumwurzel. Es war Charly.

Charly war zuletzt ganz allein am Fluss gewesen. Seine Kameraden hatten sich bereits über die hohe Böschung auf den Heimweg begeben. Er hatte auf dem Eis noch ein paar Runden gedreht und wollte ihnen dann folgen. Aber beim Hochklettern war er plötzlich an der Böschung abgerutscht und hatte sich den Knöchel verstaucht. Zuerst hatte es nur ein wenig wehgetan, und Charly hätte nicht vermutet, dass er schon nach wenigen Minuten nicht mehr laufen konnte. Und bis zu seinem Elternhaus war es weit.

Zunächst schraubte Brauner Bär dem verletzten Charly die Schlittschuhe von den Schuhen. Dann half er ihm mit äußerster Kraft die hohe Böschung hinauf. Oben mussten sie lange ausruhen, bis sie weitergehen konnten. Ganz behutsam setzten sie beide Fuß vor Fuß. Charly biss tapfer die Zähne zusammen, obwohl ihm vor Schmerzen immer wieder die Tränen kamen. Der Fuß war inzwischen stark angeschwollen und der Junge wagte kaum noch aufzutreten.

Brauner Biber stützte Charly beim Gehen. Er schleppte außerdem seinen Sack mit den Bisamratten und den Fallen und auch Charlys Schlittschuhe und den Hockeyschläger. Anfangs sprach keiner der Jungen ein Wort. Der große Charly schaute immer wieder verstohlen zu dem kleinen Indianer an seiner Seite hin. Charly schämte sich gewaltig, als er daran dachte, dass er diesen hilfsbereiten Jungen »Brauner Nager« genannt hatte. Als sie wieder einmal stehen blieben, um auszuruhen, sagte Charly: »Ich bin sooo doof gewesen. – Du, es tut mir Leid.«

Es wurde für die beiden ein sehr langer und mühsamer Heimweg. Charlys Eltern sorgten sich schon um ihren Sohn. Als sie hörten, was passiert war, freuten sie sich. Es war inzwischen stockdunkel, und deshalb fuhr Charlys Vater Brauner Biber nach Hause zu der Familie, bei der er während der Schulzeit lebte.

Von diesem Tag an waren Charly und Brauner Biber Freunde. Es war manchmal schwierig für die beiden, wenn andere wieder einmal lästerten, aber dann hatten sie ja einander.

Bibelstellen: Matthäus 5,44; 19,19b *Elke Müllerschön, Aalen*

Ein scheußlicher Tag ...

Boris schaut aus dem Fenster – so ein Mistwetter. Warum muss es heute Morgen schon wieder regnen? Ausgerechnet heute, wo er mit dem Fahrrad in die Schule fahren muss. Boris ist 11 Jahre alt und geht in die 6. Klasse der Realschule.

Jeden Mittwoch fährt er mit dem Fahrrad, da mittwochs um diese Zeit kein Bus fährt und seine Mutter kein Auto hat, um ihn zu fahren.

In fünf Minuten muss er los, denn mit seinem Mountainbike braucht er genau 12 Minuten bis zur Schule. Außer er nimmt die Abkürzung und fährt die Kaiserstraße hinunter. Da spart er sich fünf kostbare Minuten. So könnte er noch einen heißen Kakao trinken, bevor er startet. Aber die Kaiserstraße ist gefährlich – sagt man. Deswegen fährt er normalerweise die längere Strecke. Doch heute ist er um jede Sekunde froh, die er schneller ist.

Um 7.23 Uhr startet Boris. Den Rucksack auf dem Rücken sitzt er auf seinem Rad und tritt in die Pedale. »Hoffentlich geht alles gut«, denkt Boris, als er in die Kaiserstraße einbiegt. Und plötzlich stehen sie da: Fünf Jungen, alle 14 und 15 Jahre alt. Sie haben ihn umzingelt, er kann nicht mehr fliehen. »O nein, haut bloß ab«, stöhnt Boris leise, sodass es niemand hören kann. Doch da wird er schon von seinem Fahrrad gezerrt. Sein Kopf schlägt heftig auf der Straße auf und von allen Seiten treffen ihn die Fußtritte. Boris heult und schluchzt, doch die anderen lachen nur und rennen davon.

Da liegt er nun. Seinen linken Fuß kann er nicht mehr bewegen und in seinem Kopf brummt es wie in einem Bienenschwarm. Was soll er jetzt machen? Er kann nicht alleine aufstehen, und laufen geht schon gar nicht. Mist, ist denn niemand da, der ihm helfen kann?

Da – ist das nicht das Auto seiner Lehrerin? Boris versucht zu winken – aber sie sieht ihn nicht und fährt einfach weiter. Es wird kalt und nass, denn es regnet immer noch. Wäre er doch nur die längere Strecke gefahren. Wieso passiert ausgerechnet ihm so etwas? Ist das nicht wieder ein Auto, das er hört? Boris richtet sich auf, so gut es geht, doch auch dieses Auto fährt weiter. Das gibt es doch nicht. Kein Mensch ist in der Nähe, der ihm hilft. Niemand, der ihn hier liegen sieht.

Was ist das? Sind das nicht Schritte? Kommt da jemand? Auf der anderen Straßenseite läuft jemand. Boris schreit laut: »Hilfe, ich brauche Hilfe!« Und dann erkennt er, wer es ist. »O nein, bitte nicht Erkan«, denkt er noch. Erkan ist Türke und bei Boris in der Klasse. Alle ärgern Erkan, weil er nicht richtig Deutsch sprechen kann. Auch Boris ärgert ihn.

Als Erkan Boris erkennt, rennt er los. »Hallo Boris! Was du machst auf der Boden? Oh – ich will helfen!«, sagt Erkan und hilft Boris beim Aufstehen. Zusammen humpeln sie auf die andere Straßenseite, denn da wohnt Erkan. Er klingelt an der Haustür, und seine Mutter ist ganz besorgt. Zuerst macht sie Boris einen heißen Tee, und dann bringt Erkan eine trockene Hose und einen Pulli von sich. Boris zieht sich um – und es geht ihm schon wieder viel besser. Erkan ist eigentlich super, ein klasse Freund. Obwohl Boris ihn immer geärgert hat, war er der Einzige, der ihm geholfen hat. Jetzt wird Boris ihn bestimmt nicht mehr ärgern.

Vertiefung:
Gemeinsam Lukas 10,25-37 lesen und darüber sprechen, wer unser Nächster ist. Teilen Sie die Kinder anschließend in zwei Gruppen auf und lassen Sie jede Gruppe ein Rollenspiel einüben, das man später der anderen Gruppe vorspielt. Die eine Gruppe spielt die Geschichte vom barmherzigen Samariter, die andere Gruppe die Geschichte von Boris und Erkan.

Bibelstelle: Lukas 10,25-37

Sebastian Heusel, Münsingen

Nadine ist enttäuscht

Heute sollte es ein toller Tag werden. Schon am frühen Morgen wachte Nadine voller Vorfreude auf. Ihre Mutter hatte sich für den Nachmittag freigenommen und wollte mit ihr in die Stadt fahren. Eine neue Jeans sollte Nadine haben und ein Paar Schuhe. Eigentlich hatte Marion sie eingeladen. Das wäre auch schön gewesen. Ihr Vater wollte beide in den Zoo mitnehmen. Aber mit ihrer Mutter einkaufen – das war spitze! Da hatte sie keine Lust mehr auf den Zoo.

Sie konnte den Nachmittag kaum abwarten. Sicher ging Mum mit ihr anschließend noch Eis essen. »Nadine, beeil dich, aber kämm dir noch die Haare!«, ruft Mum ihr aus der Diele zu.

Da klingelt es. Nadine lauscht und ist gespannt, wer das sein kann. »Ach du bist es, Brigitte!«, hört sie ihre Mutter sagen. »Das kommt aber überraschend!« Und dann ist ihre Mutter lange still. Endlich sagt sie: »Na, nun komm erst mal rein! – Nadine ...!«, ruft ihre Mutter.

»Ja, Mum!« Nadine schiebt sich durch die Türe.

»Wirf mal schnell die Kaffeemaschine an!«

»Mum, das kannst du doch nicht ...!« Nadine ist total enttäuscht. »Wir wollten doch gerade ...« Weiter kommt sie nicht. Ihre Mutter schiebt sie rasch in die Küche. »Und schieb noch ein paar Donuts in die Mikrowelle!« Alles ist verdorben, worauf sie sich so sehr gefreut hat. Nadine ist wütend. Unangemeldeter Besuch kann ganz schön nerven!

Als Brigitte gegangen ist, kommt Nadines Mutter zu ihr ins Zimmer. »Sei nicht enttäuscht!«

Nadine zuckt mit den Schultern. »Das ist gar nicht witzig!«

»Ich weiß.« Nadines Mutter nickt. »Es tut mir sehr Leid, dass es mit unserem Einkaufen nicht mehr geklappt hat, aber das war gerade sehr wichtig. Brigitte hat eben ihren Mann ins Krankenhaus gebracht. Er hatte einen schlimmen Autounfall. Und sie war ganz verzweifelt. Weißt du, sie hat meine Hilfe sehr dringend gebraucht. Das war viel wichtiger als unser Einkauf.«

Nadine kommt auf ihre Mutter zu und umarmt sie.

Da sagt ihre Mutter: »Ich glaube fast, dass Gott sie gerade noch rechtzeitig hergeschickt hat. Was wäre passiert, wenn sie fünf Minuten später gekommen wäre? – Und unseren Einkaufstag, den holen wir nächstes Wochenende nach, okay?!«

Vertiefung:
Mit den Kindern zusammen 1. Mose 18,1-15 lesen. Auch hier kam unangekündigt Besuch, und Abraham nahm sich Zeit, bewirtete die Männer und merkte schließlich, dass in den Fremden Gott selber zu Besuch gekommen war. Überlegen Sie gemeinsam, wie wir Gott in anderen Menschen begegnen und ihn freundlich einladen können. Jesus sagte: »Was ihr einem meiner geringsten Brüder getan habt, das habt ihr mir getan.« Was meint er damit?

Bibelstelle: 1. Mose 18,1-15; Matthäus 25,40

Elke Müllerschön, Aalen

Nächstenliebe

Baiwans Rettung

Einstieg: Ein Plakat in die Mitte legen und die Kinder Stichworte draufschreiben lassen, was ihnen zu »Christ sein« einfällt. Dann die einzelnen Assoziationen durchgehen. Anschließend mit den Kindern sammeln, was sie zu der Krankheit »Lepra/Aussatz« wissen, und gegebenenfalls ergänzen.

Folgende wahre Begebenheit aus dem Leprakrankenhaus in Pokhara (Nepal) will uns zeigen, wie und wozu Menschen von Jesus gebraucht werden können:

Vor einigen Tagen kam Baiwan wieder hier an. Seine Füße sind voller Geschwüre, seine Hände und das Gesicht vernarbt und verkrüppelt ... Niemand kennt ihn, man weiß nur, er ist furchtbar elend und erschöpft. Und wenn man die Sitten Nepals kennt, dann ahnt man etwas von seiner schrecklichen Vergangenheit: ausgestoßen aus Familie und Dorf, ohne Versorgung, ohne menschliche Nähe und Gemeinschaft ... Und das vielleicht schon seit zehn Jahren oder noch länger.

Gerade ist eine Schwester wieder dabei, seine Füße frisch zu verbinden, da fragt er ganz unverhofft: »Bist du auch ein Christ?«

Erstaunt blickt die Schwester auf: »Ja, aber wieso fragst du? Kennst du vielleicht auch andere Christen?«

»Nein, ich habe nie von ihnen gehört, aber als ich herkam ...«, und dann kommt die ganze Geschichte heraus:

Baiwan war wochenlang zu Fuß unterwegs gewesen, um das Leprakrankenhaus in Pokhara zu erreichen. Wenn man seine Füße ansah, konnte man sich kaum vorstellen, wie er diesen beschwerlichen Weg durch die Berge Nepals zurücklegen konnte. Oft hatte er aufgeben wollen, aber dann hatte er sich doch wieder aufgerafft – war doch das Leprakrankenhaus seine einzige Hoffnung überhaupt! Endlich hatte er eine Straße erreicht, sodass er das letzte Stück – etwa fünf Stunden – mit dem Bus zurücklegen konnte. So kam er in Pokhara an.

Aber was nun? Das Krankenhaus liegt weit außerhalb der Stadt und seine Kraft war am Ende. Ob vielleicht irgendein Taxifahrer ...? Er versuchte es, doch vergeblich, kein Taxifahrer war bereit, ihn in seinem Auto mitzunehmen. Einer sagte es sogar geradeheraus: »Und wenn du mir 50 Rupien geben würdest – ich würde dich doch nicht mitnehmen, weil ich Angst habe, mich anzustecken.«

Dann kam auf einmal ein fremder Nepali hinzu: »Ich werde dich auf meinem Rücken ins Krankenhaus tragen ...«

Baiwan meinte, sich verhört zu haben. Seit Jahren war er es gewohnt, dass Menschen ihm auswichen, einen großen Bogen um ihn machten. Und nun war da ein Fremder, der tat so, als gäbe es alle seine Geschwüre nicht; der wollte ihn sogar anfassen, auf seinem Rücken tragen? Das war ihm unbegreiflich. Endlich fragte er ihn: »Warum tust du das? Hast du keine Angst?«

»Doch, aber ich bin ein Christ«, war die kurze Antwort des Fremden.

Diese Antwort ging Baiwan nicht aus dem Kopf. Er musste unbedingt herausfinden, was das für Leute sind, die Christen ... Und im Leprakrankenhaus ist er an der richtigen Adresse. Hier gibt es Menschen, die ihm den Weg zu Jesus zeigen können.

Bibelstelle: Lukas 10,25-37 *Sigrid Langenscheid, Korntal*

Nachrede

»Wer redet schon mit der?«

Anna und Julia trafen sich fast jeden Tag auf der Straße. In ihrer Gegend wohnten sonst keine Mädchen in ihrem Alter, und so hatten sie sich vor ein paar Monaten kennen gelernt, als sie beide mit ihren Rädern durch die Gegend gekurvt waren. Anna traf sich auch oft mit ihren Freundinnen aus der Schule, aber die wohnten alle am anderen Ende der Stadt. Und eigentlich war Julia ganz nett. Immer wenn die eine mit dem Rad klingelnd am Haus der anderen vorbeifuhr, kam die andere zu einem kurzen Schwatz oder einer kleinen Spritztour mit dem Rad raus.

»Du, heute Mittag hab ich keine Zeit. Ich treffe mich gleich mit meinen Freundinnen am Freibad. Also, tschüss!« Anna schnallte ihre Badetasche fest und radelte davon.

»He, hau doch nicht so schnell ab! Vielleicht kann ich ja mitkommen ...« , rief Julia ihr nach, aber Anna war schon um die Ecke gebogen. »Ach was! Dann fahr ich halt hinterher. Wenn ich mich beeile, hole ich sie noch ein, bevor sie ins Freibad reingehen«, überlegte sich Julia und rannte nach Hause, um ihre Badesachen zu holen.

»Hallo, Anna! Auf dich muss man ja immer warten. Bist du schon altersschwach, oder was?«, wurde sie von ihren Freundinnen vor dem Eingang begrüßt.

»Ha ha, sehr witzig! Ich hab nur vor dem Haus noch jemand getroffen und kurz geredet, und da bin ich halt ein bisschen später weggekommen«, verteidigte sich Anna.

»Wohl mit der Tussi aus deiner Straße gequatscht?«, fragte Simone.

»Was, mit der redest du? Das ist doch eine dumme Pute!«, mischte sich Petra ein. »Meine Schwester geht auch auf die Mörike-Schule, und die sagt, dass das voll die hochnäsige Kuh ist. Also echt, das gibt's doch nicht, dass du dich mit der abgibst!«

»Ach, eigentlich hab ich mit der gar nichts zu tun«, wehrte Anna ab. »Die find ich wirklich doof, und überhaupt weiß ich gar nicht, was die von mir wollte.« Mit diesen Worten schnappte sie ihre Tasche und ging zur Kasse. Dabei bemerkte sie nicht, dass gleich um die Ecke Julia, noch mit ihrem Fahrrad in der Hand, dastand und ihr fassungslos hinterherschaute. Sie hatte alles mit angehört.

Vertiefungsmöglichkeiten:

Impulsfragen: Wie geht die Geschichte wohl weiter? Wie findet ihr Annas Verhalten?

Überlegen Sie mit den Kindern, ob sie schon ähnliche Situationen erlebt haben. Ermuntern Sie sie, ehrlich zu sein und nicht nur Anna zu verurteilen, sondern auch zu überlegen, wo es ihnen schwer fällt, nicht zu verleugnen. Überlegen Sie Gründe, warum man jemanden verleugnet. Schreiben Sie diese Gründe auf und lesen Sie die Petrus-Verleugnungs-Geschichte mit den Kindern. Anschließend können Sie überprüfen, ob einer der gesammelten Gründe zutrifft oder ob man die Liste noch erweitern muss.

- *Mit jedem Kind eine Hahn-Karte basteln als Erinnerung an die Verleugnungsgeschichte. Geben Sie anschließend jedem Kind Zeit, sich in die Karte etwas hineinzuschreiben (betonen Sie, dass dies nur für das Kind ist und dass es keiner lesen wird) – z.B. eine konkrete Person, zu der man jetzt mehr stehen will, eine Person, bei der man sich entschuldigen will, oder was man sich betreffs Verleugnen vornimmt.*

Bibelstellen: Matthäus 26,69-75; Markus 14,66-72; Lukas 22,54-62; Johannes 18,15-18+25-27

Sebastian Vogel, Münsingen

Niederlage

Der größte Sieg

Die Meisterschaft gewonnen! Das hatte es seit Jahrzehnten nicht mehr beim TSV Kusterdingen gegeben! Die E-Jugend-Fußballmannschaft war völlig aus dem Häuschen – heute Nachmittag hatte sie in einem sensationellen Spiel den SV Tübingen mit 2:0 besiegt und damit am letzten Spieltag mit nur einem Punkt Vorsprung in der Tabelle den Pokal geholt! Das ganze Dorf war begeistert! Gegen den SV Tübingen zu gewinnen, das war ein starkes Stück, denn die Tübinger Fußballer galten als unangefochtene Favoriten!

Die Saison hatte hervorragend angefangen für die E-Jugend des TSV Kusterdingen: Seit einigen Monaten hatten sie einen neuen Trainer, der früher in der Landesliga gespielt hatte. Das Training war härter geworden, sie trafen sich jetzt zweimal in der Woche und an spielfreien Wochenenden sogar noch ein drittes Mal. Ihr neuer Trainer Thomas brachte die Mannschaft ganz schön auf Vordermann. Eisern wurden Eckbälle, Freistöße und Elfmeter so lange trainiert, bis alles hundertprozentig stimmte. Klar, es war anstrengend, aber schließlich hatte es sich gelohnt: Einmal die Meisterschaft feiern zu können hatten sie sich schon immer erträumt.

Nach dem Duschen hatte sie der Bürgermeister höchstpersönlich zu einem riesigen 2-Liter-Krug Cola eingeladen und sich dann bei der ganzen Mannschaft und vor allem bei ihrem Trainer Thomas für das Spitzenspiel bedankt.

Jetzt saßen sie in der großen Runde und gingen nochmal jeden Spielzug durch: »Dein Pass war genial«, rief Andi ganz begeistert Aydin zu – Andi hatte die Mannschaft schon in der 14. Minute nach einem wunderschönen Steilpass ihres Mittelfeldspielers Aydin mit 1:0 in Führung gebracht.

»Aber das Beste war das 2:0!«, rief Linus, »genau wie wir's im Training geübt haben: hoher Eckball auf den Außenpfosten und dann bumm – mit dem Kopf verwandelt.«

»Wenn wir so weitermachen, spielen wir auch irgendwann mal in der Landesliga«, grinste Janosch den Trainer Thomas an.

»Ach Quatsch, vergiss es«, rief Martin, der rechte Verteidiger, »bevor du nicht wie ein Weltmeister spielst, kannst du lange darauf warten, dass du mal von einer Landesligamannschaft einen Vertrag bekommst. Stimmt doch, Thomas, oder?«

Der Trainer grinste in die Runde und nickte: »Da ist was dran, du musst schon was Außergewöhnliches tun, damit du einem Landesligaverein überhaupt auffällst.«

»Erzähl mal, wie du das geschafft hast.« Aydin sah den Trainer bittend an.

Thomas lehnte sich auf dem Stuhl zurück und blickte in die leuchtenden Augen seiner Mannschaft, die ihn erwartungsvoll anschaute. »Es ist ziemlich genau 15 Jahre her. Ich war damals in der A-Jugend hier im Verein und wir hatten wie heute das letzte Spiel der Saison – unser Gegner war genau wie heute der SV Tübingen. Wir lagen in der Tabelle nur einen Punkt hinter dem SV zurück und wussten: Wenn wir dieses Spiel gewinnen, dann haben wir den Pokal. Wir wussten außerdem, dass zwei Trainer eines Landesligavereins am Spielfeldrand standen, um nach guten Spielern für ihren Verein zu suchen.«

»Du hast das entscheidende Tor geschossen und die haben dir sofort einen Vertrag angeboten, stimmt's? Komm, erzähl mal von dem großen Sieg!«, platzte Johannes heraus, der das Ende der Geschichte nicht mehr erwarten konnte.

Thomas blickte in die Runde: »Ich habe tatsächlich für das entscheidende Tor gesorgt und deswegen den Landesligavertrag angeboten bekommen, aber es war alles etwas anders, als ihr euch das vorstellt.« Thomas blickte in die fragenden Gesichter und erzählte weiter: »In der 58. Minute haben wir das 1:0 geschossen – wir mussten das Ergebnis nur noch bis zum Schlusspfiff halten. Der SV Tübingen spielte jetzt wie besessen – nur noch wenige Minuten hatten sie, um den Ausgleichstreffer zu erzielen und damit doch noch Meister zu werden. Wir kamen unter dem enormen Druck fast nicht mehr aus der eigenen Hälfte raus, es war eine einzige Abwehrschlacht. Aber wir hielten uns gut, keiner der gegnerischen Stürmer konnte einen gefährlichen Schuss auf unser Tor abgeben. Bis zwei Minuten vor Spielende: Ein langer Pass kam von links auf den Mittelstürmer des SV Tübingen, der nur ein paar Meter vor unserem Strafraum den Ball stoppte. Es war mein Fehler – wir hatten Manndeckung und ich hätte ihn nicht aus den Augen lassen dürfen. Ich rannte, was das Zeug hielt, und war kurz hinter ihm, als er zum Schuss ausholte. Unser Torwart hätte nicht die geringste Chance gehabt.«

»Und du hast ihn noch gestoppt, stimmt's?«, rief Johannes ganz aufgeregt.

»Ja, ich habe mich lang gemacht und mit einer Grätsche den Ball erwischt – und den Mittelstürmer des SV Tübingen.«

»Und der Schiedsrichter hat kein Foul gepfiffen?«, fragte Johannes mit gespanntem Gesicht.

»Nein, der Schiedsrichter stand so, dass er meine Aktion nicht gesehen hat. Er ließ weiterspielen – die Gefahr war gebannt.«

»Cool!!! Du hast die Meisterschaft gerettet! Genial!«

Verschmitzt schaute Thomas in die Runde: »Nein, es war ein wenig anders ... ich bin zum Schiedsrichter gegangen und hab ihm gesagt, dass ich den Mittelstürmer des SV gefoult habe. Es gab einen Elfmeter, den der SV verwandelt hat – es stand jetzt 1:1. Eine Minute später kam der Abpfiff. Wir hatten die Meisterschaft verloren, der SV Tübingen bekam den Pokal.«

Fassungslos blickten 14 Gesichter zu Thomas. »Es wäre der erste Meisterschaftstitel für den TSV Kusterdingen seit langer Zeit gewesen«, fuhr Thomas langsam fort. »Ich war ziemlich fertig, klar, denn ich wusste, dass wir gewonnen hätten, wenn ich das Foul nicht zugegeben hätte.«

»Und – die Landesliga, der Vertrag ...?«, stotterte Johannes, der die Welt nicht mehr verstand.

»Nach dem Spiel kamen die Trainer des Landesligavereins auf mich zu und sagten: ›Ihr habt die Meisterschaft verloren – aber über das, was du gerade getan hast, wird man noch lange sprechen.‹ Eine Woche später bekam ich das Vertragsangebot für die Landesliga zugeschickt – und unsere Mannschaft bekam den Fair-Play-Pokal vom Verbandsvorstand überreicht. – Wisst ihr«, sagte Thomas und schaute in die Runde seiner Spieler, »ich glaube, diese Niederlage war der größte Sieg in meiner Fußballkarriere.«

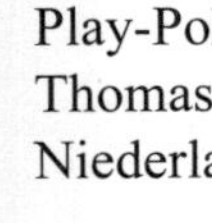

Vertiefungsmöglichkeiten:
Ein Fußballspiel oder ein Spieleturnier mit Gesellschaftsspielen veranstalten, in dem es für Fairness mehr Punkte als für Tore bzw. Gewinne gibt.

- *Gemeinsam überlegen, wo man auch außerhalb des Sports Fairness zeigen kann.*
- *Welche Niederlagen – auch außerhalb des Sports – kann man erleben? Wie kann/soll man mit Niederlagen umgehen?*

Bibelstellen: 1. Samuel 14,16-23; Psalm 118,15-16; 1. Johannes 5,4-5

Martin Kalmbach, Rutesheim

Noten

Das kann doch gar nicht sein!

»Wo ist Andy heute eigentlich?«, fragt Max im Schulbus die anderen aus seiner Klasse.

»Keine Ahnung, vielleicht ist er krank«, antwortet Klaus. »Das hat er geschickt eingefädelt – gerade heute, wo wir Sport haben.«

Max grinst. »Tja, Sport ist wirklich nicht so sein Ding. Dieses Jahr muss Andy Glück haben, wenn er noch eine 3 bekommt!«

Aber ungewöhnlich ist es schon. Andy hat noch nie gefehlt. Und Max ist sich ganz sicher, dass Andy ihn anrufen würde, wenn er krank wäre. In der ersten Stunde haben sie Mathe bei ihrem Klassenlehrer Schmid. Als Herr Schmid alle Namen vorliest, gibt jeder bei seinem Namen ein kurzes Lebenszeichen von sich. »Max Allgaier«, sagt er.

»Hier«, antwortet Max.

»Andy Baier.« Stille! »Ach, Andy ist heute ja bei den württembergischen Meisterschaften im Mountainbike-Fahren. Mal sehen, was er am Montag zu erzählen hat.«

Max hat sich wohl verhört. Andy soll bei der württembergischen Meisterschaft der Mountainbiker sein? Jetzt spinnt der Lehrer aber. Andy hat doch mit Sport nichts am Hut. Kann fast keinen Ball fangen, im Schwimmen schafft er die 25-Meter-Bahn gerade mal in 37 Sekunden, und beim Hochsprung hat er eine glatte 4 bekommen.

Und so einer soll bei Meisterschaften mitmachen? Vermutlich ist er doch nur krank.

Am Montag geht es im Bus wieder heiß her. Plötzlich fragt Max: »Sag mal, Andy – wo warst du denn am Freitag? Keine Lust auf Sport gehabt, was?«

»War in Karlsruhe – hat euch Herr Schmid nichts gesagt?«

»Na, der hat nur von irgendwelchen Meisterschaften gesprochen.«

»Ja eben, ich war bei den Mountainbike-Meisterschaften. Mann, das war vielleicht ein Erlebnis!«

»Sag bloß, der Schmid hat dir einen Tag frei gegeben, weil du dir diesen Wettkampf anschauen wolltest?«

»Von wegen anschauen! Ich bin selber mitgefahren«, antwortet Andy.

»Erzähl keine Märchen, Andy«, erwidert Max, »den wievielten Platz hast du denn belegt?«

»Es lief ganz super. Ich bin Dritter geworden«, erzählt Andy.

»Das kann wohl nicht wahr sein. Du hast doch in Sport total schlechte Noten. Wenn du Glück hast, bekommst du noch eine 3!«, sagt Max.

»Das stimmt. Im Schulsport bin ich echt nicht so toll. Umso mehr freue ich mich über die Bronzemedaille!«

Vertiefungsmöglichkeit:
Spielen Sie mit den Kindern »Großer Preis«: Dazu gibt es verschiedene Oberrubriken wie »Quiz«, »Sport«, »Geschicklichkeit« etc., die auf einem großen Plakat aufgelistet sind. Unter jeder Rubrik gibt es jeweils die Zahlen 20, 40, 60, 80 und 100. Die Kinder werden in kleine Gruppen eingeteilt und dürfen der Reihe nach wählen, welche Aufgabe sie nehmen, dazu nennen sie immer die Rubrik und eine Zahl. Diese Zahl wird dann durchgestrichen und kann nicht mehr genommen werden.

Hinter dieser Zahl verbirgt sich nun eine Aufgabe. Bei »Quiz« eine Quizaufgabe, bei »Sport« eine sportliche Aufgabe, etc. Wird die Aufgabe richtig bzw. in einer bestimmten Zeit erfüllt, bekommt die Gruppe die Zahl, hinter der diese Aufgabe gesteckt hat, als Punkte gutgeschrieben. Schafft sie es nicht, bekommt sie keine Punkte. Alle Gruppen sind so lange reihum dran, bis es keine freien Aufgaben mehr gibt. Nun wird der Punktestand zusammengezählt und ermittelt, wer die beste Gruppe war. Wer möchte, kann hinter manchen Zahlen auch einen »Joker« verstecken, der automatisch 100 Punkte verschenkt, ohne dass man eine Leistung dafür erbringen muss.

Anschließend kann man noch einmal darauf eingehen, dass es bei dem Spiel wie in der Geschichte und wie im wirklichen Leben ist – jeder hat ganz unterschiedliche Begabungen. Deshalb ist es wichtig, dass man die anderen nicht nur auf ihre Schwächen hinweist, sondern sich gegenseitig hilft und die Stärken auch unterstützt, denn so kommt man viel weiter als im Alleingang.

Betonen Sie, dass jeder Mensch Gaben und Begabungen von Gott geschenkt bekommen hat und dass man damit nicht angeben, sondern sich darüber freuen soll. Außerdem sollte man bei den anderen nach den Stärken und nicht nach den Schwächen suchen!

Bibelstelle: Römer 12,6; 1. Korinther 12,4

Sebastian Heusel, Münsingen

Opfer

Der verbotene Weg

Am Samstag ist herrliches Sommerwetter, und Lisa und ihre Mutter fahren gleich nach dem Mittagessen mit dem Auto los. Bald haben sie die Vororte von München hinter sich gelassen und sausen auf der Landstraße dahin.

Lisa lebt mit ihrer Familie mitten in der Großstadt München. Sie ist ganz aufgeregt, denn sie sind unterwegs zu Mamas Schulfreundin Hanna, die vor einiger Zeit aus der Stadt weggezogen ist. Mama hat ihr heute Morgen erzählt: »Hanna hat einen wunderschönen Garten, den kannst du durchforschen, während wir Kaffee trinken und uns unterhalten. Wenn du Lust hast, kannst du deine Inliner mitnehmen, der Garten ist so groß, dass es dort sogar geteerte Wege gibt.«

Auf der Autofahrt schaut Lisa voller Begeisterung aus dem Fenster. Felder und bunte Wiesen bekommt sie in der Stadt nicht zu sehen. »Oh, Mama«, schwärmt sie, »wenn wir doch auch im Grünen wohnen würden! In der Stadt gibt es kaum Platz zum Spielen und Inliner fahren. Überall sind Häuser und Autos.«

»Ja, das fände ich auch toll. Wer weiß, vielleicht können wir uns ja auch einmal ein Haus hier draußen leisten«, sagt ihre Mutter. »Da, sieh doch, da ist schon Hannas Haus.«

Lisa begrüßt Mutters Freundin Hanna fröhlich, hat aber nur Augen für den herrlichen Garten. Überall grünt und blüht es, und in einiger Entfernung ist ein kleiner Teich zu sehen. Der Garten ist fast so groß wie der Stadtpark, und kleine Wege durchziehen ihn. »Gefällt dir der Garten, Lisa?«, fragt die Mutter.

Lisa nickt begeistert.

»Kein Wunder, so was Schönes gibt es bei uns in der Stadt nicht.«

»Wenn du möchtest, kannst du bis zum Kaffee auf Entdeckungsreise gehen«, schlägt Hanna vor. »Geh nur, wohin du willst ... Nur von dem Weg zwischen den Hecken da drüben, da bleib weg, denn ... Ah, da kommt ja Mascha, meine Hündin! Runter mit dir, Mascha! Hör auf, dich so anzustellen und zu bellen! Die Gute tut keinem was zu Leide, aber sie springt alle Besucher an. Mascha begleitet dich gern auf deiner Entdeckungsreise, Lisa. Komm in einer halben Stunde ins Haus, dann gibt es Kuchen.«

Hanna und Lisas Mutter verschwinden im Haus, und Lisa und Mascha machen sich auf den Weg zum Teich. Eine Viertelstunde spielen sie vergnügt unter den Bäumen, dann nimmt Lisa ihre Inliner und fährt die Wege im Garten entlang – von einem Ende zum anderen. Nach einer Weile hat sie alle Wege abgefahren, außer dem verbotenen Weg. Lisa starrt nachdenklich auf den Weg, der zwischen den Hecken durchführt. Er scheint in einem Obstgarten zu enden.

»Warum will Hanna bloß nicht, dass ich da durchgehe?«, fragt Lisa sich. »Vielleicht möchte sie nicht, dass ich von ihren Äpfeln esse? Na, ist ja auch egal ... Aber seltsam finde ich das doch.« Sie schlägt einen anderen Gartenweg ein, fährt ein Stück, doch der führt nur wieder in einem Bogen zur gleichen Stelle zurück. »Ich wüsste ja doch zu gern, was mit dem verbotenen Weg los ist«, denkt Lisa. »Vielleicht gibt es da irgendein Geheimnis oder irgendein besonderes Tier ... Ich gehe nur mal bis zu der Biegung. Vielleicht sehe ich von da etwas. Und bis dahin ist der Weg ja wirklich völlig harmlos!«

Ganz langsam fährt sie den schmalen Weg entlang. Mascha knurrt. Lisa blickt um die Biegung. Da ist nichts Geheimnisvolles zu sehen. Der Weg zwischen den Hecken führt, wie sie es sich gedacht hat, zu einem kleinen Obstgarten mit Apfelbäumen. Was kann an diesem Obstgarten schon Gefährliches oder Geheimnisvolles sein? Sie will wenigstens bis zu den ersten Bäumen und von da aus zurückfahren. Mascha knurrte wieder, aber Lisa beachtet sie nicht. »Hm, nichts, überhaupt nichts«, denkt Lisa, als sie unter dem ersten Baum steht und um sich blickt. »Ganz nett hier. Aber was soll ... Oh! Hilfe!«

Lisa hat nichts bemerkt. Doch sie hat die Gefahr fast mit ihren Locken berührt, und nun erhebt sich plötzlich mit wütendem Gesumme eine schwarze Wolke. Lisa hat den Bienenschwarm im Apfelbaum nicht gesehen. Sie rast schreiend auf ihren Inlinern los, die Bienen im Nacken, und Mascha rennt bellend hinter ihr her. Glücklicherweise werden die meisten Bienen von der Hündin abgeschreckt und ziehen sich zurück. Nur eine verfolgt Lisa weiter, während sie zwischen den Hecken hindurchrast und schließlich wieder auf der Rasenfläche anlangt. Doch mit ihren Inlinern kommt sie auf der Wiese nur schlecht voran.

Hanna und die Mutter hören sie schreien und rennen zum Fenster. »Ach, du liebe Zeit!«, ruft Hanna. »Die Bienen! Ich hab Lisa doch extra gesagt ...«

Die Mutter interessiert sich in diesem Augenblick nicht dafür, was Hanna gesagt hat. Sie rennt in den Garten zu ihrer schreienden Tochter, die von einer dicken Biene verfolgt wird.

»Sie ist hinter mir her!«, schreit Lisa.

»Hinter meinen Rücken, Lisa!«, ruft die Mutter. »Schnell! Versteck dich!«

Lisa verschwindet mit einem Satz hinter ihrer Mutter und die Biene greift im Sturzflug Mutters nackten Arm an und sticht zu. Lisa starrt auf die große rote Schwellung, die sich auf dem Arm der Mutter zu bilden beginnt. Sie zittert und kann nur noch weinen.

»Ist ja gut, Lisa«, tröstet ihre Mutter sie. »Es ist vorbei. Du brauchst keine Angst mehr zu haben. Sieh dir meinen Arm an: Da ist der Stachel. Bienen können nur einmal stechen. Dann sterben sie. Dir kann jetzt nichts mehr passieren.«

Hanna zieht den Stachel heraus und reibt die Schwellung mit einer kühlenden Flüssigkeit ein. Während sie ihren Kaffee trinken, rückt Lisa ganz nah an ihre Mutter heran. Immer wieder wandern ihre Augen zu der roten Schwellung auf dem Arm hinüber. »Es tut mir Leid, Mama«, flüstert sie. »Ich war einfach so neugierig. Hätte ich gewusst, dass dort Bienen sind, wäre ich gar nicht hingegangen.«

»Ist schon gut, Lisa«, tröstet sie die Mutter. »Ich bin froh, dass dir sonst nichts geschehen ist. Der Stich schwillt in ein paar Tagen wieder ab.«

Vertiefung:
Über das Opfer reden, das die Mutter für Lisa gebracht hat. Warum hat sich die Mutter für Lisa stechen lassen? Anschließend über das Opfer Jesu bzw. seinen Opfertod reden und warum er das für uns auf sich genommen hat.

Bibelstelle: Jesaja 53,5

Karin Hank, Ludwigsburg

Psychische Krankheiten

Verrückt?

Alle im Dorf nannten ihn »Lumpenkarle«. Auch Michael kannte ihn nicht anders, diesen alten Mann mit grauem Bart, der immer mit sich selber redend einen Leiterwagen durch die Straßen zog, in dem wohl nichts als Müll enthalten war. Eine seltsame Gestalt war das, ungepflegt und dreckig, und manchmal mochte man gar nicht in seiner Nähe sein, weil so ein unangenehmer Geruch von ihm ausging.

Michael und seine Freunde machten sich oft einen Spaß daraus, den Lumpenkarle zu ärgern. Sie liefen dann laut vor sich herschimpfend durch die Straßen, ahmten seinen Gang nach – und wenn sich eine Gelegenheit ergab, warfen sie ihm Müll in seinen Leiterwagen. Wie zornig konnte er werden, wenn er das bemerkte. Er lief dann rot an und schrie ihnen die übelsten Schimpfwörter hinterher.

Alles wurde anders, als Michaels Onkel in die Klinik musste. Onkel Frieder hatte sich total verändert, wollte nicht mehr richtig essen und saß oft in seinem Sessel und starrte vor sich hin. Michael hatte immer viel Spaß mit ihm gehabt und die tollsten Ausflüge mit ihm gemacht. Doch nun verstand Michael die Welt nicht mehr und fragte eines Abends vor dem Einschlafen seine Mutter, was eigentlich los sei mit Onkel Frieder. »Das ist gar nicht so leicht zu erklären, Michael. Aber ich will es versuchen«, begann sie. Und aufmerksam hörte er ihr zu.

»Weißt du, Onkel Frieder hat keine Freude mehr am Leben. Er lacht nicht mehr gerne, seine Hobbys sind ihm egal. Er sitzt oft einfach nur schweigend da und blickt stur vor sich hin. Da habe ich das Gefühl, er merkt gar nicht, dass ich zu Besuch bin. Ja, und dann gibt es Tage, da will er gar nicht aufstehen. Die Ärzte sagen, er leide an einer Depression. Das heißt nichts anderes, als dass er niedergeschlagen ist und schwere Gedanken ihn erdrücken.«

»Ist das eine Krankheit, die man operieren kann?«, fragte Michael seine Mutter.

»Es wäre schön, wenn es so einfach wäre«, antwortete Michaels Mutter, »aber eine Depression kann man meistens nur mit Tabletten in den Griff bekommen. Für einige Menschen ist es eine Krankheit, mit der sie ein Leben lang zu kämpfen haben. Da gibt es dann immer wieder Zeiten, wo es ihnen gut geht und man ihnen gar nichts anmerkt – und dann gibt es auch immer wieder Zeiten, in denen die Leute total niedergeschlagen und traurig sind, so wie zur Zeit Onkel Frieder.«

»Kann man dann überhaupt geheilt werden? Ich meine: wieder ganz gesund werden?«, fragte Michael weiter.

»Das kann schon vorkommen. Aber bei Onkel Frieder wissen

wir jetzt noch nicht, ob er wieder ganz gesund wird. Wir müssen einfach abwarten und hoffen, dass ihm die Ärzte helfen können.«

Michael wurde klar, dass eine Krankheit wie eine Depression viel schlimmer war als ein Schnupfen oder eine Grippe. Und auch Lumpenkarle, so dachte er, war bestimmt nicht absichtlich so eine seltsame Gestalt. Vielleicht war er auch krank und konnte einfach nichts für sein Verhalten und seine komische Art. Bei der nächsten Spaßtour wollte Michael den Lumpenkarle nicht mehr ärgern, das nahm er sich fest vor.

Vertiefung:
Gespräch über psychische Krankheiten. Welches Kind hat schon Erfahrungen damit? Warum kommen uns Menschen mit psychischen Krankheiten oft so fremd und seltsam vor? Wie kann ich mich ihnen gegenüber verhalten?

Bibelstelle: Römer 15,7 *Rosemarie Ilg, Tübingen*

Pubertät

SMS für Katharina

Piep-piep-piep. Schon wieder eine SMS! Leicht genervt zog Katharina ihr Handy aus der Jacke. Und tatsächlich: Es war wieder eine dieser bescheuerten Kurzbotschaften von Uli. Uli war zwei Klassen über ihr, sie kannten sich von der Volleyball-AG. In der letzten Zeit schaute Uli sie immer so lange an. Sie konnte nicht genau beschreiben warum, aber irgendwie war ihr das unangenehm. Vor allem diese coolen Sprüche von Uli. Vor einem halben Jahr war sie feuerrot angelaufen, als er nach einem Volleyball-Spiel durch die ganze Halle gerufen hatte: »Ich hab dich gestern mit deiner Mama beim BH-Kaufen gesehen, Katha. Gibt's überhaupt so kleine

Größen?« Ein paar Wochen lang hatte sie gar nicht mehr mit ihm gesprochen.

Andererseits war er manchmal ganz nett und sah mit seinem muskulösen Oberkörper ziemlich gut aus. Und er hatte blaue Augen, die Katharina irgendwie faszinierten. Aber diese blöden SMS-Botschaften! Diese hier war ja wohl die Höhe: »Hi, schöne Katha, kann man dich mal alleine treffen?« Was sollte denn das heißen? Manchmal wünschte Katharina sich, sie hätte nie ein Handy gekriegt, dann wäre sie wenigstens von diesen idiotischen Kurznachrichten verschont geblieben. Was sollte sie bloß antworten? War das ein Liebesantrag? Oder wollte Uli sie nur wieder lächerlich machen?

Katharina hatte das Gefühl, dass sie selbst nicht mehr so richtig wusste, was sie dachte. Einige in ihrer Klasse hatten schon einen Freund. Und sie träumte davon, sich bei jemandem anzulehnen. Wenn sie morgens im Spiegel ihre Pickel zählte, dachte sie manchmal, kein Junge könne sie mögen. Da tat so eine SMS an die »schöne Katha« wirklich gut. Andererseits war sie sich bei diesen Liebessachen total unsicher. Uli hatte eigentlich noch nie irgendetwas Nettes zu ihr gesagt. Katharina wollte nicht mit ihm befreundet sein. Oder war sie nur verklemmt?

Beim letzten Klassenausflug hatten einige Jungs hinter ihr im Bus Berichte aus der neuesten *Bravo* vorgelesen. Bei diesen Berichten klang es immer so, als ob man irgendwie zurückgeblieben wäre, wenn man mit 14 noch keinen Freund hatte. Und Katharinas 14. Geburtstag stand kurz bevor. Vielleicht würde sie endlich auch zu »den Großen« gehören, wenn sie einen Freund hatte? Die vielen Fragen machen mich noch wahnsinnig, dachte Katharina und schaltete entnervt ihr Handy aus. Morgen würde sie Uli im Volleyball sehen – und der würde auf eine Antwort pochen, da war sie sich sicher.

Den ganzen Nachmittag konnte Katharina sich nicht auf die Hausaufgaben konzentrieren. Da war sie froh, dass um 17 Uhr Jungschar war. Heute traf man sich bei ihrer Jungscharleiterin Nele. Katharina mochte Nele – und deren Freund. »So soll es bei mir auch mal werden«, dachte sie, wenn sie die beiden Hand in Hand durch den Stadtpark laufen sah. »Vielleicht kann ich mit Nele ja mal über Uli sprechen?«, fiel es Katharina plötzlich ein.

Nach der Jungschar bot sie Nele an, beim Spülen zu helfen. Die meisten Teller waren schon gespült, bis Katharina sich endlich überwand: »Du, Nele, kann ich dich mal was fragen?« Nele hörte ihr aufmerksam zu und fragte interessiert zurück. Im Gespräch wurde Katharina immer deutlicher, dass sie Uli eigentlich gar nicht mochte. Der einzige Grund, mit ihm zu gehen, wäre der, dass sie auch endlich einen Freund hätte. Als sie Nele das sagte, lachte die und nahm Katharina in den Arm. »Endlich einen Freund, Katha? Rat mal, mit wie viel Jahren ich meinen ersten Freund hatte! Mit 19! Ich habe gewartet, bis ich einen getroffen habe, den ich wirklich mag – und das hat sich gelohnt.«

Beim Heimgehen wurden die Dinge für Katharina langsam klarer. Wie gut es war, mit jemandem über all das zu sprechen! Und als sie zu Hause in ihrem Zimmer war, hatte sie eine Idee: Sie schaltete ihr Handy ein und las nochmal die SMS von Uli: »Hi, schöne Katha, kann man dich mal alleine treffen?« Einen Moment zögerte sie, dann schrieb sie kurz und klar zurück: »Man schon. Du nicht. Katha.«

Vertiefung:
In Kleingruppen eine Collage gestalten lassen zum Thema »Liebe ist ...«. Dazu jeder Gruppe einige Illustrierte, Scheren, Klebstoff, Eddings und ein großes Plakat geben. Anschließend zuerst Gespräch über die Collagen, dann Austausch über Freundschaft, erste Liebe, Erwartungsdruck der Clique, Umgang mit Freundschaft, »Anzeichen« für Verliebtsein.

Bibelstellen: Prediger 3,1; Römer 12,2

Wolfgang Ilg, Tübingen

Reichtum

Die schwierige Aufgabe

Es war einmal ein König, der hatte zwei Söhne. Als er alt wurde, wollte er einen der beiden zu seinem Nachfolger bestimmen. Doch wie sollte er dies tun? Beide Söhne hatte er sehr gerne, und beide Söhne waren klug und besonnen. Da beschloss der König, den beiden eine Aufgabe zu stellen. Wer diese Aufgabe am besten erfüllen würde, der sollte der neue König sein.

Er rief seine beiden Söhne zu sich und gab jedem fünf Silberstücke in die Hand. Dann sagte er: »Geht und füllt die Halle unseres Schlosses. Womit ihr sie füllt, das ist eure Sache.«

Der älteste Sohn machte sich auf den Weg und grübelte. Fünf Silberstücke waren nicht viel, mit was sollte er die ganze Halle füllen? Es musste etwas sein, das nicht viel kostete, aber eine große Menge war. Als er noch so überlegte, kam er an ein Feld, wo Zuckerrohr geerntet und gepresst wurde. Das ausgepresste Zuckerrohr lag nutzlos umher. Ausgepresstes Zuckerrohr! Das war die Idee! Es kostete nicht viel, aber er konnte die ganze Halle damit füllen. Bestimmt würde sein Bruder nicht auf so eine gute Idee kommen! Er gab dem Aufseher über die Zuckerrohrfelder die fünf Silberstücke und man brachte das ausgedroschene Rohr in die Halle. Die ganze Halle konnte er damit füllen. Als er fertig war, betrachtete er zufrieden sein Werk. Auch sein Vater, der König, kam und schaute sich an, wie sein älterer Sohn die Aufgabe erfüllt hatte.

Bald darauf kam der jüngere Sohn. Er ließ das Zuckerrohr entfernen, stellte mitten in die Halle eine Kerze und zündete sie an. Ihr Schein füllte den Raum bis in den letzten Winkel. Wie er so dastand, kam sein Vater dazu und schaute sich an, wie sein jüngerer Sohn die Aufgabe gefüllt hatte. Der König betrachtete sich eine Weile schweigend die vom Licht erfüllte Halle und sagte dann zu seinem jüngeren Sohn: »Du sollst mein Nachfolger sein. Dein Bruder hat fünf Silberstücke ausgegeben und die Halle mit nutzlosem Zeug gefüllt. Du aber hast nicht einmal ein Silberstück gebraucht und hast sie mit dem gefüllt, was die Menschen brauchen.«

Vertiefungsmöglichkeiten:
Im Rollenspiel das Märchen nachspielen.
Jedes Kind malt einen Teil der Geschichte und schreibt darunter den entsprechenden Textteil. Anschließend aus den Bildern und Texten ein »Märchenbuch« binden, evtl. mittels Farbkopien Duplikate (auch in kleinerer Größe möglich) herstellen und jedem Kind das Märchen schenken.

- *Mit den Kindern über Reichtum sprechen und was wahren Reichtum ausmacht. Was würden Menschen als Reichtum bezeichnen, und was sieht Gott als Reichtum an?*
- *Sprechen Sie mit den Kindern über das Märchen und überlegen Sie, warum der Vater so entschieden hat. Warum fand er die »Hallenfüllung« des jüngeren Sohnes klüger als die des älteren? Wie schließt er aus der Erfüllung dieser Aufgabe, wer später der bessere König sein wird?*
- *Man kann mit den Kindern eine zweigeteilte Collage erstellen. Auf die eine Seite kann man malen, ausschneiden und aufkleben, aufschreiben – was materiell gesehen Reichtum ausmacht (Kleider, Autos, Computer, etc.). Auf die andere Seite kommt das, was unser Leben reich macht, aber nicht mit Geld zu bezahlen ist (Freunde, Liebe, Glaube, usw.). Anschließend wird darüber gesprochen, was letztendlich mehr wert ist und was wir im normalen Alltag anstreben.*

Bibelstellen: 1. Timotheus 6,9; 2. Petrus 1,19; Johannes 8,12

Sybille Kalmbach, Rutesheim

Reichtum

Wem gehört der Himmel?

»Guten Tag!« Eine kräftige, etwas schnarrende Stimme tönt an das Ohr des alten Jörg. Der Bauarbeiter schaut auf: Es ist der reiche Herr Behrend, der nun auf seinem schnaubenden Pferd neben ihm anhält. »Guten Tag, Herr Behrend. Wie schön die Kornfelder aussehen! Das gibt eine gute Ernte.«

»Ja, prächtig. Und das ganze Feld da gehört mir.«

»Weiß ich doch.«

»Und dort drunten das schöne Wiesental auch.«

»Ja, ja.«

»Und die Mühle und den Hof dort drüben habe ich jetzt auch dazu gekauft.«

»So.«

»Und der schöne Wald, der Fichtenschlag, gehört auch mir.«

»So.«

»Und die drei Grundstücke, die ausgeschrieben waren im Dorf, die habe ich auch gekauft. Da gibt es bald Arbeit für dich.«

»So.«

»So weit man hier sehen kann, das gehört alles mir.«

»So, so. – Und das da droben auch?«, fragt der alte Bauarbeiter Jörg.

»Was meinst du?«

»Ob der schöne Himmel da oben auch Ihnen gehört?«

»Nein, natürlich nicht.«

»Aber der gehört mir.« Und dabei sieht Jörg ganz siegesgewiss aus.

Darauf weiß der reiche Herr Behrend keine Antwort, und so trabt er auf seinem Pferd davon. Noch kurz denkt er über den merkwürdigen Ausspruch des alten Jörg nach; dann aber taucht das Dorf vor ihm auf, und im Wirtshaus »Waldhorn« hat er sich mit ganz anderen als mit »himmlischen Dingen« zu beschäftigen.

Aber in der Nacht darauf macht ihm ein Traum zu schaffen. Er träumt, das Gerücht gehe um, der reichste Mann aus dem Dorf müsse sterben. Da wacht er erschrocken auf. Denn damit kann ja nur er gemeint sein. Als er richtig zu sich kommt, lacht er laut über sich selbst: »Na, das war zum Glück nur ein Traum!« Aber irgendwie geht ihm der Gedanke doch nicht aus dem Kopf.

Als er später vor die Türe tritt und gerade zu seinem Auto gehen will, kommt der Schreiner an seinem Haus vorbei. Herr Behrend fragt: »Na, wohin gehen Sie denn heute Morgen?«

»Ich muss das Maß zu einem Sarg nehmen.«

»Wer ist denn gestorben?«

»Der alte Bauarbeiter Jörg.«

»Was, der Bauarbeiter?«

»Ja, der Bauarbeiter.«

Da wird der reiche Herr Behrend ganz nachdenklich: »Am Ende ist *das* der reichste Mann im Dorfe gewesen! Zufriedener als ich war er jedenfalls und deswegen wohl auch glücklicher. Und was hat er gestern vom Himmel gesagt? Der würde ihm gehören. Hmm.

Wenn er jetzt in ›seinem‹ Himmel ist, dann geht es ihm wahrscheinlich gut. Ob er wohl an Gott geglaubt hat? Was ist, wenn ich sterbe? Komme ich dann auch in den Himmel? Den kann ich mir ja nicht kaufen wie alles andere. Ich hätte den alten Jörg fragen sollen, wie er das mit dem Himmel gemacht hat, warum der ihm gehört und was man dafür tun muss.«

Vertiefung:
Ein Bild malen vom reichen Herrn Behrend und dem alten Jörg. Mit den Kindern darüber sprechen, was man besitzen und kaufen kann, und was nicht. Warum sagte der alte Jörg, dass ihm der Himmel gehört? Wie hat er das gemeint? Was muss der reiche Mann machen, damit auch ihm der Himmel gehört?

Bibelstelle: Lukas 12,21 *Sybille Kalmbach, Rutesheim*

Rettung

Die Krötenaktion

Einstiegsmöglichkeit:
Ein Krötenwanderungs-Warnschild in die Mitte legen.

Kai und Mimi trafen sich heimlich um 22 Uhr am Ortsausgang. Kai flüsterte Mimi zu: »Hey, klasse, dass es geklappt hat und du kommen konntest!«

Mimi erwiderte laut: »Kai, warum flüsterst du? Hier hört uns ja wohl keiner, keine Menschenseele weit und breit!« Sie kicherte vor sich hin und meinte dann: »Aber du hast Recht, hat alles geklappt. Meine Eltern sind heute eingeladen, die kommen vor Mitternacht nicht heim. Die denken, ich würde schon tief und fest schlafen ...

Aber jetzt müssen wir loslegen. Weit weg können sie nicht mehr sein, ich höre sie schon!«

Kai und Mimi liefen auf das seltsame Geräusch zu. Lautes Quaken erfüllte die sonst stille Nacht. Schon von weitem sahen sie die Schilder, die zur Warnung wegen der Krötenwanderung aufgestellt waren. Nachmittags waren sie hier vorbeigekommen und hatten leider feststellen müssen, dass diese Schilder nicht alle Autofahrer warnten. Viele Kröten lagen überfahren auf der Straße. Als sie das entdeckt hatten, hatten sie beschlossen, nachts zur Krötenwanderungszeit zu kommen und den Kröten über die Straße zu helfen.

Es war eine ganz schöne Arbeit, die vielen Kröten sicher über die Straße zu tragen und dabei auch noch auf den Verkehr aufzupassen. Doch zum Glück kam kaum ein Auto, und so waren Kai und Mimi nach einer Stunde fast fertig mit ihrer Rettungsaktion. Gerade, als sie die letzten Kröten, die sie noch auf der einen Seite entdeckt hatten, in ihre Eimer sammelten und über die Straße bringen wollten, kam wieder ein Auto angefahren. Beide blieben am Straßenrand stehen – doch was war das? Das Auto fuhr nicht wie die anderen vorbei, sondern wurde langsamer und hielt an. Jetzt wurde es Mimi ein wenig unheimlich, nachts um 23 Uhr, und sie stellte sich unwillkürlich dichter neben Kai.

Als sie entdeckte, wer da ausstieg, bekam sie noch größere Augen, und nach einer kurzen Schrecksekunde rief sie: »Mama, Papa!« und lief erleichtert auf ihre Eltern zu. Als sie bei ihnen stand, wusste sie allerdings nicht so recht, ob sie froh sein sollte, dass es keine Fremden waren, die hier angehalten hatten, oder ob sie Angst vor der Standpauke haben sollte.

Doch die Standpauke ließ auf sich warten, dafür waren auch ihre Eltern zu überrascht. Mimis Vater starrte zuerst auf den Eimer, aus dem es munter herausquakte, und dann auf Kai, der langsam angetrottet kam. Zuerst sagte keiner vor Überraschung ein Wort, doch dann platzte es aus Mimis Vater heraus: »Mimi, was hast denn du da in dem Eimer? Und was machst du hier? Und Kai? Und warum bist du nicht im Bett? Und ...«

»Jetzt mal langsam«, unterbrach ihn seine Frau. »Lass doch Mimi erst mal zu Wort kommen. Sie wird schon einen Grund haben – hoffe ich!«

Mimi begann von den überfahrenen Kröten zu erzählen, und Kai schaltete sich ein und erklärte, wie sie auf die Rettungsidee gekommen waren. Mimis Eltern waren tierlieb, und so verstanden sie die beiden ganz gut. Allerdings gab es dann doch eine kleine Standpauke, weil Mimi und Kai alles heimlich gemacht und nachts alleine losgezogen waren. Und so kam es, dass plötzlich jeden Abend nicht nur Mimi und Kai an der Krötenwanderungsstrecke zu sehen waren, sondern auch Mimis Eltern. Mimis Mutter konnte sich nicht überwinden, die Kröten anzufassen, aber sie stand als Fahrer zur Verfügung und hielt nach den Autos Ausschau. Mimis Vater half mit beim Tragen, und so konnten sich die Krötenhelfer bis zum Ende der Krötenwanderungszeit über eine stolze Zahl von geretteten Kröten freuen.

Vertiefungsmöglichkeiten:

Informationen über Kröten besorgen und die Vorurteile abbauen.

- *Sich erkundigen, ob in der Nähe der eigenen Ortschaft auch eine Straße liegt, die von der Krötenwanderung betroffen ist. Eine eigene »Krötenrettungsaktion« organisieren.*
- *Mit den Kindern über die Begriffe »Retter« und »Rettung« reden, im Zusammenhang mit den Kröten und im Zusammenhang mit dem Begriff »Retter« für Gott und Jesus Christus.*

Bibelstellen: Daniel 6,28; Matthäus 1,21; Johannes 3,16-17; Apostelgeschichte 2,21

Sybille Kalmbach, Rutesheim

Rettung

Hilferufe am Waldsee

»Auf Wiedersehen, Mama! Wir gehen zum Waldsee.« Leon und Anna-Lena stülpen ihre Pudelmützen auf den Kopf und wollen gerade die Wohnungstür zuschlagen, als die Mutter sie zurückruft. Mit kritischem Blick mustert sie die Geschwister. »Nein, die Schlittschuhe bleiben zu Hause«, sagt sie, als sie die blitzenden Eisen in Leons Hand entdeckt. »In den letzten Tagen war Tauwetter, da ist das Eis heimtückisch, auch wenn es heute wieder gefroren hat. Versprecht mir, dass ihr am Ufer bleibt!«

Enttäuscht legt Leon die Schlittschuhe beiseite. Nun wird der Nachmittag nur noch halb so schön werden. Die Mutter hat sich inzwischen der Tochter zugewandt. »Und du, Anna-Lena, bist wieder ohne deinen warmen Anorak unterwegs! Die Jeansjacke kannst du im Sommer anziehen, aber jetzt ist Winter!«, tadelt sie. Und trotz aller Beteuerungen: »Ich friere bestimmt nicht, und die Jeansjacke ist viel cooler!«, muss Anna-Lena das verschmähte Kleidungsstück holen.

»Mama ist immer so ängstlich!«, beklagt sich Leon auf dem Weg zum Waldsee. »Ich wette, die anderen haben Schlittschuhe dabei.«

»Mal sehen«, erwidert Anna-Lena, »viele Mütter sind so.« Sie winkt Sarah zu, die auf der anderen Straßenseite, den Geigenkasten unterm Arm, aus der Musikstunde kommt. »Hallo, Sarah, wir gehen zum Waldsee.«

»Prima, ich komme nach; muss nur das Instrument nach Hause bringen. Bis später!«

Leon und Anna-Lena eilen mit langen Schritten dem Wäldchen zu, in dessen Mitte der kleine See liegt, an dem sie mit Benjamin und Julian verabredet sind. »Was soll ich ohne Schlittschuhe überhaupt anfangen?«, murrt Leon. »Na, wenigstens liegen hier ein paar Reste Schnee, es reicht für eine Schneeballschlacht.« Etwas vergnügter formt er ein Geschoss. »Lass sehen, wer trifft!« Er deutet auf eine hohe Fichte.

»Zack – vorbei!« Leon bückt sich nach Schnee, während Anna-Lena ihn neckt: »Hast du Zielen gelernt, als das Treffen nicht Mode war?«

»Mach's besser«, kontert er.

Doch da legt Anna-Lena die Finger an die Lippen. »Pst, sei still, da ruft jemand.« Beide lauschen. »Es kommt vom See her, es klingt wie Hilferufe«, flüstert Anna-Lena.

»Unsinn, das ist Julians Stimme, der hat uns gehört. Vielleicht ist Benjamin auch schon da.«

»Jawohl, es ist Julians Stimme, aber er ruft ›Hilfe‹, hör doch. Jetzt war es ganz deutlich.«

Anna-Lena ist aufgeregt und nun hat es auch Leon verstanden. Beide rennen jetzt, so schnell sie können. Sie schreien laut: »Wir kommen, wir kommen schon!« Noch eine Wegbiegung, dann öffnet sich der Wald und die spiegelnde Eisfläche liegt vor ihnen.

Außer Atem bleibt Anna-Lena stehen. »Ich sehe niemanden«, sagt sie verwundert. Aber in diesem Augenblick ertönt wieder der Hilferuf, den sie vorher gehört haben. Ihre Augen suchen die Richtung, und fast gleichzeitig entdecken sie mitten auf dem See in einem Wasserloch einen Kopf. Es ist Julian. »Er ist eingebrochen, wir müssen ihm helfen!« Anna-Lena will auf das Eis laufen.

»Halt!« Leon hält sie fest. »Soll ich dich nachher auch noch herausfischen? Jetzt müssen wir einen klaren Kopf behalten.« Laut ruft er dem Kameraden im Eis zu: »Keine Angst, ich helfe dir! Hab nur ein bisschen Geduld!«

»Es ist so furchtbar kalt!«, schreit Julian zurück.

Leon zermartert sich den Kopf, wie die Rettung möglichst schnell zu bewerkstelligen ist. Im vorigen Jahr, als Benjamin einbrach, ist es einfacher gewesen. Er war nicht so weit weg vom Ufer, und außerdem hatten sie damals einen Schlitten dabei. Der wurde ihm an einer langen Schnur zugeschoben, bis er ihn packen konnte, und dann zogen sie ihn mit vereinten Kräften heraus. Aber heute sind keine Kameraden mit einem Schlitten hier. Ratlos sieht sich Leon um. Eine Leiter sollte man über das Eis legen, so hat er neulich in der Zeitung gelesen. Aber woher hier eine Leiter nehmen, nicht mal eine lange Stange ist da. »Schau dich um, ob du irgendwo einen langen Stock oder Zweig findest«, sagt er zu Anna-Lena.

Beide Kinder suchen die Umgebung ab. »Sie sind alle zu kurz oder ganz brüchig.« In der Tat, es ist wie verhext. So viele Knüppel und kleine Baumstämme sonst immer im Wald herumliegen, hier ist keiner zu sehen. Was tun, was tun? Die Zeit drängt.

»Beeilt euch doch, bitte, mir ist so furchtbar kalt, als ob ich alle Glieder erfroren hätte!«, ruft Julian flehentlich vom Eis her.

»Ich komme!«, schreit Leon zurück. »Es hilft nichts, ich muss es so versuchen«, denkt er und macht die ersten Schritte auf dem Eis.

In diesem Augenblick fällt Anna-Lena etwas ein. »Unsere Anoraks!«, ruft sie. Sie reißt an ihrem Verschluss und auch Leon zieht den seinen eilig auf. Er hat begriffen: die Anoraks als Ersatz für eine Leine. Der Gedanke ist gut. Sie knoten geschwind die Ärmel der beiden Jacken fest aneinander.

Fertig! Leon klemmt das Bündel unter den Arm und robbt nun auf allen vieren vorwärts. Nicht aufrecht gehen auf brüchigem Eis, davor wird immer wieder gewarnt, liegend verteilt sich das Gewicht besser. Anna-Lena steht am Ufer und verfolgt gespannt den Weg des Bruders. Plötzlich ruft sie laut, die Hände an den Mund gelegt: »Julian, durchhalten, reiß dich zusammen, gleich ist Leon bei dir!«

Es bedarf tatsächlich dieses aufmunternden Rufes, denn Julian ist am Ende seiner Kraft. Anfangs hat er versucht, sich mit den Armen auf das Eis zu stützen und herauszuklettern, aber alle Anstrengungen sind gescheitert und schließlich hat er es aufgegeben. Wenn er sich auf das Eis lehnt, bricht es ein. Ein großes Wasserloch ist bereits um ihn herum entstanden und er muss schwimmen. Aber jetzt sind seine Arme und Beine total erstarrt und er vermag keine Schwimmbewegungen mehr zu machen. Das Wasser ist tief und die nassen Kleider und schweren Schlittschuhe ziehen ihn nach unten. Sein Körper sinkt immer tiefer.

»Nicht schlapp machen!«, ruft ihm jetzt auch Leon zu. »Verstehst du, jetzt nicht schlapp machen! Ich bin ja gleich da.« Keuchend kriecht Leon heran, und Julian rafft sich zusammen. Er will durchhalten, jetzt, wo die Hilfe so nah ist.

Plötzlich fühlt Leon ein leises Knistern unter sich. »Lieber Gott, um seinetwillen, lass es halten«, betet er. Noch einen Meter, dann kann er Julian den Anorak zuschieben. »Wie gut, dass Mutter Anna-Lena den Anorak mitgegeben hat, wenn auch sicher nicht zu diesem Zweck«, muss er plötzlich denken. Jetzt schleudert er Julian das eine Ende entgegen, das andere behält er fest in der eigenen Hand. Julian nimmt seine letzten Kräfte zusammen. Mit dem Ellbogen stützt er sich auf das Eis. Es bricht wieder, aber er erwischt doch den Ärmel und krampft seine Hände darum.

»Langsam, langsam«, schnauft Leon. Vor Anstrengung kann er kaum sprechen, denn das ganze Gewicht des anderen hängt jetzt an ihm und das Eis knistert wieder verdächtig. Jetzt kommt es drauf an! Nur keine hastige, übereilte Bewegung, sie kann alles verderben. Trotzdem muss alles schnell gehen, denn Leon ist zwar der Stärkste in der Klasse, aber auch seine Kräfte sind begrenzt.

Vom Ufer her beobachtet Anna-Lena die beiden mit klopfendem Herzen. Ach, wie Recht hat Mutter gehabt, sie zu warnen. »Und seine Mutter?«, fährt es ihr gerade durch den Sinn, als sie von hinten Rufe hört. Sarah und Benjamin sind es, die eben den Waldweg heraufkommen.

»Kommt schnell, Julian ist eingebrochen, Leon holt ihn heraus«, ruft sie ihnen zu. Die beiden kommen im Laufschritt näher. Sarah wird ganz bleich vor Aufregung, während sie jetzt zu dritt die Vorgänge auf dem Eis beobachten. Sie robben ebenfalls raus: Benjamin, dann die beiden Mädchen. Sie bilden eine Kette. Draußen versucht Leon, Julian mit den Anoraks zu sich zu ziehen und selbst dabei rückwärts zu kriechen, aber sobald Julians Körper aufs Eis kommt, splittert es weg. Das Wasserloch wird immer größer. Wie lange kann Leon das durchhalten?

Eine Ewigkeit scheint vergangen und auf dem Eis ändert sich nichts. Doch Zentimeter um Zentimeter gewinnt Leon und endlich, endlich hält das Eis, er kann den Kameraden an dem zusammengeknüpften Anorak über den See schleifen. Er spürt Hände, die ihn zurück ans Ufer ziehen.

»Gerettet!« Mehr ein Seufzer als ein Freudenruf klingt aus Anna-Lenas Mund. Es ist ein Wunder, dass sie heil auf festem Boden stehen. Aber der blau gefrorene, vor Kälte schlotternde Julian! »Schnell, jeder von uns zieht was aus, damit er trockene Sachen auf den Leib bekommt«, kommandiert jetzt Benjamin. Er weiß noch gut, wie schrecklich er selbst voriges Jahr gefroren hat. Das reinste Wunder, dass er keine Lungenentzündung bekam. »Schnell, schnell«, drängt er wieder.

»Er wird sich erkälten, wenn er sich hier im Freien umzieht«, meint Sarah ängstlich. Aber da wird sie ausgelacht. »Kälter kann ihm doch gar nicht mehr werden als in dem nassen Zeug!«

Leon gibt seinen Anorak, Benjamin seinen Pullover und die Mädchen Schal und Mütze. Die Kameraden helfen ihm. Sie reiben und klopfen ihn dabei, damit er wieder warm wird. »Und jetzt nichts wie heim!« Es ist ein weiter Weg. Die beiden Jungen haken Julian rechts und links unter, um ihn zu stützen und zu wärmen.

»Deine Mutter wird einen großen Schreck bekommen, wenn sie dich so sieht«, meint Sarah.

»Mutter ist nicht daheim, sie ist bei der Arbeit. Tagsüber bin ich immer allein.«

»Ach so!« Anna-Lena nickt vor sich hin. Sie hat eine Mutter daheim, die warnen kann, wenn das Eis gefährlich ist, und die weiß, wann ihre Kinder einen Anorak brauchen.

»Am besten wäre es, Mutter würde gar nichts merken«, fährt Julian jetzt fort. »Sie regt sich immer so auf, wenn was passiert.«

»Benjamin«, fragt Anna-Lena, »was macht eine Mutter mit ihrem Jungen, der ins Eiswasser gefallen ist?«

Benjamin antwortet lachend: »Sie macht für den Jungen ein heißes Bad, kocht Lindenblütentee, und danach steckt sie ihn mit einer Wärmflasche ins Bett.«

»Also, genauso machen wir es auch!«, meint Anna-Lena.

»Aber wir haben keine Badewanne im Haus«, stammelt Julian etwas verlegen. »Wir haben nur eine Dusche.«

Jetzt weiß Sarah Rat: »Das macht nichts, eine heiße Dusche ist auch gut!«

Inzwischen sind sie vor Julians Haus angekommen. Sie poltern die Treppe hinauf, sodass Frau Müller unten ärgerlich denkt: »Das geht zu weit, ich werde es Julians Mutter sagen, fremde Kinder darf Julian nicht mit ins Haus bringen.«

»Natürlich werde ich es verbieten«, verspricht die Mutter später, als sie das hört, und steigt dann müde und traurig die verschmutzte Treppe hinauf. »Julian ist doch sonst so vernünftig«, denkt sie, »er weiß, wie empfindlich Frau Müller ist. Was mag nur in ihn gefahren sein? Er muss sich sofort entschuldigen.«

Aber das geht nicht, denn Julian liegt warm verpackt in seinem Bett und schläft fest.

Die Mutter schüttelt den Kopf. Rätsel über Rätsel. Leise setzt sie sich an Julians Bettkante und betrachtet sein rosiges Gesicht. Lange sitzt sie so, bis er schließlich erwacht.

»Mama!« Er schlingt seine Arme um ihren Hals. Bald weiß sie alles, was sich ereignet hat. Sie drückt ihn an sich, voll Dank, dass sie es noch kann. Frau Müller aber schickt, als sie die Geschichte erfährt, sechs Tafeln Schokolade in die obere Wohnung, für jedes Kind eine und für den Lebensretter zwei.

Vertiefung:
Jedes Kind malt ein Bild von der Rettungsaktion. Nebenher kann man über die Geschichte reden und über alles, was die Kinder noch besonders bewegt.

Bibelstellen: Epheser 2,8; Johannes 3,17

Sybille Kalmbach, Rutesheim

Rettung

Die lebende Brücke

»85 Offiziere, 500 Mann, 31 Pumpen, 10 Leiterkompanien und sämtliche Wassertürme aufgeboten!« – »Hilfe der Feuerwehr von Brooklyn!« – »Die lebende Brücke eines Feuerwehrhauptmanns!« Diese und ähnliche Schlagzeilen beherrschten vor einiger Zeit die ersten Seiten der amerikanischen Zeitungen. Im Mittelpunkt aller Berichte stand ein unbekannter Feuerwehrhauptmann.

Drei Männer arbeiten auf einem Hochhaus. Plötzlich merken sie, dass es brennt! Aber es ist schon zu spät. Sämtliche Rückzugswege sind vom Feuer abgeschnitten. Sie versuchen, sich bemerkbar zu machen. Sie schreien laut um Hilfe. Aber wer kann sie noch retten aus solch einer Höhe? Die Mauer droht einzustürzen. Die Gefahr ist riesengroß geworden.

Da kommt die alarmierte Feuerwehr. Sie muss das Letzte wagen. Die Leitern werden angefahren und hochgetrieben. Der Hauptmann steht oben an der Spitze. Er sieht, was die anderen in der Tiefe nicht sehen können. Die Leitern reichen nicht bis an den Dachrand. Über sich sieht er die verzweifelten Gesichter der Männer! Angst, Todesangst steht darauf geschrieben. Da wagt dieser Feuerwehrhauptmann etwas noch nicht Dagewesenes. Er streckt sich hoch und wirft sich mit dem Oberkörper nach vorn. Sein Plan gelingt. Mit den Händen umklammert er den Dachrand, die Füße hängen in der letzten Leitersprosse. Die drei Männer verstehen, was der Tapfere will. Der Erste wagt es und benutzt die lebende Brücke über den Abgrund, der Zweite und der Dritte fassen Mut und folgen. Während die geretteten Männer sich die Leiter hinabtasten, ertönt von unten ein vielstimmiger Schrei. Der Hauptmann fällt! Er konnte nicht mehr. Seine Kräfte versagten. Die Kameraden tragen einen Toten hinweg. Bei der Beerdigung sagt der Chef der Feuerwehr: »Über solches Heldentum lässt sich nicht reden. Leb wohl, du unser Vorbild.«

Impulsfragen: Warum hat der Feuerwehrhauptmann so gehandelt? Wollte er als »Held« sterben, oder handelte er aus Nächstenliebe? Jesus hat auch sein Leben für uns geopfert. Ist er auch ein Held? Warum hat Jesus unser Leben gerettet, und wie?

Bibelstellen: Johannes 1,29; Römer 4,25; 3,24

Emil Weber, Kassel

Rettung

Niagara

»Los, mach den Motor wieder an, wir fahren zurück«, ruft Jonathans Vater.

Was für ein genialer Tag das heute ist! Heute Morgen gab es die große Überraschung: Sein Vater hatte ihm einen riesigen Geburtstagskuchen gebacken, und dann kam Bill, sein bester Freund, vorbei und grinste über beide Ohren: »Herzlichen Glückwunsch zum siebten Geburtstag, bin mal gespannt, wie dir die Überraschung gefällt ...« Es ist allerdings eine tolle Überraschung: Sein Vater hat Bill und Jonathan ins Auto gepackt und ist mit ihnen zu den Niagarafällen gefahren.

Die Niagarafälle! Das hat sich Jonathan schon immer gewünscht! Er hat viel über diese mächtigen Wasserfälle gehört und Bilder gesehen, aber er hätte sich nie träumen lassen, tatsächlich einmal selbst vor den Wassermassen zu stehen. Und dann ist alles noch besser gekommen: Sein Vater hat ein kleines Motorboot gemietet, mit dem sie jetzt in sicherer Entfernung einen fantastischen Blick auf die Stelle haben, an der die tosenden Wassermassen über 50 Meter in die Tiefe stürzen. Fast eine halbe Stunde sind sie flussabwärts in Richtung des Wasserfalls gefahren, bis große Warnschilder am Flussufer sie davon abhielten, noch näher an die über 600 Meter breite Abbruchkante heranzufahren.

»Alles klar, Herr Kapitän«, grinst er seinen Vater an und zieht an der Anlasserschnur des kleinen Außenbordmotors. Nichts tut sich.

»Du musst kräftiger ziehen, komm, ich zeig's dir mal.« Mit einem kräftigen Ruck zieht Jonathans Vater an der Anlasserschnur. PENG! Ein kurzer Knall und eine kleine Rauchwolke kommt aus dem kleinen Außenbordmotor. »Das gibt's doch nicht! Der blöde Motor ist kaputtgegangen – diesem Typen vom Bootsverleih werd' ich was erzählen.« Wütend gibt Jonathans Vater dem Außenbordmotor einen Tritt. »Ich könnte aus der Haut fahren, schließlich habe ich 20 Dollar für dieses Boot bezahlt ... Bill, was ist los mit dir?«

Mit fragendem Blick wendet sich Jonathans Vater an Bill, der auf einmal leichenblass in Richtung des Wasserfalls starrt: »Der Wasserfall! Wir treiben direkt darauf zu.«

Entsetzt erkennt auch Jonathan die furchtbare Situation: Ihr kleines Boot treibt unaufhaltsam auf die tosende Abbruchkante des Wasserfalls zu! Die Warnschilder am Flussufer liegen bereits hinter ihnen, die Strömung wird mit jeder Sekunde stärker.

»Wir müssen das Boot an Land bringen!«, schreit Jonathans Vater. Er reißt das kleine Paddel von der Seitenwand des Bootes und versucht verzweifelt, damit gegen die Strömung anzukämpfen. »Wir schaffen es ohne den Motor nicht.« Blankes Entsetzen steht auf sein Gesicht geschrieben. Das Tosen des mächtigen Wasserfalls ist ohrenbetäubend, die Strömung zieht das Boot unwillkürlich immer näher an den Abgrund.

Panik ergreift Jonathan. »Papa, was sollen wir tun?«

»Wir müssen springen!«

Entsetzt schauen sich Bill und Jonathan an. Die Gischt spritzt in das winzige Boot, eiskaltes Wasser schmerzt wie tausend Nadelstiche auf der Haut. »Ich kann nicht!«, schreit Jonathan in Panik.

»Spring! Wir haben nicht mehr viel Zeit!« Und dann springt Jonathans Vater aus dem Boot.

»Ich kann nicht schwimmen«, wimmert Bill und bricht in Tränen aus. Noch knappe 100 Meter trennen sie von dem Wasserfall, ihr Boot wird in der mächtigen Strömung fast umgeworfen.

Jonathan erkennt das Unfassbare: Es bleibt keine Zeit mehr, an Land zu schwimmen, in wenigen Augenblicken werden sie in den Wasserfall hinabgerissen. »Ich bleib' bei dir!«, schreit Jonathan seinem besten Freund zu und fasst ihn um die Schulter.

»Ich will nicht sterben«, weint Bill. Doch seine Worte gehen in dem ohrenbetäubenden Tosen der Wassermassen unter.

»Gott, hilf uns!«, betet Jonathan, als ihr Boot über die Kante des Wasserfalls gerissen wird und beide Jungen in die tödliche Tiefe stürzen.

Eine Stunde später wird Jonathan einen Kilometer unterhalb des Wasserfalls von einem Touristenschiff aus dem Wasser gezogen – wie durch ein Wunder ist er unverletzt. Sein Vater konnte sich in letzter Sekunde wenige Meter vor der Abbruchkante des Wasserfalls an Land retten. Jonathans Freund Bill überlebte den Sturz in die Tiefe nicht, seine Leiche wurde vom Niagara-Fluss mitgerissen und nie mehr gefunden.

Vertiefung:
»Warum lässt Gott das zu?« Welche Erlebnisse haben die Kinder gehabt, bei denen sie diese Fragen stellen mussten? Was bedeutet der Tod? Gibt es ein Leben nach dem Tod? Hilft Beten? Welche Zusagen macht uns Gott fürs Gebet? Man kann auch Fotos oder einen Film von den Niagarafällen anschauen.

Bibelstelle: Apostelgeschichte 27,13-44

Martin Kalmbach, Rutesheim

Salz

»Das kann man ja nicht essen!«

»Pfui, das kann man ja nicht essen! So was Fades! Da fehlt das Salz in dem Brot!«, schrien die Kinder wie aus einem Mund, nachdem sie herzhaft in das duftende frisch gebackene Brot hineingebissen hatten.

Die Mutter erschrak und probierte selbst eine Scheibe. Auch sie verzog das Gesicht – dieses Brot war wirklich nicht genießbar! Sie schlug sich mit der Hand an den Kopf: »Klar, ich habe das Salz vergessen, weil Tante Caroline angerufen hat, als ich den Teig gemacht habe. Zwar habe ich das Salzgefäß hingestellt, aber nicht meine zwei Teelöffel Salz über das Mehl gestreut, das fällt mir jetzt wieder ein! Gut, dass wir noch eingefrorenes Brot haben, das wollen wir schnell auftauen.«

Christine staunte nicht schlecht: »Dass zwei Teelöffel Salz in deinem Brotteig solche Wirkung haben, das hätte ich nicht gedacht!«

Die Mutter rührte jetzt eine Schüssel Quark an, bis das Brot aufgetaut war, und alle saßen am runden Esstisch. Der Vater kam von der Arbeit nach Hause und wurde sogleich von den Kindern mit dem Thema »Salz« empfangen. Gut, dass noch Kartoffeln vom Mittagessen übrig waren, die er als knusprige Bratkartoffeln mit »gesalzener Quarkspeise« so gerne aß.

»Wisst ihr was, Kinder, ich erzähle euch das Märchen von der Salzprinzessin!«, rief der Vater begeistert nach seinem leckeren Abendschmaus. Dieses Märchen kannten weder Patrick noch Frederik, und auch Christine hatte es noch nie gehört. Die Mutter zündete einige Teelichter an, und alle warteten gespannt auf Vaters »Salz-Märchen«.

»Es heißt, dass ein König einmal seine Tochter gefragt hat, wie sehr sie ihn liebe. Darauf gab sie ihm zur Antwort: ›Lieber Vater, ich liebe dich so sehr wie das Salz!‹ Darüber wurde der König sehr böse und verstieß sie. In der königlichen Küche fand seine Tochter aber Unterschlupf, wo sie vom Koch und der Köchin versteckt wurde. Die beiden liebten die ›Prinzessin‹ wie ihr eigenes Kind und waren nun ihre ›Ersatz-Eltern‹. Als einige Zeit später der König viele Gäste von fern und nah zu einem Festmahl einlud, sorgte die Prinzessin dafür, dass sämtliche Speisen ungesalzen auf den Tisch kamen. Weder der König noch die Gäste konnten dieses Festmahl genießen. Ohne Salz, so stellten alle fest, ließen sich auch die feinsten Speisen nicht essen. Nun kam dem König die Erleuchtung: ›Ohne Salz ist das Leben nichts wert.‹ Nun ließ er nach seiner Tochter suchen. Als sie zu ihm gebracht wurde, schloss er sie liebevoll in die Arme. Erst jetzt hatte er erkannt, wie groß ihre Liebe zu ihm wirklich war.«

Als der Vater geendet hatte, erzählte die Mutter, dass Salz früher das »weiße Gold« hieß. Und wer das Salzmonopol besaß, war reich.

In vielen Ländern war Salz eines der wichtigsten Einnahmequellen, auch als Salzsteuer, die zum Beispiel im antiken Griechenland ebenso wie in Ägypten und China erhoben wurde. Ja, in Venedig war im sechsten Jahrhundert Salz der wichtigste Handelsartikel.

Salz gibt es seit Anbeginn der Erde. Es war die Würze in den Meeren und ernährte die ersten Einzeller. In Europa begannen um 1000 vor Christus die Kelten in den Alpen mit dem Salzbergbau. Im Mittelalter entstanden die großen Salzstraßen, bei denen viele Städte großen Reichtum erlangten. Alte Handelsstraßen könnten von den »Salzboten« erzählen.

Und Mutter wusste auch, dass Lebensmittel, bevor das Kühlen, Gefrieren und Eindosen erfunden wurden, mit Salz konserviert wurden, besonders Fleisch, Fisch und Gemüse. Ja, selbst jede Süßspeise und alle Kuchen und Torten schmecken um vieles besser, wenn sie mit einer Prise Salz abgerundet werden. Und zur Gesundheit braucht der Mensch täglich etwa sechs Gramm Salz, das er über die Nahrung zu sich nimmt. Beim Einzug in ein neues Haus oder bei der Gründung des Ehestandes wird gerne »Brot und Salz« geschenkt – Lebensmittel, auf welche man kaum verzichten kann.

Jetzt wusste Frederik auch etwas: »Gerade heute haben wir im Religionsunterricht etwas vom Salz gehört. Denn Jesus sagte in der Bergpredigt: ›Ihr seid das Salz der Erde.‹ Jetzt verstehe ich, warum er Menschen, die sein Evangelium weitererzählen, mit dem Salz der Erde vergleicht! So wie das Salz das Brot erst genießbar macht und viele andere Speisen, so ist unser Leben erst lebenswert mit Christus.«

Am Tag darauf knetete die Mutter wieder einen Brotteig und vergaß diesmal kein Salz mehr – wie köstlich schmeckte dieses Brot!

Vertiefung:
Man kann den Kindern zum Probieren ein »normales« Brot geben und eins ohne Salz oder backen Sie zusammen Brot oder Brötchen und lassen Sie einen kleinen Teil des Teiges ohne Salz, damit später probiert werden kann.

Einfache Brotrezepte:

Weißmehlbrötchen

500 g Mehl
1 Trockenhefe
¼ l lauwarme Milch
50 g Butter/Margarine
1 Ei
1 TL Salz
1 Messerspitze Pfeffer

Aus den Zutaten einen festen Teig kneten, dann ca. 30 Minuten gehen lassen (warme Zimmertemperatur!). Dann die Brötchen formen und vor dem Backen mit dem Eigelb bestreichen (1 Eigelb und 1 EL Kaffeesahne verquirlen). Wer möchte, kann noch Mohn, Sesam, Sonnenblumenkerne o.Ä. drüberstreuen. Die Brötchen ca. 30 Minuten bei 180-200 Grad backen.

Vollkornbrot

625 g Weizenvollkornschrot
125 g Roggenmehl
250 g Weizenmehl
650 g Wasser (sehr warm)
20 g Hefe
20 g Salz

Mit allen Zutaten, aber ohne die Hefe, einen nicht zu festen Teig herstellen. Gut kneten.

Den Teig ca. 10 Minuten stehen lassen, danach die in wenig lauwarmem Wasser aufgelöste Hefe gut unterkneten.

Nachdem der Teig gut gegangen ist (ca. 20 Minuten stehen lassen, bei warmer Zimmertemperatur), in Brotkapseln geben oder Brote formen, ca. 50 Minuten bei 220 Grad backen (je kleiner die Brote, desto kürzer die Backzeit!).

Tipps zum Brot- und Brötchenbacken

Kontrolle: Wenn man bei den Brötchen bzw. dem Brot auf den Boden klopft und es hohl klingt, dann sind die Backwaren fertig – ansonsten noch ein bisschen backen.

Tipp: Eine Tasse mit Wasser auf den Backofenboden stellen, mit dem entstehenden Dampf werden die Brötchen/das Brot noch besser!

Bibelstelle: Matthäus 5,13 *Bärbel Kalmbach, Hallwangen*

Schöpfer

Das Teleskop

Benedikt hat zum Geburtstag ein Teleskop geschenkt bekommen. Ein Teleskop ist so ein Fernrohr, mit dem man alles viel näher sehen kann. Nun sitzt er im Sommer oft abends am Fenster und, nachdem es dunkel geworden ist, richtet er das Fernrohr auf den Himmel. Es ist einfach umwerfend: Benedikt entdeckt, dass dieser große weiße Fleck, den man Mond nennt, eine riesige Landschaft und ganz anders ist, als er von »unten« fürs bloße Auge aussieht. Er hat sogar dunkle Flecken, Benedikt kann sie genau erkennen.

Sein Opa hat ihm einmal erklärt, dass das Krater und riesige Mondberge sind. Er hat von ihm sogar ein Buch über den Mond geschenkt bekommen. Benedikt blättert gerne in dem Buch, in dem er immer wieder Neues entdeckt und viel zu staunen findet. Und wie groß der Mond ist – wenn man abends mit bloßem Auge in den Himmel schaut, wirkt er doch so klein. Nur mit seinem Teleskop kann er den Mond etwas genauer betrachten. So riesig ist der! Benedikt überlegt leise: »Aber wenn der Mond schon so groß ist, dass man mit einer Rakete dort landen kann – wie groß muss dann das ganze Weltall sein mit den unzählig vielen Sternen! Hat es überhaupt ein Ende?«

Während Benedikt so dasitzt und gebannt durch sein Teleskop schaut – er hat inzwischen auch den Saturn mit seinem Ring und den roten Mars entdeckt –, fällt ihm ein Lied ein, das sie letzten Sonntag in der Kirche gesungen haben: »Großer Gott, wir loben dich.« Ja, was muss das für ein großer und mächtiger Gott sein, der das alles geschaffen hat: die Erde und das Weltall! Plötzlich findet Benedikt das Lied gar nicht mehr so langweilig. Ob der Liedschreiber wohl auch ein Teleskop gehabt hat? Benedikt lacht vor sich hin. Na ja, der Melodie nach ist es ein älteres Kirchenlied, vielleicht hatte der doch noch kein Teleskop. Aber eigentlich könnte er, Benedikt, ja auch ein Lied schreiben über diesen tollen und großen Gott, der so faszinierende Sachen geschaffen hat. Gleich morgen will er sich ans Werk machen!

Vertiefungsmöglichkeiten:

Lied »Großer Gott, wir loben dich« singen.

Im Liederbuch der Gruppe nach moderneren Liedern suchen, in denen Gottes Schöpfung vorkommt.

– *Gemeinsam ein neues »Schöpfungs-Loblied« dichten, evtl. auf eine bekannte Melodie. Man könnte es vielleicht sogar im Gottesdienst der Gemeinde vorsingen und beibringen.*
– *Gemeinsam ins Planetarium, zur Sternwarte o.Ä. gehen.*
– *Jemanden einladen, der ein solches Teleskop hat (am besten abends ...).*

Bibelstellen: Psalm 8,2+4-6; 104

Sybille Kalmbach, Rutesheim

Der Töpfer

Einstiegsmöglichkeiten: Man kann einfach einen Tonklumpen in die Mitte legen oder jedem Kind einen Tonklumpen geben mit der Aufgabe, daraus einen Becher zu formen. Wenn alle fertig sind, stellt man die Becher in die Mitte und einen schönen fertigen Becher von einem Töpfer dazu.

»Ja, der versteht sein Handwerk.« Das dachte ich, als ich gestern am Fenster der Töpferei von Herrn Berger vorbeikam. Staunend blieb ich stehen und sah eine ganze Weile zu, wie der Meister zu Werke ging. Es war einfach großartig: Er nahm einen dicken Klumpen Ton, hässlich, grau und klebrig. »Ein völlig wertloses Stück Erde«, dachte ich.

Aber was der Töpfer daraus machte! Er setzte den Klumpen auf eine sich drehende Scheibe und langsam, ganz allmählich wurde unter den erfahrenen Händen dieses Töpfers ein wundervoller Becher. Er war so schön, dass ich schon beinahe Durst bekam. Im Regal sah ich auch einige fertige Becher, die schon gebrannt und bemalt waren. Da wurde mir deutlich: Der Töpfer kann aus einem wertlosen Stück Ton einen Gegenstand erschaffen, der eine sinnvolle Aufgabe hat: einen Becher für etwas Trinkbares, damit Durstige trinken können. Allein die Tatsache, dass ein Töpfermeister diese Becher erdacht und mit eigenen Händen geformt hat, macht jeden einzelnen Becher in den Augen seines Schöpfers wertvoll.

Vertiefungsmöglichkeiten:
Mit den Kindern darüber reden, welche Kunst es ist, einen schönen Becher zu formen (das bietet sich vor allem an, wenn man als Einstieg Becher formen ließ und dann den schönen Töpferbecher daneben gestellt hat). Es geht hier nicht darum, den Kindern vor Augen zu halten, wie untalentiert sie sind, sondern darum, dass es wirklich eine große Kunst ist und

nicht jeder sie sofort beherrscht. Reden Sie darüber, welche Leistung es dann ist, Menschen zu schaffen, jeden als Original, mit funktionierenden Organen, einem Gehirn, Ideen, etc.

- *Mit den Kindern etwas aus Ton herstellen und brennen lassen, z.B. kleine Tonigel für den Fenstersims oder andere Sachen, die die Kinder gerne formen möchten. Evtl. eine Ausstellung organisieren. In der Ausstellung kann man die Kunstwerke aufstellen und daneben kleine Kärtchen, auf denen steht, was das Kunstwerk darstellen soll und von welchem Künstler es gemacht wurde. Stellen Sie auch Fotos der Kinder aus, daneben Kärtchen mit »Mensch« und dem Namen des Kindes, und darunter »Künstler: Gott«.*
- *Einen Töpfer in seiner Töpferstube besuchen.*

Bibelstellen: Jesaja 45,9; 64,7; Jeremia 18,2ff

Sybille Kalmbach, Rutesheim

Schöpfer

Faszinierende Schöpfung

Mit einer Geschwindigkeit von 1600 Stundenkilometern dreht sich die Erde um die Erdachse. Bei einer Geschwindigkeit von z.B. nur 160 Stundenkilometern würden Tag und Nacht auf der Erde zehnmal so lang sein, die Sonnenglut eines einziges Tages würde alle Pflanzenwelt verbrennen, die Kälte einer einzigen Nacht aber alles andere Leben erfrieren lassen.

Die Sonne hat eine Temperatur von etwa 6000 Grad Celsius an ihrer Oberfläche. Alles Leben auf der Erde würde erfrieren, wenn sie nur etwas weniger von ihrer Wärmestrahlung aussenden würde, alles Leben jedoch verkohlen, wenn die Wärme größer wäre.

Die Erdachse ist in einem Winkel von 23 Grad geneigt. Die

Schrägstellung hat unsere Jahreszeiten zur Folge; bestünde sie nicht, würden ozeanische Nebel nach Norden und Süden dringen und ganze Eiskontinente auftürmen.

Der Mond ist 384 000 Kilometer von der Erde entfernt. Bei einer geringeren Entfernung wäre sein Einfluss auf Ebbe und Flut so stark, dass sämtliche Erdteile zweimal am Tage überflutet würden.

Wäre die Erdkruste nur etwas dicker, als sie gegenwärtig ist, so gäbe es keinen Sauerstoff, die Vorbedingung für alles menschliche und tierische Leben auf der Erde. Wären die Weltmeere nur etwas tiefer, so würden Sauerstoff und Kohlendioxid absorbiert und kein pflanzliches Leben könnte bestehen.

Alle diese Tatsachen greifen ineinander und ermöglichen doch erst unser Leben. Die Wahrscheinlichkeit, dass all dieses Leben nur auf Zufällen und nicht auf einem ordnenden Schöpferwillen gegründet ist, beträgt selbst bei nüchternster Berechnung eins zu Millionen.

Vertiefungsmöglichkeiten:

Man kann die Schöpfungsgeschichte lesen und zu jedem Schöpfungstag ein großes Bild malen, darunter den abgeschriebenen oder abkopierten Bibeltext kleben und eine »Schöpfungsausstellung« im Gemeinde- bzw. Schulhaus oder in der Kirche machen.

- *Sprechen Sie mit den Kindern über die Evolutionsthesen und über die Schöpfungsgeschichte. Erklären Sie, dass sich beides nicht ausschließen muss, denn in einer Bibelstelle steht, dass 1000 Jahre vor Gott wie ein Tag sind. Was würde dies für die These bedeuten, die Erde wäre über Millionen von Jahren entstanden und nicht an sieben bzw. sechs Tagen?*
- *Man kann mit den Kindern Pflanzen und Tiere genau betrachten oder auch den menschlichen Körper und feststellen, wie durchdacht alles ist. Überlegen Sie gemeinsam, was jedes einzelne Kind am meisten fasziniert. Anschließend einen Dankpsalm an Gottes Schöpfung verfassen, evtl. vorher oder nachher Psalm 104 lesen.*

Bibelstellen: 1. Mose 1,1-2,4; Psalm 104

Sybille Kalmbach, Rutesheim

Schuld

Den Dreck abwaschen

Jonas wandert gerne, vor allem mit seinem Vater, der ihm viele Dinge in der Natur so verständlich erklären kann. Nun sind sie wieder einmal unterwegs, doch der Weg ist voller Schlamm und Matsch, wohin sie auch treten, denn es hat kurz vorher stark geregnet. Nur gut, dass die beiden Gummistiefel angezogen haben! Je weiter sie durch den Dreck stapfen, desto mehr Lehm bleibt an den Stiefeln kleben, und nach kurzer Zeit sehen diese aus wie zwei riesige Lehmklumpen.

Zu Beginn hat Jonas das Laufen durch den Lehm Spaß gemacht, weil es so schön quietscht und matscht. Doch nach einiger Zeit bleibt er stehen. »Ich kann nicht mehr«, klagt er, »meine Füße sind so schwer, ich komme kaum noch vorwärts!«

»Kein Wunder«, bemerkt der Vater, »an deinen Stiefeln hat sich zu viel Dreck angesammelt, der dich beim Gehen behindert. Wir müssen unsere Stiefel immer wieder vom Schlamm befreien, damit wir besser vorwärts kommen. So kommen wir nie ans Ziel.«

Das leuchtet Jonas ein, und nachdem sie die Lehmklumpen an einem Bach abgespült haben, geht es wirklich viel leichter voran.

Vertiefungsmöglichkeiten:

Gemeinsam eine Wanderung durch ein matschiges oder mooriges Gebiet machen und die Erfahrung von Jonas selbst ausprobieren.

– *Mit den Kindern überlegen, wie man diese Geschichte übertragen könnte auf unser Leben, wenn der «Dreck« unsere Schuld ist. Zuerst müsste man überlegen, was Schuld/Sünde sein kann (achten Sie darauf, dass nicht nur Mord und Diebstahl aufgezählt werden, sondern wirklich konkrete Dinge aus dem Leben der Kinder: Lästern über andere, Lügen, Neid, Hass ...), dann sollte man darüber reden, wie man die Schuld an Jesus abge-*

ben kann und warum Jesus freiwillig die ganze Schuld bzw. den »Dreck« von uns auf sich nimmt.

Bibelstelle: 1. Johannes 1,7-9 *Sybille Kalmbach, Rutesheim*

Schule

»Schule ist doof«

Methodischer Tipp:
Der Erzähler versetzt sich ganz in die Rolle des Berichtenden.

Johannes rannte aufs Klo und erbrach sich. »Ich will nicht in die Schule. Schule ist doof.« Schon den ganzen Nachmittag hatte er sich immer mehr aufgeregt und mich total genervt. Jetzt hatte ich genug davon. Mama lief ihm nach und wischte seinen Mund mit einem Waschlappen ab.

Irgendwie würde ich schon herauskriegen, was da los war, und dann wäre wieder Ruhe. Ich suchte seinen Schulranzen und packte die Hefte aus. Vielleicht fand sich dort der Grund, weshalb mein kleiner Bruder Schule plötzlich so doof fand. Keine Klassenarbeit, keine Heftnote ... nichts. Schließlich nahm ich sein Hausaufgabenheft und schlug es auf: »Sehr geehrte Frau Maier. Kommen Sie bitte demnächst in meine Sprechstunde. Freundliche Grüße B. Hiller.«

Ich lief auch zum Klo und begann laut vorzulesen: »Sehr geehrte Frau ...« – weiter kam ich nicht. Mein zorniger Bruder schoss mit rotem Kopf aus dem Klo, riss mir das Hausaufgabenheft aus der Hand und flüchtete.

»Mama, da ist ein Brief von ...« Johannes kam schneller zurück, als meine Mutter den Kopf zur Tür herausstreckte, und trat und schlug auf mich ein. Im Nu war eine Prügelei im Gange. Meine Mutter hatte alle Mühe uns auseinanderzubringen, weil Johannes mit wütend verheultem Gesicht immer weitermachte.

Ich dachte: »Was bildet der sich eigentlich ein? Zuerst nerven und jetzt das! Mir reicht's!« Als Mama uns getrennt hatte, grinste ich ihn an und sagte zu meiner Mutter: »Frau Hiller will, dass du in die Sprechstunde kommst, Mama.«

Johannes fiel in sich zusammen und heulte. Jetzt tat er mir dann doch richtig Leid. Mama umarmte ihn und sagte zu mir: »Das war wirklich gemein. Musste das sein?« Auch das noch! Ich drehte mich um und ging hoch erhobenen Hauptes in mein Zimmer. Die Türe ließ ich offen, schließlich wollte ich wissen, warum er diesen Aufstand gemacht hatte.

Es dauerte ewig, bis er sich beruhigt hatte. Schließlich schluchzte er: »Jetzt habe ich schon in der zweiten Klassenarbeit eine 5 geschrieben und ... ich wollte sie dir doch erst zeigen, wenn ich besser bin ...« Aha, das hatte er also ausgefressen! Leise schloss ich die Tür. Ich musste mir schließlich treu bleiben und noch ein bisschen beleidigt spielen. Eigentlich überlegte ich aber, ob ich ihm irgendwie helfen könnte. Schließlich bin ich seine große Schwester.

Impulsfragen zur Vertiefung: Was könnte Johannes helfen? Welche Erfahrungen habt ihr mit euren Geschwistern gemacht?

Bibelstelle: Lukas 10,27b *Elke Müllerschön, Aalen*

Sport

Edwin Moses

Einstieg:
Auf einem großen Plakat notieren, was einem Leben Sinn geben kann.

Edwin Moses, Weltmeister, Olympiasieger und Weltrekordhalter über 400 Meter Hürden, ist einer der bedeutendsten Leichtathleten unseres Jahrhunderts. Jahrelang war er unbesiegt. Er selbst schreibt: »Schon als Jugendlicher war ich total begeistert von der Sache Jesu und wusste, dass ich mein Leben mit Jesus gehen will. Bis heute ist für mich der Glaube wichtig geblieben und gibt mir Kraft für meinen Alltag und den Sport. Es wäre schön, wenn sich jeder Mensch an der Bibel orientieren würde, nicht nur mit Worten, sondern auch in dem, was wir tun. Nur dann können wir andere vom Glauben an Gott überzeugen. Es ist schade, dass viele Menschen von Jesus nichts wissen wollen. Es ist durchaus möglich, dass Menschen ohne Gott ihr Leben führen können. Ich frage mich nur, ob sie auf die Dauer ihrem Leben ohne Glauben einen Sinn geben können.«

Vertiefung:
Das Plakat nochmal betrachten und »Glaube an Jesus Christus« draufschreiben, falls es noch nicht genannt wurde. Reden Sie mit den Kindern über die unterschiedlichen sinngebenden Argumente: Was gilt dauerhaft? Was ist vielleicht manchmal unbequem? Was macht nach außen Eindruck? Warum sieht dieser Sportler seinen Glauben als Sinn im Leben an?

Bibelstelle: Johannes 20,31 *Karin Hank, Ludwigsburg*

Sport

Ganzer Einsatz lohnt sich!

Die Sporttasche hat er unter den Arm geklemmt, den Strohhut auf dem Kopf, und mit Clogs an den Füßen tritt der Hundertmeterläufer an die Startklötze.

Klar, gewinnen will er! Aber warum so umständlich? Er spart sich den Gang in die Umkleidekabine. Wozu auch den Hut ablegen, wozu die Clogs mit den Turnschuhen tauschen? Darauf kommt es doch nicht an!

Du wirst sicher über diesen komischen Wettläufer lachen. So kann er doch niemals gewinnen! Du weißt natürlich, dass es einige wichtige Regeln gibt, die ein Sportler beachten muss, wenn er gewinnen will.

1. Regel: Zuerst in die Umkleidekabine! – Der Sportler muss zuerst alles ablegen, was ihn beim Laufen hindern könnte. Selbstverständlich braucht er Turnschuhe, die leicht und griffig sind, dazu Shorts und ein T-Shirt.

2. Regel: Jetzt musst du starten! – Du darfst nicht neben den Startlöchern stehen, sondern sollst in ihnen stehen und auf den Startschuss warten. Und sobald er ertönt, darfst du nicht in den Startblöcken sitzen bleiben – jetzt muss der Lauf beginnen.

3. Regel: Dann das Ziel im Auge behalten! – Der Hundertmeterläufer darf sich nicht ablenken lassen. Er kann es sich nicht leisten, auf die Zuschauer zu sehen. Sein Blick muss fest auf das Ziel gerichtet sein, sonst ist aller Einsatz umsonst! Deshalb: Immer, wenn du auf der Bahn des Glaubens müde wirst, dann schau auf das Ziel.

Vertiefung:
Klären Sie zusammen mit den Kindern, was der letzte Satz bedeutet. Gehen Sie nochmal die einzelnen Regeln durch und erarbeiten Sie eine Übertragung auf das Glaubensleben.

Bibelstelle: 1. Timotheus 6,11-12

Sybille Kalmbach, Rutesheim

Sport

Handbälle prellt man – Gefühle nicht

Mein Selbstwertgefühl ist nicht sehr ausgeprägt. Ich fühle mich zu dick, komme mir unsportlich vor, bin empfindlich und fühle mich schnell ausgeschlossen – kurz: Ich bin eine richtige Null. Deshalb war ich echt stolz, als wir im Sportunterricht Handball auf dem Programm hatten und ich gemerkt habe, dass ich gut im Tor bin. Ich habe ein Gefühl dafür, ob der Ball rechts oder links, oben oder unten abgewehrt werden muss. Wir haben oft geübt, denn das große Handballturnier stand kurz bevor. Und von einer Übungsstunde zur nächsten wurde ich immer besser. Die aus meiner Klasse haben das auch gemerkt: »He, echt cool – du bist ja richtig gut«, bekam ich jetzt ab und zu zu hören, und ich dachte: »Wow, jetzt habe ich's geschafft!«

Ich habe mich angestrengt und wollte unbedingt so weitermachen. Bis zum Turnier lief alles wirklich gut. Wir kamen in die Turnhalle. Schon in der Umkleidekabine umringten mich alle aus unserer Klasse. Sie klopften mir auf die Schulter und gaben mir unser neues Maskottchen: einen riesigen Teddybär. Den hatten sie beim Turnier zum ersten Mal dabei und waren ganz stolz drauf: »Komm, den stellen wir an unser Tor zu dir. Der wird uns sicher Glück bringen!«, haben sie gesagt. Ich wurde immer nervöser und bekam ehrlich gesagt von dem Geplapper der anderen wenig mit. Ich hatte andere Gedanken: »Ob ich es schaffe? – Was, wenn ich es nicht schaffe? – Dann bin ich bestimmt wieder draußen. – Ich muss! – Eigentlich bin ich doch ganz gut. – Ich werd's schon schaffen.«

Mal glaubte ich dran und mal wieder nicht. Dann mussten wir in die Halle. Wir mussten raus aufs Feld. Ich setzte den Teddy neben mein Tor. Die anderen drückten mir die Daumen, dann wurde das Spiel angepfiffen. Und ... ich war wirklich gut! Die ersten Bälle stieß ich locker zurück. Der Applaus war irre, so was hab ich noch nie erlebt. An den Gesichtern der Zuschauer aus unserer Parallelklasse sah ich, wie übel ihnen das Verlieren schmeckte. Mir war das egal.

Doch plötzlich verließen drei aus unserer Parallelklasse die Zuschauerbänke und kamen auf mein Tor zu. Ich kannte die drei genau – die waren absolut mies drauf und »fies sein« war denen kein Fremdwort. Ich ahnte, dass die was vorhatten. Alle drei liefen freundlich lächelnd an den Lehrern vorbei, und dann zeigten sie mir ihr wahres Gesicht: »Na, hältst dich wohl für obercool? Dabei bist du ein echter Verlierer.« Ihr Grinsen sprach Bände, als sie sich hinter meinem Tor postierten.

Ich war verzweifelt. In mir stieg das alte Gefühl hoch, dass sie Recht haben. Ich wurde ganz unsicher und blickte hilfesuchend zu den anderen und zu den Lehrern, aber die beschäftigten sich alle mit dem Geschehen auf dem Feld. »O nein! Wenn jetzt bloß nichts schief geht.« Der Ball kam heran. Hinter mir flüsterte es: »Du kriegst ihn eh nicht. Brauchst dich gar nicht zu bemühen.« Ich bekam eine verzweifelte Wut in den Bauch und wollte den Ball unbedingt erwischen, aber das Geflüster hörte nicht auf. Der Ball flog heran, ich schnellte in seine Richtung – aber zu spät. Das Tor saß und mit meiner Beherrschung war es vorbei. Die Gesichter von denen aus meiner Klasse wurden immer länger, und das hämische Geflüster hinter mir brach nicht ab. Eine Stimme in mir stimmte mit ein: »Du Null!«

Na ja, es hat auch nichts mehr geholfen, dass die Lehrer irgendwann kapiert haben, was da abging, und eingriffen. Ich war wieder da, wo ich am Anfang stand. Aber das kann doch nicht alles gewesen sein, oder? Jeder Mensch ist wertvoll, heißt es doch. Warum passiert mir dann so was? Das ist echt nicht fair! Und dann bleibt da noch die Frage: Was mach ich jetzt?

Um das Thema »Mobbing« in der Gruppe zu vertiefen, gibt es folgende Möglichkeiten:

Bibelarbeit über Markus 12,31.
Der Erzähler versetzt sich ganz in die Rolle des Berichtenden. Nach der Frage am Schluss der Geschichte in ein Gespräch einsteigen.

– *Spiele:* In einen Kreis einbrechen/ausbrechen: *Die Gruppe stellt sich im Kreis auf und versucht zu verhindern, dass eine Person in den Kreis ein- / ausbrechen kann. Oder ein* Fangspiel: *Zwei Personen bekommen die Augen verbunden und spielen im weiten Kreis der anderen Fänger und Gejagter. Die Gruppe hilft dabei dem Flüchtenden und behindert den Fänger. Schwierigkeitsstufe I: Alles geschieht absolut leise; Schwierigkeitsstufe II: Es darf geredet werden. (Hinweis zu den Spielen: Nach den Spielen ist das Gespräch über die Spiele unbedingt erforderlich, da die Person, die ausgeschlossen/eingeschlossen/behindert wird, evtl. aufgefangen werden muss.)*

Bibelstelle: Markus 12,31

Elke Müllerschön, Aalen

Immerhin bist du geflogen

Jan hat nun schon das dritte Mal absichtlich seine Turnschuhe im Bus liegen lassen. Er hat gedacht, ohne Turnschuhe muss er nicht zum Sportunterricht gehen. Aber da hat er sich getäuscht. Denn die Mutter kauft ihm ständig neue Turnschuhe, und Jan muss doch wieder in den Sportunterricht.

Seine Geschwister machen ihm das Leben auch nicht leichter. Sein großer Bruder ist der Beste in seiner Fußballmannschaft, und seine jüngere Schwester ist eine sehr gute Schwimmerin. Nur er, er kann überhaupt nichts im Sport. Dabei ist er nicht einmal besonders dick oder ungelenkig. Trotzdem gelingt ihm einfach gar nichts. Die anderen Mitschüler lachen über ihn, wenn er nach einer Bahn im Schwimmen bereits nicht mehr kann. Besonders amüsant finden es die Kinder aus seiner Klasse, wenn er im Turnen die Geräte abräumt, anstatt sie zu überspringen. Wenn im Unterricht Mannschaften gewählt werden, dann sitzt Jan immer bis ganz zuletzt da, denn niemand will ihn in der Mannschaft haben.

Jan lässt alles über sich ergehen und schaut fast jede Minute auf die Uhr, um zu sehen, wie lange er noch in dieser Turnhalle aushalten muss. Nach dem Sportunterricht fühlt er sich ganz elend und alleine. Er ist der größte Versager und er kann gar nichts ... So trottet er nach Hause und braucht den ganzen Nachmittag, um die Enttäuschungen des Turnens zu verdauen.

Eines Tages beschließt er für sich, dass es so nun nicht mehr weitergehen kann. Er möchte auch sportlich sein, und die anderen Kinder sollen nicht immer über ihn lachen.

Impulsfrage:
Was würdet ihr an Jans Stelle tun?

Deshalb geht Jan jetzt in die Turn-AG der Schule. Als er zum ersten Mal dort auftaucht, sehen ihn die anderen Kinder und auch der Lehrer ganz erstaunt an. Mit Jan hätten sie wohl als Letztes gerechnet. Jan steht in der Halle und ist umgeben von dem Geruch der Turnmatten und den Geräuschen der Sprungbretter. Ihm ist ganz übel. Am liebsten würde er wieder umkehren. Doch da hat ihn der Lehrer schon angesprochen. Jetzt gibt es kein Zurück mehr. Jan muss mitmachen.

Obwohl er schon in der vierten Klasse ist, lässt ihn der Lehrer bei den Übungen der Zweitklässler mitturnen. Diese lernen gerade die Flugrolle und bei fast allen klappt es schon ganz gut. Nur Jan schafft es nicht. Aber der Lehrer ermuntert ihn, dabeizubleiben. Also nimmt Jan ein zweites Mal Anlauf und landet wieder auf dem Rücken wie ein Käfer. Am Ende der Stunde können eigentlich alle aus der zweiten Klasse die Flugrolle – nur Jan nicht. Jan ist enttäuscht und traurig. Es ist ihm peinlich, überhaupt in der Halle aufgetaucht zu sein. »Ich kann noch nicht mal die Übungen der Pimpfe lernen«, denkt er bei sich.

Der Lehrer sieht ihm seine Enttäuschung und seine Unzufriedenheit an. »Sollen wir gemeinsam nach Hause gehen?«, fragt der Lehrer.

Jan ist in diesem Moment alles egal und er stimmt zu. Auf dem Weg durch die Straßen weiß Jan nicht, was er sagen soll. Er schämt sich vor dem Sportlehrer wegen seiner schlechten Leistungen. »Du bist enttäuscht über dich selbst, nicht wahr?«, fragt der Lehrer.

Jan nickt stumm.

»Das kann ich gut verstehen. Du siehst im Moment nur deine Fehler und das, was du schlecht gemacht hast. Aber vielleicht kannst du die heutige Turnstunde auch mit anderen Augen sehen: Du hast heute keine perfekte Flugrolle zustande gebracht, das ist wahr. Aber du bist geflogen! Dein Körper war für eine ganz kleine Zeit in der Luft und ist geschwebt wie der eines Vogels. Das war doch ein tolles Gefühl, oder?«

Jan muss zugeben, dass er gerne ganz fest ins Sprungbrett gesprungen ist, um möglichst lange in der Luft zu sein. »Aber die Landung war doch ganz, ganz schlecht, oder? Da nützt es doch nichts, wenn das Fliegen ein tolles Gefühl ist!«, entgegnet Jan.

Sie sind mittlerweile an Jans Haustüre angekommen. »Kommst du das nächste Mal wieder in die Turn-AG? Ich würde mich freuen. Dann kannst du wieder fliegen!«

Impulsfragen:
Würdet ihr an Jans Stelle wieder in die Turn-AG

gehen? Warum (nicht)? Wie bewertet ihr das Verhalten von Jan? Was könnt ihr selber nicht so gut? Wie geht ihr mit diesen Schwächen um?

Bibelstelle: 2. Korinther 12,9-10 *Marion Käser, Hausen i.V.*

Sport

Zieleinlauf

Einstieg:
Bild von einem Läufer zeigen, der gerade in die Zielgerade einbiegt oder über das Ziel läuft.

Drückende Schwüle liegt über dem Stadion. Die Männer des 10.000-Meter-Laufes drehen ununterbrochen ihre Runden. Parallel dazu läuft die Entscheidung im Hochsprungwettkampf der Männer. Die Zuschauer belohnen einen Springer mit Applaus, der gerade eine neue Höhe im ersten Versuch geschafft hat.

Die 10.000-Meter-Läufer kommen in die Schlussrunde. Die letzten Kräfte werden mobilisiert. Plötzlich stößt aus der Spitzengruppe einer nach vorne. Meter um Meter gewinnt er an Abstand. Die Zuschauer klatschen im Rhythmus und jubeln ihm zu.

Doch was ist das? Den Zuschauern stockt der Atem. Der Läufer verlässt die Bahn, über den Rasen stürmt er auf die nahe Hochsprunganlage zu. Er stürzt zwischen den Hochsprungständern hindurch. Jubelnd reißt er die Arme hoch. Er bricht zusammen. – Stille im Stadion. Jetzt hier und dort Gelächter. Zwei Sanitäter sind bereits unterwegs. Ein anderer Läufer gewinnt. Was ist geschehen? Hat ihm die Hitze zu stark zugesetzt? Hat sie ihm ein Trugbild vorgegaukelt? Er muss die Hochsprungständer mit dem Zieleinlauf verwechselt haben. Er ist in ein Ziel gestürzt, das keines war. Alle Anstrengung umsonst! Das Ziel verwechselt, verfehlt. Schade.

Bibelstelle: 1. Timotheus 6,11-12 *Sybille Kalmbach, Rutesheim*

Stehlen

1,50 Euro

Methodische Tipps:
Geschichte vorlesen oder erzählen, ohne das Thema oder den Inhalt bekannt zu geben. Mit älteren Kindern wäre ein Gespräch im Anschluss gut, aber nicht notwendig.
Intensivere Vorbereitung: Den Bibeltext: »Ich aber habe für dich gebeten, dass dein Glaube nicht aufhöre« (Lukas 22,32) auf kleine Zettel drucken oder schreiben. Die Kinder bekommen diese Zettel geschenkt, um sie im Geldbeutel, in der Fahrkartenhülle o.Ä. immer dabeizuhaben. Damit sollen sie zum einen täglich an den Inhalt des Bibelwortes erinnert werden, und zum anderen an die Freundinnen und Freunde in der Jungschar bzw. im Religionsunterricht, die gemeinsam füreinander beten.

– *Für ältere Kinder wären auch WWJD-Armbänder sehr gut geeignet, damit sie in solchen Situationen wie in der Geschichte an die Frage erinnert werden: Was würde Jesus tun? (What would Jesus do?)*

Leonard hatte es geschafft. Endlich war er bei der Siebtklässlerclique anerkannt. Schon lange hatte er alles versucht, damit sie ihn akzeptieren würden. Und jetzt war es so weit. Er war der erste Sechstklässler, der in der Siebtklässlerclique mitmachen durfte. Sie nannten sich »Rase-Engel«. Er fand es super, in der Clique zu sein.

Zumindest hatte er es vorhin super gefunden. Aber nun wusste er nicht mehr so recht. Er war mit der Clique gleich nach der Schule in die Stadtmitte gelaufen. Nun standen sie seit einer halben Stunde hinter der Garage von Kaufmann Dieterle. Einer nach dem anderen ging in den Laden und jeder kam mit etwas Geklautem zurück. Als der Letzte eine Feinstrumpfhose mitbrachte, hatte Leonard gelacht. Das hätte er nicht tun sollen. Daraufhin hatte man ihm erklärt, es sei besser, irgendetwas zu klauen, als ohne Beute zurückzukommen. Außerdem könne man solche Sachen meistens verkaufen. Und nun sollte Leonard zeigen, was er klauen konnte.

Er hörte noch, wie jemand sagte: »Nun geh mal endlich. Sollen wir Weihnachten und Ostern und alles erst feiern, bevor du loskommst, oder was?!« Die anderen lachten.

Leonard wollte losrennen, doch da hielt ihn jemand fest. »Nicht so schnell. Man darf dir nichts anmerken.« Er verstand. So ruhig er konnte, ging er in den Laden hinein. Es war viel Trubel dort. Leonard war froh. So würde er sicher nicht auffallen. Er ging schnell zum Süßigkeitenregal. Nach kurzer Überlegung beschloss er, eine Sonderangebotspackung Schokolade mitzunehmen. »Schokolade vom Feinsten« stand drauf. Schnell steckte er die Packung in seine Jacke und legte die Jacke über den Arm.

»Hey, du kannst das nicht einfach so klauen.« Christina aus der Zehnten stand neben ihm.

»Bitte erzähl es nicht weiter. Ich *muss* das klauen.« Ohne auf eine Antwort zu warten, eilte er aus dem Laden. Stolz zeigte er den anderen seine Beute. »Dummkopf. Man klaut doch keine Sachen, die im Angebot sind!«, war die einzige Antwort, die Leonard bekam. Bevor er etwas sagen konnte, waren die Jungs und Mädchen aus der Clique mit der Schokolade weg.

Kurz nach dem Abendessen klingelte es bei Leonard zu Hause an der Wohnungstür. Er hörte, wie seine Mutter jemanden empfing und sich über den Besuch freute. Gleich darauf klopfte es an seiner Tür. »Christina ist hier, um dich zu besuchen«, sagte seine Mutter, »sie sagt, sie hätte heute etwas im Laden für dich bezahlt und nun möchte sie gerne das Geld zurück. Du hast noch Taschengeld, oder?«

»Ja, Mama«, antwortete er leicht verärgert, zog Christina ins Zimmer hinein und machte die Tür zu. »Ich will nicht bleiben«, sagte Christina. »Ich bin nur gekommen, um die 1,50 Euro zu holen, die ich dir heute ausgeliehen habe. Ich habe dem Kaufmann erklärt, dass du es sehr eilig gehabt hättest und dass ich die Angebotsschokopackung deswegen für dich bezahlen würde.«

Ohne ein Wort holte Leonard das Geld, gab es ihr und sagte ganz leise: »Danke.« Am nächsten Tag hatte er kein Interesse mehr, irgendetwas mit den »Rase-Engeln« zu unternehmen. Er wollte kein Dieb sein.

Bibelstelle: 2. Mose 20,15; Epheser 4,28

Pétur Thorsteinsson, Reykjavík

Stehlen

Die Verfolgung

Pia wird seit einer Woche jeden Tag verfolgt. Es geht schon morgens los. Kurz nach dem Aufstehen, wenn sie die Mutter das erste Mal sieht, ist es mit der Verfolgung ganz schlimm. In der Schule lässt es dann etwas nach, denn dort ist sie abgelenkt. Aber am Nachmittag, da kommt der Verfolger mit voller Kraft wieder zurück. Pia wird nicht von einem Menschen verfolgt, sondern von einer Erinnerung. Es ist die Erinnerung daran, dass sie der Mutter Geld aus dem Geldbeutel gestohlen hat. Pia hat sich davon Süßigkeiten gekauft. Jetzt sind die Süßigkeiten aufgegessen und die Verfolgung ist in vollem Gange.

Impulsfrage: Wie nennt man das, was Pia jeden Tag aufs Neue verfolgt?

Pia weiß, dass sie einen Fehler gemacht hat, als sie das Geld genommen hat. Es war nicht viel Geld – und die Mutter hat auch nicht gemerkt, dass etwas fehlt. Aber wenn die Mutter wüsste, dass ihre Tochter eine Diebin ist, dann wäre sie sehr enttäuscht. Pia ist sich im Moment gar nicht mehr so sicher, warum sie das Geld genommen hat. Wegen der Schokolade? Darauf kann man doch auch verzichten, oder?

Eigentlich will Pia schon seit Tagen die Verfolgung loswerden. Jeden Tag aufs Neue nimmt sie sich vor, zur Mutter hinzugehen und ihr zu sagen, dass sie einen Fehler gemacht hat. Aber Pia kann nicht. Jedes Mal, wenn sie vor der Mutter steht und anfangen will zu sprechen, kommt kein Wort aus ihrem Mund heraus. Ihr Herz klopft bis zum Hals und sie läuft wieder weg, ohne mit der Mutter gesprochen zu haben. Pia überlegt sich, was sie tun kann, denn Reden geht nicht. Sie entscheidet sich, ihr Taschengeld etwas aufzusparen und der Mutter das Geld, das sie gestohlen hat, wieder in den Geldbeutel zu legen.

Im Laufe der nächsten Woche gibt Pia das gestohlene Geld also heimlich wieder zurück. Die Mutter merkt auch diesmal nichts von der Veränderung im Geldbeutel. »Eigentlich muss die Verfolgung jetzt aufhören«, denkt Pia. »Ich habe den Fehler, den ich begangen habe, wieder gutgemacht.«

Impulsfragen: Was glaubt ihr: Wird Pia die Verfolgung damit wieder los? Wenn nein, warum nicht? Warum ist es so schwer, Fehler zuzugeben?

Fragen zur Vertiefung: Was sagt Jesus zu meinen und deinen Fehlern? Wie sollen wir mit unseren Fehlern bzw. Sünden umgehen?

Bibelstellen: Lukas 11,4; 12,15; 15,11-32

Marion Käser, Hausen i.V.

Sterben

Johann Petersens Rettung

Ein Schiffskapitän, der sein Leben mit Trinken und Fluchen verbracht hatte, lag schwer krank in seiner Kajüte. Er fühlte, dass er bald sterben würde, und hatte große Angst davor. Er ließ den ersten Offizier kommen. »Heinrich«, befahl er, »knie hier nieder und bete für mich! Ich werde bald sterben und ich bin ein schlechter Mensch gewesen.«

»Aber ich kann nicht beten, Kapitän. Sie wissen, ich habe nichts mit dem Glauben zu tun.«

»Dann hole deine Bibel und lies mir etwas daraus vor.«

»Ich habe keine Bibel, Kapitän«, erwiderte Heinrich.

»Dann ruf den zweiten Offizier!«, flehte der Kapitän. »Vielleicht kann der beten.« In wenigen Minuten stand der zweite Offizier vor dem sterbenden Mann. »Hör«, sagte der Kapitän, »ich werde bald sterben! Willst du nicht niederknien und für mich beten?«

»Ich täte Ihnen gerne diesen Gefallen, Herr Kapitän«, erwiderte der zweite Offizier, »aber ich kann es nicht. Seit ich ein kleiner Junge war, habe ich kein einziges Mal gebetet.«

»Hast du auch keine Bibel?«, rief der arme Kapitän aus.

»Keine, Herr.«

»Dann lass den dritten Offizier rufen«, bat der Kapitän in seiner Verzweiflung. Aber der dritte Offizier konnte nur dasselbe sagen. Er wusste nichts von Gott, nichts vom Gebet, nichts von einer Bibel! Sie suchten das Schiff ab nach einem Mann, der beten könnte, aber es war keiner zu finden – auch gab es nirgends eine Bibel. Doch ein Matrose hatte den Schiffsjungen Peter Jenssen einmal mit einem Buch in den Händen gesehen. »Ruft ihn sofort und fragt ihn, ob es die Bibel ist«, rief der Kapitän schnell.

»Peter, hast du eine Bibel?«, fragte der Matrose den Schiffsjungen.

»Ja«, erwiderte dieser errötend, »aber ich lese sie nur in meiner freien Zeit.«

»Schon gut, Junge, nimm deine Bibel und geh zum Kapitän! Er glaubt, dass er sterben wird, und will, dass ihm jemand aus der Bibel vorliest.« Peter Jenssen ging also mit der Bibel zu dem sterbenden Kapitän.

»Setz dich hier neben mich und suche etwas in deiner Bibel, was mir helfen kann, denn ich muss sterben. Lies mir etwas darüber vor, wie Gott die Sünder annimmt. Sünder, wie ich es einer bin!«

Der armer Peter! Er wusste nicht, wo er suchen sollte. Aber es fiel ihm plötzlich ein, dass er kurz vor seinem Abschied von zu Hause das 53. Kapitel des Propheten Jesaja mit seiner Mutter zusammen gelesen hatte. Es handelte von Jesus und dass er am Kreuz für unsere Sünden gestorben ist.

Methodischer Tipp:
Hier eine kurze Pause machen und mit den Kindern darüber reden, was am Kreuz geschehen ist.

Er schlug diese Stelle auf und las. Als er an den fünften Vers kam: »Doch wegen unserer Schuld wurde er gequält und wegen unseres Ungehorsams geschlagen. Die Strafe für unsere Schuld traf ihn, und wir sind gerettet. Er wurde verwundet, und wir sind heil geworden«, rief der Kapitän, der gespannt und aufmerksam zugehört hatte: »Halt, Peter! Das ist es, was ich hören möchte. Lies es noch einmal!« Und Peter Jenssen wiederholte die tröstenden Worte: »Doch wegen unserer Schuld wurde er gequält und wegen unseres Ungehorsams geschlagen. Die Strafe für unsere Schuld traf ihn, und wir sind gerettet. Er wurde verwundet, und wir sind heil geworden.«

»Ja, mein Junge, das ist's, was ich suche, das tut gut.«

Da schöpfte Peter neuen Mut und sagte: »Herr Kapitän, als ich den Vers zu Hause meiner Mutter vorlas, sagte sie mir, ich solle einen Namen einsetzen. Darf ich es jetzt auch so machen, wie meine Mutter sagte?«

»Natürlich, setze deinen Namen hinein, wie du's gelernt hast.«

Der Junge wiederholte nun: »Doch wegen Peters Schuld wurde er gequält und wegen Peters Ungehorsam geschlagen. Die Strafe für Peters Schuld traf ihn, und Peter ist gerettet. Er wurde verwundet, und Peter ist heil geworden.«

Noch ehe Peter am Ende war, hatte sich der Kapitän an der Bettkante weit vorgestreckt, die Augen auf den Jungen gerichtet. Als Peter schwieg, rief er: »Lies es noch einmal und setz meinen Namen ein! Johann Petersen!«, und nun las Peter: »Doch wegen Johann Petersens Schuld wurde er gequält und wegen Johann Petersens Ungehorsam geschlagen. Die Strafe für Johann Petersens Schuld traf ihn, und Johann Petersen ist gerettet. Er wurde verwundet, und Johann Petersen ist heil geworden.«

Als er den Vers zu Ende gelesen hatte, sagte der Kapitän mit sanfter Stimme: »So, das ist genug, Peter, geh nun an Deck!« Damit legte er sich zurück auf sein Kissen und murmelte die Worte des Propheten Jesaja immer wieder vor sich hin, indem er seinen eigenen Namen einsetzte. Während er das tat, kehrte allmählich Ruhe und Frieden in sein Herz ein.

Kurz darauf wurde sein Leichnam in ein Segeltuch gewickelt, auf eine Schiffsplanke gelegt und ins Meer hinuntergelassen. Aber bevor er starb, hatte Johann Petersen vor der ganzen Mannschaft gesagt, dass es ihm Leid tat, dass er sein Leben mit Trinken und Fluchen verbracht hatte, und dass er froh war zu wissen, dass Jesus für seine Schuld gestorben war.

Jesus nimmt sich der Sünder an, heilt und vergibt.

Vertiefungsmöglichkeiten:
Lesen Sie mit den Kindern zusammen Jesaja 53,4-5. Sammeln Sie dann gemeinsam mit ihnen, was Sünde und Schuld konkret bedeuten kann und warum Jesus unsere Schuld auf sich genommen hat. Für viele Kinder ist der Begriff Sünde oder auch Schuld etwas Fremdes, und sie brauchen Zeit, um es zu begreifen. Andere Kinder sind vielleicht stark moralisch geprägt und haben Angst vor Gott, weil sie oft »sündiges Verhalten« vorgehalten bekommen. Deshalb ist es sehr wichtig, sich für dieses Gespräch Zeit zu nehmen und sehr sensibel zu sein. Schuld soll nicht bagatellisiert werden, aber es soll auch nicht genützt werden, um Kinder aus Angst an Gott zu binden.
– *Schreiben Sie am Ende den Text auf vorbereitete Kärtchen und lassen Sie jedes Kind seinen Namen einsetzen.*

Bibelstellen: Jesaja 53,4-5; Römer 5,8; 10,9-10

Karin Hank, Ludwigsburg

Sterben

Oma ist tot

»Oma ist tot.« Irgendwie kam David alles so unwirklich vor. Er konnte es gar nicht recht glauben, und heute war die Beerdigung. Sie liefen alle zusammen los. Der Friedhof war nicht weit weg. Papa und Mama waren ganz schwarz gekleidet und Papas Augen waren rot. Er hatte sicher geweint. David schaute sich die Autonummern an und tippte auf die Städte, woher die kamen. Seine Mutter sah ihn zornig an und Marco, sein Bruder, stieß ihn in die Seite: »Halt die Klappe, David. Das passt jetzt wirklich nicht.«

Dann kamen sie zum Friedhof. Jetzt wurde David langsam neugierig. Aber sein Vater, seine Mutter und Marco waren ganz und gar nicht ansprechbar für seine Fragen. David freute sich deshalb, seine Patentante zu sehen. »Marie, wie tief muss das Grab eigentlich sein, damit Oma im Sarg da hineinpasst?«, fragte er, und zog seine Patentante Marie an der Hand. »Zeigst du es mir?« David stellte Marie eine Menge Fragen und lief mit ihr zum ausgehobenen Grab und zurück zur Leichenhalle. »Was passiert, wenn ein Fels kommt beim Grab-Ausheben?« »Was kostet ein Grab?« »Müssen Mama und Papa das bepflanzen?« »Wie sieht Oma denn jetzt aus?« »Ist sie schon kalt? Papa hat gesagt, dass Tote kalt sind.« »Du, Marie, kann ich Oma auch mal ansehen?«

Bei dieser letzten Frage schaute David Marie gespannt an. Irgendwie zitterten ihm nun doch die Beine, und er musste an die Filme denken, in denen Tote aus dem Grab gekommen waren. Er war sich selbst nicht ganz sicher, ob er Oma wirklich anschauen wollte. Jetzt war er froh, dass Marie seine Hand hielt. »Warum nicht?«, antwortete Marie.

Sie schoben sich durch unglaublich viele schwarz angezogene Leute auf dem Platz vor der Leichenhalle. Manche standen so dicht, dass David nicht durchkonnte. Er kämpfte sich vorbei an dicken Männerbäuchen und schwarzen Handtaschen von Frauen, die sich die Nase putzten. Manche waren ihm ganz fremd, andere kannte er wenigstens vom Sehen. Einige streichelten über Davids Kopf: »Armer Kerl. Ja, das ist hart, wenn die Oma stirbt.« David zog seinen Kopf zurück und drängte sich rasch weiter. »Gut, dass Marie da ist.« Er schaute zu ihr zurück und hielt ihre Hand fester. Sie sah ihn liebevoll an.

Jetzt kamen sie bei seinem Vater vorbei, der mit einigen Leuten sprach. David hörte: »Herzliches Beileid. Musste sie sehr leiden?« »Uns hat das wirklich sehr getroffen, dass es so schnell ging.« In der Nähe stand seine Mutter. Marco umarmte sie und weinte wie ein kleiner Junge.

David drängte sich durch den Eingang und blieb dann wie angewurzelt stehen: Unglaublich viele Blumen standen um den Sarg, und im Sarg lag eine Frau. »Marie, sie sieht gar nicht aus wie Oma.« Entsetzt starrte David die Frau im Sarg an. Marie trat hinter ihn und legte ihm die Hände auf die Schultern. David schaute die Frau im Sarg ganz genau an. Ihr Gesicht war völlig entspannt. Sie hatte die Augen geschlossen. Sehr bleiche Lippen und ganz blasse Haut, die irgendwie nach Wachs aussah. Die Haare waren frisiert wie bei seiner Oma. Auch die Nase, der Mund, die Augenbrauen waren die von seiner Oma. Trotzdem kam ihm die Frau im Sarg unendlich fremd vor. Wie hatte seine Oma immer lachen können und ihn fröhlich in die Wange gezwickt! Wie hatte sie beim Monopoly-Spielen geschimpft, wenn sie teure Miete zahlen musste! Wie schön war es gewesen, wenn sie ihm abends vorgelesen hatte! Ihre Augenbrauen waren ständig in Bewegung. Ihr Mund konnte herrliche Grimassen schneiden. – Aber so blass und so bewegungslos hatte er sie noch nie gesehen. Sogar wenn sie schlief, wusste David immer, dass das seine Oma war. Aber so entsetzlich still ...

Plötzlich fühlte David, was er so lange nicht glauben konnte. Er fühlte einen heftigen Schmerz, als würde ihm das Herz brechen. Und er wusste plötzlich, was das bedeutet: »Oma ist tot.« Er lehnte sich an Marie und weinte.

Vertiefungsmöglichkeiten:
Bibelarbeit zu Römer 8,38-39.
Am Schluss der Geschichte in ein Gespräch einsteigen: Ist schon einmal jemand gestorben, der euch wichtig war? Erzählt doch davon.

- *Malen und Gestalten: Schmuckblatt mit der Bibelstelle (oder einem anderen Spruch), das man zu Hause aufhängen kann.*
- *Exkursion zum Friedhof (evtl. Pfarrer/in treffen und erzählen lassen, welche Aufgaben er/sie hat; Totengräber treffen; Leichenhalle ansehen).*

Bibelstelle: Römer 8,38-39 *Elke Müllerschön, Aalen*

Sucht

Tines Mutter

Fröhlich pfeifend fuhr Tine mit dem Fahrrad nach Hause. War das schön gewesen bei Bianca, ihrer besten Freundin! Bianca und Tine hatten gemütlich in Biancas Zimmer gesessen, hatten Musik gehört und geredet, als plötzlich Biancas Mutter den Kopf zur Tür hereinsteckte und sagte: »Na, habt ihr Lust auf eine süße Kleinigkeit? Ich war gerade beim Bäcker.« Dann waren sie mit Kakao und leckerem Gebäck verwöhnt worden.

Tine strahlte noch immer über das ganze Gesicht, als sie in die Straße einbog, in der sie wohnte. Dann huschte ein Schatten über ihr Gesicht. Da weinte jemand ganz entsetzlich. Und ein Gefühl sagte ihr, dass das bei ihr zu Hause war. Sie fuhr am Scherenzaun vorbei und stoppte an der Gartentür. Hinten vor der Haustür saß ihre kleine Schwester auf dem Fußboden und schluchzte und wimmerte und weinte. Tine schob das Fahrrad den Gartenweg entlang und stellte es neben der Treppe ab. Im Näherkommen spürte sie ihn wieder: den schweren drückenden Stein, der ihr schon so lange im Magen lag. Sie betrachtete ihre kleine Schwester genau. Die Kleine war ganz verweint, ihre Nase tropfte und sie hatte verschwollene rote Augen. Drei Jahre alt und so viel Kummer. »Bestimmt kann sie gar nicht verstehen, was passiert ist«, dachte Tine.

»Tine ... Mama lässt mich gar nicht herein ...«, brachte sie unter Schluchzen hervor.

Tine setzte sich neben sie und nahm sie in die Arme. »Schschsch ...« Sie wiegte ihre kleine Schwester ein wenig, dann sagte sie: »Komm, schnäuz dich richtig« und hielt ihr ein Taschentuch vor die Nase.

Die ganze Zeit über wuchs das schwere Gefühl in Tines Magen, und sie musste sich so sehr anstrengen, nicht selbst zu weinen, dass es ihr ganz gut tat, dass sich die Kleine so an sie schmiegte. Dann stand sie auf, schloss die Haustüre auf und nahm die Kleine bei der Hand. Drinnen lagen die Telefonbücher über den Boden verstreut im Flur. »Sei ein Schatz und geh ein bisschen ins Kinderzimmer. Ich schau mal nach der Mama.« Tine schob ihre Schwester ins Kinderzimmer und lief dann ins Wohnzimmer. Da stand eine leere Weinflasche auf dem Sessel und eine andere lag zerbrochen am Boden. Weinflecken waren auf dem Teppich. Von der Mutter war nichts zu sehen. Im Bad hatte jemand sämtliche Flaschen von der Ablage geworfen und im Klo war auch niemand.

Als sie die Schlafzimmertür aufmachte, schlug Tine eine Alkoholwolke entgegen. Ihre Mutter lag angezogen auf dem Bett, als wäre sie draufgefallen, und schlief. Erbrochenes lag auf dem Boden und eine Weinflasche stand auf dem Nachttisch. Jetzt konnte Tine die Tränen nicht mehr zurückhalten. »Warum muss ausgerechnet meine Mutter so sein?«

Tine schwankte: Am liebsten hätte sie alles stehen gelassen. Monatelang hatte Tine versucht, alles irgendwie auszugleichen. Wie oft hatte sie Flaschen weggeräumt und aufgeräumt? Jetzt war ihr alles zu viel. Sie schluchzte und konnte einfach nicht mehr. Sie rannte aufs Klo und weinte sich tüchtig aus. Dann putzte sie sich mit Klopapier die Nase. Sie spürte, dass sie es heute nicht schaffen würde zu helfen. Sie dachte an ihre kleine Schwester und an Biancas Mutter, und ihr wurde so schlecht, dass sie am liebsten auch erbrochen hätte.

Dann stand sie auf und ging zurück in den Flur zum Telefon. Sie wählte, wartete, und dann brach es aus ihr heraus: »Papa, du musst sofort nach Hause kommen. Mama hat schon wieder ...« Auf der anderen Seite war es still. Dann hörte sie die beruhigende Stimme ihres Vaters: »Ich komme sofort nach Hause. Halte durch, Tine. Ich bin gleich da.«

Methodische Tipps:
Achten Sie während der Geschichte auf die Zuhörerreaktionen. Am Schluss der Geschichte in ein Gespräch einsteigen: Was wisst ihr über Sucht?

- *Hinweis auf Kindersorgentelefone/Drogenberatungsstellen o. Ä.*
- *Basteln: Plakate zum Thema: Sucht/Alkoholabhängigkeit erstellen (als Collage, Gemälde ...) und im Gemeindehaus der Kirchengemeinde aufhängen. Oder Skulpturen aus Flaschen basteln und im Flur o. Ä. ausstellen (wie im Museum mit Schild).*

Bibelstelle: Psalm 54,6

Elke Müllerschön, Aalen

Ameise Johnny hat eine Frage

Johnny, der Ameisenjunge, lebt ganz in eurer Nähe! Nicht weit weg von hier, am Waldrand oder auf der Wiese – vielleicht sogar in eurem Garten oder an der Straßenecke? Johnny ist ein glücklicher und zufriedener Ameisenjunge, der mit wahnsinnig vielen Ameisen in einem zum Teil unterirdischen Ameisenhügel lebt.

In so einem Ameisenstaat gibt es strenge Regeln, die eingehalten werden müssen, damit der ganze Staat überhaupt funktioniert. Die wichtigste Regel heißt: »Arbeit ist wichtiger als Vergnügen.« Es gibt auch noch andere, z.B.: »Schnelles Arbeiten macht Freude« oder »Kontrolliere deine Freunde.« Manche Regeln sind schon ganz normal, fast alle Ameisen haben sich daran gewöhnt. Es gibt nun mal Dinge, die man darf, und es gibt Dinge, die sind verboten. Jede Ameise hat eine bestimmte Aufgabe, die sie tagtäglich erledigen muss. Eine Schule und Hausaufgaben gibt es nicht, dazu hat man keine Zeit.

Johnny muss dafür sorgen, dass genügend Nahrung für die kleinen Ameisen und die Königin herbeigeschafft wird. Das macht Johnny Spaß. Wisst ihr auch warum? Weil er, wenn er Glück hat, die tollsten Leckerbissen findet!

Eines Tages findet Johnny etwas Wunderbares: ein Eis, das einem riesigen Menschen mit langen Haaren hinuntergefallen ist. Johnny krabbelt so schnell wie möglich hin und ist ganz überrascht, denn so etwas Seltsames kennt er gar nicht. Zuerst berührt er mit seinen Füßen die klebrige Masse. Da merkt er, dass das Ganze nach Zucker riecht, und dann kann er nicht widerstehen und probiert mit seinem Schleckermäulchen das kalte Zeug. Mmmh, das schmeckt wie Walderdbeeren, wie Wasser, wie Blumensirup, mmh. Johnny vergisst seine Arbeit, er denkt plötzlich nur noch an sich. Dieses Festessen will er nicht zu den anderen Ameisen bringen, nein, das will er für sich behalten. Er probiert immer wieder und findet es wunderbar, als es plötzlich nach Schokolade schmeckt.

Die Zeit vergeht, und Johnny ist rundum zufrieden. Doch auf einmal bekommt er etwas Bauchweh und ein schlechtes Gewissen.

Johnny macht sich Gedanken: Ist das in Ordnung, was er hier tut, oder hat er etwas Verbotenes getan? Zum Glück hat ihn niemand gesehen, sonst würde es bestimmt Ärger geben! Er überlegt hin und her. Einige der älteren Ameisen würden sein Verhalten Sünde nennen. Aber was ist »Sünde« überhaupt?

Vertiefungsmöglichkeiten:
Die Jungscharkinder auf »Ameisensuche« schicken und die Geschäftigkeit von Ameisen mit der Gruppe beobachten.

- *Die Geschichte kann man auch gut im Freien erzählen, z.B. mitten auf der Wiese, dem Parkplatz ..., danach kann über das Wort »Sünde« diskutiert werden.*
- *Sünde und Vergebung gehören zusammen; um diesen Aspekt zu verdeutlichen, gibt es einen Teil 2 der Geschichte, der auch separat erzählt werden kann, siehe »Ameise Johnny lernt Vergebung kennen«.*

Bibelstelle: Psalm 51,3-5 *Kerstin Neub, Loßburg*

Sünde

Ameise Johnny lernt Vergebung kennen

Kennt ihr (noch) den Ameisenjungen Johnny, der ganz in eurer Nähe lebt? An einem warmen Sommertag hat er eine wunderbare Entdeckung gemacht. Er fand ein hinuntergefallenes Eis und aß sich richtig satt – bis er Bauchweh und ein schlechtes Gewissen bekam! Denn Johnny hat sich dabei nicht an die Regeln gehalten, die in seinem Ameisenstaat gelten.

Die wichtigste Regel heißt: »Arbeit ist wichtiger als Vergnügen.« Es gibt aber auch noch andere, z.B.: »Schnelles Arbeiten macht Freude« oder »Kontrolliere deine Freunde«. Dieses lecker schmeckende Eis hat ihn ganz durcheinander gebracht. Er vergaß die Zeit und das Arbeiten und behielt das ganze Eis für sich, denn mittlerweile ist der Rest, den er noch übrig gelassen hat, geschmolzen.

Johnny macht sich Gedanken, ob das, was er getan hatte, eine »Sünde« ist. Aber was ist »Sünde« überhaupt? Johnny weiß genau, dass er gegen die Regeln verstoßen hat, aber nun ist es eben passiert, und er kann es nicht mehr ungeschehen machen. Johnny krabbelt schnell weiter, er will hier nicht entdeckt werden – nur schnell weg, weg von diesem tollen Schokoladeneis, weg von seinen Gedanken. Aber wie das mit den Gedanken so ist, sie kommen einfach mit und lassen einem keine Ruhe mehr!

Johnny läuft zum Ameisenhügel, er will sich dort ein wenig verstecken und die Geschichte vergessen. Doch das gelingt ihm einfach nicht! Was wird wohl geschehen, wenn ihn eine Ameise gesehen hat?

Da kommt sein Freund Floppy angekrabbelt. »Hallo, Johnny, na, alles klar bei dir?«

Johnny nickt: »Ist doch logisch – und bei dir?« Floppy erzählt ihm das Abenteuer des Tages: Er hat mit zwei anderen Ameisen einen riesengroßen Brotkrümel in den Hügel transportiert. Der Krümel fiel siebzehnmal zu Boden, aber sie haben es gemeinsam doch noch geschafft. Während Floppy seine Geschichte erzählt, wird Johnny ganz traurig. Als Floppy fertig ist, beginnt er stockend sein Erlebnis zu erzählen, und Floppy hört ihm geduldig zu. »Wie wird die Königin mich wohl bestrafen, wenn sie davon erfährt?«, fragt Johnny zum Schluss.

Zuerst wird Floppy ganz nachdenklich, aber dann hat er ein großes Grinsen im Gesicht. Er murmelt, dass die älteren Ameisen manchmal etwas von Vergebung erwähnt hätten.

»Vergebung – heißt das, dass die Königin den Vorfall einfach vergessen wird?«

»Ich denke schon. Die Königin weiß, dass wir Ameisen auch Fehler machen. Sie ist zwar manchmal streng und will, dass wir uns an die Regeln halten, aber sie ist auch wie eine Mutter und verzeiht uns Ameisen so ziemlich alles.«

Johnny überlegt: »Echt? Das ist ja klasse, dann geh ich einfach hin und erzähl ihr, was ich gemacht habe, sie verzeiht mir und dann ist alles wieder in Ordnung.«

Genauso macht Johnny es am nächsten Tag – und wisst ihr was? Johnny erzählt seine Geschichte und die Königin hört zu. Dann bittet er um Verzeihung und schaut die Königin fragend an. Die Königin vergibt ihm und sagt, dass jetzt alles vergessen ist. Aber wenn Johnny wieder Süßigkeiten oder sogar ein Eis findet, denkt er schmunzelnd daran zurück ...

Vertiefungsmöglichkeiten:

Die Jungscharkinder auf »Ameisensuche« schicken und die Geschäftigkeit von Ameisen mit der Gruppe beobachten.

- *Die Geschichte kann man auch gut im Freien erzählen, z.B. mitten auf der Wiese, dem Parkplatz ..., danach kann über »Vergebung« diskutiert werden.*
- *Sünde und Vergebung gehören zusammen; um diesen Aspekt zu verdeutlichen, gibt es einen Teil 1 der Geschichte, der auch separat erzählt werden kann.*

Bibelstelle: Apostelgeschichte 10,43 *Kerstin Neub, Loßburg*

Tiere

Der Hoffnungsvogel

Einstieg: Zu Beginn das «Galgenmännchen-Spiel« machen, um das Wort Hoffnung erraten zu lassen, evtl. noch weitere Worte der Geschichte wie Rotkehlchen, Fernglas, Dachboden, Regenwurm etc. Man kann dann Spannung aufbauen, indem man sagt, man würde jetzt mit diesen Wörtern eine Geschichte erzählen.

»Galgenmännchenspiel«: Die Kinder in 2-3 Gruppen aufteilen. Auf eine Tafel oder ein Plakat so viele nebeneinander liegende kleine Striche hinmalen, wie das zu erratende Wort Buchstaben hat. Die erste Gruppe darf einen Buchstaben nennen, von dem sie denkt, dass er in dem Wort vorkommt. Kommt er einmal oder mehrmals in dem Wort vor, wird er an den entsprechenden Stellen eingetragen und die Gruppe darf noch einmal raten. Kommt der Buchstabe in dem Wort nicht vor, wird ein Teil des Galgens gemalt und die nächste Gruppe kommt dran. Sobald eine Gruppe, die gerade dran ist, das Gefühl hat, das Wort auflösen zu können, sagt sie den ganzen Begriff und hat gewonnen bzw. bekommt einen Punkt gutgeschrieben. Ist es das falsche Wort, wird auch hier wieder ein Teil des Galgens dazugemalt und die nächste Gruppe kommt dran. Ist der Galgen fertig, bevor das Wort gelöst wurde, haben alle diese Runde verloren.
Der Galgen besteht aus folgenden Teilen: 1. ein kleiner Halbkreis als Hügel, 2. ein längerer senkrechter Strich, 3. von der Spitze des senkrechten Striches ein kürzerer waagerechter nach rechts, 4. der »Querbalken« zwischen senkrechtem und waagerechtem Strich, 5. vom Ende des waagerechten Striches ein Strich nach unten als Seil, 6. an das Seil anschließend den Kopf (Kreis) des Strichmännchens, 7. Strich als Körper, 8. Strich als linkes Bein, 9. Strich als rechtes Bein. Wer will, kann noch zwei Arme dazunehmen.

Vor einigen Jahren bekamen wir im Frühjahr Besuch von einer Rotkehlchen-Familie. Eigentlich war es noch keine richtige Familie, es waren nur Vater und Mutter Rotkehlchen. Sie bauten in unserer Hecke an der Hauswand ein kleines Vogelnest. Beide Vögel flogen zwitschernd um ihr begonnenes Nest. Sie bauten ununterbrochen daran und brachten kleine Zweige, Federn und Haare herbei.

Eines Tages wurde es ruhig um die Hecke. Wahrscheinlich war der Nestbau nun beendet, denn wir sahen nun nur noch Vater Rotkehlchen ein- und ausfliegen. Vermutlich war es so weit, dass die Mutter Eier gelegt hatte und diese jetzt ausbrütete. Wir waren sehr gespannt auf den Nachwuchs und konnten es kaum erwarten, die kleinen Vogelküken zu hören oder gar zu sehen.

Einige Tage später vernahmen wir ein zartes Piepsen, das aus der Hecke hervordrang. Unsere Rotkehlchen-Vögel waren nun zu Eltern geworden. Da hatte Vater eine tolle Idee: Auf dem Dachboden gab es das einzige Fenster, das in Richtung Hauswand ging. Wir bezogen unseren neuen Spähposten mit einem großen Fernglas. Tatsächlich konnten wir von dort direkt auf das Nest herabsehen und die jungen Vögel beobachten.

Die Rotkehlchen-Eltern hatten nun alle »Schnäbel« voll zu tun. Ständig flogen sie hin und her, brachten Regenwürmer, kleine Käfer oder sonstige Nahrung, um die Jungen damit zu füttern. Kaum landete auf dem Nestrand ein Elternteil, begannen die Kleinen sofort kläglich zu piepsen und die Schnäbel aufzureißen. Erst wenn das Rotkehlchen wieder verschwand, verstummten auch die Jungen. Wir waren fasziniert, wie fürsorglich die Eltern ihren Nachwuchs fütterten.

Und dann passierte es: Als ich eines Tages wie gewöhnlich von der Schule nach Hause kam, wollte ich wieder vom Dachboden aus das Nest beobachten. Aber es war leer! Ich sah keine Küken und keine Eltern mehr! Es konnte doch nicht sein, dass sie jetzt schon flügge waren. Plötzlich durchfuhr mich eine schreckliche Ahnung: die Katze unseres Nachbarn!? Nein, das konnte und durfte nicht sein! Ich rannte hinunter in unseren Garten und suchte nach Spuren, nach irgendwelchen Hinweisen, wo unsere Rotkehlchenfamilie geblieben sein könnte. Da entdeckte ich tatsächlich Katzenspuren unter der Hecke. In der weichen Erde sah ich die Abdrücke von Pfoten. Ich ahnte, was geschehen war. Mir taten die kleinen Vögel so Leid, und ich war sehr traurig. Gleichzeitig bekam ich auch eine riesige Wut auf alle Katzen.

Es war vielleicht vier oder fünf Tage später, als Mutter mich ganz geheimnisvoll an der Hand nahm und mich hinter sich in den Garten zog. Sie zerrte mich in die Nähe des großen Goldregenstrauches und wies mich an, dass ich leise sein sollte. Da sah ich es! Ich traute meinen Augen zuerst gar nicht! Doch es waren tatsächlich zwei kleine Vögel, die zwitschernd dort herumflogen. Es waren unsere zwei Rotkehlcheneltern! Wir freuten uns sehr, dass diese Vögel von neuem begannen, ein Nest zu bauen. Wir freuten uns so sehr, dass wir ihnen den Spitznamen »Hoffnungsvögel« gaben. Und einige Wochen später verließen wirklich vier Jungvögel das Nest.

Noch heute sagen wir, wenn wir ein Rotkehlchen sehen: »Schau, da fliegt ein Hoffnungsvogel!«

Vertiefung:
Nach der Erzählung fragen, was denn dieses Wort »Hoffnung« bedeutet. Evtl. mit den Kindern sammeln, worauf sie Hoffnung setzen oder was sie hoffen lässt.

Bibelstellen: 5. Mose 22,6; Matthäus 6,26

Bettina Müller, Höfingen

Tod

Vielleicht kann Mareike jetzt laufen

Vorsichtig drückte Lena die Klinke hinunter und schlüpfte durch die hintere Eingangstür ins Haus. Wie gewöhnlich war die Tür unverschlossen; ebenerdig führte sie vom Garten in die Wohnung von Familie Lauer. Acht Monate lang hatte Lena fast täglich den Rollstuhl der Freundin hier hineingeschoben.

Jetzt war er nicht mehr da. Mareikes Vater hatte ihn einem Hilfstransport nach Rumänien mitgegeben. Er meinte, dass er dort sicherlich noch jemandem nützlich sein könnte. Schnell lief Lena den langen Gang entlang, der Teppichboden dämpfte ihre Schritte. Mareikes Mutter, die im Wohnzimmer am Fenster saß, hörte nicht, dass jemand ins Haus gekommen war. Gedankenverloren starrte sie aus dem Fenster. Seit Mareikes Tod war sie immer traurig und nichts konnte ihr mehr Freude bereiten. Der Vater war schon ganz verzweifelt und wusste nicht, wie er seiner Frau helfen könnte. Erschreckt fuhr Frau Lauer auf, als ihr Lena die Hand auf die Schulter legte. »Ach, Frau Lauer«, meinte Lena, »vielleicht geht es Mareike jetzt besser und sie hat nicht mehr so starke Schmerzen. Wer weiß, vielleicht kann sie sogar laufen.«

Verständnislos starrte Frau Lauer Lena an. »Wie kommst du denn auf so einen Gedanken?«

»Ach wissen Sie, ich habe Dr. Müller am Grab von Mareike getroffen. Wir haben beide frische Blumen an ihr Grab gebracht.«

Dr. Müller war der Hausarzt von Familie Lauer, und auch Lena gehörte zu seinen Patienten.

Er war ein sehr verständnisvoller und mitfühlender Arzt und kannte die beiden Mädchen schon seit ihrer Geburt. »Wissen Sie, Frau Lauer, Dr. Müller hat mir erzählt, dass er vor kurzem zufällig zu einem schweren Autounfall dazukam und einen Mann wiederbelebt hat, der eigentlich schon fast tot war. Und stellen Sie sich vor, dieser Mann machte dem Doktor Vorwürfe und meinte: ›Hätten Sie mich da gelassen, wo ich war. Dort war es so schön. Es war so hell und leicht.‹«

Lena unterbrach ihre Erzählung und blickte Frau Lauer an, wie diese wohl reagieren würde. »Es stimmt wirklich, das hat er gesagt. Er hat immer von Drüben gesprochen. Es wäre dort alles so leicht und hell, einfach unbeschreiblich.«

Frau Lauer schaute sie nur entgeistert an und schwieg. Lena war sich nicht sicher, ob es richtig war, Frau Lauer diese Geschichte zu erzählen. Aber sie wollte Frau Lauer doch nur trösten. Verlegen verabschiedete sie sich und ging hinaus.

Seit dem Tod von Mareike beschäftigte sich Lena in Gedanken sehr viel mit dem Thema Tod. Oft tat ihr der Kopf weh vom vielen Nachdenken. Mit ihren Eltern konnte sie darüber nicht sprechen. Die verdrängten jeden Gedanken an den Tod. Was sollte sie denn glauben? In der Kirche hatte sie vom ewigen Leben gehört, aber ihre Tante, mit der sie einmal darüber gesprochen hatte, meinte: »Nach dem Tod ist alles aus.« Wer hatte nun Recht? Ständig wurde sie an ihre verstorbene Freundin Mareike erinnert. Sie vermisste sie so sehr. Gerade jetzt, nach dem Besuch bei Frau Lauer erinnerte sie sich wieder an die erste Begegnung mit Mareike:

In den letzten Sommerferien zog eine neue Familie in die Nachbarwohnung ein. Zu ihrer großen Freude entdeckte sie ein etwa gleichaltriges Mädchen im Garten. Sie saß in einem Rollstuhl und warf aus allen möglichen Positionen einen Ball in den an der Garage angebrachten Basketballkorb. Plötzlich rollte der Ball unter eine Hecke, und das Mädchen schaute ihm bedauernd nach. »Das ist meine Chance«, dachte sich Lena und holte für Mareike den Ball aus der Hecke.

So begann ihre Freundschaft. Lena war neugierig und wollte wissen, warum ihre neue Freundin im Rollstuhl sitzen musste. Ihr war die Frage etwas unangenehm, doch Mareike reagierte völlig unbefangen. Sie hatte Knochenkrebs und konnte seit etwa zwei Monaten nicht mehr richtig laufen. Deswegen auch der Umzug in die neue, ebenerdige Wohnung. Und nun lag Mareike auf dem Friedhof. Bis zum heutigen Tag war dieser Gedanke für Lena einfach unerträglich. Doch das, was Dr. Müller vorhin gesagt hatte, klang nicht so schlimm, eher geheimnisvoll und rätselhaft. Hell und leicht, wie sollte sie sich das vorstellen? Sie hatte den Doktor gefragt, ob Mareike wohl jetzt laufen könne, und er hatte geantwortet: »Ich glaube es.« Lena stellte sich vor, wie Mareike bei einem spannenden Basketballspiel hin- und herrannte und einen Ball nach dem anderen in den Korb einlegte – ein schöner Gedanke.

Plötzlich fiel ihr die Schneeballschlacht von ihrem letzten gemeinsamen Winter ein. Mareike saß in ihrem Rollstuhl, etwas abseits vom Geschehen. Im Pausenhof war die Schneeballschlacht in vollem Gange. Da hatte Lena die zündende Idee. Schnell lief sie zum Hausmeister, erklärte ihm die Situation und war in Windeseile mit einem bis zum Rand mit Schnee gefüllten Eimer bei Mareike. Sie schob den Rollstuhl mit ihrer Freundin mitten ins Getümmel und diese konnte mitspielen. Nie mehr würde sie das glückliche und dankbare Gesicht von Mareike vergessen.

Einmal hatte Lena ihre Freundin weinen sehen und war darüber sehr erschrocken. »Willst du wirklich mitgehen?«, hatte Frau Lauer Mareike gefragt, als Lena sie zum Fußballturnier abholen wollte. »Natürlich«, lautete ihre Antwort, »Zuschauer sind doch wichtig, sie müssen die Mannschaften anfeuern.« Und sie hatte Lena dabei zugezwinkert und stolz hinzugefügt: »Nicht wahr, ich bin doch die Beste aller Fans!« Danach waren sie zum Sportplatz gefahren. Einen Spitzenplatz hatten sie für Mareike reserviert. »Ich drücke euch die Daumen!« Sie war genauso aufgeregt wie die anderen auch. Es war ein wunderschöner, sonniger Tag. Freudestrahlend kam Lena nach dem gewonnenen Spiel zu ihrer Freundin gerannt. Doch Mareike liefen die Tränen über die Wangen. Bestürzt fragte sie: »Was hast du denn?« Tapfer versuchte Mareike zu lächeln. Sie legte den Arm um die Schulter von Lena und log: »Das sind nur Freudentränen über euren Sieg.«

Lena musste nun daran denken, wie der Pfarrer in der letzen Religionsstunde gesagt hatte: »Im Himmel gibt es keine Tränen und keine Schmerzen.« Im Himmel gibt es keine Tränen und keine Schmerzen. War es der Himmel, wo alles so hell und leicht war? »Ich glaube, dass Mareike jetzt laufen kann«, sagte Lena laut zu sich selbst, als sie mit ihren Gedanken an diesem Punkt angelangt war. Weil sie aber trotzdem mit den Tränen kämpfen musste, fügte sie hinzu: »Es ist ja nur der Abschied, der wehtut.«

Vertiefungsmöglichkeiten:

Die Kinder ein Bild aus der Geschichte malen lassen, oder den Bibeltext von dem neuen Himmel und der neuen Erde (s.u.) lesen und dann von diesem neuen Himmel und der neuen Erde ein Bild malen lassen; wer möchte, kann Mareike ohne Rollstuhl dazu malen. Dies eignet sich auch gut als Gruppenaktion: ein ganz großes Bild malen oder eine Collage herstellen.

- *Während des Malens wird sich leichter und unbefangener ein Gespräch zu diesem tiefen und ernsten Thema entwickeln, als wenn man nur einen Gesprächsimpuls gibt. Da die Kinder unterschiedlich stark auf das Thema Tod reagieren werden, ist es hilfreich, wenn man nebenher vor sich hinmalen kann, weil es sich dann leichter redet, oder wenn ein Kind intensive Betreuung braucht, sind die anderen beschäftigt.*

Bibelstelle: Offenbarung 21,4 *Claudia Saur, Salzstetten*

Tod

Wie ist es im Himmel?

Noch ein letzter Schuss, dann war der Feind besiegt. David riss die Arme nach oben. »Gewonnen!«, rief er laut.

Jonas schaltete missmutig den PC aus. »Immer gewinnst du!«

»Komm, wir gehen raus«, forderte David Jonas auf.

Als sie vor der Türe standen, fragte Jonas: »Und was nun?«

»Jetzt gehen wir uns ein Eis kaufen«, erwiderte David.

Zusammen zogen sie los. Sie kannten sich schon lange. Auch in der Schule saßen sie zusammen. Sie waren die allerbesten Freunde. Sie trafen sich jeden Nachmittag, um Fußball zu spielen oder auf Jonas' Computer die neuesten Computerspiele auszuprobieren. Sie halfen sich gegenseitig bei den Hausaufgaben, und wenn mal ein Nachmittag verging, an dem sie nichts miteinander unternehmen konnten, dann fehlte ihnen etwas. Sie vertrauten sich ihre tiefsten Geheimnisse an, und viele Mitschüler waren richtig neidisch auf diese starke Freundschaft.

Sie waren kurz vor der Eisdiele und unterhielten sich gerade über die Vor- und Nachteile eines Mountainbikes, da geschah es: Die beiden hatten das Auto nicht gesehen, das aus einer Seitenstraße kam. Jonas rettete sich mit einem Satz zur Seite. Aber David konnte nicht mehr ausweichen. Durch den Aufprall wurde er nach oben geschleudert.

Als der Krankenwagen eintraf, kam für David jede Hilfe zu spät. Er starb noch am Unfallort.

Seit diesem Tag war einige Zeit vergangen. David war auf dem Friedhof in der Nähe beerdigt worden. Ein kleines Kreuz stand auf seinem Grab. Auf diesem Kreuz stand ein Bibelvers: »Er wird alle ihre Tränen trocknen, und der Tod wird keine Macht mehr haben. Leid, Angst und Schmerzen wird es nie wieder geben; denn was einmal war, ist für immer vorbei.«

Immer wieder besuchte Jonas das Grab. Manchmal brachte er Blumen mit. Aber oft saß er einfach nur da und dachte nach. Dann konnte es sein, dass Tränen in seine Augen stiegen und über die Backen liefen. »Warum musstest du sterben?«, fragte er sich immer wieder. »Was kommt nach dem Tod? – Bist du jetzt auch so fröhlich wie hier immer? Kannst du im Himmel vielleicht auch Computerspiele machen und Fußball spielen? Hast du dort auch Sorgen, ob du sitzen bleibst und die Klasse wiederholen musst, oder gibt es dort gar keine traurigen Sachen?« Diese und andere Fragen gingen ihm immer wieder durch den Kopf.

Eines Tages saß er wieder an Davids Grab und weinte.

Plötzlich hörte er hinter sich Schritte, die auf ihn zukamen. Jonas drehte sich um. Hinter ihm stand Herr Hofmann, der Pfarrer.

Als Herr Hofmann sah, dass Jonas weinte, nahm er ihn in den Arm und strich ihm beruhigend über den Rücken. »Ich weiß, dass du David vermisst. Ich glaube fest daran, dass es ihm da, wo er jetzt ist, gut geht.«

»Ist David im Himmel bei Gott?«, fragte Jonas schniefend.

»Ich glaube, ja.«

»Wie ist es dort?«, hakte Jonas nach.

Herr Hofmann antwortete nicht gleich. Nachdenklich strich er sich ein paar Haare aus der Stirn. »Also ganz genau weiß ich das auch nicht. Aber in der Bibel kann man lesen, dass es bei Gott wunderschön ist. Ich bin froh, dass es mit dem Tod nicht vorbei ist, sondern dass ich mich darauf freuen kann, dann bei Gott zu sein.«

Jonas fragte: »Aber haben Sie denn gar keine Angst vor dem Sterben?«

»Hm, ein bisschen Angst habe ich schon«, meinte Herr Hofmann. »Ich weiß ja nicht, wie das ist. Vielleicht hat man Schmerzen. Ich weiß nicht, wie das Sterben ist. Aber danach – ich stelle mir das manchmal vor, wie Jesus dann dasteht und sich riesig freut, dass ich da bin. Wie er mich in die Arme nimmt und wie ich viele Freunde habe und es da im Himmel so richtig fröhlich zugeht – ohne Angst, ohne Schmerzen, ohne Sorgen, ohne Hass ...«

Jonas und Herr Hofmann schwiegen eine Weile. Dann meinte Jonas: »Dann hat es David ja jetzt so richtig gut. – Aber bestimmt fehle ich ihm ein bisschen, denn er fehlt mir sehr, mein allerbester Freund. Aber es ist gut zu wissen, dass er nicht einfach weg ist, sondern dass es ihn gibt. Und dass es ihm gut geht bei Gott. – Aber fehlen tut er mir trotzdem. Und ich bin immer noch traurig, das geht nicht einfach weg, auch wenn ich weiß, dass es ihm gut geht.«

Herr Hofmann nickte. Dann gingen sie langsam und schweigend aus dem Friedhof hinaus.

Vertiefungsmöglichkeiten:
Reden Sie mit den Kindern über Menschen und Tiere, deren Tod sie mitbekommen haben. Jedes Kind erhält ein Blatt Papier, das in der Hälfte gefaltet wird. Mit Wachsmalfarben oder Ölpastellkreiden sollen sie in Farben aufmalen, wie es ist,

wenn man traurig ist. Danach wird nochmal der Bibeltext gelesen, der auf Davids Grabstein stand. Überlegen Sie zusammen, wie jeder sich dies vorstellt, wenn es keine Tränen, keinen Schmerz und keine Traurigkeit mehr gibt. Die Kinder sollen nun die andere Blatthälfte aufklappen und versuchen, in Farben diesen Text auszudrücken. (Hinweis: Für diese Methode sollten ausreichend dunkle und helle Farben vorhanden sein, sodass jedes Kind die Möglichkeit hat, z.B. eine schwarze Farbe zu wählen. Außerdem sollten genügend Farbnuancen bereitliegen, da nicht alles in schwarz und weiß/gelb ausgedrückt werden kann, sondern die Kinder vielleicht auch Zwischentöne wahrnehmen und wählen wollen.)

– *Mit den Kindern den Psalm »Geborgen ist mein Leben in Gott« (zu finden bei der Geschichte »Geborgenheit – Im Sturm«) beten und über den Text sprechen. Wo tröstet der Text? Wo kann mir der Text helfen?*

Bibelstelle: Offenbarung 21,4 *Claudia Rothacker, Malmsheim*

Umweltverschmutzung

Die Waldputzaktion

Einstiegsmöglichkeit:
Bilder von einem schönen, sauberen Wald in die Mitte legen, daneben Bilder von Umweltverschmutzung (teerverklebte Fische, Müllablagerungen im Wald usw.).

Mara und Isabelle schlenderten zusammen von der Jungschar nach Hause. »Hey, ich fand das wirklich hart, die Fotos, die unsere Jungscharleiterin Tina heute gezeigt hat.«

»Jaaaa«, kam es gedehnt von Isabelle zurück. »Aber meinst du nicht, das war ein bisschen übertrieben?«

»Übertrieben?« Mara schüttelte energisch den Kopf. »Das war nicht übertrieben. Diese Fotos waren doch echt. Wahnsinn, so viel Umweltverschmutzung. Wie das ausgesehen hat! In dem Wald voll die Müllhalde, bloß weil manche Leute keine Müllgebühren zahlen wollen. Und dann die Fotos von den Industriegebieten, wo die toten Fische im Chemieschaum am Bachrand lagen – eklig! Ich finde, das ist echt der Hammer, so kann man doch nicht mit der Umwelt umgehen. Mann, denken sich die Leute nichts dabei? Wir müssen doch in 50 Jahren hier auch noch leben können!«

Isabelle schaute Mara an, die sich ganz in Rage geredet hatte. »Ja, du hast schon Recht, aber so sieht es doch nicht überall aus. Mein Vater sagt immer, das mit der Umweltverschmutzung ist Panikmacherei, das ist an manchen Stellen der Fall, aber im Allgemeinen ist unsere Welt noch ganz sauber.«

Mara zog die Augenbrauen hoch und erwiderte: »Meinst du nicht, dass es sich dein Vater da ein bisschen einfach macht? Bloß wegsehen hilft da nicht. Und heute in der Jungschar hatten wir es doch davon, dass Umweltverschmutzung nicht nur in den großen Städten passiert und auch nicht nur von den großen Firmen.«

Isabelle antwortete: »Ich weiß nicht so recht. Machen wir doch den Test. Morgen Nachmittag nach den Hausaufgaben treffen wir uns und gehen in den Wald. Ich behaupte, der ist sauber. Dann hätten ich und mein Vater Recht. Und wenn nicht, okay, dann hat Tina vielleicht doch nicht so Unrecht damit, dass man etwas unternehmen sollte. Aber wie gesagt, ich glaube, in den Städten sieht es zum Teil übel aus, aber nicht hier bei uns im Dorf in dem kleinen Wald.«

Mara meinte: »Also gut, machen wir morgen den Test!« Dann bog sie in ihre Straße ein und ging nach Hause.

Am nächsten Tag trafen sich die beiden Freundinnen wieder. Gemeinsam zogen sie los in Richtung Wald. Schon nach den ersten Schritten erklärte Isabelle: »Siehst du, Mara, alles sauber!« Doch als sie um eine Wegbiegung kamen, sah es dort anders aus. An einer Stelle lagen Kaugummipapiere, ein Stück weiter lag eine Plastiktüte, aus der Bierflaschen herausschauten, und noch ein Stück weiter entdeckte Mara am Wegrand eine halb vergammelte

Chipstüte, einen alten Schal und mehrere verstreute Bonbonpapiere, über die Ameisen krochen. Mara schaute Isabelle wortlos an.

Isabelle meinte: »Okay, du hast gewonnen. Du hast mich überzeugt. Hey, aber wenn es schon hier auf der kurzen Strecke so aussieht, dann muss wohl echt was geschehen. Wir können ja nicht nur über Umweltverschmutzer schimpfen und dann nichts tun.«

Mara entgegnete: »Ja, da hast du Recht. Tina meinte, man tut schon viel, wenn man selbst keinen Müll in den Wald wirft und wenn man seinen Müll trennt und recycelt. Aber ich würde auch gerne mehr machen.«

Ganz in Gedanken versunken gingen sie den Weg zurück, den sie gekommen waren. Plötzlich rief Isabelle: »Ich hab's! Wir machen eine Waldputzaktion!«

»Eine Waldputzaktion? Aber da sind wir ja Ewigkeiten beschäftigt! Wenn es hier schon auf der kurzen Strecke so ausgesehen hat!«

»Nee, nicht nur wir zwei, wir ziehen das ganz groß auf. Mit der ganzen Jungschar. Und vielleicht können wir Plakate aufhängen, damit noch andere mitmachen.«

Maras Augen leuchteten auf. »Hey, gar nicht dumm! Das ist die Idee!«

Die beiden konnten es kaum erwarten, bis das nächste Mal wieder Jungschar war. Auch die anderen waren sofort von der Idee begeistert, und ihre Jungscharleiterin Tina wollte die Sache gleich in die Hand nehmen. Sie wollte die Aktion mit dem Förster abklären, damit die richtige Jahres- und Uhrzeit ausgemacht werden konnte, um keine Tiere zu verscheuchen. Außerdem versprach sie, auf dem Pfarramt die Plakate zu kopieren, die die Mädchen in der Jungschar entworfen hatten. Es war ein Aufruf an alle Dorfbewohner, bei der Waldputzaktion mitzuhelfen. Das Datum sollte Tina noch einfügen.

Es vergingen zwei Wochen, dann konnte die Aktion starten. Isabelle und Mara waren begeistert, als sie am Samstagmorgen nicht nur alle aus ihrer Jungschar am Waldrand trafen, sondern auch viele andere Kinder, Eltern und sogar ziemlich viele alte Menschen. Alle hatten sich alte Klamotten und Gummistiefel angezogen und Gartenhandschuhe oder Zangen mitgebracht, um den Müll einzusammeln. Tina verteilte große Mülltüten, in denen der Müll eingesammelt werden sollte. Dann wurden kleinere Gruppen eingeteilt und auf die verschiedenen Waldgebiete verteilt.

Vier Stunden arbeiteten sich die »Müllgruppen« durch den Wald. Es war einerseits lustig, mit den anderen Menschen so eine Aktion zu starten, aber auch traurig anzusehen, wie sich eine Mülltüte nach der anderen füllte. Nach den vier Stunden war der ganze Wald durchkämmt und vom Müll befreit worden, und alle Müllhelfer trafen sich wieder am Waldrand. Als Überraschung und Belohnung hatte Tina zusammen mit dem Pfarrer und dem Bürgermeister eine heiße Suppe für alle organisiert, was auf großen Jubel stieß. Als alle mit einer Suppentasse versorgt waren, sprach der Bürgermeister einige Dankesworte an die Helfer und bedankte sich besonders bei Isabelle und Mara, die die Aktion in die Wege geleitet hatten. Die beiden wurden bei dem Beifall ganz rot und waren froh, als der Bürgermeister noch einmal das Wort ergriff. Ab jetzt sollte es jedes halbe Jahr eine Waldputzaktion geben.

Isabelle und Mara nickten sich zu. Mara flüsterte leise: »Na, das hat sich voll gelohnt! Und was packen wir als Nächstes an?«

Vertiefungsmöglichkeiten:

Mit den Kindern zusammen über das Thema Umweltverschmutzung, Umweltschutz, Recycling etc. reden. Gemeinsam überlegen, was jeder Einzelne auch schon im Kleinen tun kann.

- *Eine Waldputzaktion (in Absprache mit dem Förster) organisieren.*
- *Die Schöpfungsgeschichte lesen (1. Mose 1,1–2,4) und dann eine Verfremdung dazu aufschreiben. Die »Fortsetzung« der Schöpfungsgeschichte durch den Menschen, wie jeden Tag eine neue Umweltsünde dazukommt. Dazu Bilder ausschneiden und als Collage um den Schöpfungstext und den »Umweltverschmutzungstext« kleben, irgendwo gut sichtbar aufhängen.*

Bibelstelle: 1. Mose 1,1–2,4

Sybille Kalmbach, Rutesheim

Geheime Beobachter

Einstieg:
Müllberg in die Mitte legen.

»Psst, hörst du das?« Sina legte den Finger auf den Mund und sah Katrin an. »Es hört sich an, wie wenn Mama beim Abwasch die Töpfe stapelt. Komm, wir schauen, was da los ist.« Sina packte Katrin am Arm und wollte sie mitziehen.

»Nein«, zischte Katrin zurück. »Du weißt doch gar nicht, wer das ist und was er macht. Vielleicht macht er was Verbotenes.«

»Ja, und? Dann können wir doch zur Polizei gehen und es denen sagen!«, erwiderte Sina.

»Und wenn der uns sieht?«, fragte Katrin. »Vielleicht entführt er uns dann!«

»Ach was! Du schaust zu viele Krimis an. Komm jetzt!«

»Ich weiß nicht! Vielleicht sollten wir doch lieber nicht gehen«, versuchte es Katrin noch einmal. »Wir warten lieber, bis er weg ist, und dann gehen wir heim.«

»Angsthase!«, sagte Sina und begann den Abstieg vom Baumhaus. »Wenn du nicht mitwillst, bitte. Ich gehe und schaue nach.«

Katrin überlegte, ob sie nun doch lieber mitgehen sollte oder nicht. Schließlich entschied sie, dass es wohl besser sei, mit Sina zu gehen. Denn zu zweit wären sie stärker.

Sina stand schon unten und wartete auf sie. »Wusste ich es doch, dass du mitgehst!« Leise schlichen die beiden Mädchen in die Richtung, aus der das Geräusch gekommen war. Immer wieder drang ein schepperndes Geräusch an ihre Ohren. Hinter einem Busch hielten die Mädchen an. Vorsichtig schoben sie die Zweige auseinander und blickten zwischen den Blättern hindurch.

Auf einer kleinen Lichtung vor ihnen sahen sie Folgendes: Zwei Männer in Arbeitskleidung luden von einem Anhänger Eimer ab und kippten sie auf einen Haufen. Sina und Katrin sahen altes

Geschirr, Stoff, Blechtöpfe, Plastikflaschen, Porzellan und vieles mehr. Alles war auf einem bunten Haufen zusammengeworfen. Die beiden Männer wirkten nicht sehr freundlich. Angestrengt und mit grimmigem Blick luden sie die Eimer ab. Nach dem letzten Eimer blieben sie am Anhänger stehen und schauten sich vorsichtig und erschöpft um.

Sina und Katrin ließen die Zweige zurückgleiten. »Hoffentlich hat uns niemand gesehen«, hörten sie plötzlich die Stimme eines Mannes.

»Wer soll denn hier schon sein?«, kam die Antwort. »Hier draußen ist keiner und heute Abend können wir den Rest bringen.«

»Komm!«, flüsterte Sina. Katrin nickte. Gemeinsam schlichen die beiden zurück zum Baumhaus. Dort angekommen lehnten sie sich aufatmend gegen den Stamm. »Ein Glück, dass die uns nicht entdeckt haben. Die sahen nicht sehr freundlich aus. Was machen wir nun?«, fragte Katrin. »Die können doch nicht einfach ihren Müll hier abladen. Das ist eine Unverschämtheit. Wenn das jeder machen würde, könnten wir bald nirgends mehr hin, weil alles voller Müll ist. Wir müssen was machen, Sina.«

»Weißt du was? Wir gehen zur Polizei, die müssen uns helfen.«

»Die glauben uns nie«, entgegnete Katrin.

»Aber wir müssen es versuchen, oder willst du, dass wir bald nicht mehr in unserem Baumhaus sein können, weil überall Müll herumliegt?«

»Nein, natürlich nicht!«

»Also, dann komm!«, befahl Sina.

Auf der Polizeiwache erzählten Sina und Katrin, was sie mittags im Wald erlebt hatten. Der Polizist nahm das Protokoll auf. Danach verständigte er die Eltern von Sina und Katrin, dass sie abgeholt werden sollten. »Und was ist nun mit den Männern? Die können Sie doch nicht laufen lassen!«, hakte Sina beim Abschied nach.

»Natürlich nicht!«, entgegnete der Polizist. »Heute Abend wird eine Polizeistaffel im Wald sein und die Männer festnehmen.«

»Können wir da mit?«, fragte Sina. »Wir haben es Ihnen schließlich gesagt, dass die Männer dort im Wald sind.«

»Nein, tut mir Leid« , musste sie der Polizist enttäuschen. »Kinder sind bei solchen Einsätzen nicht erlaubt.« Enttäuscht verließen die Kinder mit ihren Eltern die Wache.

In dieser Nacht fanden Sina und Katrin kaum Schlaf. Immer wieder mussten sie daran denken, ob die Polizei die Männer schon festgenommen hatte. Am nächsten Morgen klingelte es an der Haustür. Es war der Polizist vom Vortag. »Ich wollte euch sagen, dass die Männer festgenommen sind. Sie haben am Abend noch einen ganzen Anhänger voll Bauschutt gebracht, den sie im Wald abladen wollten. Dabei konnten wir sie festnehmen. Nun wird eine Anklage gegen sie erhoben, und der Richter muss entscheiden, was mit ihnen geschieht. Als Belohnung dafür, dass ihr euch so für die Umwelt eingesetzt habt, bekommt ihr von uns eine Geldsumme von 250 Euro.« Jubelnd fielen sich Sina und Katrin in die Arme.

Vertiefungsmöglichkeiten:

Mit den Kindern über Umweltverschmutzung und ihre verschiedenen Formen reden (Autoabgase, Industrie, Müll einfach an den Wegrand anstatt in den Mülleimer werfen ...). Unterhalten Sie sich anschließend über die drohenden Folgen und über die Möglichkeiten der Müllvermeidung – im »Großen« (Industrie etc.), aber auch im »Kleinen« (jeder Einzelne).

– *Eine »Müllaktion« organisieren: mit Arbeitshandschuhen und Müllsäcken ausgestattet durch den Wald/Park etc. gehen und größeren und kleinen Müll aufsammeln.*

Bibelstelle: 1. Mose 2,15 *Claudia Rothacker, Malmsheim*

Ungehorsam

Ein unvergesslicher Samstag

Einstieg:

Die Kinder erzählen lassen, was sie letzten Samstag gemacht haben.

Samstage waren für die Kinder der Familie Breitmaier immer besonders erlebnisreiche Tage. Nach dem Erledigen verschiedener

Arbeiten in Haus und Garten war genügend Zeit, um mit Freunden zu spielen, und das machte einfach Spaß.

Eines Tages war es wieder Samstag und dazu noch herrlicher Sonnenschein. Das absolut richtige Wetter zum Skaten. Gerade hatte Simone es gedacht, da standen schon Beni, seine Schwester Sonja und Simones Freundin Hanna im Garten der Breitmaiers und riefen beinahe einstimmig: »Simone, komm doch endlich! Wir warten schon eine Ewigkeit auf dich.«

»Toll, dass ihr da seid, aber bei mir dauert es leider noch ein wenig. Muss zuerst meine neue Jeans ausziehen und bei meinen Haustieren ausmisten. Geht schon mal! Ich beeile mich! Das muss erledigt sein, bis meine Eltern und Geschwister vom Einkaufen zurückkommen, sonst gibt's Ärger.«

»Mensch Simone, jetzt sei doch kein Spielverderber, komm einfach mit, deine Alten werden das schon verkraften, oder?«

Einen kurzen Augenblick kämpfte Simone mit sich, doch dann siegte der Ruf der Freunde. In der neuen Jeans und ohne die Tiere auszumisten brach sie auf.

Das Haus der Breitmaiers lag an einer steilen Straße, die sich vorzüglich für coole Skater eignete. Beni war bereits hinuntergebraust und rief: »Bahn frei!« Und schon raste Sonja los. Jeder wollte schneller als der andere sein, alle hatten echten Spaß und das erwünschte Kribbeln im Bauch dazu.

Dann war Simone wieder an der Reihe. »Bahn frei!«, schallte es aus der Ferne, und Simone brauste los. Sie hatte bereits die Kurve hinter sich, als direkt vor ihr ein Auto auftauchte und sie vor Schreck das Gleichgewicht verlor und stürzte. Wie aus weiter Ferne hörte Simone die unterschiedlichsten Stimmen. Ein Mann rief: »Schon wieder ein totes Kind, ist ja schrecklich.«

Simone fühlte sich überhaupt nicht tot, als verschiedene Leute sie unter dem Auto hervorzogen und bereits das Martinshorn zu hören war. Ihre Gedanken waren vielmehr beim Schreck ihrer Eltern, bei ihrer total zerrissenen neuen Jeans und den unerledigten Aufgaben. Es dauerte gar nicht lange, bis Simones Mutter an der Unfallstelle war und sehr liebevoll ihr Gesicht streichelte. Nach der ärztlichen Versorgung durfte sie sogar gleich wieder nach Hause.

Eigentlich war außer ein paar Kratzern nichts Schlimmes passiert, aber in den nächsten Tagen stolperte Simone immer wieder über den Gedanken: »Selber schuld, hättest du gehorcht, dann ...«

Simones Eltern schienen das ganz anders zu sehen. Sie waren Gott von Herzen dankbar, dass er seine Schutzengel gesandt hatte, um ihr Kind zu retten, und die kaputte Jeans war gar nicht schlimm. Wie froh war Simone über ihre neue Entdeckung, dass sie einfach immer in Gottes guter Hand war, auch wenn machmal einiges danebengeht!

Vertiefung:
Mit den Kindern zusammen überlegen, was Simone machen könnte, um kein schlechtes Gewissen mehr zu haben.
Mit den Kindern über Gottes Bewahrung von Simone reden, dass man deshalb aber nicht leichtfertig damit umgehen darf.

Bibelstelle: Johannes 1,12 (Wenn wir Gottes Kinder sind, bleiben wir es, auch wenn in unserem Alltag manches danebengeht!)

Renate Geiger, Pfalzgrafenweiler

Unglaube

Der moderne oder der dumme Mensch?

Methodischer Tipp:
Je nach Alter der Kinder die Erklärung von Fata Morgana, Halluzination, Oase etc. in die Erzählung einbauen, wenn nötig.

Ein moderner Mensch verirrte sich in einer Wüste. Tage- und nächtelang irrte er umher. Ständig überlegte er: »Wie lange braucht man, um zu verhungern und zu verdursten?« Die unbarmherzige Sonnenglut hatte ihn ausgedörrt. Er fieberte. Wenn er erschöpft ein paar Stunden schlief, träumte er von Wasser, von Orangen und Datteln. Dann erwachte er zu schlimmerer Qual und taumelte weiter.

Da sah er in einiger Entfernung eine Oase. »Aha, eine Fata Morgana«, dachte er. »Eine Luftspiegelung, die mich narrt und zur Verzweiflung treiben wird, denn in Wirklichkeit ist gar nichts da.« Er näherte sich der Oase, aber sie verschwand nicht. Sie wurde im Gegenteil immer deutlicher. Er sah die Dattelpalmen, das Gras und die Felsen, zwischen denen eine Quelle entsprang. »Es kann natürlich auch eine Hungerphantasie sein, die mir mein halb wahnsinniges Hirn vorgaukelt«, dachte er. »Solche Phantasien entstehen ja in meinem Zustand. Natürlich – jetzt höre ich sogar das Wasser sprudeln. Eine Gehörhalluzination. Wie grausam die Natur ist!« Mit diesem Gedanken brach er zusammen. Er starb mit einem lautlosen Schimpfen auf die Sinnlosigkeit des Lebens.

Eine Stunde später fanden ihn zwei Beduinen. »Kannst du so etwas verstehen?«, sagte der eine zum andern. »Die Datteln wachsen ihm ja beinahe in den Mund – er hätte nur die Hand auszustrecken brauchen. Und dicht neben der Quelle liegt er, mitten in der schönsten Oase – verhungert und verdurstet. Wie ist das nur möglich!«

Vertiefungsmöglichkeiten:

- *Die Geschichte wirken lassen und die Reaktionen der Kinder abwarten. Dann über die Geschichte sprechen und überlegen, warum der Mann nicht an die Existenz der Oase glauben wollte. War er dumm, oder hatte er zu viel darüber gehört, dass man sich Oasen nur einbilden würde?*
- *Überlegen Sie gemeinsam mit den Kindern, wie man diese Geschichte auf den Glauben übertragen kann. Viele Menschen behaupten, es würde Gott nicht geben, auch wenn sie Situationen erleben, in denen andere Gottes Hilfe oder Anwesenheit erkennen. Überlegen Sie, was manche Menschen daran hindert, glauben zu können.*
- *Die Geschichte vom ungläubigen und zweifelnden Thomas lesen oder erzählen (Johannes 20,24-29). Klären Sie gemeinsam, dass es nichts Schlimmes ist, wenn man Zweifel hat, und dass man die auch nicht vor Gott oder anderen verstecken muss. Überlegen Sie, was Thomas bei seinen Zweifeln geholfen hat und was uns heute helfen kann. Sprechen Sie mit den Kindern offen darüber, wo sie Zweifel und Fragen haben. Versuchen*

Sie, wo möglich, Antworten zu geben, aber bleiben Sie auch ehrlich und stehen Sie dazu, wo Sie keine Antworten haben.
- *Man kann gemeinsam eine Fragen- und Zweifelliste anlegen und a) selber nach Antworten suchen, b) bis zum nächsten Treffen versuchen, Antworten zu finden (in der Bibel, im Gespräch mit Pfarrer, Eltern o.Ä.) und c) auch Fragen stehen lassen, auf die man keine Antwort findet. Nach einem halben oder ganzen Jahr kann man die Liste wieder herausholen und nachschauen, wo sich mittlerweile Fragen geklärt haben und wo sie noch immer offen sind.*

Bibelstellen: Johannes 20,24-29; Markus 6,6

Sybille Kalmbach, Rutesheim

Unrecht

Erwischt

Eigentlich tat Steffen nur das, was die anderen auch taten. Als sie gestern von der Schule nach Hause gingen, machte er mit seinen Klassenkameraden einen kurzen Abstecher zum Bäcker. Wie immer kauften zwei ein, und einer füllte solange seine Jackentaschen mit allerlei nützlichen Süßigkeiten für den Heimweg. Seit Steffen zur Schule ging, war diese Art des Einkaufens eigentlich immer normal gewesen. An diesem Freitag war er mit »Taschenfüllen« dran, und gerade, als er aus der Tür treten wollte, passierte es ...

Impulsfragen:
Was könnte passieren? Welche Behandlung hätte Steffen verdient, wenn er erwischt werden würde? Was würdet ihr mit ihm machen? Was würde Jesus dazu sagen?

Bibelstellen: Matthäus 7,2; 18,22-35

Pascal Vinçon, Perouse

Unrecht

Der Schulweg

Einstiegsmöglichkeiten:
Impulsspiel: Handlungsbeispiele (z.B. richtig oder falsch: Ich schreibe die Hausaufgaben kurz vor der Schule von einem Freund ab; bei einer Klassenarbeit habe ich immer einen Spickzettel; ich helfe meiner Mutter den Tisch fürs Mittagessen zu decken; ich sag meiner Mutter nicht, dass ich das Pausenbrot nicht mag, sondern werfe es einfach in den Mülleimer; ich schummle beim Mensch-ärgere-dich-nicht-Spiel; ich erkläre meinem ausländischen Mitschüler die Hausaufgaben usw.) vorlesen. Die Kinder entscheiden dann, ob dies richtiges oder falsches Handeln ist!

Impulsfragen vor oder nach der Geschichte: Kennt ihr den Unterschied zwischen Recht und Unrecht? Ist jedes Unrecht gleich schlimm? Was kann man tun, wenn man etwas Unrechtes getan hat?

Nach den Sommerferien kam Hanna in die dritte Klasse. Sie war sehr stolz darauf, dass sie schon so groß war und so vieles wusste. Natürlich wusste sie viel mehr als ihre Schwester Tina. Diese war drei Jahre jünger und kam jetzt erst in die Schule.

Bisher war Hanna den Schulweg alleine gelaufen, doch seit 14 Tagen ging sie diesen Weg nun gemeinsam mit Tina. Sie liefen entlang der Schillerstraße, die Abkürzung durch den Friedhof und dann vorbei an den Obstbäumen von Herrn Krämer. Zum Schluss mussten sie über die Ampel an der Hauptstraße und dann nur noch die Treppen hoch bis zum Schulhof.

Tina lief meistens etwas langsamer als Hanna, und ab und zu trödelte sie auch. So wartete Hanna immer kurz vor der Hauptstraße auf ihre Schwester. Meistens setzte sie sich auf das kleine Bänkchen, das unter einem Apfelbaum von Herrn Krämer stand. Von hier aus hatte sie einen guten Ausblick auf die Obstbäume und den Friedhof.

Es begann an irgendeinem Tag im September. Hanna saß wieder auf ihrem Bänkchen und wartete auf Tina. Da überlegte sie sich: »Fällt es wohl auf, wenn ich einen Apfel pflücke? Herr Krämer hat bestimmt nichts dagegen, er hat ja noch so viele Äpfel, da fällt einer doch nicht auf!« Sie überlegte hin und her. Plötzlich schaute sie sich flink um, kletterte auf die Bank und pflückte einen Apfel. Gerade in dem Moment kam Tina um die Ecke. Schnell steckte Hanna den Apfel in ihre Tasche und kletterte von der Bank herunter. Später in der großen Pause biss sie in den Apfel. Er schmeckte sehr süß und saftig.

Von diesem Tag an pflückte Hanna täglich einen Apfel und manchmal sogar zwei. Den zweiten schenkte sie dann ihrer Freundin Theresa.

Wenige Tage vor dem Erntedankfest kündigte Hannas Lehrerin einen Ehrengast an. Und tatsächlich, mitten in der zweiten Stunde klopfte es an die Klassentür. Vor der Tür stand Herr Krämer. Hanna schoss das Blut in den Kopf, sie dachte: »Er kommt wegen mir! Er hat mich gesehen, als ich die Äpfel geklaut habe!« Hanna hatte große Angst – was jetzt wohl geschehen würde?

Doch nichts von dem, was Hanna befürchtet hatte, trat ein. Herr Krämer trug eine große Kiste voller Äpfel ins Klassenzimmer. Frau Kleinert begrüßte Herrn Krämer und stellte ihn der Klasse vor. Dann sagte der ältere Mann freundlich: »Liebe Kinder! Bald ist das Erntedankfest, und an diesem Fest danken die Menschen Gott für all das Gute, das er uns schenkt. Auch ich freue mich über Gottes Geschenke. In diesem Jahr hat Gott es wirklich gut mit mir gemeint. Ich habe eine so große Apfelernte, dass ich euch eine Kiste davon abgeben möchte.« Er stellte die Kiste unter die Tafel und verabschiedete sich wieder.

Damit hatte Hanna nicht gerechnet. Sie konnte den ganzen Morgen nicht mehr aufpassen. Selbst in Mathematik, was sie eigentlich gerne machte, hörte sie heute nicht mehr richtig zu.

Sie musste ständig an Herrn Krämer denken. Sie dachte darüber nach: »Herr Krämer meint es so gut mit uns, und ich habe ihn einfach beklaut!« Sie kannte doch eigentlich den Unterschied zwischen Recht und Unrecht und trotzdem pflückte sie einfach Äpfel, die einem anderen gehörten! Was sollte sie jetzt nur tun? Hanna grübelte auf dem ganzen Heimweg. Selbst Tina bemerkte, dass mit ihrer Schwester heute etwas anders war als sonst. »Hast du eine schlechte Note?«, fragte sie, und Hanna erwiderte: «Wenn es das nur wäre! Ich habe etwas getan, was nicht richtig war!«

»Das macht nichts«, erklärte Tina, «dann verbessert man es halt! Und dann ist alles wieder in Ordnung.«

»Eigentlich hat Tina ja Recht«, grübelte Hanna und überlegte, wie sie ihr Unrecht bei Herrn Krämer wieder gutmachen könnte.

Methodischer Tipp: Hier die Geschichte unterbrechen und überlegen, was Hanna tun könnte.

Bereits am Nachmittag schrieb Hanna einen Brief an ihn: »Es tut mir Leid, dass ich von Ihren Äpfeln genommen habe. Das war nicht richtig! Bitte entschuldigen Sie! Hanna« Als der Brief fertig war, faltete sie das Blatt Papier zusammen und steckte es in einen Briefumschlag. Am nächsten Tag, es war ein Freitag, hatte Hanna es richtig eilig. Sie rannte Tina weit voraus, bis zur Bank von Herrn Krämer. Dort klebte sie den Briefumschlag an den Apfelbaum, sodass man die Aufschrift »Für Herrn Krämer« lesen konnte. Als Tina endlich nachkam, fasste Hanna sie an der Hand und ging mit ihr gemeinsam den restlichen Schulweg.

Am Montag ging Hanna den gewohnten Schulweg mit gemischten Gefühlen. »Ob Herr Krämer wohl meinen Brief gefunden hat?«, überlegte sie, und was würde er nun wohl mit ihr tun? Als sie zur Bank kam, fand sie an der gleichen Stelle, an der sie den Brief für Herrn Krämer befestigt hatte, einen anderen Umschlag. Auf diesem stand »Für Hanna«. Sie schluckte, riss den Brief auf und las: »Liebe Hanna! Ich nehme deine Entschuldigung an und freue mich, wenn du nun den Unterschied zwischen Unrecht und Recht kennst. Ich erlaube dir, weiterhin von meinen Äpfeln zu essen, denn ich habe ja so viele. Herr Krämer«

Hanna konnte es nicht fassen, was sie da las, aber sie war sehr erleichtert darüber. Jawohl, sie wollte es sich gut merken, den Unterschied zwischen mein und dein, zwischen Recht und Unrecht. Am nächsten Sonntag gingen Hanna, Tina und ihre Eltern in den Familiengottesdienst zum Erntedankfest. Dabei verstand Hanna zum ersten Mal, was es heißt, dass Gott so gut für uns sorgt und wir ihm dafür danken können.

Bibelstellen: Johannes 8,1-11+34 *Bettina Müller, Höfingen*

Nein, da mache ich nicht mit!

Freunde können einem das Leben manchmal ganz schön schwer machen. So erlebte es jedenfalls Sarina. »Komm mit! Wir gehen Kirschen klauen!«, flüsterte Oleg ihr zu.

Doch Sarina musste gar nicht erst überlegen. »Nein!«, antwortete sie. »Da mache ich nicht mit!«

»Warum denn nicht? Sei doch kein Spielverderber.«

Sarina blieb fest: »Nein! Ich kann nicht mitmachen!«

»Nun komm schon, was ist denn dabei!? Du magst doch Kirschen!«

»Es bleibt dabei: nein!« Sarina ließ sich nicht überreden.

Als ihre Freunde noch eine Weile gefragt und gebohrt hatten, was denn der Grund für ihre Weigerung sei, sagte sie: »Ich kann nicht mitmachen – wegen meinem Vater!«

Die anderen schauten Sarina verwirrt an. »Wegen deinem Vater? – Hast du etwa Angst, dass du zu Hause Krach bekommst?« Sie stellten sich schon vor, wie Sarinas Vater sie anschrie wegen dem Kirschenklau oder dass sie vielleicht sogar Schläge bekommen würde. Aber die Antwort von Sarina war ganz überraschend anders: »Nein, das nicht, sondern ich habe Angst davor, dass ich meinem Vater wehtun könnte, wenn ich so etwas tue. Ich will nicht, dass er traurig ist. Ich habe ihn so lieb, und er hat mich lieb. Ich möchte ihn nicht enttäuschen.«

Vertiefung:
Reden Sie mit den Kindern darüber, wie sich diese Geschichte auf Gott, unseren Vater, übertragen lässt. Achten Sie darauf, dass nicht ein moralischer Druck aufgebaut wird und sich kein Gottesbild vom Vater mit drohendem Zeigefinger und enttäuschter Miene einprägt, sondern ein Bild von Gott als liebendem und auch verzeihendem Vater, zu dem ich auch nach Fehlern wieder zurückkommen kann. Man kann die Geschichte

vom verlorenen Sohn / verzeihenden Vater (Lukas 15,11-32) erzählen und/oder nachspielen und auch in dieser Geschichte suchen, wo man die Vater-Sohn-Liebe und die Sohn-Vater-Liebe entdecken kann.

Bibelstellen: 1. Johannes 4,19; Lukas 15,11-32

Sybille Kalmbach, Rutesheim

Verbote

Die Chlorbombe

Einstieg:
Ein großes Verbotsschild (runder weißer Kreis mit rotem Rand) aus Pappe mitbringen und mit den Kindern überlegen, was es für Verbote gibt – im Straßenverkehr, in der Schule, im Leben usw. Notieren Sie diese Verbote in Stichworten mit Edding auf dem Schild oder lassen Sie sie von den Kindern selbst eintragen. Die Kinder werden automatisch über das Thema Verbot ins Gespräch kommen und zu erzählen beginnen. Erzählen Sie dann die folgende (wahre!) Geschichte.

Lars und Tim sind auf einer Jungscharfreizeit und kommen zu Marcel, dem neuen Mitarbeiter. »Hey, Marcel, hast du etwas dagegen, wenn wir Chlorbomben bauen?«

»Chlorbomben? Was ist denn das?«

»Na ja, wir vermischen halt verschiedene Sachen und das knallt dann. Völlig harmlos. Habe ich schon mal ausprobiert. Ich kenne mich damit aus.«

Aber Marcel riecht die Falle und antwortet: »Also so, wie sich das anhört, kann ich euch das nicht erlauben. Das ist zu gefährlich. Bomben bauen ist hier auf der Freizeit verboten.«

Die Jungen versuchen es noch einmal: »Ach komm, das ist doch keine richtige Bombe, da passiert auch gar nichts.«

Marcel bleibt unnachgiebig und meint: »Von mir bekommt ihr die Erlaubnis nicht und von den anderen Mitarbeitern auch nicht. Hier werden keine Bomben gebaut. Aber wenn ihr wollt, könnt ihr ja Helmut, den Chef, nochmal fragen.«

Lars und Tim sagen nichts, aber an ihren Gesichtern sieht Marcel: Dass sie Helmut fragen sollen, schmeckt den beiden nicht.

Lars reagiert: »Helmut wird es uns aber nicht erlauben.«

»Ja, das sehe ich an euren Gesichtern, dann ist es vielleicht auch gar nicht so ungefährlich, wie ihr es mir verkaufen wollt. Ich höre zum ersten Mal davon, dass es Chlorbomben gibt, aber eine Bombe bauen ist nicht okay, egal wie harmlos das Ganze sein soll.«

Missmutig gehen Lars und Tim weg. Am nächsten Morgen ziehen die beiden in aller Frühe los. Das Chlor haben sie sich vom nahen Schwimmbad besorgt, eine Plastikflasche haben sie sowieso, der Rest stammt aus der Lagerküche. Sie haben also alles, was man für eine gute Chlorbombe braucht. Das Verbot ist ihnen egal, sie wollen das Experiment mit der Bombe trotzdem machen. Verbote sind nur was für Kleinkinder, und sie kennen sich ja aus.

In Lagernähe ist eine Felskante, mindestens 50 Meter tief, unten ist ein unbewohntes Tal. Von der Kante aus will Lars die Flasche hinauswerfen, damit sie über dem Tal explodiert. »Woher weißt du eigentlich, wann die Flasche explodiert?«, will Tim wissen.

»Na ja, wenn alles drin ist, schüttle ich sie, zähle auf drei und werfe sie dann. Hey, bleib cool, ich hab das schon oft gemacht. Ich habe Erfahrung«, beruhigt Lars seinen Freund.

An der Kante angekommen, werden die Zutaten ausgebreitet. Das Tal liegt unter ihnen, ruhig und friedlich. Das wird ein Super-Knall werden. Tim geht einige Schritte rückwarts, ihm ist es nicht mehr geheuer. »Mir reicht es, wenn ich zuschaue«, meint er.

Lars sagt nichts, er bastelt schon an der Bombe. Alle Zutaten füllt er in die Plastikflasche.

Plastik deshalb, weil es nicht splittern kann wie Glas. Lars weiß, wie man es macht, er hat Erfahrung. Dann schraubt er die Flasche zu und tritt an die Felskante. Er schüttelt die Flasche, hebt sie hoch und zählt laut: »Eins, zwei ...« – Wuumm, in diesem Moment explodiert die Bombe.

Lars schaut seine Hand an. Er blutet, seine Hand tut weh, er sieht sein rohes Fleisch. Da hört er Tim schreien. »Ahhh, Lars, meine Augen tun so weh, ich kann nichts mehr sehen!«

Tim stand hinter Lars. Als Lars die Flasche hob, schaute Tim genau hin. Als die Flasche dann explodierte, spritzte das Chlor direkt in seine Augen.

Zum Glück für die zwei sind andere Jungscharler an diesem Morgen auch schon unterwegs. Sie hören die Rufe der Jungen und eilen zur Hilfe. An einer nahen Pfütze waschen sie die Augen von Tim aus, während andere Hilfe vom Lager holen. Bis die ersten Mitarbeiter herbeigerannt kommen, kann Tim immer noch nichts sehen – wird er blind bleiben wegen der Chlorbombe? Und die Hand von Lars sieht auch nicht gut aus.

Beide werden schnell zum Krankenhaus gefahren, doch der Weg ist weit. Im Krankenhaus müssen sie warten, weil ein anderer Notfall wichtiger ist. Das alles gibt Lars viel Zeit, um über seine neue Erfahrung mit Chlorbomben nachzudenken. Eigentlich kennt er sich doch aus, bisher hat es immer geklappt. Was wird der Vater sagen? Er hat es ihm schon öfter verboten. Wohl aus gutem Grund. Und Marcel, der Mitarbeiter, hat es auch ganz klar verboten. Und was ist, wenn Tim für immer blind bleibt? Diese Schuld kann er nicht tragen. Das hat er nicht gewollt.

Am Ende wird dann doch alles gut. Lars bekommt einen Gips für seine Hand, Tim einen Verband für seine Augen. Nach drei Tagen kann er wieder sehen. Und beide haben eine wichtige Erfahrung gemacht: »Manche Verbote bestehen aus gutem Grund, und man hat nicht alles so sicher im Griff, wie man meint.«

Diese Erfahrung haben sie allerdings auf einem sehr schmerzhaften Weg gemacht.

Vertiefungsmöglichkeiten:
Reaktionen der Kinder abwarten, über die Geschichte und Verbote nochmal ins Gespräch kommen. Überlegen Sie gemeinsam, für was Verbote gut sind und welchen Sinn (Schutz vor schlimmen Erfahrungen oder gefährlichen Folgen) sie haben. Überlegen Sie, ob auch Gott Verbote aufgestellt hat, und

zu welchem Zweck. Unterscheiden Sie, welche Verbote oft willkürlich und unnütz aufgestellt werden und welche Verbote es gut meinen.

– *Ein sensibler und aufmerksamer Umgang mit dem Thema ist gefragt, da es zum einen dazu dienen soll, manche Regeln und Verbote/Gebote zu erklären, aber auch verhindern soll, dass die Kinder Gott als »Zeigefinger-/Verbote-Gott« sehen. Leider wird Gott immer noch von vielen Erwachsenen als Erziehungsmethode für Verbote missbraucht, und ein falsches Gottesbild kann so entstehen. Deshalb sollte man sich viel Zeit für das Thema und die Fragen der Kinder nehmen und genau klären, warum an manchen Stellen Verbote nützlich sind und warum Gott kein Verbote-Gott ist.*

Bibelstelle: 1. Mose 19,12-26 *Gerhard Krehl, Pretoria*

Vergebung

Das Kartenspiel

Da standen sie nun mit ihren abgeschnallten Snowboards in der Talstation. Lukas, Jonas und Benny von der Freizeitgruppe saß der Schreck noch tief in den Gliedern. Sie konnten nicht begreifen, was in den letzten Stunden alles passiert war. Besonders Lukas war innerlich total verzweifelt, weil er wusste, dass es kein Zurück mehr gab. Kein Reden, kein Lachen, kein Vergeben, kein Schwamm drüber über die blöde Geschichte vom gestrigen Abend. Es gab nur noch die Vergangenheit in seinen Gedanken; dabei hatte dieser Tag ihm so viel Hoffnung auf ein klärendes Gespräch mit Pascal gemacht. Er hatte gedacht, dass es vielleicht mal beim Liften eine gute Möglichkeit gab, um miteinander zu reden.

Der Auslöser für den Streit mit Pascal war eigentlich nur ein Kartenspiel, bei dem es den Eindruck machte, dass es Pascal mit den Regeln nicht so genau nahm. Er hatte sich dadurch einen Vorteil von 250 Cents erspielt, und Lukas hatte ihn vor versammelter Mannschaft zur Rede gestellt. Seit diesem Abend hatte auf der tollen Skihütte in den Flumser Bergen Funkstille zwischen den beiden geherrscht, obwohl sie früher so manchen Blödsinn zusammen ausgeheckt hatten.

Warum musste Pascal ausgerechnet heute ein so gefährliches Abenteuer eingehen und mit seinem Snowboard über die abgesperrte Piste hinaus in das tiefe Schneefeld fahren? Er war eigentlich ein geübter und umsichtiger Skifahrer. Und nun hatte sich das riesige Schneefeld nach den heftigen Schneefällen der vergangenen Tage gelöst und ihn mehrere hundert Meter donnernd mit ins Tal gerissen. Die Rettungsmannschaften hatten den leblosen Körper von Pascal erst nach vielen Stunden unter den meterhohen Schneemassen ausgegraben. Alle Wiederbelebungsversuche blieben vergeblich.

Lukas wischte sich verzweifelt die Tränen vom Gesicht, die ihm immer wieder in die Augen stiegen. Am meisten bedrückte ihn, dass es keine Gelegenheit mehr geben würde, um sich zu versöhnen oder einfach nur miteinander zu reden. Nun musste Lukas in seinem jungen Leben zum ersten Mal erfahren, dass man nicht weiß, nicht bestimmen kann, ob man wirklich noch Zeit hat oder ob es schon in den nächsten Stunden zu spät sein kann.

Vertiefung:
Mit den Kindern über die Gefühle von Lukas reden und seine Verzweiflung über das »zu spät«. Überlegen Sie gemeinsam, in welchen Situationen man auch selbst schon Entschuldigungen, Gespräche oder ein Vergeben hinausgezögert hat, oder wo aktuell ein Gespräch anstehen würde, damit man nicht auch einmal über ein »zu spät« verzweifelt ist.

Bibelstelle: Kolosser 3,12-13

Markus Waidelich, Tumlingen

Das Netz

Einstiegsmöglichkeit:
Ein Fischernetz in die Mitte legen, dann mit der Erzählung beginnen.

Im Süden Siziliens, in einem kleinen Fischerdorf, lebten ein Fischer und seine Frau. Die beiden lebten vom Fischfang, und so war der Fischer in manchen Zeiten wochenlang auf dem Meer. Als der Fischer wieder einmal lange Zeit weg war, wurde ihm seine Frau untreu. Sie verliebte sich in einen anderen Mann und traf sich häufig mit ihm. Die anderen Dorfbewohner bekamen dies mit und schimpften laut auf die untreue Frau.

Als der Mann zurückkehrte, berichteten ihm die Dorfbewohner, welches Vergehen seine Frau begangen hatte. Untreue gegenüber dem Ehemann gehörte zum Schlimmsten, was es für diese Menschen gab. Deshalb hatten sie dafür eine besondere Strafe eingeführt. Nach der alten und nie gebrochenen Sitte des sizilianischen Dorfes musste die Ehebrecherin vom Felsen in das Meer gestürzt werden.

Auch die Fischersfrau sollte diese Strafe erleiden, gleich am nächsten Tag. Frühmorgens wurde die Frau auf die Klippe geführt. Jetzt wartete man nur noch auf das Eintreffen des Mannes. Der erschien aber nicht zu dem Gericht. Die Leute wunderten sich, aber nachdem sie lange Zeit gewartet hatten, beschlossen sie schließlich, das Urteil ohne ihn zu vollstrecken. Die Frau wurde an den Rand der Klippe gestellt und dann hinuntergestoßen. Aber etwas Seltsames passierte – man hörte keinen Aufprall auf den Felsen oder auf dem Meer, und so schauten die Dorfbewohner über die Klippe und entdeckten etwas, was ihnen die Sprache verschlug: ein großes Netz, das die Frau sicher aufgefangen hatte. Ihr Mann hatte die Nacht dazu benutzt, unter der Klippe all seine Fischernetze aufzuspannen, um seine Frau zu retten.

Während andere über seine Frau schimpften und sie verurteilten, spannte er seine Netze.

Vertiefungsmöglichkeiten:

Die Reaktionen der Kinder abwarten und mit ihnen über das unerwartete Ende der Geschichte sprechen.

- *Mit den Kindern über den Begriff Vergebung reden und wo in dieser Geschichte Vergebung deutlich wird.*
- *Überlegen, wie man die Vergebungsaktion des Fischers auf Jesus übertragen kann. Wie hat Jesus so ein »Auffangnetz« für uns geknüpft? Warum hat er das gemacht?*
- *Gemeinsam überlegen, wie wir schuldig werden. Man sollte nicht nur das Thema Ehebruch, Mord und Diebstahl als Schuld aufzählen, sondern auch Hass, Neid, Lästern, Lügen, etc. Diese Begriffe und persönliche Geschichten kann man auf Papierzettel schreiben und klein zusammenfalten. Dann die Zettel in das Fischernetz werfen und so lange schütteln (oder nachhelfen ...), bis alle Zettel durchgefallen sind. Erklären Sie, dass Jesus uns diese Schuld wegnimmt und wir von seinem Netz, seiner Liebe aufgefangen werden. Alle Schuld fällt durch und »versinkt« im Meer, ist gänzlich weg.*

Bibelstellen: Psalm 69,6; 103,10-13

Sybille Kalmbach, Rutesheim

Vergebung

Das verpatzte Fußballspiel

Simon und Nico sind dicke Freunde, seit sie sich kennen. Sie sitzen in der Schule nebeneinander, gehen zusammen zum Fußball und verbringen ihre ganze Freizeit mit gemeinsamen Aktivitäten. Im Sommer fahren sie den ganzen Nachmittag zusammen Fahrrad, düsen mit den Inlinern durch die Gegend oder gehen ins Freibad. Eigentlich unternehmen sie nichts ohne den anderen.

Seit einer Woche ist das aber ganz anders. Die beiden reden nicht einmal mehr miteinander! In der Schule gehen sie sich möglichst aus dem Weg. Und wenn sie eine Begegnung doch nicht vermeiden können, schauen sie sich nicht an, sondern blicken stumm auf den Boden. Simon will Nico nicht mehr sehen. Und Nico ist so enttäuscht von Simon, dass er ihn ganz abscheulich findet. Wie konnte es nur dazu kommen?

Simon und Nico hatten vor ungefähr drei Wochen ein Fußball-Turnier. Das Turnier fand in ihrem Heimatort statt. Simon ist in der Mannschaft für das Tore-Schießen zuständig und Nico ist ein sehr guter Torwart. Die gesamte Mannschaft hat auf den Turniergewinn gehofft. Sie haben das Turnier immerhin schon dreimal in Folge gewonnen. Doch leider wurden sie nur Fünfter. Die Enttäuschung über dieses miserable Ergebnis war bei allen riesengroß. Es tat den Jungs weh, die anderen feiern und jubeln zu sehen und selber mit gar nichts dazustehen. Und das auch noch zu Hause, in der eigenen Halle, wo einen jeder kennt ...

Nach den Spielen traf sich die Mannschaft in der Kabine. Während sie die möglichen Gründe für das schlechte Abschneiden zu entdecken versuchten, wurde draußen in der Halle gerade das Endspiel ausgetragen. Die Stimmung der gesamten Mannschaft war auf dem Tiefstpunkt. Sie schämten sich und waren so enttäuscht ... Der Trainer aber wollte die Gründe für die Niederlage nochmals ansprechen.

Er ging gemeinsam mit den Jungs die einzelnen Positionen durch und versuchte, mögliche Fehler zu entdecken. Als Erstes kam der Torwart an die Reihe. Nico hatte an diesem Tag wirklich viele Bälle ins Tor gelassen. Er wusste selbst nicht, warum. Die anderen Jungs der Mannschaft sagten gar nichts, als der Trainer Nicos Leistung bewertete. Alle wussten, dass sie selbst auch genügend Fehler gemacht hatten. Und Nico hoffte, dass bald jemand anderes an die Reihe kommen würde, denn er wollte nicht ständig aufs Neue an seine eigenen Fehler erinnert werden. Plötzlich sagte jemand: »Mit so einem miserablen Torwart kann ja niemand gewinnen! Die anderen Teams waren eigentlich gar nicht besser und schießen konnten die anderen auch überhaupt nicht. Aber wenn *der* alle Bälle rein lässt ...!« Es war Simon, der das sagte. Nico schnappte seine Sachen und rannte aus der Kabine. Er weinte vor Wut und Enttäuschung.

In der nächsten Woche werden in der Schule Projekttage veranstaltet. Nico und Simon haben sich schon lange für einen Erlebnisspaziergang im Wald angemeldet. Am Morgen treffen sie sich am Waldrand mit allen anderen Kindern, die sich auch für dieses Projekt gemeldet haben. Außer Simon und Nico ist niemand aus der 5a dabei. Der Lehrer kennt also nur die beiden Jungs und sonst keine Kinder mit Namen.

Im Wald sollen sich die Schüler zu Paaren zusammenfinden und einen »Barfuß-Pfad« durchlaufen. Ein Partner muss sich dabei die Schuhe ausziehen und die Augen verbinden lassen, der andere Partner führt den »Blinden« durch den Pfad. Der Lehrer will den Schülern anhand eines Paares den Ablauf der ganzen Aktion zeigen. Er wählt dazu Nico und Simon aus, da er die beiden aus dem Unterricht kennt. »Nico, kannst du bitte deinem Freund Simon die Augen verbinden und mit ihm den Pfad abgehen, damit die anderen Kinder ein Beispiel haben?«, fragt der Lehrer. Aber Nico bewegt sich keinen Millimeter auf Simon zu, sondern sagt laut und deutlich: »Der Simon ist nicht mehr mein Freund!«

Vertiefung:
Wir beten im Gottesdienst immer das Vaterunser (vielleicht betet ihr es ja auch in der Jungschar manchmal). Im Vaterunser gibt es zwei Bitten, die beide etwas mit Schuld und Vergebung zu tun haben: »und vergib uns unsere Schuld, wie auch wir vergeben unseren Schuldigern« (Text eventuell erklären, andere Worte finden). Wir bitten also um die Vergebung der eigenen Schuld und darum, dass wir anderen vergeben können. Beides ist wichtig. Welche »Art« der Vergebung ist im Fall von Nico und Simon notwendig? Was muss passieren, damit die beiden wieder miteinander reden können?

Bibelstelle: Matthäus 6,12

Marion Käser, Hausen i.V.

Weihnachten ganz praktisch

Es war wieder einmal kurz vor Weihnachten, die Zeit der vielen Advents- und Weihnachtsfeiern. In diesem Jahr war sogar der Pfarrer der Einladung unseres Vereins gefolgt. Weil man ihn darum gebeten hatte, sprach er am Anfang über Frieden und Versöhnung.

Danach war es Zeit, das Büfett mit dem lecker duftenden Essen zu stürmen. Der gemütliche Teil konnte beginnen.

Da stand unser Vorsitzender auf und meinte, er wolle auch noch ein paar Sätze sagen.

»Liebe Freunde«, fing er an, »wir haben den förmlichen Teil des Abends nun hinter uns. Dem, was unser Pfarrer vorhin gesagt hat, können wir sicher alle zustimmen. Weihnachten ist tatsächlich das Fest des Friedens und der Versöhnung; dem möchte ich auch nichts mehr hinzufügen. Doch ich kann mir das nur so vorstellen, dass wir es jetzt bei uns Wirklichkeit werden lassen: Jeder hat nun dreißig Sekunden Zeit, sich zu überlegen, wer ihn in letzter Zeit geärgert hat, wem er Unrecht getan hat oder mit wem er sich nicht mehr versteht. Zählt die Namen leise für euch auf.«

Es war wirklich eine halbe Minute lang still, nur die große Uhr an der Wand hörte man ticken. Jeder schaute still vor sich hin, unser Vorsitzender blickte auf die Uhr. »Ist jeder fertig geworden? Dann lasst uns nun den Menschen verzeihen, die uns gerade eingefallen sind. Die Angelegenheiten sollen erledigt sein, wir fangen zusammen neu an. Wenn wir das wirklich schaffen, Freunde, dann haben wir Weihnachten richtig verstanden. So können wir diesen Abend noch mehr genießen.«

Noch oft, besonders in der Weihnachtszeit, habe ich an diese Weihnachtsfeier gedacht. Vor allem an den Teil des Abends, an dem ich begann, Weihnachten zu verstehen.

Vertiefung:
Mit den Kindern zusammen »Weihnachten ganz praktisch« werden lassen. Dazu können Sie entweder auch die stille halbe Minute machen, oder, um es für die Kinder anschaulicher zu gestalten, jedes Kind aufschreiben lassen, wer es in letzter Zeit geärgert hat oder mit wem es sich nicht mehr versteht; auch der Grund dafür soll aufgeschrieben werden. Für die zweite Variante ist natürlich etwas mehr Zeit nötig. Man sollte dann anschließend diese Zettel gut sichtbar vernichten, z.B. verbrennen. Zum einen wird so auch bildhaft deutlich, dass diese Angelegenheit jetzt abgeschlossen sein soll, und zum anderen fällt es auch leichter, ehrlich etwas aufzuschreiben, wenn man weiß, dass es nicht danach noch andere lesen können. Sprechen Sie vor und nach der Verbrennaktion ein Gebet, in dem Sie zuerst um Gottes Hilfe bitten, den notierten Personen wirklich zu vergeben, und danach noch einmal, dass man diese Personen und Gründe wirklich aus seinem Kopf und aus seinem Herzen streichen kann.

Bibelstellen: Matthäus 6,12; Lukas 6,37; Epheser 4,32

Sarai Krämer, Perouse

Verlässlichkeit

Die drei Punkte

Scheinbar mühelos konnten die beiden mit den Inlinern umgehen. Annika und Tim hatten es wirklich gut drauf. Enge Kurven fahren, rechtzeitig einem Hindernis ausweichen oder plötzlich die Bremse im entscheidenden Augenblick gekonnt einsetzen. Es sah aus der Ferne so einfach und beeindruckend aus, dass man sich fragen musste, ob die beiden niemals etwas anderes gemacht hatten, als Inliner zu fahren.

Es war ein sonniger Frühlingstag im April, als die beiden die ersten warmen Tage nutzten, um sich für die Saison auf acht Rollen ein bisschen einzufahren. Schließlich hatten sie durch den langen Winter viele Monate Pause gehabt, und auf ihr Können vom letzten Jahr wollten sie sich lieber nicht verlassen, denn nur Übung macht bekanntlich den Meister.

Als sie sich auf einer Bank in der Nähe einer Straßenkreuzung eine Cola gönnten, beobachteten sie eine Szene, die so gar nicht in ihre sportliche Lebensvorstellung passte, denn mit den Inlinern ging es im Leben flott voran. Man musste nur die Augen offen halten, um keinen Unfall zu bauen. Sie sahen eine Frau, die sich sehr unsicher bewegte und einen größeren Hund an der Leine hatte. Zuerst wunderten sich Annika und Tim, warum die Frau sich so extrem langsam und zögerlich bewegte, bis Tim die Armbinde der Frau mit den drei Punkten entdeckte. Er kannte das Zeichen: Es bedeutete, dass die Frau blind war. Dann war der Hund an der Leine wahrscheinlich ihr Blindenhund. Aber irgendwie klappte das mit den beiden nicht so ganz. Es sah so aus, als ob die Frau den Hund ganz neu hatte und sich erst daran gewöhnen musste. Sie wirkte sehr unsicher. Offensichtlich kam sie mit ihm noch nicht gut zurecht, denn es schien so, als habe sie Angst, sich auf den Hund zu verlassen. Ein paar Mal wäre sie beinahe gestürzt, konnte dies aber dank ihrer guten Reaktion noch verhindern.

Als sie an die Kreuzung kam, blieb sie stehen. Die Ampel zeigte Grün, und der Hund wollte die Frau über den Zebrastreifen führen. Doch sie hielt ihn aus irgendeinem Grund zurück. Da trat ein Mann zu ihr, der sie schon länger aus der Nähe beobachtet hatte. Langsam verstanden Annika und Tim die Situation, die sich vor ihren Augen abspielte. Da der Mann sich immer wieder einmischte und der Frau offenbar einiges erklärte, was mit dem Hund zusammenhing, handelte es sich bestimmt um einen Lehrer, der der Frau beibrachte, mit dem Blindenhund gemeinsam das Leben in Dunkelheit zu meistern. Besonders für die gefährlichen Situationen im Straßenverkehr war es für die Frau lebenswichtig, dass sie sich auf jemanden »blind« verlassen konnte.

Damit sie besser mitbekamen, was der Lehrer der blinden Frau über den Hund erzählte, fuhren Annika und Tim etwas näher an die beiden heran. Sie konnten verstehen, wie der Mann zum Schluss der Übung sagte: »Gehen Sie nur etwas näher an seine Seite, er wird Sie ganz sicher nicht im Stich lassen.« Bei diesen Worten musste Annika an den Religionsunterricht denken. Ihre Religionslehrerin hatte in der letzten Stunde gesagt: »Gott hat versprochen, uns nie im Stich zu lassen.«

Annika drehte sich zu Tim und sagte: »Das mit dem Blindenhund ist wie bei Gott.«

Tim schaute sie verständnislos an: »Hä? Was hat denn ein Blindenhund mit Gott zu tun?«

»Na ja, der Blindenlehrer hat zu der Frau gesagt: Der Hund wird Sie ganz sicher nicht im Stich lassen. Die Frau muss dem Hund nur vertrauen – aber das ist gar nicht so einfach. Bei Gott ist das auch so. Er hat versprochen, dass er uns nie im Stich lässt. Aber das dauert auch eine Weile, bis ich das richtig verstehe und ganz auf Gott vertraue. Je mehr gute Erfahrungen ich mache, umso mehr vertraue ich Gott. Aber ich muss es auch ausprobieren.«

Dann fuhr Annika los, und Tim hinterher. Während sie wieder mit den Inlinern die Umgebung unsicher machten, gingen Tim Annikas Worte nicht mehr aus dem Kopf: ›Gott hat versprochen, dass er uns nicht im Stich lässt. Aber ich muss es auch ausprobieren.‹ Was sie damit wohl meinte? Ausprobieren? Könnte das heißen, er konnte einfach mit den Inlinern losdüsen und vor ein Auto fahren, denn Gott lässt ihn ja nicht im Stich? Oder wie hatte Annika das gemeint?

Vertiefung:
Beginnen Sie gleich im Anschluss an die Geschichte ein Gespräch mit den Kindern, wie Annika ihre Worte wohl gemeint haben könnte. Differenzieren Sie, was »auf Gott vertrauen« bzw. »Gott lässt mich nicht im Stich« bedeutet – dass man einfach ohne Nachdenken in alle Gefahren bedenkenlos hineinlaufen kann oder ob eine andere Art von Begleitung gemeint ist.

Bibelstelle: Matthäus 28,20b

Markus Waidelich, Tumlingen

Das Nachtgeländespiel

Die Stimmung im Freizeitlager konnte nicht besser sein. Schon seit Tagen fieberten die Jungen dem Höhepunkt des Sommerlagers entgegen. Das Nachtgeländespiel sollte das absolute Erlebnis für die Teilnehmer werden, versprachen die Mitarbeiter.

Nun war es endlich so weit. Der große Tag war da. Das Wetter war wunderbar. Strahlend blauer Himmel und bereits 20 Grad im Schatten am frühen Vormittag. Für die kommende Nacht hatte der Wetterbericht sogar einen sternklaren Himmel und hohe Temperaturen vorausgesagt. Schon jetzt wussten die meisten, dass man sich aufgrund der Wetterverhältnisse im Wald viel vorsichtiger bewegen musste, um vom Gegner nicht sofort erkannt zu werden. Die Gruppen waren im Verlauf des Tages eingeteilt worden, und so war klar: Heute Nacht würden sich Steinbrecher und Wadenbeißer im nächtlichen Hotzenwald gegenüberstehen.

Als Aufgabe galt es, den eigenen Lagerschatz nach und nach durch Kuriere in ein neutrales Ziellager zu bringen, ohne auf dem Transportweg Verluste durch den Gegner zu erleiden.

Nach dem stärkenden Abendessen erwartete man am Lagerfeuer die Dämmerung mit besonderer Spannung. Man konnte erahnen, dass sich die Jungen mit ihren Gedanken schon in den wildesten Kämpfen befanden. Als die Dämmerung einsetzte, sah man, wie sich die eingeteilten Gruppen fast lautlos unter der Führung eines Mitarbeiters in ihr jeweiliges Schatzlager begaben.

Dennis aus der Gruppe der Steinbrecher war dieses Jahr zum ersten Mal bei einem Sommerlager dabei. Die meisten Teilnehmer kannten sich von der Schule oder wohnten in derselben Stadt. Vieles war neu für Dennis, aber seine Eltern hatten unbedingt gewollt, dass er in diesem Sommer mit ein paar gleichaltrigen Jungs auf eine Freizeit mitfuhr. Er freute sich, dass er als Kurier ausgewählt worden war, und hatte sich schon ausgedacht, wie toll er diese Aufgabe lösen würde.

Nach Einbruch der Dunkelheit wurde das Geländespiel mit einem lauten Trompetenstoß gestartet. Man konnte zwar hier und da im Wald leise Stimmen hören, aber das Fangen eines gegnerischen Kuriers war ohne Taschenlampe doch nicht so einfach, wie viele zuerst angenommen hatten.

Dennis sammelte gleich zu Beginn des Spiels viele Punkte für seine Mannschaft, da er eine Menge Schatzsäckchen ins Ziellager transportierte. Mit der Zeit fragte er sich, was er als Gegenleistung von seinen Mitspielern erhalten könnte, denen der Schatz unterwegs durch feindliche Kuriere abgenommen worden war. Es bestand die Gefahr, dass sie das Spiel verlieren würden. Er hatte es als Lohn für seine Arbeit auf ein paar Cent und Süßigkeiten abgesehen, die er von seinen Mitspielern kassieren wollte, denn bisher verdankten ihm die Steinbrecher die meisten Punkte.

Im eigenen Schatzlager wollte er seine Idee gleich in die Tat umsetzen. Aber statt Zustimmung hätte er um ein Haar von Sven und Harry Schläge bekommen. Das konnte Dennis nicht verstehen. Wenn er so gut war, wollte er von seiner Mannschaft belohnt werden und nicht solche Sprüche anhören wie: »Du hast ja einen Vogel! Jeder in der Mannschaft gibt hier sein Bestes, wir bezahlen dich doch nicht noch extra!« So leicht wollte er sich nicht abspeisen lassen. »Na warte«, dachte er, »euch werde ich es heute Nacht schon noch zeigen.«

Als er nun wieder mit einem Schatzsäckchen unterwegs war, kam er durch Zufall als Einziger aus seiner Gruppe in das Gelände des gegnerischen Schatzlagers, das in einem ehemaligen alten Köhlergelände sehr gut versteckt lag. Im Schein des kleinen Lagerfeuers saß Frank.

Dennis beobachtete ihn eine Weile, und dann war sein Plan klar. Kurze Zeit später hatten die Wadenbeißer alle erforderlichen Informationen über die Lage des gegnerischen Schatzlagers.

Im Schein des Lagerfeuers sah man einen grinsenden Dennis, der sich diese Dienste natürlich fürstlich entlohnen ließ. Fünf Euro und eine Tafel Vollmilchschokolade waren der Lohn für seine kurze Unterredung. Hier hatte er sich wirklich nicht allzu sehr verausgaben müssen. Natürlich war durch diesen Verrat das Geländespiel in dieser Nacht sehr schnell zu Gunsten der Wadenbeißer entschieden, was im Nachhinein keiner so recht begreifen konnte.

Am nächsten Morgen war es zuerst nur ein Gerücht, dass die Steinbrecher durch einen Überläufer um ihre Siegeschance gebracht worden waren. Beweise waren nur schwer zu erbringen. Da fiel Martin plötzlich bei den Gruppenarbeiten am Vormittag auf, dass die weißen Turnschuhe von Dennis total schwarz waren. Dies konnte nach dem Geländespiel eigentlich nur bei den Wadenbeißern der Fall sein, die ihr Lager in dem mit Ruß und Kohle verdreckten Köhlergelände aufgeschlagen hatten. Bald darauf wurde Dennis zur Rede gestellt. »Du bist doch der, der uns verraten hat«, schrien einige aus der Gruppe der Wadenbeißer. »Schau deine schwarzen Turnschuhe an.« Da wurde Dennis bewusst, dass er keine Ausrede mehr bringen konnte. Er konnte die Anschuldigung nicht entkräften. Mit hochrotem Kopf und kleinlauter Stimme gab er alles zu.

Die Jungen aus seiner Gruppe kochten vor Ärger, aber es imponierte ihnen auch, dass Dennis zu seinem Verrat stand und nicht alles abstritt. Man merkte ihm an, dass er begriffen hatte, wie fies seine Aktion gewesen war. Und dann ging er in sein Zelt und holte das ergaunerte Geld und die Schokolade. Diesen »Verräterlohn« gab er seiner Mannschaft und legte noch das neu erhaltene Süßigkeiten-Fresspaket von seiner Mutter obendrauf. Mit den Worten: »Ich weiß, ich kann damit nichts wieder gutmachen, aber ich will mich entschuldigen und ich bereue, was ich getan habe – es war echt fies«, trottete er kleinlaut davon.

Zuerst herrschte Stille, und die Jungen aus seiner Mannschaft sahen ihm sprachlos hinterher. Klar, die Aktion von Dennis war nicht in Ordnung gewesen, aber dass er sich jetzt so vor allen demütigte und entschuldigte, das war schon eine starke Leistung. Damit hatte im Lager keiner gerechnet. Dass einer seinen Verrat eingestand und die Sache vor allen wieder gutzumachen versuchte, hatten die Jungen bisher nicht erlebt. Es war eine neue Erfahrung für die ganze Freizeittruppe.

Tags darauf wurde Dennis sogar in den Lagerrat gewählt. Weil ihm die Lagerteilnehmer den Verrat nicht nachtrugen, konnte er trotz dieser Geschichte einen Neuanfang auf der Freizeit wagen ...

Vertiefung:
Lesen Sie mit den Kindern zusammen Lukas 22,54-62 oder lassen Sie die Geschichte, wenn sie bereits bekannt ist,

wiederholen bzw. erzählen. Überlegen Sie gemeinsam, warum Petrus Jesus verraten hat, welche Motive es bei Dennis und welche Motive es bei Petrus waren; man kann auch noch weitere Motive überlegen. Dann sollte man mit den Kindern darüber reden, wie Jesus mit dem Verrat des Petrus umgegangen ist. Er hat ihm vergeben und ihm eine neue Chance gegeben. Er hat ihm sogar eine sehr wichtige Aufgabe anvertraut (Johannes 21,15ff).

- *Wie gehen wir mit Menschen um, die uns oder andere verraten haben? Wie schwer fällt es uns, anderen zu vergeben? Und wie sehr erwarten wir für uns selbst, dass uns vergeben wird, wenn wir Mist gebaut haben!*
- *Jedes Kind bekommt eine Karte, auf die es entweder Petrus oder Dennis draufmalen kann, und innen in die Karte darf jedes Kind den Namen eines Menschen schreiben, dem es vergeben will. Weil vergeben nicht immer leicht fällt, darf man Jesus um Hilfe dabei bitten. Möglich ist auch, dass im Innenteil der Karte ein kindgerecht vorformuliertes Gebet steht, in dem Jesus darum gebeten wird, beim Vergeben behilflich zu sein. In eine Lücke kann das Kind dann den betreffenden Namen schreiben. Hier ist es sehr wichtig, dass dies vertraulich und ernsthaft behandelt wird und dass sich die Kinder nicht gegenseitig Namen und die Geschichten dazu erzählen.*

Bibelstellen: Lukas 22,54-62; Johannes 21,15-17

Markus Waidelich, Tumlingen

Verrat

Das Tagebuch

Diiinnnggg – Dooonnnggg!

Patricia schreckte auf. Ach so! Nur die Klingel. Durch die Zimmertür hörte sie, wie die Mutter die Haustür öffnete.

An der Stimme erkannte sie Anja. Sie war ihre beste Freundin. Wenige Augenblicke später öffnete sich die Tür und Anja trat ins Zimmer. »Hallo! Was machst denn du da?«

Patricia saß im Schneidersitz auf dem Bett und hielt ein kleines buntes Buch und einen Stift in der Hand. Sie zögerte. Sollte sie sagen, was sie gerade gemacht hatte? Würde Anja sie auslachen? »Ich schreibe Tagebuch«, meinte sie schließlich.

Anja schaute sie bewundernd an. »Das könnte ich nie. Bei mir gäbe es gar nicht so viel zu schreiben. Und wahrscheinlich wäre ich auch zu faul für so was.«

»Weißt du«, erwiderte Patricia, »ich schreibe auch nicht alles auf. Meist sind es nur kurze Sätze. Und manchmal auch gar nichts, da mir die Zeit dazu fehlt. Aber ich versuche immer, wenigstens das Wichtigste aufzuschreiben.«

»Liest eigentlich jemand dein Tagebuch? Zum Beispiel deine Mutter, wenn sie mal ins Zimmer kommt?«, fragte Anja interessiert.

»Nein, denn meine Mutter hat das früher auch gemacht und weiß, dass es Dinge gibt, die niemanden etwas angehen.«

Anja hatte es sich nun auf dem Schreibtischstuhl bequem gemacht. »Ich wollte dich eigentlich nur fragen, ob du deinen Walkman ins Schullandheim mitnimmst. Meiner hat nämlich den Geist aufgegeben. Aber wenn du deinen dabei hast, kann ich trotzdem Kassetten mitnehmen.«

»Klar«, entgegnete Patricia. »Ohne den und mein Tagebuch würde ich gar nicht gehen.«

Das Schullandheim, eine neue Jugendherberge, lag am Ausgang des Ortes. Gleich dahinter befanden sich Wiesen und Wälder. Sogar ein kleiner Bach floss vorbei.

Die Mädchen waren im zweiten Stock untergebracht und die Jungs im ersten.

Patricia und Anja waren zusammen in einem Zimmer. Nach kurzer Absprache war geklärt, wer wo schlafen würde und wem welcher Schrank gehören sollte. Beide räumten ihren Koffer aus. Das Tagebuch von Patricia fand seinen Platz unter einem Stapel T-Shirts.

Die Tage vergingen wie im Flug. Es war gigantisches Wetter, ideal für ihr Programm. 14 Tage Inliner und Mountainbike fahren und im jugendherbergseigenen Internetcafé im Internet surfen – wenn das nicht Laune machte! Am vorletzten Abend stand ein Wissensquiz auf dem Programm. Im Gemeinschaftsraum hatten die Lehrer alles vorbereitet. Es wurde in zwei Gruppen gespielt. Patricia und Anja waren in verschiedenen Gruppen. Frage um Frage wurde gestellt. »Wie heißt die Hauptstadt von Frankreich?« Patricias Arm schnellte hoch. »Paris«, rief sie. Und so ging es immer weiter. Am Schluss hatte die Gruppe von Patricia gewonnen. Seltsam an diesem Spiel war, dass Patricia alle Lösungen gewusst hatte.

Anja konnte sich nicht erklären, woher sie alles wusste. Selbst die schwersten Fragen konnte sie beantworten. Sogar die Klassenbesten wussten an einigen Stellen keine Antworten. Aber Patricia. Seltsam. Anja fragte die Freundin, warum sie so gut gewesen sei, aber Patricia lächelte nur geheimnisvoll und meinte: »Das vertraue ich nur meinem Tagebuch an!«

Am Abend traf sich die Klasse zum Spieleabend im Gemeinschaftsraum. In kleinen Gruppen wurde gespielt und gelacht. Patricia spielte mit ein paar anderen UNO. Sie gewann als Zweite. Und da das Spiel noch eine Weile dauern würde, beschloss sie kurz ins Zimmer zu gehen. Sie benötigte dringend ein Taschentuch.

Schon an der Treppe sah sie es: Die Tür war angelehnt. Als sie die Tür öffnete, entdeckte sie Anja. Sie stand vor Patricias Schrank und hielt ein kleines buntes Buch in der Hand, und um sie herum standen fünf ihrer Mitschülerinnen, die Köpfe tief über das Tagebuch gebeugt. Als sie Patricia sahen, schreckten sie hoch und waren vor Schreck wie gelähmt. Mit ihr hatten sie nicht gerechnet. Ihre beste Freundin Anja blickte Patricia erschrocken an, dann bekam sie einen hochroten Kopf.

Patricia starrte abwechselnd auf ihr Tagebuch und die Klassenkameradinnen. »Das kann doch nicht wahr sein, wie könnt ihr nur so gemein und hinterhältig sein! Vor allem du, Anja, du hast ihnen mein Versteck verraten, du hast allen von meinem Tagebuch erzählt! Ich bin total enttäuscht von dir, ich finde dich so mies und gemein!« Wutentbrannt und mit Tränen in den Augen stürmte Patricia aus dem Zimmer, die Treppe hinunter und hinaus ins Freie. Erst am Bach kam Patricia zum Stehen. Die Tränen rannen ihr übers Gesicht, und die Nase lief.

Schniefend setzte sie sich auf einen Stein. »Nein«, dachte sie. »Da gehe ich nicht mehr rein. Warum hat Anja so etwas gemacht? Ich dachte, sie wäre meine beste Freundin. Mit der will ich nichts mehr zu tun haben.« Patricia schniefte nochmal.

»Brauchst du ein Taschentuch?«, fragte plötzlich jemand von hinten.

Patricia drehte sich mit einem Ruck um. Hinter ihr stand Anja, sie war ihr hinterhergerannt. »Geh weg«, rief Patricia wutentbrannt. »Mit dir will ich nichts mehr zu tun haben. Ich will dich nicht mehr sehen.«

Doch Anja blieb stehen. »Ich möchte mich bei dir entschuldigen. Ich weiß, dass ich einen großen Fehler gemacht habe. Und es tut mir Leid. Ich weiß auch nicht, warum ich das getan habe. Ich wollte doch nur wissen, warum du heute Morgen alle Antworten gewusst hast. Kannst du mir noch mal eine Chance geben?« Mit Tränen in den Augen stand Anja vor ihr. »Wir haben wirklich nur deine neueste Eintragung gelesen, das musst du mir glauben.«

»Lass mich in Ruhe, ich will nichts mehr mit dir zu tun zu haben. So eine Gemeinheit, ich habe dir vertraut, und du enttäuschst mich so. Ich kann es noch gar nicht glauben.«

Methodischer Tipp: Hier könnte man unterbrechen und die Kinder fragen, wie die Geschichte wohl ausgeht. Oder man lässt sie in Zweiergruppen überlegen, wie das Gespräch mit Patricia und Anja weitergegangen ist, und dies in den verschiedenen Variationen der Gesamtgruppe vorspielen.

Mit diesem Satz drehte sie sich um und lief zum Haus zurück. In Gedanken sah Patricia ihren Tagebuchaufschrieb vor sich: »Als ich in den Gemeinschaftsraum kam, sah ich auf dem Tisch ein paar Blätter liegen. Ich ging hin und entdeckte, dass es die Fragen für das Spiel waren. Da keiner da war, las ich sie. Nachher würden mich alle bewundern, da ich alles beantworten konnte. Es war ein tolles Gefühl, alles zu wissen.« Patricia ging langsam, ganz in Gedanken versunken, zur Jugendherberge zurück.

Während dessen saß Anja immer noch neben dem kleinen Bach und weinte, bis keine Tränen mehr kamen. »Ob mir Patricia jemals verzeihen kann?«

Vertiefung:
Gesprächsimpuls: Überlegt euch, wie die Geschichte wohl enden könnte! Was würdet ihr an Patricias/Anjas Stelle tun? Was haltet ihr von Anjas Verrat und von Patricias Betrug?

Bibelstelle: 2. Korinther 5,17

Claudia Saur, Salzstetten
Claudia Rothacker, Malmsheim

Versuchung

Einer hat es gesehen

Nachdenklich schlendert Dominik die Straße entlang. Richtig! Fast hätte er es vergessen! Er muss noch ein Matheheft besorgen. Drüben ist das große Kaufhaus. Er sucht nach seinen letzten Cents in der Hosentasche. Sie werden gerade noch reichen. Bei den Schreibwaren ist er schnell mit seinem Einkauf fertig. Gerade steuert er dem Ausgang zu, da stockt sein Fuß. Dort ist der Stand mit den coolen Handys. Die muss er sich anschauen. Erik hat heute ein nagelneues Handy mit blauem Display in die Schule mitgebracht. Einfach toll! Und es sah nicht nur gut aus, es hatte auch die T9-Funktion, um noch schneller SMS schreiben zu können. Alle staunten und Erik war sofort der Mittelpunkt, vor allem, als er nach dem Preis gefragt wurde. »Pah!«, hat er überlegen geprahlt. »Gekostet? Meint ihr etwa, so etwas hätte ich bezahlt? Geschickt muss man eben sein! Rasch in der Tasche verschwinden lassen, wenn keiner hinsieht. Man muss nur den richtigen Augenblick abpassen. Sich nicht erwischen lassen, das ist alles! Die haben im Kaufhaus so viele, und dass immer welche verschwinden, das ist schon von vornherein mit einkalkuliert!«

Während Dominik vor dem Handystand die verschiedenen Handys bestaunt, gehen ihm Eriks Worte nicht aus dem Kopf. Er überlegt – dort drüben, das dunkelblaue Handy, wenn er das hätte!

Dann würde er nicht mehr ausgelacht werden, dass er fast der Einzige aus seiner Klasse ist, der noch kein eigenes Handy besitzt. Immer wieder muss er hinsehen! Eriks Worte klingen ihm im Ohr: »Geschickt muss man eben sein!« – Er schaut sich um. Die Verkäuferin spricht gerade an der Kasse mit einer Kundin und erklärt ihr die Handhabung eines Handys.

Dominiks Herz schlägt bis zum Hals. Rasch streckt er die Hand aus, ein Griff – und das kleine dunkelblaue Handy liegt in seiner Hand. Gerade will er es in die Hosentasche rutschen lassen, da packt jemand von hinten seinen Arm. »Halt!«

Dominik stockt der Atem. Erschrocken dreht er sich um. Hinter ihm steht Mike, sein Mitschüler. Seit einiger Zeit kommt er auch in die Jungschar. Jetzt ist sein sonst so fröhliches Gesicht ganz ernst. »Mensch, was machst du da?«

»Lass mich in Ruhe! Was geht dich das an?«, zischt Dominik ihn wütend an. Das dunkelblaue Handy liegt wieder an seinem Platz. »Musst du mir auch alles verderben! Gerade hat niemand hergesehen!«

Dominik schaut unsicher zu der Verkäuferin hinüber. Sie ist noch immer beschäftigt und hat nichts von dem Vorfall bemerkt. Eilig steuern die Jungen dem Ausgang zu.

Vertiefungsmöglichkeiten:
Mit den Kindern über die Versuchung reden und probieren, Dominik und seine Motive zu verstehen. Es sollte nicht gleich Dominiks Verhalten verurteilt werden, sondern die Kinder sollen ehrlich sein und überlegen, in welchen Situationen sie auch schon in Versuchung waren oder einer Versuchung erlegen sind. Dabei sollte man nicht nur das Thema Stehlen betrachten, sondern auch Neid, andere schlecht machen, Süßigkeiten heimlich nehmen o.Ä.

- *Was kann mir helfen, wenn ich in Versuchung bin?*
- *Mit den Kindern zusammen das Vaterunser näher betrachten und den Satz »und führe mich nicht in Versuchung« nach seiner Bedeutung klären.*

Bibelstellen: Matthäus 6,13; 4,1-11; 1. Petrus 5,8-9

Sybille Kalmbach, Rutesheim

Tolle Weihnachten?!

Jan und ich freuten uns auf die Schule, weil wir da die anderen aus unserer Klasse treffen würden und ihnen erzählen könnten, wie toll dieses Jahr Weihnachten war. Wir hatten so viel geschenkt bekommen und so viel erlebt. Als es endlich so weit war, stürmten wir mit Riesenschritten und polternden Schulranzen zur Schule. Wir waren extra früh losgelaufen, damit wir vor der Schule genügend Zeit zum Erzählen hätten.

Tina, Torben und Daniel waren schon im Pausenhof. Jan und ich rannten auf sie zu und riefen: »Hallo, super, dass ihr da seid! Wir müssen euch unbedingt erzählen, wie irre toll Weihnachten war.« Jan platzte sofort damit heraus, dass er einen Computer bekommen hatte, und schwärmte, wie viel Spaß die Spiele machten. In der Zeit packte ich meinen neuen Discman aus und schaltete die neue CD an, die ich dazu bekommen hatte. Ich steckte Torben den Hörstecker ins Ohr und fragte: »Toll, stimmt's? Das ist die Beste in den Charts!«

Daniel drehte sich plötzlich weg und ließ uns stehen. Die anderen sahen sich betreten an und Jan fragte: »Was ist denn mit dem los?« Ich zog Torben den Stecker aus dem Ohr und schaute verdutzt in die Runde. Dann zog Tina die Augenbrauen hoch und sagte: »Daniel hat kein einziges Geschenk bekommen.«

»Was?« Jan und ich waren entsetzt. Wir schauten zu Daniel hinüber, der, die Hände in den Jackentaschen, lässig am Sportplatz stand, als könnte ihn nichts aus der Ruhe bringen – aber wir sahen ja nur seinen Rücken. »Warum denn das? Das versteh ich nicht«, sagte Jan. Ich schaute Tina fragend an und hatte plötzlich keine Lust mehr, von unserem tollen Weihnachtsfest zu erzählen.

Vertiefungsmöglichkeiten:
Nach der Frage am Schluss der Geschichte in ein Gespräch einsteigen: Wie könnten Daniels Freunde helfen? Oder: Wie wichtig sind die Geschenke?

- *Basteln: Etwas zum Verschenken basteln und die Kinder im Gespräch anregen, diese Geschenke Menschen zu schenken, die arm oder einsam sind.*
- *»Wichteln«: Namenszettel mit den Namen der Kinder werden geschrieben und verdeckt gezogen. Jeder überlegt sich heimlich ein Geschenk für die Person auf dem Zettel, und in der nächsten Jungscharstunde werden die Geschenke verteilt. (Tipps: Vorher Geldbetrag festlegen, der nicht überschritten werden darf, und auch Ideen nennen, die kein oder nicht viel Geld kosten und trotzdem sehr einfallsreich sind. Das Wichteln geht nur in einer Gruppe, deren Teilnehmer regelmäßig kommen. Man kann auf alle Fälle zwei bis drei Geschenkchen mehr in die nächste Stunde mitbringen, damit niemand ohne Geschenk gehen muss.)*

Bibelstelle: Hebräer 13,16 *Elke Müllerschön, Aalen*

Weihnachten

Der seltsame Geburtstagstraum

In der Nacht vor seinem Geburtstag hatte Marvin einen seltsamen Traum: Pünktlich zur Geburtstagsfeier kamen alle Gäste. Michael war da, Nils, Thomas, Alisa und alle anderen. Und jeder hatte natürlich ein Geschenk dabei, denn so gehört es sich auch. Auf die Geschenke freut sich jeder, und natürlich auch auf das Fest – wann ist man denn sonst so die Hauptperson ...

Aber dann geschah in dem Traum etwas Merkwürdiges. Michael gab Nils sein Geschenk. Und Thomas beschenkte Alisa. Alle Gäste beschenkten sich gegenseitig, feierten miteinander, aßen und tranken und waren fröhlich. Es war ein riesiges Fest – aber: Keiner kümmerte sich um Marvin. Obwohl doch er das Geburtstagskind war! Niemand sprach mit ihm, niemand gratulierte ihm, niemand beachtete ihn. Marvin saß am Rand und schaute nur zu. Keiner interessierte sich für ihn.

Dann war das Fest aus, und alle gingen froh nach Hause. Sie hatten viel Spaß gehabt. Marvin aber saß enttäuscht und traurig zwischen all dem zerknüllten Geschenkpapier.

Vertiefungsmöglichkeiten:

Gesprächsimpuls: Wie würde Marvin seine Gefühle formulieren, wenn er sie jetzt laut sagen würde? Erklären Sie anschließend, dass dieser seltsame Geburtstag nicht nur ein Traum und eine Geschichte ist, sondern dass dies jedes Jahr sehr oft geschieht. Dann überleiten zu Weihnachten, Jesu Geburtstag. Fragen Sie die Kinder, was die Geschichte mit dem seltsamen Geburtstagsfest mit Weihnachten zu tun hat, wo Parallelen sind zu dem Geburtstag von Jesus. Danach kann man gemeinsam überlegen, was man ändern könnte, um den Geburtstag von Jesus bewusster mit und für Jesus zu feiern (überlegen Sie allgemein, dann aber auch konkret, was und wie man es z.B. in der Jungschar oder bei den Kindern zu Hause umsetzen könnte).

– *Anschließend an diese Geschichte eine »Weihnachts-Jungschar-Geburtstagsfest-Feier« planen (kann ruhig auch im Sommer sein, dann ist es noch viel eindrücklicher!). Überlegen Sie gemeinsam mit den Kindern (die sind da viel unkomplizierter und einfallsreicher als man denkt!), wie man ein solches Fest feiern kann, in dem wirklich der Geburtstag von Jesus gefeiert wird (Lieder und Gedichte für ihn, Spiele, einen Brief an ihn schreiben ...). Außerdem kann man die Kinder auch auffordern, in der nächsten Gruppenstunde ein kleines Geschenk mitzubringen (Reservegeschenke vorbereiten); diese Geschenke werden dann kunterbunt verteilt, oder jedes Kind zieht per Los in der vorherigen Gruppenstunde einen Namen. Stellen Sie klar, dass es nicht darum geht, dass wir uns an Weihnachten nichts mehr schenken sollen, weil es ja der Geburtstag von Jesus und damit »sein« Fest ist, sondern dass dies so ein toller Grund ist zum Feiern, dass wir uns auch gegenseitig beschenken und dass Jesus auch daran seine Freude hat.*

Bibelstelle: Johannes 1,11 *Gerhard Krehl, Pretoria*

Das Wunder der Geduld

Zwei Stunden hatten wir mit der Jungschar Fußball gespielt, jetzt war es Zeit, nach Hause zu gehen. Ausgerechnet da musste Sven feststellen, dass sein Fahrradschlüssel fehlte. »Er muss hier irgendwo sein, ich hatte ihn doch in der Hosentasche.« Einen einzelnen Schlüssel auf dem großen Rasenplatz suchen, das konnte Stunden dauern – und wir alle wollten möglichst schnell nach Hause! Da fiel mir ein, dass unser Jungscharleiter Fabian letzte Woche in der Andacht gesagt hatte, dass Gott Wunder tun kann. »Na also«, dachte ich, »soll Fabian doch beten und schwuppdiwupp taucht der Schlüssel auf.«

Was Fabian sagte, hörte sich aber kein bisschen nach Wunder an: »Wir bilden eine Kette und suchen den Platz ab, Meter für Meter!« Ich wollte nach Hause, dieser Aufwand nervte mich. Aber Fabian blieb stur. Also durchkämmten wir den Platz der Länge nach – nichts! »Jetzt noch der Breite nach«, gab Fabian das Kommando. Ich hatte den Schlüssel längst aufgegeben, da rief Matthias plötzlich neben mir: »Ich hab ihn!« Tatsächlich, da lag der Fahrradschlüssel im Gras. Sven war begeistert: »Ein Wunder, dass wir ihn gefunden haben.« »Wunder habe ich mir ehrlich gesagt anders vorgestellt«, knurrte ich. Da klopfte Fabian mir auf die Schulter und sagte lachend: »Weißt du, Gott tut schon Wunder. Aber manchmal besteht das Wunder auch nur darin, dass er uns Geduld schenkt.«

Vertiefung:
Mit den Kindern über die Wunder Jesu reden, die ihnen einfallen, und »große und kleine Wunder«, die heutzutage passieren. Wer hat schon selbst so ein Wunder wie das mit dem Fahrradschlüssel erlebt? Welche Wunder trauen wir Gott zu, und was ist auch unsere Aufgabe bei Gottes Wundern?

Bibelstelle: Hebräer 10,36

Anmerkung:
Als biblischer Vergleich bieten sich einige Geschichten an, in denen Menschen Wunder verlangen und diese anders eintreten als erwartet: Vgl. Matthäus 14,15-21; 1. Könige 19,11-13; Johannes 2,1-11

Wolfgang Ilg, Tübingen

Wut

Der Computer

Er war sein bester Freund gewesen, oft hatten sie zusammen in Blomskog, einer kleinen Stadt in Mittelschweden, gespielt. Er, Lars und Janne waren jeden Tag in den nahen Wäldern unterwegs gewesen, sie hatten Hütten gebaut und mit den anderen Räuber und Gendarm gespielt. Bis Janne zu seinem Geburtstag einen neuen Freund, einen Computer geschenkt bekam. Zuerst war es Begeisterung, die ihn an sein neues Spielzeug fesselte. Doch schon bald hatte er gar keine Lust mehr, mit Lars draußen zu spielen. Außerdem besaß Lars keinen eigenen Computer und hatte somit keine Ahnung davon. So kam es, dass sich die beiden immer mehr voneinander entfernten. Nach der Schule klopfte Lars noch ab und zu bei Janne, aber der hatte eigentlich fast immer keine Lust, keine Zeit oder einfach Besseres zu tun. Lars war enttäuscht – war er ihm auf einmal so egal?

Impulsfragen: Wo ist uns unser Besitz wichtiger als Freunde oder andere Menschen? Sind Freunde nicht unbezahlbar?

Im Laufe der Zeit war Lars dann nicht mehr enttäuscht, sondern nur noch wütend. Wie konnte sein ehemals bester Freund ihn so links liegen lassen, und alles nur wegen einem Computer? Er hatte so eine richtig dicke Wut im Bauch und beschloss, seinem ehemaligen Freund Janne mal so richtig die Meinung zu sagen.

Impulsfragen:
Welche Gründe gibt es, warum man auf andere Menschen wütend ist? Enttäuschung, Neid ...? Was hat Wut mit Liebe zu tun?

Bibelstelle: 1. Mose 37,1-36 *Pascal Vinçon, Perouse*

Leben ohne Zeit

Es gehört bei uns schon zur Tradition im Urlaub: ein Tag ohne Zeit. Am Abend legen wir die Uhren weg und versprechen uns, den ganzen nächsten Tag auf keine Uhr zu schauen. Und jedes Mal sind wir überrascht, wie ungewohnt das ist.

Schon morgens, wenn wir aufwachen, geht der Blick reflexartig zum Handgelenk. Wie spät es wohl ist? Irgendwann bekommen wir Hunger, aber wir sind uns unsicher: Ob es wirklich schon Zeit zum Mittagessen ist? Es braucht meistens bis zum späten Nachmittag, ehe wir uns an die »Zeitlosigkeit« gewöhnt haben. Und dann macht der Tag ohne Zeit allmählich Spaß. Wir beschließen nicht »eine Radtour von einer halben Stunde« zu machen, sondern fahren einfach, solange wir Lust haben. Wir reden und spielen in aller Ruhe, die Uhr gibt ja nicht den Zeitpunkt fürs Abendessen vor. Und wenn wir schlafen gehen, blicken wir auf den Tag zurück und müssen über uns selbst lachen: Wie abhängig wir von der Uhr geworden sind! Ein bisschen davon wollen wir in den Alltag mitnehmen, wenn wieder der Terminkalender das Leben bestimmt.

Vertiefungsmöglichkeiten:

Es ist erstaunlich, wie sehr schon Kinder nach Uhr und Terminkalender leben! Wie wäre es mit folgendem Experiment: Am Anfang der Jungscharstunde oder des Religionsunterrichts legen alle ihre Uhren in die Mitte auf den Tisch. Sie werden eingesammelt und erst am Ende, nach dem Vorlesen dieser Geschichte, wieder verteilt. Wetten, dass fast jeder einmal suchend auf sein Handgelenk geschaut hat?

- *Das Programm kann sich auch rund ums Thema Zeit drehen, z.B: Auf ein gemeinsames Startzeichen hin soll jeder die Dauer einer Minute abschätzen und dann »Jetzt« sagen. Wer am nächsten dran ist, hat gewonnen. Oder das Spiel »Schneckenlauf« spielen: Alle Kinder stehen (selbstverständlich ohne Uhr) an der Startlinie, einige Meter weiter ist die Ziellinie markiert. Aufgabe ist, die Ziellinie möglichst genau nach einer Minute zu überschreiten. Der Spielleiter schaut auf die Uhr und verkündet erst, nachdem alle Kinder durch die Ziellinie sind, wer am nächsten dran war. Man kann dafür auch Punkte vergeben und das Spiel öfters spielen, einmal mit zwei Minuten, mit drei ... Außerdem hat dieses Spiel einen genialen Nebeneffekt, das es auch für andere Situationen beliebt machen wird: Die Kinder spielen gerne mit, sind konzentriert und werden sehr ruhig, auch wenn sie vorher eine aufgedrehte Meute waren.*
- *Man kann auch etwas basteln zum Thema Zeit, z.B. eine Uhr aus farbigem Tonkarton, auf die einer der unten aufgeführten Bibelverse geschrieben wird.*

Bibelstellen: Psalm 31,16a; Prediger 3,1ff

Wolfgang Ilg, Tübingen

Petras Kurierdienst: ein geplatzter Zukunftstraum?

Vorschlag für den methodischen Ablauf (es wird empfohlen, diese Geschichte nicht nur einfach so zu erzählen, sondern unbedingt auch mit den Kindern aufzuarbeiten!):

1. *Sie als Leiter/in erzählen, was Ihr Traumberuf war oder ist und welche Zukunftsträume Sie haben.*
2. *Die Kinder werden gefragt, ob sie sich schon überlegt haben, welchem Beruf sie nachgehen möchten.*
3. *Wer die Gideongesellschaft kennt und eine Gideon-Bibel (z.B. im nächsten Hotel) ausleihen kann, zeigt diese Bibel (NT) und erzählt kurz, wie die Bibel oft Menschenleben verändert hat.*
4. *Geschichte erzählen oder vorlesen.*
5. *Den Kindern die Frage stellen, wie sie sich eine Fortsetzung der Geschichte wünschen würden. Eine weitere Frage könnte sein, ob sie der Meinung sind, dass die Geschichte so ausgeht, wie sie hoffen.*
6. *Den Vers aus Johannes 21,4 vorlesen: »Als die Sonne aufging, stand Jesus am Ufer.« (Bei Gruppen mit 11-jährigen oder älteren Kindern die ganze Bibelgeschichte vorlesen.)*
7. *Kurzpredigt: Wir dürfen darauf vertrauen, dass nach einer Nacht, in der alles dunkel und schwierig erscheint, wieder ein Tag kommt. Und spätestens dann sehen wir, dass Jesus gar nicht weit weg ist. Er hilft uns. Aber er puzzelt die Welt nicht einfach so zusammen, wie wir es uns wünschen.*

Seit ein paar Wochen hatte Petra den Führerschein in der Tasche. Schon lange hatte sie auf diesen Termin gewartet. Und nun freute sie sich jedes Mal, wenn sie am Lenkrad saß. Sie musste aber zugeben, dass sie nicht ganz zufrieden war. Noch schöner wäre es gewesen, wenn sie ein eigenes Auto gehabt hätte. Aber woher sollte sie das Geld nehmen? Zum Glück ging ihre Mutter zu Fuß zur Arbeit und ihr Vater hatte als Polizist oft Nachtschicht. So konnte sie sehr häufig das Auto ausleihen. Und bis die Zwillinge, ihre jüngeren Geschwister, auch den Führerschein haben würden, hätte sie hoffentlich ein eigenes Auto.

Heute war wieder so ein Tag, an dem sie das Auto bekommen hatte. Schon am frühen Morgen war sie damit zur Schule gefahren. Nun war die Schule aus, und sie fuhr nach Hause. Lächelnd winkte sie ihren Freundinnen zu, die noch an der Bushaltestelle warteten. Heute hatte sie niemanden mitgenommen. Sie wollte nochmal dieses Gefühl genießen, alleine im Auto zu sein. Anstatt die kürzeste Strecke nach Hause zu fahren, wählte sie viele Umwege, und so gelang es ihr, ganze 40 Minuten für den Heimweg zu brauchen. Das war ein neuer Rekord. Das Vierfache der normalen Zeit. Als sie das Auto rückwärts in die Einfahrt einparkte, überlegte sie, ob sie nicht Taxifahrerin oder dergleichen werden sollte. Vielleicht könnte sie einen Kurierdienst aufmachen. »Petras Kurierdienst – Glücklich unterwegs« wollte sie auf ihr Auto schreiben. Naja, erst war das Abi dran.

Als sie die Haustür aufmachte, dachte sie darüber nach, dass sie sicher fast das glücklichste Mädchen in Europa war. Vielleicht gab es zwei, höchstens drei Mädchen, die noch glücklicher sein konnten. In Gedanken ganz bei ihrem zukünftigen Kurierdienst stolperte sie über eine schwere Reisetasche, die mitten im Flur stand. »Komisch«, dachte sie. Von einem Besuch hatte ihr niemand etwas gesagt. Und aus der Wohnung kamen auch keine Stimmen. Irgendwie kam ihr die Tasche bekannt vor. Aber sie konnte sich nicht daran erinnern, wo sie sie gesehen hatte. »Da bist du ja endlich!« Die Stimme ihres Vaters klang leicht verärgert. »Jetzt habe ich mir schon ein Taxi bestellt. Ich muss schnell zum Bahnhof. Deine Mutter wird dir alles erklären. Hoffentlich verpasse ich meinen ICE nach München nicht. Vielleicht kommst du mich mit den Zwillingen in den Weihnachtsferien besuchen. Mach's gut, mein Spatz. Und such dir endlich ein besseres Netz für dein Handy aus, das wenigstens eine deutsche Ansage schaltet. Ich kann dieses ›this mobilphone can not be reached at the moment‹ nicht mehr ausstehen.«

Mit diesen Worten verschwand ihr Vater samt Reisetasche im gerade angekommenen Taxi.

Jetzt wusste sie wieder, woher sie die schwere Reisetasche kannte. Immer wenn ihr Vater für einen Polizeieinsatz nach Berlin oder sonstwohin reisen musste, nahm er diese Tasche. Normalerweise bewahrte er sie in der Polizeiwache auf. Aber es war erst Anfang Oktober, und ihr Vater hatte etwas von Weihnachten gesagt. Das sah nicht nach einem Einsatz aus. Sie wollte sofort wissen, was hier vor sich ging. Schnell lief sie zum Telefon und rief ihre Mutter an ihrer Arbeitsstelle an.

Als sie von ihrer Mutter erfuhr, was los war, wurde ihr ganz schwindelig. Ihr Vater wollte sich scheiden lassen. Warum denn das? Doch diese Frage brachte sie nicht über die Lippen. Sie haspelte noch ein schnelles: »Tschüss, Mama, ich komm gleich bei dir vorbei!« und legte auf. Nein, so einfach wollte sie ihren Vater nicht loslassen. Sie musste sofort wissen, was sich hier abspielte.

Die Arbeitsstelle ihrer Mutter war nicht weit weg. Innerhalb weniger Minuten saß sie dort am Schreibtisch. Sie hatte das Gefühl, als sei ihre Mutter über Nacht viel älter geworden. Ihre Stimme war leise, sie flüsterte, als ob sie Angst hätte, jemand würde sie hören. Als Petra für ein paar Minuten zugehört hatte, war sie vollkommen erschlagen von den neuen Nachrichten. So richtig hatte sie noch nicht alles kapiert. Aber sie hatte verstanden, dass ihr Vater sich scheiden lassen wollte, weil er eine Frau in Berlin kennen gelernt hatte. Die Worte ihrer Mutter klangen noch in ihren Ohren: »Wahrscheinlich hat sie etwas, was ich nicht bieten kann. Ich weiß nur nicht, was.«

Schnell schickte Petra eine SMS an ihre Freundin Nadine, die an diesem Nachmittag ehrenamtlich bei der Bahnhofsmission tätig war: »Mein Pa fährt gleich mit dem ICE nach Berlin. Bring ihm bitte ein Gideon-NT. Sag ihm, er soll es lesen, weil er mich liebt! BITTE, mach's für mich. Gruß Petra. SCHNELL!« Als die SMS abgeschickt war, merkte Petra, wie sie zitterte. Hoffentlich würde Nadine das hinkriegen.

Sie beschloss, bei ihrer Freundin vorbeizuschauen. Das Auto ließ sie bei ihrer Mutter stehen und fuhr mit der S-Bahn zum Hauptbahnhof. In der Bahnhofsmission war es ruhig. In einer Ecke saß ein alter Mann und gab seinem Hund etwas zu essen. Petra wartete ein wenig im Vorzimmer und wunderte sich, warum niemand dort war. Bald darauf kam der Missionsleiter durch die Tür. Als er Petra sah, schüttelte er nur den Kopf: »Du hier. Erst bekommt Nadine eine E-Mail oder wie das heißt von dir, dann rennt sie los mit einer Verschenkbibel von den Gideonbrüdern, und bevor ich weiß, was los ist, bekomme ich einen Anruf, sie sei im Zug auf dem Weg nach Berlin. Ich solle es bitte irgendwie regeln, dass sie nichts bezahlen muss, weil sie kein Geld dabei hat. Nun habe ich das geregelt und mir dann überlegt, wer sie bei der Abendschicht vertreten könnte – und jetzt tauchst du auf. Was will Nadine eigentlich in Berlin? Bist du hier, um sie abzulösen?«

Petra schwirrte der Kopf. Sie hatte gehofft, ihre Freundin würde dem Vater noch auf dem Bahnsteig die Bibel überreichen. In ihrer Vorstellung hätte der Vater dann die Bibel als Zeichen erkannt, er solle bei seiner Familie bleiben, und wäre sofort nach Hause zurückgekehrt. Und nun war alles anders. Ihr Vater war schon im Zug. Und Nadine auch. Wie das wohl alles ausgehen würde?

Bibelstelle: Johannes 21,4

Pétur Thorsteinsson, Reykjavík

STICHWORTE

ZUSATZ-STICHWORT-REGISTER

Dieses Register ermöglicht es, zusätzliche Geschichten zu bestimmten Themen zu finden, die unter einer anderen Überschrift stehen. Die *kursiven* Stichwörter erleichtern das Wiederfinden einzelner Geschichten nach erinnerten Einzelheiten.

VERZEICHNIS DER BIBELSTELLEN

Ebenfalls von *Sybille Kalmbach*:

Bibel kreativ

Kinder erleben spielend biblische Geschichten

160 Seiten, ABCteam-Paperback, Bestell-Nr. 111 192

Besen bekommen Augen, Füße Gesichter und aus Knetmasse entsteht der See Genezareth. Wo Kindern biblische Geschichten nahegebracht werden, soll es kreativ zugehen: Vorlesen reicht nicht. Kinder wollen selbst zu Werke gehen.

Dieses Arbeitsbuch bietet eine Fülle von Anregungen für Jungschargruppen und Kindergottesdienste zu 11 ausgewählten Geschichten aus dem Alten und Neuen Testament.

Mit Hilfe einer Spielreihe lässt sich so die Zerstreuung der Menschen beim Turmbau zu Babel erfahren; wie Josef, Maria und das Kind auf der Flucht nach Ägypten behütet werden, kann man am besten in Liedern und Spielen mit Hüten begreifen.

In klar gegliederten Einheiten, die die Vorbereitung erleichtern, stellt die Autorin einige der zahllosen Möglichkeiten vor, wie man Kindern die Bibel heute vermitteln kann, und regt zu eigener Kreativität an.

R. BROCKHAUS VERLAG WUPPERTAL